管理教材译丛

ORGANIZATIONS EVOLVING

3rd Edition

组织演化论

（原书第3版）

[美] 霍华德·E. 奥尔德里奇　马丁·吕夫　斯蒂芬·李普曼　◎著
　　（Howard E. Aldrich）　（Martin Ruef）　（Stephen Lippmann）

方世建　杜运周　◎等译

本书共 11 章，分为五个部分：组织和管理理论的演化视角分析、组织涌现的概念化、组织和种群层面的转型、种群层面的动态、共同体的形成与演变。本书引用组织研究领域近年来的最新研究成果，运用演化理论，对组织、种群和共同体层面的演化过程进行了阐释，为企业的创立及发展规律研究提供了新的方法体系。

本书适合管理学、社会学、经济学等专业的高年级本科生和研究生学习，也可供对组织演化理论感兴趣的人士阅读参考。

Howard E. Aldrich, Martin Ruef, Stephen Lippmann. Organizations Evolving, third edition.
Copyright © Howard E. Aldrich, Martin Ruef and Stephen Lippmann 2020.
Simplified Chinese Translation Copyright © 2023 by China Machine Press.
This edition arranged with Edward Elgar Publishing Limited through BIG APPLE AGENCY. This edition is authorized for sale in the Chinese mainland (excluding Hong Kong SAR, Macao SAR and Taiwan).
No part of this book may be reproduced or transmitted in any form or by any means, electronic or mechanical, including photocopying, recording or any information storage and retrieval system, without permission, in writing, from the publisher.
All rights reserved.

本书中文简体字版由 Edward Elgar Publishing Limited 通过 BIG APPLE AGENCY 授权机械工业出版社仅在中国大陆地区（不包括香港、澳门特别行政区及台湾地区）独家出版发行。未经出版者书面许可，不得以任何方式抄袭、复制或节录本书中的任何部分。

北京市版权局著作权合同登记　图字：01-2022-0837 号。

图书在版编目（CIP）数据

组织演化论：原书第 3 版 /（美）霍华德·E. 奥尔德里奇（Howard E. Aldrich）等著；方世建等译.—北京：机械工业出版社，2023.1

（管理教材译丛）

书名原文：Organizations Evolving，3rd Edition

ISBN 978-7-111-72684-5

I. ①组… II. ①霍… ②方… III. ①组织管理学 – 高等学校 – 教材　IV. ①C936

中国国家版本馆 CIP 数据核字（2023）第 033538 号

机械工业出版社（北京市百万庄大街 22 号　邮政编码 100037）
策划编辑：吴亚军　　　　　　　　责任编辑：吴亚军
责任校对：张昕妍　张　薇　　　　责任印制：刘　媛
涿州市京南印刷厂印刷
2023 年 8 月第 1 版第 1 次印刷
185mm×260mm · 19.75 印张 · 441 千字
标准书号：ISBN 978-7-111-72684-5
定价：79.00 元

电话服务　　　　　　　　　　　网络服务
客服电话：010-88361066　　　　机　工　官　网：www.cmpbook.com
　　　　　010-88379833　　　　机　工　官　博：weibo.com/cmp1952
　　　　　010-68326294　　　　金　书　网：www.golden-book.com
封底无防伪标均为盗版　　　　　机工教育服务网：www.cmpedu.com

中文版序言
PREFACE

当杜运周教授问我是否有兴趣出版《组织演化论》的中文版时，我非常高兴！我们认识很多年了，他在北卡罗来纳大学教堂山分校访学的时候，我们经常交流。正是这样的经常性交流，激发了我对在中国发展组织演化理论的好奇心。我与我的合作者非常努力地使本书更具全球性，而不仅仅是关注美国的例子。读者将会在本书中看到多个有关中国的例子，我们希望本书的下一版中有更多这样的例子。

此中文版让我有机会意识到，从时间和历史的视角来看待组织越来越重要。我们对组织生命历程进行了翔实的描述，以使广大读者认识到世界各地的组织和环境所呈现出的令人难以置信的多样性。本书有助于读者将这种不断演化的多样性放在具体的情境之中进行分析。20世纪70年代和80年代是组织理论发展的一个高峰期，本书吸纳了这一时期发展起来的有影响力的演化观点。我们希望这些文献能引起中国学者的注意，并拓宽组织研究所能建立的学术基础。我们期望在未来的几十年内，中国会涌现出大量有关组织的新研究，并得到广泛的传播。

杜运周教授告诉我，中国学者对组织的兴趣日益浓厚，在创业、制度、不平等和数字技术等领域进行了有趣的研究。对于世界其他地区的学者，我建议他们将中国对组织和管理的研究成果纳入本书所构建的更大的框架之中。

致谢

我代表自己与两位合作者，感谢杜运周教授为本书在中国出版所做的贡献。2012—2013年，他接受我的邀请，访问了北卡罗来纳大学教堂山分校社会学系。如果没有他的鼓励和持续提醒，中文版的翻译和出版项目就不会成功。我还要感谢中国科学技术大学的方世建教授等及时有效地组织翻译工作。其中，方世建、方文丽翻译了第1~7章，孙累累翻译了第8、9章，杜运周、李佳馨、刘秋辰翻译了第10、11章，杜运周、陈凯薇翻译了文前部分和附录。杜运周、许志燕、崔双双、曾慧云对全书进行了校正。感谢这些翻译者以及中文版出版人。

霍华德·E.奥尔德里奇
美国北卡罗来纳大学教堂山分校

第3版前言
PREFACE

本书第2版有两位作者,现在有三位作者。当奥尔德里奇、吕夫与爱德华·埃尔加出版社(Edward Elgar Publishing)讨论出版新版时,他们意识到引入新视角会很有益处。李普曼是非常合适的人选,因为他在北卡罗来纳大学获得了博士学位,当时奥尔德里奇是他的博士论文答辩委员会的主席,吕夫是该委员会的成员。从那时起,他不仅与奥尔德里奇合作发表过有关组织的论文,还与奥尔德里奇的另一个学生菲利普·金(Philip Kim)一起发表过相关论文。因此,当李普曼同意加入新版本的撰写工作时,奥尔德里奇、吕夫都很高兴。

为什么出版第3版?在组织研究方面,学术论著的数量急剧增长。在过去的15年里,由于新技术和其他因素的推动,文献增长速度本身也有所提高。尽管本书第2版经常被引用,演化框架已经是理解组织及其动态性的一个强有力的框架,但组织研究前沿本身也在继续演化。

第3版有什么新内容?第一,除了引用该领域的最新成果外,我们还在许多部分增加了新内容。例如,第8章增加了有关组织的时间和历史视角的新内容。第二,我们增加了一系列补充材料,读者可以通过登录网站 www.e-elgar.com/textbooks/aldrich 获得。第三,我们更新了解释不同概念的研究示例。翔实的描述使得概念和原则更生动,我们也展示了如何将这些概念和原则应用到实际的历史案例中。

本书第3版大约引用了1 200篇文献,与第1版和第2版大致相同。20世纪70年代和80年代是组织理论科研成果特别丰硕的时期,其中有影响力的演化论观点现在仍被广泛引用,这些文献约占本书引用文献总数的20%。另外20%的文献要么来自第二次世界大战后现代组织研究的"诞生"时期,要么来自20世纪90年代该领域实证和理论的完善时期。与此同时,在过去20年里,学者们发表了大量关于组织的新的研究著作。我们并不是说已经详尽无遗,但我们确实惊讶地发现,本书中60%的文献发表于21世纪初。

关于组织学术研究的消亡,社会上有很多说法。事实上,奥尔德里奇和吕夫2014年参加了一场"组织社会学是否有前途"的激烈讨论。至少从研究成果来看,人们对组织研究的学术兴趣丝毫未减,在创业、制度、不平等和数字技术等领域的兴趣特别浓厚。正如马克·吐温所言,该领域的支持者可能会打趣道:"有关它消亡的报道被夸大了。"对组织领域的新学子来说,未来的挑战是:如何以累积的方式增加组织知识,并足够灵活地接受新的观点和解释新的组织现象。

致谢

感谢朋友和同事提出的建议,这让我们的写作任务变得更加容易,我们已在本书第1版和第2版的前言中表达了谢意。这里,我们将特别感谢使本书第3版得以顺利出版的朋友。

奥尔德里奇一如既往地感谢朋友、家人和同事,他们中大多数人的名字曾出现在前两版的前言中。在过去的10年里,他在世界各地做了100多场报告:一些是有关创业的,一些是有关创客空间的,还有一些是有关新创业团队的。他还向学生和青年教师分享写作经验,以及如何做专业报告。在旅行中,他喜欢参观有趣的地方、会见热情的学生,并品尝新的美食。在获知一些优秀的学术机构坐落于盛产鳟鱼的溪流附近后,他在空闲之时还从事飞钓活动。妻子 Penny 陪他多次旅行,其中一些旅行让他们有机会看望两个儿子 Steven 和 Daniel 以及他们的家人。Steven 很享受曾在硅谷连续创业的职业生涯,作为一个新的职业足球队的联合创始人,他开启了新的职业生涯。2015 年,Daniel 从普渡大学转到美国东北大学(Northeastern University)担任全职教授,负责一个安全管理项目。和他爸爸一样,他也喜欢在书中表达自己的想法。从第2版开始,Yehudis 和 Dov Bev 加入了 Gabriel、Jackson、Yaakov 的行列,这让奥尔德里奇在退休前也忙个不停。

吕夫很喜欢与新一代的本科生和研究生一起工作(并向他们学习),因为他们从事组织和创业主题的研究。自本书第2版出版以来,学生们似乎更多地关注组织创造的问题和组织提供的解决方案。演化视角当然更适合这类问题。吕夫曾在普林斯顿大学社会组织研究中心工作,尤其是在该中心的创始人、无畏的领袖 Paul DiMaggio 的领导下,吕夫受益匪浅。在杜克大学,组织学术共同体继续参与到经济社会学项目中。Colin Birkhead 是会议的定期组织者和贡献者,事实证明,在本书第3版进入最后阶段时,他在准备教材和编辑方面提供了很多帮助。一如既往,特别要感谢 Jen 和 Donovan,他们每天都在学校、医院、协会和运动队的组织世界中穿梭。

李普曼感谢奥尔德里奇和吕夫邀请他参与撰写本书。20 年来,他们一直是李普曼的良师益友,能与两位一起撰写本书让他受益匪浅。也要感谢李普曼在迈阿密的同事,特别值得一提的是,法默商学院创业研究所"棕色包系列"的参与者——Rhett Brymer、Michael Conger、Tim Holcomb、Matt Regele、Brett Smith 和 Chris Sutter,他们欢迎李普曼加入他们的讨论,他们的讨论使李普曼了解到了最新的文献,并在第3版中提出了一些尖锐的论点。Maeve Harrington 和 Dion Mensah 提供了出色的研究协助。最重要的是感谢 Christy、Amelia 和 Sam,他们不断地让李普曼的生活变得比他 20 多年前在奥尔德里奇的研究生课程中读到本书第1版时所想象的更好。

第 2 版前言
PREFACE

　　本书第 1 版只有一位作者，现在这一版有两位作者。当世哲出版公司（Sage Publishing）请求奥尔德里奇修订本书时，他意识到在这 5 年中发生了太多的事情，他不能再独自完成这项任务了。幸运的是，他只需要环顾一下办公室四周，就能找到另一位对演化理论和组织分析有着浓厚兴趣的学者。吕夫 1999 年到北卡罗来纳大学教堂山分校工作，同年本书第 1 版问世。当时他刚在斯坦福大学获得了社会学博士学位，而斯坦福大学正是本书中许多论点的摇篮。与学者斯科特一起工作，使吕夫对制度方法有了深刻的理解；在斯坦福大学商学院的科研经历，则培养了他对生态分析的兴趣。吕夫 2002 年回到斯坦福大学，随后又转到普林斯顿大学工作，这使得本书的合作撰写变得更加复杂。吕夫回到东海岸后，可能是由于与奥尔德里奇处在同一个时区，且又在社会学系工作，似乎加快了撰写的进度。无论是什么原因，我们发现这是一个非常令人愉快且富有成效的项目。

　　为什么要撰写第 2 版？第一，年轻的组织研究者们不断取得全面而深刻的经验性研究成果，丰富了演化方法的案例。我们认为已经积累了足够多的新材料，有理由舍弃第 1 版中的一些材料，代之以最近 5 年发表的资料。第二，动态研究设计中所体现出的发展观，提供了明确的证据，使我们相信人们对演化方法有了越来越深厚的感情。许多研究者认为，演化方法为不断发展的组织研究领域提供了综合的理解手段，他们对本书第 1 版给出了十分积极的评价。本书在社会学和管理学的科研群体中很受欢迎，它获得了美国社会学协会组织、职业和工作分会 2000 年颁发的马克斯·韦伯最佳著作奖，美国管理学会 1999 年颁发的乔治·特里图书奖最佳管理学著作奖。第三，我们看到了生态学和制度观逐渐整合的迹象，许多经验性项目正在发生决定性的历史性转变。正如我们在本书中所论述的，时间和空间是现在所有复杂的组织分析的核心特征。

　　第 2 版有何新内容？首先，除了引用了本领域最新的研究成果之外，本书还增加了关于组织形式、共同体演化和多层次组织研究方法的新章节。我们增加了一个简要的方法论附录，从分析单元、数据收集模式和观察计划三个方面综述了研究方法。其次，我们发现本书在许多高年级本科课程和研究生课程中被用作课本，因此我们在每章末尾添加了研究问题。最后，在许多章节中，我们增加了一个详细的研究示例，以此来阐明章节中的概念。丰富的描述为概念和原理增添了生命力，并展示了如何将它们应用于真实的历史案例。

与第 1 版一样，本书第 2 版包含了大约 1 000 篇参考文献。文献的发表日期显示了我们自己的知识偏好，以及组织分析演化方法本身的"演化"。就许多方面而言，20 世纪 70 年代和 80 年代是组织理论发展的分水岭，特别是演化方法的发展。来自这几十年的文章及专著大约占据了我们参考文献的 30%。20 世纪 90 年代是学者们热衷于对许多组织观点进行经验性改进的时期，这同步反映在参考文献中，近一半的参考文献是这 10 年间的。自本书第 1 版出版以来的数年里，许多组织观点得到了进一步的经验性改进，演化观的核心（即过程）受到了更多的关注，如创业和组织涌现。我们无法对最近的文献进行全面的审读，因为它几乎涉及了《管理科学季刊》(Administrative Science Quarterly) 等专业性期刊的每篇文章，以及《美国社会学期刊》(American Journal of Sociology) 和《美国社会学评论》(American Sociological Review) 等通用性期刊的 1/4～1/3 的文章。即使对最近的文献进行选择性研究，我们也收集到了 2000—2005 年超过 150 篇的文献，并将它们列在我们的参考文献中。

致谢

在朋友和同事的帮助下，我们的任务变得轻松许多。许多参与本书第 1 版出版工作的人在很多方面帮助了第 2 版的完成。由于我们已在第 1 版的前言中感谢了他们，而第 1 版前言就在本版前言之后，所以这里仅特别挑出真正为我们承担"双重任务"的人。从头到尾通读了本书第 1 版和第 2 版的两个人：Ted Baker 和 Linda Renzulli。斯蒂芬·李普曼在北卡罗来纳大学完成了博士论文，也许是由于奥尔德里奇和吕夫是他的论文委员会成员，他急迫地阅读了全书的底稿。Valery Yakubovich 也阅读了整本底稿并提供了意见。Phil Kim 与奥尔德里奇、吕夫在创业团队方面的合作为第 4 章贡献了洞见。Linda Putnam 和 Joel Iverson 阅读了第 5 章和第 6 章，为我们提供了广泛的意见和新的参考文献。Geoffrey Hodgson 和 Thorbjørn Knudsen 让我们获悉了演化经济学的最新进展。Klye Longest 更新了所有的国内外统计数据，对参考文献进行了校对，并对数据和概念做出了新的解释。

在第 1 版的前言中，奥尔德里奇指出，他在写作时并没像隐士一样把自己封闭起来。他的好运一直延续到了他写第 2 版的时候。他像以前一样访问了许多研究所和大学，包括撒丁岛的 AILUN 中心、丹麦的奥胡斯商学院以及地处美丽温哥华的英属哥伦比亚大学等。2000 年，瑞典小企业研究基金会授予他"年度创业研究者"奖，使他能在过去 5 年中多次前往丹麦、挪威和瑞典，进而加强了他与斯堪的纳维亚地区的联系。当他 2003 年成为社会学系系主任时，他的旅行有所放缓，但他的同事们总是能理解他跨国发来的包含着特殊字符的邮件。在本书第 1 版中，奥尔德里奇赞扬了家人所做的贡献。现在，他已是三个孩子的爷爷了，他希望 Gabriel Tzvi、Jackson 和 Yaakov 能传承家庭对于旅行的这份热爱（这三个孩子都已有了护照，其中两个孩子有了自己的飞行常客卡）。

吕夫受益于同事和学生的集体性知识，这些人来自北卡罗来纳大学、斯坦福大学和普林斯顿大学。他的组织研究方法尤其受益于榜样斯科特。斯科特是一位慷慨大度的导师，也是该领域成果最多的学者之一。吕夫将第 2 版的许多想法在高年级本科生和研究生课程上进行了"实验性"检验，我们非常感谢学生们的诚实以及他们所提供的具有建设性的反馈。最后，吕夫要感谢他的家人一直以来对他的支持。2003 年，他回到北卡罗来纳与 Jennifer 结婚。Jennifer 是一名社会工作者，也是一名热诚的北卡罗来纳人。随着本书的撰写工作在 2005 年接近完成，Jennifer 生下了他们的第一个孩子 Edison。他还没有学习正式组织的相关知识，但已经可以给学生传授很多有关生活的经验了。

第 1 版前言
PREFACE

1979 年，我在《组织与环境》一书的前言中写道：

在试图为学生和同行写一本关于组织社会学的书时，我觉得没有必要回顾理论家在过去 20 年中提出的所有"观点"，也没有必要再去制造那些似乎无休止的关于测量指标和方法的争论，这些争论一直困扰着该领域。相反，我试图提出一个观点，将所有社会科学中组织研究的概念和研究成果结合起来，同时保留国内外具有历史和政治敏锐性的研究者所取得的成果。借助于将原始研究者的意图重心稍加转移，我发现经济史、产业经济学、组织的社会心理学、组织社会学和政治社会学中的大量文献都可以被整合到一个包罗万象的框架中。

20 年后，也就是 1999 年，我的意图依然不变：寻求一个总体框架，对围绕组织变革的问题进行调查。正如我将在第 1 章和第 2 章中解释的那样，我之所以使用演化方法，是因为它是理解社会变革的通用框架。该理论适用于多个层次的分析，并将我们的注意力引向变异、选择、保留和争夺的过程，正是这些过程共同在演化系统中产生了模式化改变。我首先使用演化理论来解释新组织是如何构建的，在后面的章节中，我将探讨种群和共同体涌现的历史情境。

本书的使用方法

本书是按章节顺序撰写的。大部分概念在首次出现时我就给出了定义，后续章节中的论点是建立在之前出现过的概念基础上的。

鉴于该领域在过去 20 年中发生的巨变，本书与《组织与环境》那本书的参考文献几乎没有重叠。在约 1 000 篇参考文献中，一半以上来自 20 世纪 90 年代，约 1/3 来自 20 世纪 80 年代。《管理科学季刊》是我引用最多的期刊，约占参考文献的 7%。另有两种管理学期刊共占 6%，三种主要的美国社会学期刊共占 10%。其余 77% 的参考文献是从各种期刊和书籍中挑选出来的，代表了不同的学科和方法。

智识起源

以前我用了很多不同的术语来描述我的观点，但现在我更喜欢"演化"这种说法。我承认在过去几十年里我所研究的方向存在某种缺口。20 世纪 70 年代早期，传统研究方法"把单个组织而不是组织种群作为研究对象"（Aldrich，1971，p. 280），我认为"组织 – 环境"视角可以更正这一常见的偏差。我认为"以往关于组织特性的研究，忽略了它们对于组织在多样的、不断变化的组织环境中的适应能力的贡献"（Aldrich，1971，pp. 281-282）。此后，在 Pfeffer（1972）关于"组织相互依赖"（organizational interdependence）以及 Yuchtman 和 Seashore（1967）关于"系统资源方法"（system resource approach）的几篇论文的基础上，我于 1975 年使用了"资源依赖"（resource dependence）和"资源依赖视角"（resource dependence perspective）这两个术语（Aldrich，1976a，1976b；Mindlin and Aldrich，1975，p. 382）。然而回想起来，我应该在组织种群的基础上做更多的研究。

后来我有机会与 Pfeffer 合作撰写一篇关于"组织环境"的综述性文章，我选择了自然选择模型（natural selection model）来对比我与 Pfeffer 的资源依赖模型（resource dependence model）所体现的不同思维方式（Aldrich and Pfeffer，1976）。在那篇论文中，我与 Pfeffer 共同开发的许多主题都在后来出版的《组织与环境》一书中得到了详细的阐述，我在书中把我所使用的研究体系称为"种群生态学"（population ecology），与"自然选择模型"一词交替使用。后来，Bill McKelvey 让我认识到，对于我们正在做的事情来说，"种群生态学"这个词太过狭隘，因此在 1983 年，我们选择了"种群视角"（population perspective）一词（McKelvey and Aldrich，1983）。

现在，我确信最好使用"演化视角"（evolutionary perspective）、"演化方法"（evolutionary approach）或"演化理论"（evolutionary theory）等术语，因为社会科学中的演化思维已经走出了早期不成熟的阶段。如果读者想进一步讨论此问题，请参考我对内涵丰富的"演化"一词的讨论（Aldrich，1979，pp. 51-54）。演化理论被越来越多的学者所接受，例如，Baum 和 Singh（1994a）设法召集了一大批学者参加学术会议，该会议的核心是使用演化理论来研究组织，这在 20 世纪 70 年代是无法想象的。随后，Baum 和 McKelvey（1999）毫不费力地找到了愿意为聚焦演化问题的会议做出贡献的学者。我希望我的书能鼓励其他人也开始从演化视角来思考问题。

致谢

我享受写这本书的过程，虽然它花的时间比我预期的要长。1992 年，我和编辑 Sue Jones 在拉斯维加斯举行了一场签约晚宴，她以为用不了几年我就会把一份手稿交给世哲出版公司。1996 年，当她把编辑职位移交给 Rosemary Nixon 时，我们意识到，本书的创作周期应当以"年"来计而不是以"月"来计了。在最初的几年里，Sue 给了我极大的鼓励，不管我错过了多少个自我设定的截止日期，Rosemary 对这个项目的支持从未动摇过。

在整个过程中，许多朋友和同事都参与了该项目，为了保证他们对成果负责，我决定给予他们应有的功劳。

首先，本书的许多想法最初都是在与我的学生和其他同事合作撰写的过程中形成的。Udo Staber 一开始与我在康奈尔大学合作研究商业团体，后来又研究社会网络。Jane Salk 和

Jack Beggs 在北卡罗来纳大学读书期间就加入了我们的队伍。Ellen Auster 也和我一起在康奈尔大学工作，并继续进行组织间战略的研究。在北卡罗来纳大学，Amanda Brickman Elam、Pat Ray Reese、Linda Renzulli 和 Cathy Zimmer 参与了创业和社会网络的研究，他们与 Paola Dubini 合作完成了本书的意大利文版。Arent Greve 和 Bengt Johanisson 开展了斯堪的纳维亚地区的部分研究。Ted Baker 使我对企业活动中涉及的战略人力资源问题有了新的认识，并在许多项目中担任了非常重要的合著者。同样在北卡罗来纳大学，Courtney Sheldon Hunt 激发了我对电子商务进行实证研究的可能性的好奇心，Amy Kenworthy 表示 Donald Campbell 还有很多东西要教我。Jane Weiss 的影响一直延续到我的写作中，一种基于历史和比较视角的风格贯穿其中。大家非常怀念她充满活力的样子。

Bill McKelvey 和我都是 Donald Campbell 的崇拜者，我们一起去锡拉丘兹拜访了他。随后我们一起写了一系列的论文。Marlene Fiol 重新点燃了我对组织社会心理学的热情，让我想起了 Dan Katz 以及密歇根大学的其他老师给我上过的令我感到压抑的课程。Mary Ann Von Glinow 激发了我对新公司面临的人力资源问题的兴趣，Gabriele Wiedenmayer 与我合著了几篇关于组织创建的生态分析的论文。Peter Marsden 不仅把我招募到了教堂山分校，还与我一起参与撰写了几篇关于组织社会学现状的文献综述。Nancy Langton 和 Jennifer Cliff 让我了解了加拿大对中小型企业人力资源管理的一种视角。在日本，Toshihiro Sasaki 和我一起进行了一项银团公会发展的研究，Tomoaki Sakano 和我研究创业网络，Tamiki Kishida 试图让我信服权变理论的价值。

其次，许多人至少读了本书的一部分，并对其进行了书面评论。排在首位的是五个真正拥有自我牺牲精神的人，他们至少通读了两遍，不仅提供了具有批判性的评论，还提出了新的内容，极大地改善了我的论点：Ted Baker、Heather Haveman、Anne Miner、Linda Renzulli 和 Pat Thornton。他们的建议和鼓励使我再次体会了强关系的价值，让我为拥有这些乐于助人的同事而更加喜悦。

其他人阅读了特定章节或段落，并提供了非常有用的评论：Kristina Ahlen、Linda Argote、Joel Baum、Nicole Biggart、Bill Gartner、Mary Ann Glynn、Lisa Keister、Jonathan Levie、Benyamin Lichtenstein、Leann Mischel、Mark Mizruchi、Jim Moody、Donnie Parker、Jeremy Reynolds、Paul Reynolds、Huggy Rao、Soodi Sharifi、Toby Stuart、Mark Suchman、Jim Wade 和 Theresa Welbourne。

然后，我在北卡罗来纳大学开设了组织社会学和创业学课程，上课的本科生和研究生耐心地阅读了本书的多版草稿，并提供了建设性的反馈。数量太多，无法一一列举，但他们的贡献体现在了具体的案例和有价值的参考文献中。

最后，我在教堂山分校的同事们营造了支持性的氛围，在这里不仅可以讨论组织理论，还可以探讨我的另一项强烈的爱好——社会学教学。我要特别感谢 Arne Kalleberg、Rachel Rosenfeld、Glen Elder、Lisa Keister、Sherryl Kleinman 和 Judith Blau。办公室的职员把这本书整理得非常出色。从 Deborah Tilley 开始整理，由 Erica Dawson 和 Leslie Whitley 继续完成，最后 Jennifer Carpenter 巧妙地把内容整合到了一起。

在过去 10 年撰写本书的过程中，我并没有像许多作者声称的那样，坐在黑暗的阁楼或海边的小屋里。相反,我享受到了世界各地许多研究所和大学的盛情款待。在几个春末夏初期间,我在米兰的博科尼管理学院和横滨的庆应义塾商学院任教。由于英属哥伦比亚大学商学院的慷慨解囊,我和妻子在温哥华度过了几个夏季。我很享受每年一次的维也纳之行,我曾在经济大学的 Josef Mugler 中小企业研究所任教,也去过撒丁岛,在 Giulio Bolacchi 的 AILUN 中心任教。Mike Useem 把我介绍给了 Bolacchi 教授,Woody Powell 和 Paul Hirsch 也加入了我的行列,在 AILUN 延续美国对社会学的态度。事实证明,我与"斯堪的纳维亚的联系"特别富有成效,我经常在乌普萨拉、斯德哥尔摩、林雪平、延雪平、卑尔根举办研讨会,目前还在奥斯陆的挪威商学院担任兼职访问学者。我特别感谢 Maja Arnestad、Magnus Aronsson、Gunn Birkelund、Per Davidsson、Arent Greve、Sølvi Lillejord、Leif Melin、Torger Reve 和 Olav Spilling。许多其他海外同事都欢迎我进行短期访问,这开阔了我的视野,让我看到了另一种"考察的方式"。

一般来说,作者在致谢的最后都会难过地提到家人所做的牺牲,并为没能陪伴家人、流失了许多时间而道歉。事实上,那些了解我家人的人并不会认同这种说法。我们的两个儿子在 20 世纪 90 年代已经非常成熟了,部分原因是他们在北卡罗来纳大学担任了莫尔黑德学者(Morehead Scholar)。Steven 放弃了物理学的职业生涯,在投资银行工作了几年,然后回到斯坦福大学攻读 MBA 学位。毕业后,他与 Allison 结婚,并成立了一家互联网商务公司。Daniel 前往日本学习,培养自己的兴趣,并在加州大学伯克利分校获得了亚洲研究硕士学位。他与 Yael 结婚后在以色列生活了一年,之后进入哈佛大学攻读政治学博士学位。我的妻子 Penny 喜欢冒险,这一点在我 1979 年出版的书中得以体现。Penny 在墨西哥和海豚一起游泳,在亚利桑那州的纳瓦霍族保留区支教,在佛罗里达州和海牛一起浮潜,在温哥华岛海岸跟踪逆戟鲸,并在闲暇时阅读成堆的书籍。尽管我参与了许多家庭活动,而这可能会使完成本书的时间增加一倍,但我对此已经深感满意了。

目录
CONTENTS

中文版序言
第 3 版前言
第 2 版前言
第 1 版前言

第 1 章　导论　/ 1
　　1.1　为何要写本书　/ 3
　　1.2　何为组织　/ 4
　　1.3　本书主要讲了什么　/ 10
　　1.4　各章内容要点　/ 10
　　研究问题　/ 13

第一部分　组织和管理理论的演化视角分析

第 2 章　演化方法　/ 16
　　2.1　演化过程　/ 16
　　2.2　演化分析中的研究设计　/ 27
　　小结　/ 31
　　研究问题　/ 31

第 3 章　演化方法如何与其他方法相关联　/ 32
　　3.1　生态学方法　/ 33
　　3.2　制度方法　/ 36
　　3.3　解释性方法　/ 40
　　3.4　组织学习方法　/ 44
　　3.5　交易成本经济学方法　/ 47
　　3.6　资源依赖方法　/ 51
　　3.7　总结：六种视角　/ 54
　　小结　/ 55
　　研究问题　/ 56

第二部分　组织涌现的概念化

第 4 章　创业者和新组织的涌现　/ 58
　　4.1　有关创业定义的争论　/ 59
　　4.2　新手创业者和创新　/ 61
　　4.3　社会网络情境　/ 65
　　4.4　知识：类型、起源和应用　/ 72
　　4.5　员工、资本和其他资源　/ 79
　　小结　/ 85
　　研究问题　/ 86

第 5 章　组织边界　/ 87
　　5.1　作为一种生存方式的跨边界：组织和成员的匹配　/ 88
　　5.2　组织一致性的两种模型：使用者和支持者　/ 88

5.3　构建成员团队　/ 90
5.4　组织角色结构的演化　/ 97
5.5　组织奖酬和控制系统　/ 101
小结　/ 107
研究问题　/ 107

第 6 章　组织形式　/ 108
6.1　组织形式观　/ 108
6.2　组织形式与成员图式的相互依赖性　/ 111
6.3　建构的后果：组织文化　/ 115
小结　/ 122
研究问题　/ 123

第三部分　组织和种群层面的转型

第 7 章　组织转型　/ 126
7.1　解释组织层面的转型　/ 127
7.2　组织层面的演化解释　/ 131
7.3　考察转型的三个维度　/ 134
7.4　成员参与转型活动的程度　/ 141
7.5　转型的后果　/ 144
小结　/ 145
研究问题　/ 146

第 8 章　组织和社会变化　/ 147
8.1　生命周期隐喻：发展和阶段模型　/ 148
8.2　非生命周期模型：目的论模型和辩证论模型　/ 150
8.3　历史性分析框架的三个组成部分　/ 151
小结　/ 165
研究问题　/ 165

第四部分　种群层面的动态

第 9 章　新组织种群的涌现　/ 168
9.1　定义：种群、学习和合法性　/ 169
9.2　学习与合法性约束　/ 172
9.3　认知策略　/ 174
9.4　社会政治合法性策略　/ 185
小结　/ 190
研究问题　/ 192

第 10 章　种群再生：创建和解散　/ 193
10.1　定义：组织创建率和解散率　/ 194
10.2　种群内条件　/ 196
10.3　密度依赖　/ 198
10.4　密度增加的促进效应　/ 199
10.5　密度增加的抑制效应　/ 203
10.6　细分过程　/ 203
10.7　承载力　/ 208
小结　/ 215
研究问题　/ 215

第五部分　共同体的形成与演变

第 11 章　共同体演化　/ 218
11.1　定义：共同体概念的演变　/ 219
11.2　种群之间的关系　/ 221
11.3　组织共同体是如何形成的　/ 227
11.4　合法性和集体行动　/ 234
小结　/ 240
研究问题　/ 241

附录 A　研究设计和演化分析　/ 242

参考文献　/ 245

第 1 章
CHAPTER 1

导　论

　　组织是构成现代社会的重要基础，是集体行动产生的基本载体。与个人或家庭的独立行动相比，人们通过组织可以实现更广阔范围的活动。一个组织只要成功吸引了足够多的人才和资源，就会创造出潜在的社会行动中心。随着人们与组织发生关联或脱离组织，他们就塑造了社会景观（social landscape）。他们的行为结果构成了社会的基础，并为下一代的组织塑造了情境。因此，组织调节着个人对整个社会的影响。例如，大众媒体的大部分新闻标题都与各种组织的运作相关，如国际货币基金组织、世界杯组织委员会和谷歌公司。因此，我们必须对组织的形成和发展有更深入的了解。

　　组织的建立受到历史情境的影响。例如，随着货币经济的发展、文化的传播，建立组织所需要的资源愈加丰富（Stinchcombe，1965）。在19世纪的欧洲和美国，城市化与经济、政治和社会分化的结合，促使人们建立具有特殊目的的组织。旨在"保护产权交易和经济参与"的法律制度的盛行，为创业者营造了稳定的情境，在这样的情境下，创业者可以从组织创建中获得收益（Collins，1997）。因此，是组织而非个人或家庭，逐步成为现代资本主义社会的分层单元。家庭获得或损失的财富均通过其所隶属的组织进行分配，而非源自历史传承。

　　对财富的控制权和分配权的争夺等历史进程反映在当代组织中（Roy，1997）。支持性法律、金融和物流基础设施的发展，使得组织结构的创新成为可能，从而促进了大型组织项目的发展。在欧洲殖民大国中，国家能力的增长伴随着特许贸易企业的兴起，例如17世纪的英国和荷兰东印度公司（Erikson，2014；Wezel and Ruef，2017）。在19世纪的美国，正是人们努力解决货物在崎岖不平的道路上长途运输这一难题，才促使了大型国家铁路的出现（Chandler，1977）。20世纪，诸如手机和电视等庞大的消费品市场的兴起，也得益于大型垂直一体化制造企业的建立（Lawrence and Dyer，1983）。21世纪，数字革命和互联网的发展催生了新的富裕企业家和大型企业。

同样，在公共部门中，福利国家的社会政策也是通过大型政府机构实施的，这些机构可以基于公共利益处理数以千计的事务（Goldberg，2007）。20世纪60年代初，当美国在"太空战"中落后时，肯尼迪总统向国家承诺在10年内送一名宇航员进入太空，于是，他组建了一个庞大的组织——国家航空航天局，来完成此项任务。在很多行业中，职业介绍所和经纪公司影响着工作的配置，并决定了行业的职业结构。例如，好莱坞出色的经纪公司对就业率和电视、电影创作者的收入有显著影响（Bielby and Bielby，1999）。同样，猎头公司现在也可以引导大型公司对CEO的选择（Brands and Fernandez-Mateo，2016；Meriläinen，Tienari，and Valtonen，2013）。

在众多领域中，许多重要项目并非仅由单一组织完成，而是借助许多相互依赖的组织合作完成。由政府机构、公司、政治团体和非营利性协会构成的政策领域，共同影响着政府政策制定和议程设置（Laumann and Knoke，1987）。为了对有益于整个行业的流程或产品进行研究，1984年美国颁布的《国家合作研究法案》允许相互竞争的企业共同成立联盟（Aldrich and Sasaki，1995）。大学、初创企业、风险投资者、成熟的公司和政府之间的合作组织已十分普遍，它们有助于将学术环境中发展起来的基础科学和应用科学投入商业应用（Powell et al.，2005）。

组织内部权力的集中，虽然有助于实现大规模目标，但也会导致一些引发麻烦的行动（Palmer，Greenwood，and Smith-Crowe，2016；Vaughan，1999）。在正常的商业过程中，有组织的行动的一种负面后果是副产品，另一种负面后果则是对公共利益的公然无视。奥运会、环法自行车赛和其他体育赛事中的兴奋剂问题就是由个人的偏常行为、同伴的影响和正式的组织安排共同造成的（Palmer and Yenkey，2015）。又如，大众汽车公司依靠欺诈手段通过了美国汽车排放标准，富国银行和迈兰制药公司发生的欺诈消费者丑闻进一步佐证了组织既有做出危害行为又有做出良好行为的能力。旨在减少不确定性和偏差的复杂组织系统（如航空运输或核电厂中的系统），则会定期发生"常规事故"，造成灾难性后果（Oliver，Calvard，and Potočnik，2017；Perrow，1999）。

在现代社会中，组织创建和组织解散的比率都很高。所谓解散，指的是一个组织因某种原因不再作为一个经营实体而存在。然而，并非所有边缘的、缺乏竞争力的或陷入困境的组织都会很快解散。许多边缘组织会在几年甚至几十年的时间里处于挣扎、衰败或恶化状态（Meyer and Zucker，1989）。对那些永久倒闭的组织而言，组织破产等重大事件可能会使企业所有者和管理者蒙上污名（Shepherd and Haynie，2011）。同时，这些事件也可能使关键的利益相关者逃避其法律和财务责任（Delaney，1992）。尽管存在蒙上污名的风险，所有者和管理者还是可以从破产与其他组织的失败中学习，帮助自己更好地为将来的创业做准备（Cope，2011）。

受组织解散影响的人不止所有者和管理者，若因为组织衰败或规模缩减而失去工作，对员工来说也是一段悲伤的经历（Cappelli，1997）。因为许多员工的身份认同和自我价值感都是建立在自己的工作上的，所以公司倒闭会严重动摇员工的自信心（Fraher and Gabriel，2014）。相反，有些员工，特别是那些在高科技领域就职的员工，已经开始接受与雇主建立更灵活的雇佣关系（Barley，Bechky，and Milliken，2017）。员工不再期望只同某一位雇主共筑自己的职业生涯。取而代之的是，现在许多员工的职业生涯中包括短期零工、合同制和自我雇用等多种形态。

作为组织参与者和公众，我们似乎对生活中的组织有种双重的情感。第一，我们可能将组织视为使生活更加丰富和充实的仆人。乐观地说，历史表明组织始终服务于我们的需求。第二，我们可能把组织社会的成长视为组织奴役和支配人类的一种历史记录，人们服从于独断的命令，几乎无力反抗（Perrow，1991；Roy，1997）。有些人甚至断言，这个问题在后现代社会中已不重要——因为个体已不复存在（Baudrillard，1983）。这些矛盾的图景激发了学者对组织进行广泛研究。这些学者认为，组织和个人之间的张力可能是一种解放性的力量，也可能是疏远性或破坏性的力量。不管答案如何，组织构成了现代社会景观的主要特征。

1.1 为何要写本书

我们写这本书有三个目的。

第一，我们想写在组织研究过程中所面临的挑战，而不仅仅是介绍组织理论。组织是迷人的社会单元，有多种多样的形态和规模，但大部分被组织研究领域所忽视。在数据便利性和顽固偏见的驱动下，当代书籍和期刊倾向于将重点放在公开交易的上市公司上，现在美国的这类企业约 4 000 家，相比 20 世纪 90 年代中期的 8 000 多家的峰值显著下降（Davis，2016）。实际上，数百万的企业既没在任何证券交易所上市，也没有商学院毕业生任职，但除了像创业这样的子领域外，这些企业很少出现在研究中。当然，我们并不是说本书是一本缺乏理论解释的组织统计手册，而是说我们力求在研究设计中力求抓住组织的多样性，而不是把《财富》世界 500 强企业当成"组织动物园"里唯一的"动物"。我们主要关注商务组织，但也包括其他类型的组织。

第二，我们想写有关组织涌现（emergence）的内容，而不仅仅是关注组织的存在。在过去的几十年中，有关创业者和创业的研究增长速度惊人。但是，我们发现这些研究存在一些不足。它们通常侧重于对创业成果的个人层面的解释，而忽略了涌现所形成的组织化过程。而且，它们通常只考察小型或新组织的涌现过程。最根本的是，它们通常缺乏用于解释组织涌现过程的完整理论框架。

与上述研究不同，我们关注的是组织、组织的种群和共同体的起源。即使是规模非常大的组织，通常也是从小发展起来的，可似乎这种奇迹般的成长过程无法引发大多数组织理论家（theorist）的兴趣。其实，这应该受到关注。如果不理解新的社会单元为何以及如何涌现，我们就错失了人类社会中不断萌发的创造力与其在组织中成为具体现实之间的关系。因此，与大多数关于组织研究的书籍和文章相比，我们对组织、种群和共同体的早期发展给予了更多关注，并在所有层级的分析中将涌现视为一种重要动力。

第三，我们想写的是新组织、种群和共同体涌现的演化过程。这需要一种跨学科的方法。令我们失望的是，大多数有关组织的研究都关注结构和稳定性，而不是涌现和变化。研究者通过忽视起源问题来逃避组织为何存续的问题。相反，演化方法把起源和存续视为不可分割的。在这种情况下，演化模型包含了许多层次和分析单元，以跨学科的独特视角看待变化过程。

组织研究兼收并蓄的特性吸引了经济学、历史学、政治学、心理学、社会学和其他领域的学者。在组织理论领域，学科边界没有多大意义，特定理论群体的成员会在相应的专栏和学科专业期刊上发表丰富多彩的研究成果。正如第2章和第3章中所言，我们使用演化方法，因为它是一个通用的框架，可以解释各种理论范式。演化方法可以应用在很多层面上，它引导我们关注变异、选择、保留和争夺的过程，这些过程共同作用，在演化系统中产生模式化变化。在本书的前几章中，我们用演化方法来描述人们在寻求机会的过程中如何调动资源来使新组织涌现。这里我们以周和月为时间单位。在后面的章节中，对组织、种群和共同体演化的历史情境展开考察，关注的时间单位则是几年甚至几十年。这展示了演化方法是如何帮助我们将历史和社会结构联系起来的。

紧扣对工业社会中多种多样的组织进行描述这一主题，我们提供了一些有关组织景观（organizational landscape）的信息。这展示了不同社会组织规模分布的相似性，以及分布函数的尾部之间存在的巨大差异。本章最后介绍了本书的规划，以及每章讨论的主题和各主题内在的逻辑关系。

1.2 何为组织

我们先解释一下正式组织定义的三个维度，然后考察美国和其他资本主义社会组织景观的形态。

1.2.1 组织的定义：三个维度

组织是什么？组织是目标导向、维持一定边界以及社会建构（socially constructed）的人类活动系统（Aldrich，1979）。这个定义聚焦于涉及组织起源和存续的社会过程。有些定义增加了其他标准，例如精心的设计、存在状态结构、组织预期寿命、环境导向以及人员的可替代性（Scott，2003）。然而，我们相信这些特征都是在三个关键维度的变化过程中体现出来的，正是这些过程将组织与其他社会单元区分开来，如家庭和朋友圈。对其他类型的社会单元进行组织分析当然也是可以的，但本书中我们关注的是目标导向的组织。

1. 目标导向

组织之所以区别于其他群体（如家庭、小团体），是因为它具有目标导向的行为，是一个精心设计活动的系统。组织是具有目标的体系，尽管个人参与者可能对这些目标不太关心，甚至偏离它们，但组织体系中成员的行为似乎还是目标导向的。在某些情况下，组织目标明确载录于章程、使命陈述和战略文件中。但大多数情况下，组织目标往往是隐晦的，这使成员目标和组织目标间的区分以及组织和其他群体间清晰的划分变得更加复杂。

为了一个共同目标而采取协调一致的集体行动，也使组织有别于其他社会单元（如朋友圈、观众和公众群体）。这些社会单元通常没有一个明确的议程，很容易转向漫无目的或纯粹的社会活动。相反，将实际结果与预期目标进行比较，对于组织是否会继续采取行动或改变行动路线具有实质性影响（Simon，1955）。由于现代社会中许多组织形式已经制度化，因此当任务超出个人掌握的能力和资源时，人们自然会求助于组织力量，或创建一个组织（Meyer and Rowan，1977；Zucker，1988）。例如，当人们为社会或政治事业筹集资金时，总是会创建自愿性协会，而后建立章程、雇用办事人员、开设银行账户和定期举行会议（Clemens and Guthrie，2010）。

当组织所有者或领导者制定目标时，必须考虑其他提供资源的组织和个人的潜在的冲突性偏好。他们必须促使（或强迫）参与者为组织活动做出贡献：给予工作人员报酬，让他们为组织事务工作，许多非营利组织则应当提供更多无形利益，如提供社交场合。由于组织需要其所处环境的资源，因此会受各种不确定性的影响，如果依赖于外部环境，那么它们很可能受外部条件的影响和控制（Pfeffer and Salancik，1978）。当代研究往往关注组织如何管理这些外部依赖关系，这种关注突出了组织定义的第二个维度：组织与所处环境之间的边界。

2. 边界维持

组织与其他类型的群体共享其社会建构边界的特征。然而，与其他群体相比，组织倾向于建立权威流程来认定成员的差别。例如，大型企业的人力资源管理部门，招录一些人而淘汰另一些人，严格区分"员工"（有权享受组织福利）和"非员工"（无权享受组织福利）。志愿性协会也设有履行类似职能的成员委员会。成员的标志或许是独特的穿衣风格，抑或是特殊的词汇。在迪士尼这样的休闲公园中，员工的个人身份隐藏在他们的演出服下，他们成了"演员"和"表演者"（Van Maanen and Kunda，1989）。组织的建立意味着成员和非成员之间有所区别，这将组织和它所处的环境区别开来（Weber，1968）。

从组织的角度来看，能否作为一个实体生存下来取决于其控制边界的能力大小（Santos and Eisenhardt，2005）。根据边界维持的评判标准，朋友圈或临时协会不能被视为组织，而社交俱乐部和兄弟会则属于组织范畴。朋友圈或临时协会很容易进入和退出，因此其存在的时间很短。在人们进行严格的准入考察时，边界维持过程就会显现出来。例如，当美国的少数族裔首次进入排他性的兄弟会、乡村俱乐部、律师事务所和精英大学时，边界维持过程就显得特别突出（Karabel，2005）。

在一些组织理论中，边界维持包括剥离或试图控制干扰理性决策的那些与人性和外部承诺相关的方方面面（Simon，1997）。情感依恋会影响判断，并可能导致人们做出"非理性"决策。因此，组织的构建是指以各种方式来消除或至少是弥补人类情感属性对决策的影响。建立这类组织理论的人类行为假设，受到部分女权主义理论家的反对。Mumby 和 Putnam（1992，pp.471-474）认为，有限理性孤立并压制了"组织化过程中的情感自我与生理自我"。他们提出了一种替代性的情感模型，在此模型中，"培养、关怀、共同性、资助、相互联系与个人责任相融合，从而塑造组织体验"。他们强调了这一模型与管理理论家的组织模型之间的差异，管理理论家的组织理论关注组织实效，而有限情感模型包含更多的内容，关注理解组织如何以及为什么演变。对于我们的目的而言，有限理性和有限情感的概念都强调了组织在所处环境中的嵌入性。

3. 活动系统

组织拥有执行任务的活动系统，包括处理原材料、信息或人力资源。活动系统包含有界的、相互依赖的角色行为——一系列惯例和活动（Nelson and Winter，1982）。相互依赖性通常取决于所使用的技术（Thompson，1967）。我们把"惯例"一词作为通用术语，正如 Levitt 和 March（1988，p.320）所言："组织是围绕着形式、规则、程序、传统和战略构建与运营的。"虽然惯例在传统意义上被视为组织惰性和僵化的源头，但是近来的研究强调了惯例的演化和动态属性（Pentland et al.，2012）。

很多惯例存在于人与人之间，但也有不少需要人与物（如机器和其他人工物）的互动，这种交互的研究催生了大量关于技术和创新的文献（Bailey，Leonardi，and Barley，2012；Bechky，2003a）。诚然，Latour（1993）认为社会学家无法真正理解组织，因为这种复杂的社会单元不仅仅是人类成员的总和。他断言，理论研究必须考虑组织中人与非人的互动（例如和产品、技术的互动）。当机器独立运转时，特别是如果由人工智能程序控制，那么人们往往看不出人类的介入，但是其运转结果会给机器的名义所有者提出问题。

组织活动中的劳动分工导致了角色分化和职能专业化。在较小的组织中，角色分化——人们在组织中扮演不同的角色，可能仅仅涉及领导者或管理者与其他成员之间的差异，而较大的组织通常是高度分化的。20世纪六七十年代，学者研究了组织规模和角色分化之间的关系（Blau，1970；Child，1973）。他们发现组织扩张导致了协调和控制的问题，所以试图简化结构并创建新的子公司和分公司。

在组织内部，目标导向、边界维持本身就是协调和控制的议题。管理机构设计组织内部结构，用于配置资源或整合工作流程，这些内部结构通过差别性地分配权力和影响工作特征等方式，影响着个体参与者所感知到的意义和满意度。控制结构——形成参与者被引导、评估和奖励方式的安排，受到参与者多重外部社会角色的约束。在过去的几十年中，组织社会学的范围逐渐扩大，涵盖了更多与组织寿命相关的外部不确定性的研究。

除了少数例外，组织都不是自给自足的。它们必须依靠与环境的相互作用来维持生存。这些环境包括与工作完成直接相关的技术元素——信息和其他资源，以及在更广泛的社会中共享的文化和制度元素——关于组织的规则、理解和含义（Meyer and Scott，1983）。早期学者试图建立组织与环境之间关系的理论，尝试将两者进行严格的划分，并寻求环境的分类。根据制度理论家和社会网络理论学者的见解，我们现在已经认识到，环境的影响以许多不同方式渗透到组织中。

1.2.2　组织景观

为了与本书的中心主题保持一致，我们应该先了解组织景观的轮廓，再将其理论化。学者们在书刊中对组织的讨论常常滋生出一种不真实的气氛，传递了一种具有巨大权力的、庞大的组织形象。事实上，与之相反，绝大多数组织规模小、寿命短，它们的寿命比创建和运营这些组织的人要短得多。全面理解组织演化必须认识到这一现实。我们可以从认识自己的研究中通常所用的信息的局限性出发。

从历史上看，组织研究领域已考察了许多类型的组织。学者研究了政府机构（Blau，1955；Selznick，1949）、教会和非营利组织（Gusfield，1963）、教育机构（Clark，1970；Stinchcombe，1964）以及各种形式的营利组织。然而，当代许多研究显示出对大型公开上市的组织的偏好，这种偏好影响了学者们构建的各种组织理论。选择偏好的类似问题也影响了学者对其他事件的研究，这些事件是历史进程的结果，例如对政治系统的比较研究（Geddes，1990；Gisselquist，2014）。

所有商业组织中公司只占少数，而上市公司在所有公司中只占小部分。在美国三大证券交易所和一些地方性交易所上市的公司约4 000家，不到公司总数的0.2%。许多组织研究人员，尤其是那些对财务绩效指标感兴趣的研究者，都依赖于这一小部分上市公司，因为这些公司的数据可以在美国证券交易委员会、联邦贸易委员会和其他组织的报表中随时获得。然而，假如我们的样本只包含最长寿和规模最大的企业，就会把许多历史发展细节丢失。我们忽略了组织淘汰竞争对手的成长、演变过程，而正是在这个过程中，组织发展出独特能力，使自身比对手更加强大。

工业社会存在大量的组织，但大多数规模都很小。2014年，至少有一名雇员的商业组织在美国有超过570万家（小企业管理局（Small Business Administration，SBA），2017），还有数以千计的政府机构、非营利机构、成员俱乐部和志愿性协会。例如，2017年有近14 000个美国军人团体、1 000个地方性女选民联盟、7 500个扶轮社、1 900个地方性角鹿社、2 200个全国有色人种提升协会成人分社。根据皮尤研究中心的一份报告，2010年近乎75%的美国人声称自己至少隶属于一个协会（Purcell and Smith，2011）。超过200万美国人隶属于美国军人社团，近100万美国人隶属于角鹿社。其他国家的志愿性协会会员人数也与此类似（Schofer and Fourcade-Gourinchas，2001）。

我们如何才能更了解实际的组织景观呢？过去关于美国和其他国家企业的详细信息相当零散，但当各国政府为了制定经济政策，开始收集更详细的信息后，情况有所改观。在美国，小企业管理局（SBA）和劳动统计局利用其他政府机构和私营部门提供的信息，承担了收集和发布商业数据的大部分责任。由于各机构的定位有所不同，涉及的目标人群也略有不同，因此，不同数据源和年份之间的可比性存在很大问题。在附录A中，我们简要回顾了各种研究设计的相对优缺点，这些研究设计用于收集正式组织的信息。

鉴于现有的丰富的组织统计资料，我们特别强调了三个描述性特征，必要时还会用到跨国数据。首先，商业和非营利组织规模呈现高偏态分布，特大型组织只占少数。其次，尽管大型组织的数量很少，但它们往往占据了主要的资源（如收入和资产）。最后，尽管大多数人在大型组织中工作，但较小型组织所占员工份额也不小。

2012年美国各产业的企业规模如表1-1所示。虽然表1-1列出的是当代数据，但读者应该认识到，我们所识别的属性在一段时间内是组织景观的稳定特征。例如，20世纪50年代，商业组织的偏态分布已是众所周知的经验性事实（Simon and Bonini，1958）；早在最近创业活动繁荣之前，评论家就认识到作为雇主的小型组织的重要性（Granovetter，1984）。因此，从演化角度来看，一个重要的理论研究问题是：随着组织景观的构成发生巨大变化，这些属性如何在总体上历时长久而保持不变。正如理论文献和后面章节的讨论中所表明的那样,这些属性是由于基本的演化过程而产生的,如组织的创建、成长和解散(Josefy et al., 2017)。

1. 大部分组织都是小型组织

商业公司的规模分布往往呈对数正态分布,志愿性协会的规模分布也是如此。在分布曲线一端的尾部,有大量的小型组织;在分布曲线另一端的尾部,有少量的大型组织。如表 1-1 所示,2012 年,小企业管理局估计在美国约有 570 万家企业雇员少于 20 人,占全部企业的 89.6%。(Caruso, 2015),98% 以上的企业雇员少于 100 人。2017 年,尽管不同国家的比例存在差异,但是几乎 99% 的欧盟企业雇员少于 50 人,93% 以上的企业雇员少于 10 人(Clark, 2019)。2016 年,超过 99% 的日本企业雇员少于 100 人,77% 的企业雇员少于 10 人(日本统计局(Statistics Bureau of Japan),2016)。

表 1-1 2012 年美国各产业的企业规模 (%)

	不同规模等级中的企业的百分比				在 500 人及以上的企业中工作的雇员所占比例
	雇员规模 1~19 人	雇员规模 20~99 人	雇员规模 100~499 人	雇员规模 500 人及以上	
全行业	89.6	8.6	1.5	0.3	51.6
农业、林业、渔业和狩猎业	93.4	5.1	1.0	0.4	14.9
采矿业、采石业、石油和天然气开采业	82.9	12.1	3.3	1.7	59.5
公共事业	76.3	15.1	5.3	3.3	82.6
建筑业	92.8	6.3	0.8	0.1	16.7
制造业	75.3	18.5	4.8	1.4	54.5
批发贸易业	85.6	10.9	2.5	0.9	40.4
零售业	91.4	7.2	1.2	0.3	64.1
交通和仓储业	87.9	8.6	2.2	1.3	63.0
信息业	84.9	10.8	2.8	1.6	72.5
金融和保险业	91.9	5.7	1.6	0.7	68.1
房地产业	94.9	3.7	0.9	0.5	30.7
专业服务业	93.7	4.9	0.9	0.4	40.5
企业管理业	16.1	22.4	33.3	28.2	87.3
废料管理业	88.1	8.4	2.4	1.1	64.4
教育服务	77.7	16.7	4.1	1.6	57.1
健康与社会援助	86.8	9.9	2.7	0.7	54.0
艺术、娱乐和消遣服务	86.1	10.9	2.3	0.7	36.7
住宿和餐饮服务	79.4	18.5	1.7	0.4	40.1
其他服务	93.3	5.8	0.7	0.2	14.2
未分类的产业	99.8	0.1	0.0	0.0	0.0

资料来源:Caruso(2015)。

注:由于四舍五入的原因,个别项目统计数据之和并不精确等于 100%。

2. 大型企业在经济上占主导地位

以资产为衡量标准，大型企业主导着企业界。2013年，在美国大约600万家公司中，大多数公司资产不足10万美元，它们在所有公司资产中所占的比重不到0.2%（Internal Revenue Service，2013）。相比之下，资产达2.5亿美元及以上的公司占公司总数的0.002%，却占所有公司资产的90%。标准普尔的一份报告表明，2013年18家拥有最多财富的美国公司占所有公司现金和短期投资的36%，而2009年这一比例只是27%（Needham，2014）。

详细的信息表明公司部门内的集中度历时而变。例如，1990年，在美国的商业银行中，最大的5家商业银行的资产占所有资产的10%，而到了2000年这一比例则上升至28%。到2016年，最顶尖的5家商业银行（包括摩根大通、美国银行、富国银行、花旗银行和美国合众银行）的集中度超过了46%（Federal Reserve Bank of St. Louis，2018）。集中度的上升是由兼并潮和1999年废除了《格拉斯－斯蒂格尔法案》（该法案规定自1933年起在美国分离商业银行和投资银行）而引发的。即使在2008年经济大衰退期间，监管机构尝试改革美国金融系统后，美国最著名的金融机构仍是"大而不能倒"（Schaefer，2014）。

3. 小型组织是重要的雇主

以就业份额为衡量标准，大型企业在总就业中占有很大份额。尽管如此，小型企业在劳动市场中依然扮演着重要角色。2017年，美国大约36%的人就职于雇员少于100人的企业（Small Business Administration，2017）。在农业、林业和渔业部门及建筑业，只有约1/3的人就职于雇员人数超过100人的企业。在以下三个产业中，超过70%的劳动力就职于大型组织：①制造业；②交通、通信和公共事业；③金融、保险和房地产业。2003年，欧盟中雇员超过50人的企业雇用了私营部门劳动力的43%，但是各国之间的差异比较大。在德国和英国，大型企业雇用了一半的劳动力；希腊和意大利有着很多小型企业部门，在这两个国家中雇员超过50人的企业雇用了超过26%的劳动力。

从个体层面看，小型组织可能对其所在环境的影响相对较小。然而，基于种群或行业层面的分析通常表明，微小的个体效应可以累积成相当大的集体效应。例如，Barnett和他的同事研究了活跃于1900—1917年的艾奥瓦州东南部的电话公司，以及1877—1933年运营的宾夕法尼亚州的电话公司（Barnett and Amburgey，1990；Barnett and Carroll，1987）。他们发现，单独来看，小型企业对其他企业的影响极小。然而，从种群层面来看，两项研究中小型企业的影响都极大，因为它们的数量更多。

更为重要的是，从演化的角度看，大型组织起源于小型组织。它们不是突然形成的，而是从同行中脱颖而出，许多企业在创业过程中夭折，绝大多数企业的规模达不到教科书中所描述的那么突出的水平。此外，近来的历史研究表明，比起20世纪后期而言，超级明星企业——产业中最大规模的企业，不再是美国的主导力量。相反，在1998—2018年，这些大型企业对生产力增长的贡献下降了约40%（Gutiérrez and Philippon，2019）。"更大"并不必然意味着"更好"。

1.3 本书主要讲了什么

我们使用演化方法来解释现代产业社会中组织、种群和共同体的起源。在提供理解框架的同时，我们还希望将组织的真实形象置于最显著的位置。因此，我们借鉴了许多历史案例，并提供了最新研究的扩展实例。我们强调，组织涌现过程是以地方和历史情境为基础的，但某些一般性规律也是显而易见的。

本书分为五个部分。第一部分介绍了演化方法，并将其置于其他方法的情境之中。第二部分包含三个章节，基于组织层面进行分析，重点关注个人和团体在组织创建与边界维持中的作用。第三部分通过探索组织和社会变革的历史情境来考察组织转型，并将此转化为种群层面的分析。第四部分主要探讨种群层面的分析，其中第9章着重分析新种群的涌现，第10章侧重于现有种群的再生。第五部分转向共同体层面的分析，借鉴前面章节的内容来探究创业和种群之间的关系如何影响共同体涌现的动态性。

每章最后都有一系列研究问题，强调了相关的理论争论，并指出了需要进一步研究的经验性领域。

1.4 各章内容要点

在本书的第一部分，第2章和第3章通过阐述演化方法以及它如何与其他视角相联系，为接下来的内容奠定了基础。在第2章中，我们研究了三个问题。第一，我们定义并解释了四个一般性过程：变异、选择、保留和争夺，这些过程驱动了事物的演化并生成了组织实体生命历程中的关键事件。第二，我们考察了20世纪禁酒运动的涌现及其对美国啤酒酿造行业造成的后果，从而通过历史案例研究考察了演化方法的效用。第三，我们回顾了在演化方法中影响研究设计的一些核心问题，包括可能干扰我们识别演化过程的选择偏好、定义组织新奇性的相关问题，以及分析中采用的各种分层方法。我们强调演化方法适用于多个层面，从而为综述侧重于不同分析单元的方法奠定基础。

在第3章中，鉴于主题的重要性，我们认为用于组织研究的方法的多样性不仅是可以接受的，也是必要的。由于演化方法是一种综合性的方法，因此我们相信它具有灵活的适用性，可以作为一种元理论，在演化方法中其他很多方法都能得到认同和理解。演化模型没有指明驱动变异、选择和保留的引擎，因此这些模型的驱动力依赖于其他方法的思想。我们回顾了六种方法：生态学方法、制度方法、解释性方法、组织学习方法、交易成本经济学方法和资源依赖方法。我们考虑了每种方法如何讨论变异、选择和保留。基于演化视角，我们还讨论了围绕每种方法的一些关键议题和争论，以及每种方法对理解组织演化的贡献。

在本书的第二部分，第4、5、6章讨论了组织作为社会单元而涌现和确立的条件。组织形式令人眼花缭乱，它们是为了应对各种各样的问题而创建的，并且在不同的环境条件下涌现。在第4章中，我们探讨了新组织的创建过程。最初那些积累资源、发起行动、建立组织的人被称为新手创业者。在应用演化观点时，我们关注新手创业者创建一个新组织的过程的两个方面：他们对组织知识的追求，以及围绕活动系统调动资源。大多数组织开始时规模很小，几乎没有资本要求，因此，社会支持和利用社会网络获得的知识在很大程度上决定了它们保持活动的能力。我们通过一项研究示例强调了创业活动的网络情境，该研究对美国各地的新手创业团队进行了抽样调查，并分析了其人口特征和网络构成。

第 5 章通过探讨创始人和其他参与者如何解决以下两个相关问题，来延续组织涌现这一主题。第一，他们必须探索怎样维持组织边界；第二，他们必须学习如何再生组织知识。这些发现必须日复一日，代代相传。边界维持是有争议的，因为成员在组织中扮演着矛盾的角色：一方面作为组织所提供资源的用户（因为组织控制了资源）；另一方面作为组织为了自我再生而进行必要行动的支持者。我们通过关注新组织招聘应聘者以及构建奖酬和控制系统的过程来研究这些主题。在本章中，我们广泛引用社会心理学的研究，来解释群体和组织边界是如何生成的，这被认为是理所当然的参考点。

在第 6 章中，我们研究了组织形式如何从围绕组织任务发展的惯例和身份中涌现出来，这些惯例和身份由紧急事件与权威指令所驱动。我们认为创建者花了大量时间在雇用员工上，并以分配一些角色为核心任务。与此同时，通过创造特殊的工作，其他角色也在涌现。在这些条件下，组织作为一个实体的协调一致性是有问题的，因为创建者的活动受到成员之间建立的关系的约束。通过他们的互动，成员必须学习和分享组织知识，并在日常生活中使用它。我们提出了一种关于组织形式的观点，这种组织形式基于成员之间的互动及其认知图式。我们回顾了一项关于软件支持热线的研究，以说明基于惯例的方法对于理解组织形式的有效性。组织作为边界维持系统的形象，也提出了组织维持同质身份程度的问题。利用 Martin（2002）对组织文化的分析，我们指出大多数组织都贯穿着多重意义，尤其是在它们成为有界实体之后。

在本书的第三部分，我们研究了组织内部以及经历大规模社会变革的组织群体的转型问题。组织变迁的频率和条件在组织研究中引发了一系列最激烈的争论。例如，战略选择理论家主张管理自主性和适应性，而生态和制度理论家则强调组织惰性和依赖性。如果组织在创建之后是相对惰性的，那么新组织就是种群多样性的主要来源。在历时过程中，组织的建立过程将导致种群变化。然而，如果组织在生命历程中经常发生重大变革，那么现有组织就是种群多样性的主要来源。

当然，我们知道组织变迁时而发生。关键问题是它们的变迁频率、程度及条件。此外，即使组织确实发生了变迁，变迁速度也可能赶不上环境的变化。一些组织很容易适应环境的挑战，而另一些组织则在遭遇第一次创伤事件时就消亡了。在第 7 章中，我们将组织转型定义为沿着三个可能维度发生的重大变化：目标、边界和活动。主要的变革包括打破惯例，转向挑战现有组织知识的新能力。演化框架要求我们关注转型过程的几个维度，包括成员参与程度。我们还考虑了转型会破坏组织，进而潜在地威胁组织的协调一致性和生存的一些情况。

一些组织转型不仅发生在种群内部，还发生在整个种群共同体中，具有广泛的历史和地理范围。另一些组织转型则发生在日常的、重复性的事件中，这些事件单独来看无关紧要，但累积起来会产生重大影响。大多数组织转型介于两者之间。所有这些都是与时间相关的历史性过程。在第 8 章中，我们认为必须将我们的解释嵌入历史情境来研究种群层面的转型，并且提出了一个框架来对历史性转型过程进行分类和解释。我们借用种群统计学家的观点，认为历史包括年龄、时期和队列效应。在一项研究示例中，我们考察了 Raffaelli（2019）的研究，Raffaelli 研究了瑞士制表产业 1970—2008 年的技术变革，这是一个反映制度和技术转型的时期效应的例子。我们强调了历史是如何成为演化解释的一个关键特征的。

在本书的第四部分，我们聚焦于种群层面的分析，考察新种群涌现的动态性和现有种群的持久性。在第 9 章中，我们研究了围绕新种群涌现的社会过程，从早期成长阶段的先锋性初创企业到新种群的形成。组织形式反映了在特定的历史时期内新手创业者所能获得的知识和资源。资源可用性具有历史的或然性，是基于特定历史时代条件的，因此，只有当相关的能力和惯例可以利用或创业者开发它们之后，具体类型的组织才会建立起来。组织创建中所利用的能力和惯例具有文化嵌入性和历史特定性，因此不同时代的种群体现了不同的组织形式（Stinchcombe，1965）。在构建新种群的过程中，新手创业者要么建立新的能力和惯例，要么以创新的方式将原有能力和惯例组合起来。

第 10 章是基于现代社会中的组织种群不断经历扩张、收缩和变迁这一观察结果而展开的。如果所有新创建的组织永远存在，那么组织演化的研究将局限于创建、适应和惰性议题。然而，我们知道组织解散率相当高，关于组织解散率的文献也十分丰富。作为独立实体的组织，其解散有两种方式：完全解散——绝大多数组织解散的过程；通过合并或收购成为不同实体的一部分。无论哪一年，只有不到 1% 的企业种群因合并而消失，但美国每年约有 10% 的企业不再作为独立实体存在。在其他西方资本主义经济体中也发现了类似的比率，例如英国。我们研究了外部事件对不同形式的组织生存能力的影响，利用一项研究示例展示了连锁商店和独立零售商之间的竞争。

在本书的最后一部分，也就是第五部分，我们进行了共同体层面的分析。组织共同体是由一系列共栖和共生的种群构成的。共同体的演化依赖于在种群层面上同时进行的变异、选择、保留和争夺过程，这些过程在构成组织共同体的各种种群中得到聚合。共同体合法化的动力也影响着组织演化的过程。因此，用来解释组织创建和新种群涌现的演化模型也可应用于共同体的发展。

不同单元间的相互依赖、相似单元间的竞争与合作将种群划分为不同的利基市场。占主导地位的种群将其他种群置于从属地位和辅助角色。在第 11 章中，我们以 Hawley（1950）关于共同体分析层面的概念为基础，重点关注种群之间的关系。我们讨论了 8 种相互依赖的种群类型，从完全竞争到完全互惠或共生。主导地位和权力关系也在共同体结构中发挥作用，特别是当创业者努力开拓新的利基市场并为组织和种群争取合法性的时候。我们研究了这一过程的两个方面：①对于在技术、规范和价值观及法律法规的不连续性中构建新种群，创业者所起的作用；②利益集团和协会的集体行动，尤其是针对国家的集体行动，如何建立了共同体层面的合法性。

研究问题

1. 一些方法论上的个体主义者认为,组织研究可以划分为对个体参与者和利益相关者的研究:

(1)针对这种观点,你将如何为组织科学的观点进行辩护?

(2)如果我们只研究组织内部的个体,我们将会错失什么?

2. 角色分化和组织规模之间的关系是什么?

3. 基于"目标导向、边界维持和活动系统"的正式组织定义,请辨识出组织和其他社会群体之间的"灰色地带"中存疑的例子。这种例子可能包括青年帮派、社会运动和专业会议等。

4. 组织为何不能完全自给自足?在何种条件下组织最可能实现近乎自给自足?

第一部分

组织和管理理论的演化视角分析

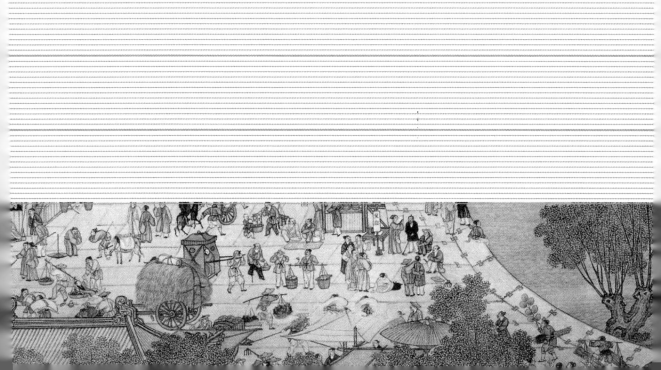

第 2 章
CPAPTER 2

演化方法

在本章中,我们着手讨论三个议题。第一,我们定义和解释了驱动演化并在组织实体的生命历程中引发种种关键事件的四个一般过程。这四个过程又涵盖其他过程,诸如突变、重组、随机变异、学习、制度化、集中、再定位、创业、合作和竞争的过程。第二,我们通过考察 20 世纪的禁酒运动的涌现以及对美国啤酒酿造产业带来的后果,考察了演化方法的效用。第三,我们评述了演化方法研究设计中必须考虑的三个关键问题,指出理论家之间的分歧。这些关键问题包括可能会影响研究设计的选择偏差,定义惯例、组织、组织形式中的新奇性问题以及演化过程中分析单元的选择问题。一些理论家偏爱考察演化过程中的活动和结构,比如惯例、能力和工作;然而,其他理论家热衷于研究承载活动和结构的有界实体,如团队、组织、种群和共同体。

2.1 演化过程

演化源于四个一般过程:变异、选择、保留和争夺稀缺资源(Campbell,1969),定义和范例见表 2-1。演化理论不是一套以定律构成的演绎陈述(Sober,1993)。相反,它是"一个松散相连的体系,却可能是真实的经验推断式的命题……它提出了许多有趣问题,提供解决问题的思路和线索,也许最关键的是产生了可检验的假设"(Langton,1984,p.352)。构成演化理论的四个一般过程是解释演化变迁的充要条件。如果在系统中生成了变异和保留,那么该体系就经历了选择过程,演化将会发生。最重要的是,正如 Dennett(2017)和其他学者所指出的,这些机制并不仅仅局限于生物层面的分析。我们借鉴的是通用原则,既适用于生物系统也适用于社会系统。

表 2-1　演化过程的定义和范例

演化过程	定 义	范 例
变异	当前惯例和能力的改变；组织形式的改变 　　有意的：当人们积极尝试提出选择方案和寻找问题的解决方法时 　　盲目的：不依赖于有意识的计划	组织内：问题的搜寻 组织间：由行业外部人士建立的新组织 错误、误解、惊奇和好奇心
选择	有差别地清除特定类型的变异 　　外部选择：影响组织惯例和能力的外部力量 　　内部选择：影响组织惯例和能力的内部力量	市场力量、竞争压力、对制度化规范的遵循 稳定性和同质性的压力，以及在新环境中不再重要的过往选择标准的持续性
保留	选定的变异被保留、复制或再生产	组织内：专业化，限制自由裁量权的角色标准化 组织间：与文化信仰和价值观相关的实践的制度化
争夺	因供给有限而争取稀缺资源	争夺资本或合法性

从 Spencer（1896）开始，学者们对演化分析的社会应用一直很感兴趣。由于演化理论摆脱了先前的错误解读，诸如"演化"意味着"进步"抑或"适合"意味着"优越"，因此 Darwin 的"变异—选择—保留"模型吸引着越来越多的追随者。尽管"演化"一词引起了一些社会科学家的负面情感反应（Giddens，1986），但演化方法的发展已在很大程度上超脱了这些不全面的且过时的方式。近来的研究已关注阐述组织演化背后的关键概念（Aldrich et al., 2008）、机制（Breslin, 2016）和情境（Lippmann and Aldrich, 2014）。结果就是，自演化方法在现代实现复兴以来，运用于组织的演化方法已经激发了重要的理论性和经验性研究。

在过去的几十年里，Dawkins（1987）和 Dennett（2017）已为演化思想提供了清晰解释，其他学者（Hamilton, 1991(2017); Nelson, 1994; Sorenson, 2003）已将演化思想用于分析经济变革。许多研究者已将演化原理用于各种产业和制度背景的研究中。例如，Barnett 和同事（Barnett, 2008；Barnett and Levinthal, 2017；Barnett and Pontikes, 2008；Barnett and Woywode, 2004）已将"变异—选择—保留"分析框架用于探究新闻报纸、银行和计算机制造等产业中的组织的失败和成长。

演化模型有益于理解非商业组织的过程和结果。例如，在有限资源空间中运作时，社会运动组织可能会协调其活动或相互竞争。这些联系和竞争有助于驱动社会运动组织自身定位问题的变异、选择和保留（Jung, King, and Soule, 2014）。演化过程也有助于解释文化产品的变化以及文化生产者之间的变化（Mauch et al., 2015）。例如，施坦威父子公司（Steinway & Sons）在其他生产者为大众市场批量生产钢琴之后很久，仍继续生产手工钢琴。然而，施坦威父子公司在专业音乐文化中占据了稳固地位，这使得它在演奏家音乐会专用钢琴市场中也维持了稳固地位（Cattani, Dunbar, and Shapira, 2017）。恰如制度理论家可能会说的那样，一个享有盛誉的音乐厅怎么会从其他生产商那里购买钢琴呢？这简直是"不可想象的"。上述经验性研究项目证明了不断地开发"演化的解释原则"与"种群层面变化"之间的自然联系所带来的好处。

2.1.1 变异

变异（uariation）是理解演化的一个有用的分析起点。任何对惯例或传统的偏离都是一种变异，变异可能是有意的，也可能是盲目的。有意的变异发生在人们或组织积极尝试生成选择方案并寻求问题的解决方法时。有意的变异产生于对困境的有意识的反应、计划的会议、外部顾问的意见等。相反，盲目变异独立于有意识的计划。盲目变异的产生并非出于对适应压力的有意反应，而是来自意外、机会、运气、冲突、不当行为等（Denrell, Fang, and Liu, 2015; Stam, 2016）。变异是选择过程的原材料库，它依据给定的选择标准挑选出最合适的变异。无论其来源如何以及人类是否精确理解其中的情景，变异的频率越高，变化的机会就越大。

社会理论学家经常将有意的变异的相对重要性视作能动性问题：面对社会结构对人的理解和行为的约束，人们有多大的独立性和创造性？能动性是一个重要的问题，但是我们需要区分"行动者是否可以自由采取自主行动"这一问题和"他们的行动不管出于何种目的都会是有结果的"这一问题。借助"有结果的"这一术语，我们的意思是世界确实会因行动者的行为而发生变化。当然，一些行动者比其他行动者享有更多财富、权力和威望，因此他们的行为比那些拥有较少特权的行动者取得成功的可能性更大。演化方法将产生变异的条件问题从变异被选择和保留的条件问题中分离出来。

演化理论认为在个人或组织的需求方面，大量的社会文化变异都是盲目的。人们的需求可以很好地解释他们在做出搜索行为并试图解决问题时产生变异的原因，但"需求"并不能解释解决方法。盲目的变异可以和有意的变异一样有效。例如，盲目的变异可能会带来发现无人能够发现的解决方法，因为这种变异在当前人类的理解域之外。变异的选择是根据其后果而得来的，而不是来自那些导致变异的人之意图（Lewis and Steinmo, 2012）。

1. 组织内部的变异

组织内部有意的变异的来源包括：①试验和模仿的正式程序；②向员工提供直接和间接激励；③鼓励无重点的变异或趣味性的变异（Miner, 1994）。组织经常试图通过制度化项目、程序、部门和其他官方批准的活动中的试验来诱导探索性变异（Agrawal et al., 2018）。例如，谷歌公司所称颂的"20%时间原则"，就是用以确保员工有充足时间以创新之名从事探索和改良。在跨部门科学家间鼓励频繁互动，促进合作——贝尔实验室以这样的总部设计而闻名于世（Gertner, 2012）。Sitkin（1992, p.239）认为创新组织应该设计促进"聪明的失败"的系统，以此作为建设性试验的一种方法。他认为失败可以引发试验，从而在所有响应组成部分中变异。当个体或群体应对不能预见的环境，没有充裕时间考虑其他方案而即兴行动时，也会引入变异（Antonacopoulou and Sheaffer, 2013）。

鼓励偏离标准惯例的激励措施包括：对员工工作描述进行部分创新、对贡献创新思想的员工进行经济补偿，以及在各工作组之间用象征性的奖励来创造竞争。各单位人员的计划性转移会在整个组织中传播有关新实践的知识。Miner（1994）认为，一些组织容忍偶尔出现的不聚焦的变异，以此作为保留个性古怪但具有创造性的员工的成本。管理人员有时也鼓励不聚焦的变异，因为他们认识到诱发的变异往往不够激进而难以在新领域实现突破。这类政策很重要，因为它们有助于产生和维持组织异质性，否则这种组织异质性会迫于服从压力而消失（Cable，2018）。变异有时在组织内部也会被故意抑制。占主导地位的群体和联盟可能限制变异的机会，以防止自身权力和特权受到挑战（Pfeffer and Salancik，1978）。

强有力的团体可能会创造一些不显眼的组织结构，同时提出一些解释性原则，以形塑（shape）人们对"什么是必要的，什么是可能的"的感知（Perrow，1986a；Yenkey，2017）。例如，在对安然公司（Enron Corporation）的研究中，Aven（2015）记录了企业大规模会计丑闻的参与者组织其沟通的方式迥异于那些非参与者的沟通方式。两种不同的沟通模式同时存在于组织中，但是腐败网络中的强大的行动者的存在，使得他们能够支配公司实践和话语权，并能压制他人。这个例子表明即使在面临政府和他人约束时，组织内的个体也经常会进行"地下活动"，想方设法进行创新和探索新想法（甚至这些创新和想法都是非法的）(Criscuolo，Salter，and Ter Wal，2013）。

组织内部盲目变异的来源包括：①成员履行其作为组织参与者的角色所催生的日常变异，包括试错性学习、运气、模仿、错误、激情、误解、无意义的好奇心；②对意外环境"变动"的成员反应（Meyer，1982），比如员工离职、劳工罢工、金融危机、法律丑闻等。当员工忘记了标准惯例、发明新惯例、听到关于更好实践的传闻、遗漏或失去某些事物、追求创造性的见解以及变得气馁或无聊时，变异也会发生在组织工作中。变异也可能发生在工作小组中，尤其是多样性程度发生变化的工作小组（Van Knippenberg and Schippers，2007）。随着新成员的加入，旧成员被解雇或下岗，任务被转移，成员们变得更喜欢或讨厌对方，变异就出现了。

在组织内部的部门和高级管理层中，变异包括了有意行为和盲目行为的融合体。例如，新的管理人员尝试通过重组事物来保持良好的形象，研发实验室创造需要寻找市场的产品。它们也包括：营销部门销售那些组织尚未找到方法正式投产的产品，刚毕业的MBA学员发现组织中的一切都需要重新创造，等等。在模仿其他组织时，也可能会带来盲目变异。例如，在1997—2008年的英国移动电话产业中，当技术创新十分迅速且客户偏好难以衡量时，有些企业有意模仿竞争对手的新产品。这些模仿模式非均衡地遍布于竞争者群体中。产品组合和投资水平各有不同。由此引致的战略和结构的变异（尽管是非意向性的），促使行业在瞬息万变的环境中快速发展（Giachetti，Lampel，and Pira，2017）。

有目的的变异和盲目变异的组合比例是什么？管理者们几乎都相信自己所做的大多数事情都不是盲目的。他们认为面对不确定性和风险时，可以利用自身技能来改善自己的处境（Malmendier and Tate，2015；Volberda，Van Den Bosch，and Mihalache，2014）。与之形成对比的是，Kaufman（1985，p.54）列出了管理人员在不确定性环境中所面临的挑战，包括调和意见分歧、处理决策过程中的非理性问题，以及与执行决定的不完美尝试做斗争。他的结论是"成功应对环境挑战可能是一件非常偶然的事情"。尽管许多知名的理论家也认同大多数变异是盲目的这一信念，但是 Nelson 和 Winter（1982，p.11）持有一种混合立场："开发将'盲目'和'有意'的过程交织在一起的企业行为模型，既不困难，也不是那么令人难以置信。事实上，这两个因素都涉及人类解决问题本身且难解难分。"我们相信在变异情况中，"意向"和"意向的结果"之间的微妙联系总是值得进行经验性考察的。

2. 组织层面和种群层面的变异

演化框架的一个关键特征就是：不仅要考虑现有组织内的变异，还要考虑新组织和新种群引起的变异。一旦建立了新的组织，就有可能在种群和共同体中引入变异。正如我们在第 4 章中指出的，意向在参与组织创建的目标导向活动中起着关键作用。大多数创始人显然打算复制成功组织的特点。因此，他们避免偏离种群内的规范。尽管如此，复制中的错误还是屡见不鲜，偶尔在新组织中引入盲目变异（Denrell et al., 2015）。虽然失败和错误会因刺激进一步的变异而变得有用（Cope, 2011），但许多结果证明这也是致命的。

有些创建活动故意偏离既有的组织形式。如果成功的话，这些激进创新就破坏了其他组织的能力，从而改变了其他组织的生存条件（Tushman and Anderson, 1986）。这样的例子包括开发新的产品类别，如个人计算机取代打字机和文字处理器（Danneels, 2010），或者开发与现有产品相关联的替代品，如柴油机之于蒸汽机（Marx, 1976）。在第 9 章中，我们考察了有利于组织构建的条件，该条件十分激进，从而催生出了全新的组织种群。

当然，在现有安排中的既得利益组织也可能不鼓励种群层面的变异。例如，在 Leblebici 等人（1991，p.358）撰写的有关无线电广播产业的历史中，他们发现是外来者向系统引入了大量的新实践。创新总是由那些"不引人注目的商人、小型独立的电台、叛逆的唱片制作人、缺乏竞争力的网络机构或有进取心的广告公司所发起的。在制度化的公约中享有既得利益的强有力的团体利用其资源维持现状，或引入确认既有公约的实践"。许多由外来者开创的变异最终被占主导地位的组织所采纳，还有一些引发了重塑该行业的立法和监管对策。

2.1.2 选择

差异性地选择或选择性地消除某些类型变异的力量产生了第二种基本的演化过程：选择（selection）。有些变异有助于组织获得资源或合法性，从而得以被选择。选择标准通过市场力量、竞争的压力、内部组织结构化的逻辑、符合制度化规范和其他力量的运作而建立。如果选择标准有利于管理的合理性和行业内的正式控制结构，那么拥有这些结构的组织将会被选择。结果就是，科层制组织的幸存是以牺牲非科层制的组织为代价的。例如，在第二次世界大战时期，三种力量加速了各产业转向科层化的人事实践的趋势：①政府对劳动力市场的介入；②与日俱增的工会压力；③职业人事专家的影响力日益增强（Baron, Dobbin, and Jennings, 1986; Edelman, 2016）。近来，选择力量

(selection force)偏爱那些使组织更快地响应新技术、法律和消费者偏好的结构（Smith and Besharov，2017）。

1. 组织内部的选择

在组织和工作组内部，内部扩散、模仿、晋升和激励系统可能是具有选择性的，其方式可以是增强或降低适应力，抑或根本是无关紧要的。战略选择学者认为管理者通常作为选择的能动主体而展开行动，因为他们通过过滤组织目标来解释环境触发因素，选择最适合于自身创造的新条件的组织惯例（Nigam，Huising，and Golden，2016）。另一些学者则不认为组织领导者是全知全能的，指出战略变革通常是在"救火"（即对当前问题做出反应）模式而非"战略规划"模式下引入的（Mintzberg，1973）。

管理学和企业战略理论的作者通常关注提高适应性的选择系统，而演化论方法提醒我们：许多选择系统可能与环境适应性无关或与环境适应性没有紧密联系（Denrell，Liu，and Le Mens，2017）。这些系统保持了与当前环境条件无关的组织多样性。在某种程度上受到环境保护的组织甚至可能偏离外部相关性，恰如所谓的"僵化"或"永久失败"的组织（Meyer and Zucker，1989）。三种类型的内部选择有助于形成内部选择和环境适应度之间的松散耦合：①向稳定性和同质性施加的压力；②在新环境中不再重要的过往选择标准的持存性；③一些组织创始人和领导者接受低绩效阈值的意愿。

第一，工作组和组织的压力往往促进内部稳定和创造凝聚力。组织常常以可观察的相似性为基础选择成员，来积极地创造团队凝聚力，因为这些相似性被视作不可观察的特征的近似替代指标。例如，在对精英服务企业的招聘行为的研究中，Rivera（2016）发现面试官通过引用看似无关的但在情感上令人满意的求职者的特性（诸如模糊的爱好和旅行经历），来证明聘用决策的合理性。成员之间频繁的互动会积极强化那些对参与者有益并可消除相冲突行为的人际关系活动（Kanter，1977）。群体中的选择或态度转变是从社会心理角度来解释的，包括社会比较、自我分类和网络影响理论（Friedkin and Johnsen，2011）。部门间和其他组织内的活动，同样被引向保持一致性以及独立于外部环境压力。

第二，内部选择标准可以作为过往外部标准的替代方案。曾经因适合情境而被选择的程序可能与当前的情况不相关，甚至不适合当前情况。当一个组织重复这些实践时，成员们就会日复一日地熟练地重复，从而更有可能继续使用它们。自我强化的过程有助于组织的稳定性，但也会导致抑制发现潜在的适应性替代方案的能力陷阱（Levitt and March，1988）。成员们也许继续做他们知道的最好的事情，而不是寻找更有效的选择。例如，在现代数字技术环境下，纸质备忘录和文件早已过时，但许多组织仍在继续使用。

第三，组织的专用人力资本投资、与组织相关的心理收入以及转向另一种活动的转换成本，使一些创始人和领导者对低组织绩效的敏感度比其他人低。创始人和领导者可能会因组织所代表的意义而不是组织所取得的成就而依附于组织。他们可能根据组织创立时所处的环境形成了较低的绩效期望。例如，Kwon 和 Ruef（2017）分析了1979—2010 年美国的 1 439 家企业的业务收入的决定因素，发现企业所有者在愿意接受的绩阈值上存在差异。在不利经济条件下（特别是地方的失业率高的条件下）开办企业的所有者，对低水平绩效的忍受力高于有利环境下创办企业的所有者。在匹配创业者后（使得在不利环境中创业和有利环境中创业在观察上是等效的），仍能观察到这种收入的差异。即使面临不断变化的劳动力市场条件，不利环境中的较低收入轨迹仍持续了十年之久。

2. 组织层面和种群层面的选择

由于技术、管理不胜任、不符合规范或其他有问题的行为，组织会表现出对变化的不适应，因而可能从环境中获取的资源更少，业绩也更有可能下降。每年有大量的组织从组织种群中被清除掉。例如，在2014年美国就有超过390 000家企业倒闭（Small Business Administration, 2018）。随着时间的推移，种群的特性主要由那些生存的组织属性而不是那些解散的组织属性来描述。然而，正如上文所述，这一变化的速度取决于拥有其他属性的组织的创建率，以及个体对选择压力的敏感性差异。

强选择压力解释了在小企业部门中，男性和女性所有者、少数族裔和非少数族裔所有者之间，在心理层面的和商业经营实践中的高度相似性。同业竞争导致了相似的营业时间、信用活动以及雇用职员模式，尤其是对家庭和移民劳动力的利用。例如，21世纪初期，在法兰克福创立生产比萨和冰激凌的企业的意大利移民倾向于采用小企业形式，类似于相同产业中的其他小企业，尽管他们在文化和经济背景方面存在差异（Storti, 2014）。

在种群层面，一致的选择标准可能会促使组织制定一套标准的惯例。根据1972年《美国教育修正案》的第九条要求，美国的学院和大学已采取行动，争取实现男女体育经费平等。20世纪90年代，除了政府的压力外，学院和大学还面临着来自民办非营利性高校体育组织——全国高校体育协会（NCAA）的越来越大的压力。NCAA规定了学生招募的程序、一项运动中所允许的教练数量、训练日程表等。所以，在种群层面的选择力量的例子中，不管某一学院或大学的地方历史如何，各大学的体育项目都开始趋同于一套类似的实践。

种群内部累积成集体行动的变异会降低或增强选择压力的影响。例如，在一个行业早期，个别企业可能会成功地成立一个雇主协会来处理员工的工资要求。一旦成立，这种雇主协会就可以使整个行业的成本标准化（Aldrich, 2017）。只要雇主协会监督和执行所达成的任何协议，那么在随后的时期内，工资对种群中的所有组织来说都是固定不变的。因此，企业之间的工资差异不会成为选择压力的来源。

集体行动可以在种群内的生产者、供应商和分销商之间建立合作联盟，将以前竞争激烈的共同体转变为一组相互依存的种群。例如，21世纪初，得克萨斯州的食品卡车在营销活动和获取原料方面相互合作，即使在原料稀缺的情况下也是如此。结果，食品卡车这种业态蓬勃发展，种群内原有的卡车所有者拥有资源和经验，新进入者寻找这样的共同体以获得意见和资源方面的帮助。这些行动不仅帮助食品卡车在城市中建立了集体身份认同，而且创造了新的选择机制，原有的所有者可以通过集体行动来控制新卡车所有者的进入（Sonenshein, Nault, and Obodaru, 2017）。只有在形成制度并建立有效壁垄的情况下，这种集体行动才能持续下去（Olson，1965）。

2.1.3 保留

第三个演化过程是保留机制的运作，以维持积极的、所选择的变异。当变异被保存、复制或以其他方式再生产时保留（retention）就发生了，以便选定的活动在未来的情境中重复，或选定的结构在后续的迭代中再次出现。保留过程允许团体和组织从已经证明或被认为有益的现有惯例中获取价值。当环境变化缓慢时，复制选定的变异是组织存留连续性的关键。如果没有保留机制对变异的约束，从选定的变异中获得的收益将迅速消失。

1. 组织内部的保留

结构和个体组织活动的稳定性是传统组织分析的焦点，管理教科书中充斥着各种使特定组织形式永存的技术（Hannan and Freeman，1984；Weber，1968）。文档和卷宗是过去实践的物质化体现，并且可以为人们寻找合适的行为程序提供参考。例如，会计和信息管理系统能将特定活动进行分类记录，指引成员关注它们且远离无依据的活动（Langfred and Rockmann，2016）。组织记忆也包含在物质资源中，如建筑物和机器（Decker，2014）。

人类获得习惯的内在能力极大地促进了组织内部的保留。正如 Breslin（2016）所指出的，人类在惯例情境中拥有巨大优势，因为他们拥有彻底学习有价值的行为并转化为自主性的能力。习惯和人类本能形成对照，并都与人类紧密关联。本能代表形塑环境的基本驱动力，在这种环境中习惯可以被学习，但习惯自身不能成为一套完备的响应体系的基础。如果人类完全依赖本能，那么在从未遇到过的、复杂而快速变化的情况下将变得无助。习惯，例如解决构成生存威胁的问题的标准方法，有助于人们节省信息处理和解释的时间。习惯使人们利用习惯性的倾向，减少了认知负荷，从而能够专注于新情况的独特方面。

角色的专业化和标准化限制了成员的自由裁量权，并使组织少遭受未经官方政策授权的变更的侵害（Marasi，Bennett，and Budden，2018）。然而，组织内部的松散耦合为时常难以根除的偏离创造了机会。例如，20世纪60年代的田野研究表明，在无第三方见证的地区，执法人员很可能做出错误行为（Reiss，1971）。成员可能会泛化官方对某些偏离的容忍，从而推断其他类型的偏离也会被容忍。相应地，官方当局会使用权力的集中和职责的正规化手段限制角色自由裁量权，使之以更好地向上级负责的方式来引导成员的活动。因此，如果组织能继续符合相关的选择标准，那么选定的惯例、结构和程序将有助于保留现有的组织形式。

2. 组织层面和种群层面的保留

在种群层面，保留使所有组织所使用的技术和管理能力得以保存，共同开发环境中的资源。例如，一家特定类型的个人计算机企业的生存并不会对其种群的生存产生重大影响。相反，整个种群的生存取决于所有个人计算机企业所拥有的全部技术和管理能力。所以，当2017年黑莓智能手机公司（加拿大的一家领先公司）从产业中退出时，其大部分员工和客户仅仅是转向了种群中的其他企业。特定企业发生的变异对种群总量有贡献，但并不决定种群的集体命运。当然，一家企业可能会开发一项增加一个种群的生存机会的创新，但这将取决于能在种群内的多大范围内进行创新传播。

从存续的组织到后进入的组织，从旧组织的创建人到新组织的创建人，再到雇员和经理，保留的变异会得到传承。复制是通过人们互相观察、训练和教育、学习适当的行为准则以及与机器和文档进行交互而发生的。与生物演化不同，惯例和习惯几乎很难以"硬连接"的方式进入社会系统。相反，它们是社会建构的。社会、文化和技术机制有助于实体或团体传递生存问题的适应性解决方案。各组织之间的联系促进了变异的传播，而孤立的组织对后代的贡献很小，甚至什么贡献也没有。组织间的人员流动促进了知识传播，联盟、财团和其他牢固的联系也能促进知识的传播（Gray，Purdy，and Ansari，2015）。例如，Compagni、Mele和Ravasi（2014）研究发现：在寻求社会收益的过程中，组织周边的行动者能够通过策略性地与其他企业进行社会互动，来促进遥控手术技术的传播。

然而，由于存在一些抑制组织间学习的因素（如不可渗透的组织边界），跨组织的变异传播会受到限制。组织经常固守传统方式或表示不愿信任外部信息。因为远时距观察结果的模糊性，所以要复制哪种变异的决策变得不清晰。嵌入在组织惯例中的隐性知识可能会误导局外人，使他们模仿错误的变异。最后，诸如敌意、错误、无能和不愿意学习等不可预见的环境状况也会阻碍传播。相应地，由于在变异及其扩散的过程中引起大量的不确定性因素，因此并非所有变异都会扩散到新组织中。

先前成功形式的知识在社会机构——学校、家庭、教堂、公共部门，以及由主导性组织和机构坚守的文化信仰及价值观中被制度化。随着工业化的发展，文化呈现出外化和理性化的趋势。口述传统现在不像社会物质性人工物（例如书面资料、机器和一般资本改进）那么重要了。技术变革，特别是记忆存储技术的建立（这是指建立一种助记工具，可以在纯集体意义上存储记忆），大大简化了保存行政知识的任务（Olick，1999）。记忆存储技术包括机制装置（诸如印刷和数字媒体、神话和故事），记录或储存团体可以从中获得意义或理解过去与当下的故事和叙事。这些技术可以如同故事讲述一样基础，也可以同数字存储和记录一样先进，或者如同先进数据和记忆存储系统一样复杂。这些记忆技术极大提升了信息保留和检索的保真度。它们降低了知识损失的风险，但也可能会抑制通常发生于易错系统中的变异。

在组织创造和维持的过程中，我们可以十分清晰地观察到国家在社会稳定性及其对保留的影响上所扮演的角色。国家作为组织形成和持续发展的主要制约条件，其作用表现在许多方面：政治稳定和意识形态合法化、教育制度、交通和通信网络的改善、国家经济规划和国家在其他方面的投资。这些力量影响组织获取资源的条件。例如，国家支持的学校系统不仅通过持续培养学生来维持代际知识的连续性，同时也确保毕业生能够满足潜在雇主的要求（Collins，1979）。诸如可靠的法律、独立的司法体系和国家保障的银行等制度提高了组织形式持续下去的可能性，若取得成功，那些缺乏想象力的创业者将会复制这些组织形式（Stinchcombe，1965）。

2.1.4 争夺

组织内部、组织之间以及种群之间的资源稀缺性，形成了选择压力以及对有效变异的寻求。由于成员追求个人激励和组织目标，所以组织内部就产生了争夺（struggle）。正如我们在第6章中所讨论的，有些理论认为组织是一个有个性和目标的统一体，另一些理论则把组织看作个体的集合来关注。个体主义方法认为，"组织的涌现、角色结构、分工和权力分配以及组织的维持、变化和解散……都是追求多样化目标的个体之间复杂交换的结果"（Georgiou，1973，p.308）。Barnard（1938）和Simon（1964）在将组织作为激励分配工具的重要描述中，就采取了这一立场。在这些观点中，人们所珍视的资源的稀缺性创造了对组织控制系统、约束和分配激励机制的需求。

组织寻求各种稀缺资源，包括时间。在工业化社会，人们的自由时间是有限的，组织也要分享人们的时间。用人单位、志愿性协会、工作组和其他群体通常想要占用成员的全部时间，但它们无法实现，因为如果这样的话，成员就不能完成自身生活中的其他事情了。雇主要比志愿性协会更明白这个道理。"贪婪的机构"（Coser，1974）想占用成员的时间比一般组织更多，这样就会与机构成员的家人和朋友在时间上展开争夺。在美国，一些组织通过延长工作时间和实行7天工作制来应对这个问题。按惯例来说，志愿性协会确实需要这样做，但许多企业也会这样做。24小时的超市、加油站、饭店和便利店通宵营业（Melbin，1987），在不增加固定投资的情况下实现扩大经营（Mulícek and Osman，2018）。

种群间也有争夺。当某一特定类型的组织激增时，就会发生争夺资源和机会的斗争，促进该种群和其他种群之间的选择过程。有时，种群会因多样的机会和丰富的资源而迅速扩张。然而，随着种群的变化或资源变得稀缺，对资源的竞争提高了种群解散率，降低了创建率。保护种群的合作计划可能会出现，从而缓冲一些资源稀缺的问题。例如，与重要共同体和国家机构的联系，可以使某些种群获得额外的资源和合法性，保障其顺利转型。然而，复杂的跨单位合作协定，例如联盟、卡特尔和许多形式的组织间联盟，就短期的不一致而言，都是非常脆弱的。为了使自己适应局域的独特条件，这类组织联盟的成员承受着巨大压力。

2.1.5 演化过程总结

演化理论运用四个原则解释了组织的特定形式是如何在特定的环境中存在的。变异、选择、保留和争夺是同时发生而非序贯性发生的。从理论上来说，演化过程可以被分离成离散的阶段，但在实践中，它们是以连续的反馈循环和周期形式连接起来的。变异产生了根据环境或内部标准进行选择的原材料；保留过程保留选定的变异。但保留过程也限制了可能发生的变异的种类，竞争和合作联盟可能会改变选择标准的形式。这个过程在历史上不一定是有效的。Carroll和Harrison（1994，p.720）在仿真参数背景下进行计算机模拟，指出"路径依赖过程通常会产生与历史效率无关的结果"。因此，我们在给定时刻观察到的组织和种群在绝对意义上都不是"最合适的"（Dennett，2017）。相反，它们的形式反映了累积的和选择性保留的变异蜿蜒而行，所走过的历史路径。

研究示例 2-1

饮料产业的演化

有关美国禁酒运动的涌现及其为组织种群带来的后果的研究，说明了如何通过演化视角来理解社会变迁（Andrews and Seguin，2015；Hiatt，Sine，and Tolbert，2009）。禁酒的推动和随后的联邦立法涉及社会运动、政府和非营利组织，包含了这三个部门的多个层面中的"变异—选择—保留"过程。在20世纪前10年中，个体、团体、组织、产业和社会规范共同演化，它们对社会和经济生活的影响持续了几十年。

19世纪和20世纪之交，在美国，饮酒是一项流行的消遣活动。尽管在1901—1905年人均年消费量达到了2.39加仑①（自此后，只有一年超过该数值），但在这个时期，围绕着酒精饮料的接受、监管和生产，各种行为、态度以及组织之间存在相当大的差异。随着各种组织追寻自身利益，酒精饮料和其他饮料的生产和消费发生了重大变化，尽管这些变化并非意向性的变化。

尽管进行了长达一个世纪的组织化和教化，但禁酒团体在整个19世纪几乎没有取得有意义的进展。然而，在19世纪和20世纪之交，情况得到了改变。禁酒运动组织，最知名的是基督教妇女节制联盟（WTCU），采用各种策略向公众宣讲酒精的危害，对地方、州和联邦层面进行游说，要求取缔酒精饮料的生产和销售（Hiatt et al.，2009）。此项运动的最有效的策略是影响立法，并于1900年前后的几十年中，取得了至关重要的胜利（Andrews and Seguin，2015）。

环境中的选择力量解释了运动胜利的时机。在美国的大规模移民期间，种族多样性得到极大提升。随着新移民团体（最知名的有爱尔兰人、德国人和意大利人）在特定区域定居，当地的新教徒尝试控制他们所感知到的来自现状的威胁，对变化做出回应。城市和郡县的种族构成发生的变异，创造了若干更容易接受禁酒运动的地区。一旦移民扩展开来，这些道德观点以及随之而来的立法在其他地区也更容易被接受。

美国宪法第18条修正案（禁止制造、运输和销售麻醉性酒类）通过后，美国的饮料产业发生了急剧变化。第一个变化就是人们从饮料制造商共同体中选择出了大多数（合法的）酿酒商和酒精饮料蒸馏厂。在禁令期间，禁酒运动成功遏制了（尽管没有消除）酒精饮料的消费。这场运动伴随着很多组织的失败——美国的大部分酿酒商和蒸馏厂不得不关门停业。

禁酒运动还带来了另一些不明显的后果。对饮料制造业的巨大冲击创造了一组有利于新兴"软饮料"产业的选择力量。消费者寻求酒精的替代品，激励软饮料产业企业家留心利用这种不受抑制的市场渴求。由于禁令的颁布，许多新的软饮料企业进入市场，其他企业也明显扩大了各自的业务范围。这种软饮料细分市场，与被禁止的酒精饮料市场有着极大不同，成为美国经济和社会生活中的一个重要组成部分。

尽管戒酒者和节制运动支持者将此视作一种进步，但是，美国人对软饮料消费养成的习惯以及随之发展起来的这些稳定的产业参与者也带来了问题。20世纪70年代中期

---

① 1加仑（美）= 3.785升。

至 20 世纪 90 年代中期，软饮料企业之间的竞争行动，特别是百事可乐公司和可口可乐公司之间的竞争，让碳酸饮料市场不断扩大（Yoffie and Wang, 2002）。截至 20 世纪末，在美国，含糖饮料的人均年消费量已经超过了 50 加仑，造成了一些新的健康问题，包括发病率极高的糖尿病和肥胖症。我们所举的这一例子描述了产业中的变异如何与各种选择力量（社会运动、法律、社会规范和消费者偏好）相互作用，以有意或无意的方式共同形塑了 20 世纪饮料产业的演化。

2.2 演化分析中的研究设计

就像任何原理化的社会科学分析一样，演化视角要求组织理论家认真考虑三个研究设计问题。这些问题不是狭隘的方法论问题，而是提出了基本的理论问题。第一，什么是最合适的分析单元：是惯例和能力，或是工作组、部门和组织，还是种群和共同体？第二，鉴于演化分析中作为一种结果的涌现的重要性（见第 1 章），我们如何最准确地判定何时惯例、组织或者组织形式表现出新奇性特征？第三，鉴于演化理论强调准确描述选择机制，我们如何确保研究设计本身不强加选择偏见，从而不至于模糊了基本的演化过程？

2.2.1 分析单元

学界提出了三种可能的分析单元（unit）：①组织内部的惯例和能力；②组织；③整个组织种群或共同体。在第一种观点中，学者们一直在争论外部选择力量是不是留存特定组织惯例的原因，或者争论选择权是否掌握在通过改变惯例以适应不断变化的环境来适应组织和环境需求的个体、团队和群体的手中（Hannan and Freeman, 1984）。适应观的支持者认为由于管理者、战略家和其他人都是有目的的能动主体，因此适应是可能的，但是本质上同样具有演化性（Hodgson, 2013）。在第一种观点的另一个版本中，组织学习理论家建议将注意力集中在惯例和能力的集束上，而不是一次只研究一个。相反，第二种观点的支持者倾向于将整个组织视为一个关联束。一些理论家也提出将种群和共同体作为分析单元。秉持 Hodgson 和 Knudsen（2004）提倡的多层次分析的折中态度，我们回顾了这些备选方案，但并不强烈推荐任何具体观点。

1. 作为分析单元的惯例和能力

"惯例"（routine）一词有四种解释：行为规则、认知规则、倾向和行动（Becker, 2004; Pentland et al., 2012）。第一，许多分析家用这个词来表示成员之间反复出现的互动模式，强调惯例的集体性和可观察性（Nelson and Winter, 1982）。第二，其他人将惯例视为认知规则，例如成员在工作和互动时遵循的规则与标准操作程序（March and Simon, 1958）。第三，与前两种用法不同的是，Hodgson 和 Knudsen（2010）将惯例描述成可能触发行为和认知规则的倾向，从而强调了它的概率性质。这种将惯例定义为存储能力而非直接观察到的规则的概念，使研究变得更加复杂了。然而，它允许在选择特定行为时考虑人类能动性问题，也使我们避免一种本质主义的惯例概念，即"完全能够或完全不能"使维持组织活动这一内容模式化（Breslin，2016）。第四，有些演化理论家提出了方向的转换，从行动者转换到行动。如此一来，有关惯例和能力的演化视角就从关注不可观察的意向和倾向，转换到关注可观察的人类行为和生成组织惯例的非人类能动主体（Pentland et al.，2012）。尽管我们偏向于"倾向"的解释，但本书中引用的大多数研究都遵循了其他解释中的一种。鉴于意见的多样性和这一问题研究领域不断涌现的新成果，现在就确定哪一种解释正确还为时尚早（Rerup and Feldman，2011）。

研究组织内部演化的理论家把重点放在创新（Dobson et al.，2013；Paruchuri and Eisenman，2012）、知识转移（Bechky，2003b）、工作角色（Hasan, Ferguson, and Koning，2015；Miner and Akinsanmi，2016）和惯例规则上（March, Schulz, and Zhou，2000）。他们认为组织由惯例和能力组合而成，在一定程度上它们的变化是相互独立的，这样才可以进行选择性保留。从这个角度来看，无论在什么层次上，演化过程都是通过对蕴含惯例和能力的实体的选择来影响变化进程。因此，组织是成员把握并嵌入在技术、物质性人工物和其他一些结构之中的能力和惯例所组成的时间性储存库。在一个种群中，这些能力和惯例的分布取决于组织的选择性生存和成长，不同的组织的惯例和能力构成是不同的。因此，分析应侧重于有利于选择惯例和能力的条件，而组织生存则是次要的考虑因素。

利用组织和种群这一观点，McKelvey（1982）提出一项雄心勃勃的组织形式分类图式。他将组织种类定义为"能力共享种群的彼此隔离的多个群体——由于主导能力不易学习或传播，因此导致这些群体相互隔绝"（McKelvey，1982，p.192）。复合群体是指：①每个成员具有属性集合P中的许多属性p；②P中的每一个p由许多成员所拥有；③P中的p不会被所有成员共有（McKelvey and Aldrich，1983，p.109）。McKelvey的定义是一种避免传统组织形式概念的分群思想的方法，其中，种群中的所有成员都拥有相同的属性集，种群中的分类图式聚焦于种群的平均数。尽管正式定义仍然依赖于由外部受众所认同的组织间的最小的共享属性，然而现代的组织形式解释却更为灵活（Vergne and Wry，2014）。

惯例和能力可以集束为互补集合，甚至在组织层面通过结构上的相互依赖性或时间上的序贯性紧密耦合（Pentland, Hærem, and Hillison，2010；Yi, Knudsen, and Becker，2016）。如果是这样的话，组织命运就是由惯例和能力的集束驱动的，而非惯例和能力的独立状态驱动的。一个系统的个别特征的效果可能取决于其他特征的存在状态，这种条件称为异位条件（Miner and Mezias，1996，p.93）。在某种程度上，某些惯例和能力是相辅相成的，选择将取决于整个集束是否存在于组织中。

2. 作为分析单元的组织

第二条研究路线将组织实体而非实体内部的惯例和能力作为分析单元。要成为一个选择单元，实体必须具备有界系统的特征，同时经历着围绕单元的持久性和活动的持久性而组织在一起的持续维持边界的过程。工作组、部门、分部、组织和种群都在不同程度上具有这一特点。

种群生态学（在第3章中对这一视角有着更加完整的描述）重点关注演化过程中选

择出的作为单元的组织。它假定通过选择性地淘汰某些组织，而使得其他组织存续，种群的变化就发生了。甚至在这个视角下，分析单元的选择也会有很大差异，从企业（一个组织占用的实体场所）到企业集团（涉及法律上分离，但高度相互依存的多个组织）（Freeman and Audia，2006）。大多数分析者都避免了上述极端状况，强调组织是指法律和社会范畴所界定的实体，而不是指实际场所或集团。

演化思想也被应用于整个种群的涌现和衰亡（Aldrich and Fiol，1994；Freeman，Larsen，and Lomi，2012；Ruef，2000，2004）。Hannan 和 Carroll（1995，p.29）认为，一些影响组织世界的力量只能在种群层面上看到，他们将种群体定义为"组织形式在特定时空上的表现"。因此，对于一个种群的辨识，不仅要根据一个一般性标签，例如"公共机构"，还要根据其所在的历史时期和社会。因此，生态学研究者会把一个研究主题确定为"1946—1993 年的日本公共机构种群"。我们在第 9 章中考察了促进新种群涌现的条件。

Baum 和 Singh（1994）主张将组织共同体添加到可以选择的有界实体的清单中，但其他理论家却持不同意见（Campbell，1994）。例如，共同体作为被选择的实体是否具有充分的一致性？这种异议部分源自在组织和人类种群的社会学研究中显示出的各种有关共同体的定义（Freeman and Audia，2006；Hawley，1950）。然而，近来的共同体生态学研究，针对与相似和（或）相互依赖的组织形式的集体相关的文化意义和社会身份，已经达成共识（Ruef，2000；Wheaton and Carroll，2017）。共同体当然站在包含了多个种群的演化等级的顶端。在紧密的社会政治耦合条件下，我们可以想象发生在共同体层面上的选择。然而，由于这是组织演化中研究不足的一个领域，因此我们将暂时搁置这个问题，在第 11 章中再议。

2.2.2 定义新奇性

演化视角将组织现象的涌现视为一个关键的解释对象，包括：新惯例和能力的生成；偏离现有组织化模式的组织形式的生成；新的社会制度的生成。在许多方面，这些变异构成了随后的选择性保留或解散过程的原材料。Schumpeter（1934）在广义上将企业家精神与"实施新组合的组织化活动"协同起来。但是，从历史或当代的标准来看，我们怎么知道个人或群体的活动（何时）是新奇的呢？定义新奇性，或是想对其进行可操作化处理，都充满困难。大部分针对特定组织或产业的新奇性的研究都难以实现一般化（Rosenkopf and McGrath，2011）。

研究文献倾向于采用三种标准来判断演化变异的新奇性（novelty），包括：①考虑到组织参与者本身意图的以自我为中心的标准；②考虑选定的同行或专家意见的可变动性标准；③一种依赖于对组织活动或结构进行系统性取样的整体性标准。当一个变异涉及对现有实践的有意偏离时，采用以自我为中心的标准是最合适的。Ruef（2002a）在研究一个商业企业家样本中的创新行动时使用了这一标准。他对 Schumpeter（1934）的创新分类进行了详细阐述，具体的活动包括：尝试引进新产品或服务；建立新的生产、分销或营销方式；建立新的供应关系；进入未开发的利基市场以及对组织的种群进行重新组织。隐含地，历史研究常常引用以自我为中心的创新标准，依赖于企业家的自传、书信、日记或公开演讲。在对有关 Josiah Wedgwood（18 世纪的陶瓷企业家）的历史文献回顾中，McKendrick（1961，pp.30-31）指出，早期有关 Wedgwood 的方法的许多解释都是从这位英国企业家的私人信件中提取出来的。

以自我为中心的新奇性标准存在一个明显的方法论问题，即组织参与者可能夸大或低估自己的活动的新奇性，这取决于他们的社会环境是否产生偏离或遵从的压力。此外，以自我为中心的定义通常不足以对盲目变异进行判断，即使是在回溯性地应用时也一样。以变动为中心的定义试图依靠外部专家——例如行业专家、股票市场分析师和学者（这些人对所谓的变异没有直接的责任）的权威意见来弥补这些缺点。这方面最常用的指标是专利或商标相关数值，这二者具有明显优势，是可以公开获取的新奇性的外部有效合法形式，与新奇性的其他测量指标高度相关（Ahuja，2000）。但还应该注意到几个缺点，包括创业者为大多数组织变异申请专利或商标的能力有限、创业者为自己的想法寻求法律保护的倾向和能力不同，以及跨历史和国家情境下法律保护的特点不同。以自我为中心和以变动为中心的新奇性定义都会面临一定的风险，即可能将变异的出现与变异的选择性保留混为一谈，因为企业家和专家倾向于将注意力放在成功的创造性行动上。

第三种整体性的界定新奇性的方法是依靠系统的抽样计划来识别创造性行动（Jansen et al.，2009）。例如，Scott 和同事（2000）试图刻画出美国卫生保健领域新制度框架的轮廓，因此追踪了从早期由医生利益主导到近来的市场导向的部门演变。对于制度变迁，以变动为中心的定义依赖于学术专家的意见和重大立法事件决定的时代划分。而整体性定义，则跟踪该领域 50 年中所有重大的规制性事件以及大量的量化指标。尽管这两种定义在重大的、不连续的制度变革的历史阶段划分上是一致的，但整体性定义揭示了大量被忽略的渐进式转型。此外，用整体方法定义新奇性，能够认真对待引入新实践的技术、制度、时间和其他情境（Rosenkopf and McGrath，2011；Welter and Gartner，2016）。自然地，相较于前瞻性研究设计而言，在回溯性的历史分析中应用这种系统的抽样要容易得多。将研究者对新奇性的定义强加于前瞻性设计，很可能会忽略组织创新的重要方面。

2.2.3 选择偏见

社会科学家最难接受的演化原则之一是结果的不确定性，因为结果的不确定性必须在事实发生之后才能解释（Dennett，1995）。演化视角将未来视为一个悬而未决的问题。人们不是直接构建种群、共同体或社会，而是为非常具体的问题制定解决方案。解决方案的积累可能最终导致组织，然后是种群，再之后是共同体的演变生成，但是可以设想，在历史条件约束下，这个过程需要成千上万次的试错。许多关于组织变革的解释都忽略了这种意义上的不确定性。

强调不确定性的一个方法论后果是，考察演化过程的研究设计必须谨慎，不能只根据成功的结果来选择案例。我们今天观察到的惯例、组织和组织形式是一个长期演变过程的结果。如果我们只对幸存下来的组织现象进行抽样，最终就会忽视大量已失败的组织。进一步来说，当我们在研究设计中强加这样的成功偏见时，就会模糊演化理论家感兴趣的选择机制（Denrell，2003）。

成功偏见是研究设计中较为普遍的问题的一种特例，称为选择偏见。当不能观察到结果变量的全部值时，就会出现样本选择偏见（Denrell and Kovács，2008）。例如，假设我们试图了解企业成长的决定因素，但我们只有《财富》世界500强企业的样本。如果组织成长取决于现有的组织规模，那么这个抽样准则会显著地限制我们得到的结果的范围，使研究的因果推断出现偏差（Aldrich and Ruef，2018）。

上述选择偏见属于对结果的量变施加约束，与此同时，演化理论家还必须关注那些忽视质变的选择偏差。根据我们对新奇性的讨论，假设我们试图解释世界汽车产业的涌现。显然，这将要求我们收集有关该行业的数据以及使它合法化的各种社会运动。然而，同样重要的是，我们也必须进行一种反事实的分析来阐述那些曾与汽车竞争的其他交通方式，这些交通方式逐渐被汽车所替代并边缘化。

小结

根据Ritzer（2007）的观点，演化方法可以被描述为一种元理论，一个可以比较和整合其他社会科学理论的总体框架。演化理论适用于许多层次的分析：群体、组织、种群和共同体。变异、选择、保留和争夺发生在所有社会单元和不同层次的演化过程中。演化理论并没有提供一套类似于法律的陈述来规制这些过程。相反，演化视角采用了我们将在下一章评述的其他理论方法来满足自身的需要，这符合其折中主义的性质。虽然混杂的理论借鉴是否会损害其结果目前还不清楚，但理论上的折中主义似乎并未损害其他长期存在的观点，比如"权变理论"（见Aldrich等人（2008）关于演化经济学的相关辩护）。

主要研究议题尚在辩论之中，包括在演化过程中选择什么的问题（例如选择惯例还是组织）、如何定义新奇的演化变异以及什么样的研究设计最适合于把握结果（结果是演化分析的一个关键特征）的不确定性。现阶段，就这些问题我们并不能给出更明确的观点，在后续章节中，我们将深化对相关实质性现象的理解并回顾一系列的研究设计，以不同的方式说明我们的方法论问题。

研究问题

1. 人们关于演化方法的一个常见的错误概念是实体（组织，或演化理论的经典应用中的物种）是被环境所"优化"的。然而，演化并未产生"最优"的解决方案。请解释为什么"适应"并不等同于"最优"。

2. 请解释盲目变异与有意变异的不同之处并为这两种变异提供几个例子。

3. 为什么个体组织会抵制种群层面的变异？

4. 过去的选择标准可能会对新环境中的组织产生怎样的伤害？

5. 当管理者有意改变惯例且同时为内部选择标准做出贡献时，"变异"和"选择"之间的分界线可能变得模糊。你能提出哪些区别来指导演化分析？

第3章
CPAPTER 3

演化方法如何与其他方法相关联

组织研究中范式的激增（paradigm proliferation）为我们看待组织和组织变化提供了众多视角。尽管在相互冲突的理论主张中存在明显的混淆，但是在这斑斓的学术领地之中，还是有一些清晰的独特观点脱颖而出。通过协商和争论形成的集体判断转化成准则和规范，为组织分析提供了新的词汇和语法规则。不断产生的观点是其所处时代的产物，其中许多又被后续的历史浪潮所淹没（Aldrich，1988）。当然，有些理论观点保留至今，拥有众多追随者，成为思想学派或理论流派。

过去几十年的组织研究中，学者间的激烈竞争和宽容合作过程跌宕起伏，涌现出若干十分独特的理论方法。尽管演化方法可能不是一个综合的组织理论，但是其指出了使用这些方法全面理解组织的理论前景。这种折中主义的说法使得几家欢喜几家愁。比如，Pfeffer（1993，p.620）认为，"若不能形成一系列程序或规则来解决理论争端，组织研究的演化领域就可能被来自领域内部或外部的对立研究领域所取代。不管是外部还是内部取代，那些十分有价值的多元主义的、具有独特性的大部分研究都将不可避免地消失"。在 Pfeffer 发出叹息一年后，Van Maanen（1995）做出了批驳，他认为 Pfeffer 低估了关于组织的不确定性和开放式理论化的价值。Van Maanen 颂扬 Karl Weick（1995）的非正统著作，在 Van Maanen 看来，Weick 运用隐喻、故事和富有想象力的文字表述使组织理论充满生气。

Pfeffer 叹息后的几十年间，争论仍在继续。组织理论逐渐从社会学领域转移向青睐跨学科研究方法的商学院，有关此领域的学术研究和出版的规范及激励措施的转换，使这些独特范式间的裂痕日益扩大。方法的多样性和学科传播已弱化了起初阶段试图统一组织理论的总体目标（Parsons，1956）。不断变化的专业规范、以牺牲全局为代价而过于强调研究发现的新奇性，弱化了组织理论中的一些经典范式的一致性和独特性（Davis，2015）。结果，一些学者对组织理论的状态以及这种领域的扩散是否增加了价值表示担忧

（Barley，2015）。

鉴于研究主题的重要性，我们相信方法的多样性不仅是可以包容的，更是必要的。正如我们在第 4 章中详细讨论的那样，过去 10 年，创业研究的爆炸式增长受益于我们所总结的诸视角之洞见的融合。然而，跨范式边界的实质性焦点很容易带有内在的、相应的非理论化的风险。我们相信演化方法是纲领性框架（或是元理论），在演化方法框架中，其他方法的价值可以得到认同和重视。演化方法由一组相互关联的原则构成，并采用多种方法来解释特定种类的变化。

演化模型不是因果模型，因为它们没有具体说明驱动变异、选择和保留的前因。相反，演化模型是一个规则系统，表明如果特定条件满足了，那么特定的结果就会产生（Glymour，2008）。在解释任何特定的演化的"如果—那么"路径中，理论学者可能会借鉴其他理论方法。为了让读者更清晰地理解变异、选择、保留和争夺模型是如何结合其他方法来解释组织变化的，我们综述其中六种方法：生态学方法、制度方法、解释性方法、组织学习方法、交易成本经济学方法和资源依赖方法。

我们考虑了所选择的上述理论视角是如何处理变异、选择和保留中所涉及问题的。我们也回顾了每种方法中存有争议的关键问题，并评估了它们对演化理解的贡献。表 3-1 列出了这六种方法所基于的理论观点与演化理论的关系。由于它们的确切历史顺序及目前的学术地位尚存争议，我们将按首字母顺序列出这六种方法。由于资源依赖理论在某种程度上是在同交易成本经济学的隐性对话中建立起来的，所以我们最后讨论它。

表 3-1　六种关于组织的理论观点及其同演化理论的关系

理论观点	变异	选择	保留
生态学	变异源于新组织	选择来自组织和环境之间的匹配	外部压力与内部惰性导致保留
制度理论	变异由外部诱因引入，例如模仿	选择通过遵从而进行	通过共享性理解的传递来形成保留
解释性理论	人们在互动中商议某项事物的意义时，产生了变异	通过涌现出的理解和妥协进行选择	保留是不确定的，取决于学习过程和共享过程
组织学习理论	变异源于问题搜集或是信息的非连续性	选择源自同目标期望水平或现存组织知识的匹配	以项目、惯例和文化的形式进行保留
交易成本经济学	变异由有意识的理性行动引入	选择涉及的是最小化交易成本的行动	通过资产专用性投资进行保留
资源依赖理论	当管理者试图避免资源依赖时，就产生了变异	通过非对称的权力关系进行选择	保留是联盟与谈判的暂时性结果

3.1　生态学方法

生态学方法通过组织种群的人口构成（即规模和分布）和它们所处的资源环境来解释组织结果。它强调组织的成立和解散是种群层面变化的根源，而不重视转型的作用。组织分析的生态学方法集中于组织之间的关系，从而对那些更加微观的分析方法进行了补充，这些方法主要侧重于组织内的社会关系。生态学家假设可以根据单元特性来识别组织种群，也就是这些单元在回应同样的环境压力时会采取相似的方式（Hawley，1950）。种群依赖于独特的资源组合——局部生态环境（niche，也称为生态位）——作为支持。由于它们在同一环境中争夺资源，因此种群中的组织处于相互竞争且相互依存的状态。竞争促使组织采用相似的形式，在不同的局部生态环境中导致更高的形式同质性或形式专有性。从某种意义上说，组织可以发现一个最适合自己的局部生态环境，以在竞争中保护自身。在与其他组织和组织种群竞争时，组织通常会与另一个组织同心协力，从而创造出一种共赢的互惠状态。竞争性与合作性的相互依赖共同影响组织的生存和繁荣，最终导致组织形式的分布可以适应特定的环境构型（Carroll and Hannan，2000；Hannan and Freeman，1989）。

3.1.1 变异、选择和保留

组织生态学主要在组织之间通过跨组织的差异来寻找变异，这些跨组织的变化是在组织创建时产生的。生态学家认为最重要的研究过程是种群统计学或是 Carroll 和 Hannan（2000）所说的重要事件（诸如组织成立、转型和解散的模式）。这些事件也构成了大多数生态学分析研究中的"因变量"。生态学家青睐甚至欢迎由这些重要事件引起的高波动性。组织内部变异的来源却被相对忽视了，究其原因，部分是由于人们所偏好的研究设计是单一的种群统计普查，跨越较长时间，可以观察到所有重要事件，却遗漏了某些组织的具体细节（Carroll and Hannan，2000，Ch.5）。

在种群生态学模型中，选择取决于组织和生态环境的契合程度。例如，在资源分散的贫乏环境中，小而高效的组织要比小而低效的组织做得更好。由于选择本身是组织和特定环境共同作用的产物，因此选择标准嵌入在组织所处的环境中。种群的涌现是由于一群组织从其他组织群体分离的物化过程，诸如市场需求、不兼容的技术或政府规制（Hannan and Freeman，1986）；或者是由于区分组织类型的制度化分类（Negro, Koçak, and Hsu，2010）。种群也受到诸如共同市场、共享技术的发展以及放松规制等制度行动混合过程的影响，这模糊了组织之间的边界。在简化模型中，组织生态学家认为，组织在面对竞争者和其他外部势力的联合力量时是相对无力的。

关于保留过程，从传统上说，组织生态学以结构惰性组织模型为假设前提，认为组织结构的变化率要低于环境的变化率，虽然保留过程通常并不阐明内部复制过程的具体形式。Hannan 和 Freeman（1984）认为，结构上惰性的组织是内外部力量组合而共同产生的，外部力量是指具有可靠和清晰结构的组织的外部选择，内部力量是指内部制度化。在外部，随着组织成长，组织会被嵌入一个由义务和承诺组成的组织网络中，迫使企业家沿用原来的实践规则。从内部看，成员之间形成一种同质的观念，围绕既得利益组织起来保护传统实践，采取可以锁定现有结构的人事聘用和升职政策。

3.1.2 争议的问题

生态学家把分析重点放在种群内组织的建立和解散上。尽管大多数研究一直是在种群分析层面上，但组织一直是选择研究的实际分析单元。共同体层面的过程研究也在不断增加，我们将在第 11 章中讨论这些问题（Aldrich and Fiol，1994；Freeman and Audia，2006；Freeman，Larsen，and Lomi，2012；Ruef，2000，2004）。

在早期分析中，专注于结构惰性假设使生态学家忽略了转变，但在 20 世纪后期，关注点变化的迹象已十分明显。许多组织生态学者逐渐放松"适应是罕见现象"的假设，并且考察了"在演化过程中，适应和选择的相对角色……以及转变和选择过程之间的关系"（Amburgey and Rao，1996，p.1 278）。Levinthal（1991）认为选择和转型，既非竞争也非互补过程，而是一个基本的关联过程。组织被选择是因为它们与所处情境最适合，如果没有稳定的结构，组织就没有创造转型结构的平台。

过去几十年中，生态学家们研究了组织适应的原因和后果。随着环境快速剧烈变化，有学者认为组织可以更加灵活地探索新方向，适应可能增加其生存机会的变化（Nadkarni and Narayanan，2007）。例如，在环境温和变化的情况下，一级方程式赛车队从技术探索和战略适应中获益。当监管环境持续稳定变化时，那些更容易适应的车队赢得了更多比赛（Marino et al.，2015）。然而，大多数情况下，不出所料，针对组织和组织变化的生态学方法仍聚焦于作为分析单元的种群，认为变化是由建立新组织以及适应度低的组织的失败而引发的（Levinthal and Marino，2015；Stieglitz et al.，2016）。由于生态学家通常研究整个种群，而非只研究其中成长最快或最大的组织，所以他们特别适合研究转型的发生条件。运用没有变化或已经变化的组织的纵向调查数据，生态学家可以辨识出转型的前提条件。

有关组织创建的生态学分析也有助于考察组织初创所牵涉的社会过程（Ruef，2005）。一个地区组织的生成和解散的构成不仅可以决定潜在创业者可获得的资源，还可以形塑有关创业企业寿命和理想目标的信念，为了解这些相关社会过程提供机会（Sorenson，2017）。组织创建时的环境条件也会对创业者及其所创企业产生持久影响（Kwon and Ruef，2017）。组织生态学关注组织创建和解散的关键比率，对创业者和创业研究有明确启示，尽管这些仍未得到充分的探索（Carroll and Khessina，2005）。

生态学研究一直主要关注组织的总体，因此忽视了个体行动者的角色及其解释的作用。此外，由于生态学家所收集的数据集时间跨度大，所以他们通常对种群中组织的内部结构特征知之甚少。然而，最近组织生态学的一个研究流派认为，组织的内部人口统计构成——员工或领导者的基本情况，也可能对组织生存的机遇产生决定性影响。在组织内部人口构成的谱系学方法中，利得关系变化的过程是原有组织中的资源和惯例向新组织转移的过程。Phillips（2002）强调高层人员离开原来的组织（父辈），转变为另一组织（子辈）创始人的过程。他发现硅谷的律师事务所，在第二次世界大战后的 50 年间，从"父辈"到"子辈"间大幅度的人事变动降低了"父辈"组织生存的机会，但可以增加"子辈"公司壮大的概率。

生态学家认为，根据组织形式的概念，可以理解组织类型之间的本质差异。但在每一个具体的经验研究的情境中，是先定义组织形式，还是根据实际研究情况再定义组织形式，学界存在争议（McKelvey and Aldrich，1983）。理论上，当外部受众（批评者、客户和监管者）默认一种共同身份时，分析者就默认了一种组织形式的存在（Vergne and Wry，2014）。在形式的实际定义方面，近来的研究进展关注诸多问题，从行业普查、公司分类指引和电话簿中的外部运用的标签，到个体和团体评价组织时运用的认知与心智地图（Cornelissen and Werner，2014；Glynn and Navis，2013；Ruef and Nag，2015）。我们将在第 6 章中再讨论这个问题。

3.1.3 贡献

生态学的一个主要贡献体现在商业政策及战略研究文献中，其关注的是作为一个分析单元的组织，而非决策。这使得在组织绩效研究中，组织的存续和失败成为一个重要的结果。在富有成效的理论折中主义旗帜下，对战略研究感兴趣的分析人员，将生态学方法、制度理论和学习模型融合在一起。例如，在 2017 年的《战略管理》（*Strategic Management Journal*）杂志的一期特刊（聚焦于艺术在战略管理研究中的地位）中，7 篇综述文章中有 2 篇文章采用生态学方法，关注组织的人口结构以及组织 – 环境匹配问题。Liu 和 Wu（2016）研究发现中国的律师事务所占据了四个独特的利基市场，只与自身利基市场中的律师事务所进行竞争，对其他非利基市场中的企业有益。Ozcan（2017）发现竞争动态性质影响无线游戏企业考虑市场关系的决策，这些关系对绩效的影响在市场条件下是或然性的。这些文章表明，即使不使用生态学模型的商业战略理论家，也经常感到参考组织生态学解释是必要的。

在组织研究的所有子领域中，组织生态学已展现出最大限度的理论和方法论共识。包含组织生态理论群体的学术社会结构，紧密围绕先前的研究工作不断生成理论，创造了一批累积性研究成果（Hargens，2000）。通过选择少量的问题、利用少数公认的概念、在研究设计和统计分析方面保持严格标准，与其相对较小的研究人员的比例相比，组织生态学已经享有了一定的知名度和影响力。组织生态学严谨的理论和经验基础的一个标志是使用计算机仿真，以此建模和检验生态学原理（Crowston，2014；Lomi and Larsen，2001）。仿真要求研究者明确假设条件，选择经验上可信的模型参数；当今的生态学家已经拥有了相应的研究发现与工具来实现此类仿真。

3.2 制度方法

制度方法关注制度参与者所感知的那些具体的、被视作当然而被忽视的组织和组织环境的性质。它强调了制度的价值承载特性和以制度语言表达的组织行动合法化的途径。在回顾制度理论在社会科学中的发展时，Scott（2008）认为，制度理论的兴起仅仅是将开放系统概念引入组织研究的智识革命的延续。这场智识革命始于 Parsons 在 1956 年出版的《管理科学季刊》（*Administrative Science Quarterly*）的第一卷中发表的两篇论文，其中第一次明确阐述了作为制度文化现象的组织环境。他认为组织内的制度模式必须与社会中其他组织和社会单位的制度模式相兼容，并探讨了治理组织行为的制度化规则。Parsons 还将超组织的社会规范视为一种情境，权力和组织间的契约在此情境中得到执行。

和其他广泛的理论视角一样，制度理论亦是多面性的（DiMaggio and Powell，1991；Tolbert and Zucker，1996）。制度化本身到底有几重意义，取决于一个人读的是哪一位制度理论家的著作，尽管这些意义是互补的。Selznick（1957）最初提出的制度化研究主题是将制度化看作一个逐渐注入价值观的过程，他的学生和后继者承续了这一研究路线（Clark，1956；Perrow，1986b；Stinchcombe，1964；Zald，1970）。制度理论家通常宣称 Berger 和 Luckmann（1966）是这一领域的先行者，尽管他们两人并不认同自身的研究工作属于"制度理论"。他们详细说明了制度化主题是一个创造现实的过程，描绘了行动者正在创造一种外部现实，这种外部现实随后被具体化、被视为真实存在，最终被其他人内化。

Zucker（1987）运用 Berger 和 Luckmann（1966）的语言指出了制度化事物的外在、客观和非个人的特性。制度以规则、社会事实特性呈现，当嵌入在正规的结构中时，它的存在不受特定的行动者或情境的约束（Meyer and Rowan，1977）。Thornton、Ocasio 和 Lounsbury（2012，p.3）认为组织在一起的制度化的规则和行为凝聚成制度逻辑，这些逻辑是"社会建构的、文化符号和物质实践的历史性模式，包括个体和组织为了赋予日常活动以意义、统筹组织时间与空间以及再生产自身生活和经验，而使用的假设、价值观和信念"。制度逻辑确定了与组织及其成员行为导向相对应的适当的手段和目的。例如，20 世纪美国的医学教育由科学逻辑所主导，致力于研究、诊断和被动治疗。然而，到 21 世纪初，医学训练日益关注护理逻辑，专注于整体健康和疾病的社会心理学基础（Dunn and Jones，2010）。这些逻辑帮助个体和组织理解潜在的复杂情境，他们的行动有助于再生产社会秩序及相应的潜在逻辑。

3.2.1 变异、选择和保留

制度理论家将变异看成外部原因引起的结果，当组织被迫对环境中的规范和规制的消长趋势做出反应、适应或模仿时，变异就产生了。一些分析人员将变异视为组织对更高分析层面上的事件的响应结果，如种群和共同体层面的变化（Zucker，1987）。当环境被看成制度时，分析者通常采用再生产议题，关注的是系统或全部门范围内的社会因素如何在组织层面上进行复制，而政府单位或专业团体通常被视为此类社会因素的来源（e.g.，Ruef and Scott，1998）。如果组织的成员在追求合法性的过程中，接受外部产生的因素，组织的技术核心与基于效率的直接评估就分离了。Meyer 和 Rowan（1977）认为，学校、研发单位和政府部门都保持着标准化、合法化和正规结构的外表，但考虑到实际因素，在内在的实践中是认同变异的。学校满足了国家制定的课程标准，因此可称为是有效率的，而这却忽视了学生成就的真实数据。当组织被看成制度时，分析者通常采用的是生成性论题，考察组织创造的新文化要素，生成性指的是小群体和管理者通过模仿其他组织来获得新要素（Bermiss et al.，2017）。因此，内部组织过程和相似组织树立的榜样创造了新的文化要素（Ocasio，Loewenstein，and Nigam，2014）。

在制度理论中，概念化的选择力量来源于符号、规范、规则等文化因素所起的约束作用。制度理论中的选择是一个趋向于与外部规范一致的过程，外部规范是由组织领域的政治行动者制定和维持的（Meyer，2010）。组织有时追求替代的战略，包括妥协、规避、挑战和操控制度规范，而非遵循它们（Oliver，1991）。在组织领域内、互动的团体之间、组织间、具有共同利益取向的机构中都有一致的规范，比如教育政策、医疗保健政策或艺术支持政策等（DiMaggio and Powell，1983；Fligstein and McAdam，2012）。分析人员基于各自的研究兴趣来定义研究领域。领域的确定取决于分析者的意图，可能包括供给方、工会、消费群体、监管部门、商业协会和其他组织。

组织领域内的斗争发生在非物质的和物质的资源争夺上，而最激烈的斗争则是围绕谁有权力制定规则和规范展开的（Fligstein and Freeland，1995）。组织改变自身结构，以符合得到组织边界之外强大合法力量支持的制度化模式（DiMaggio and Powell，1983）。正如Oliver（1992）以及Davis、Diekmann和Tinsley（1994）指出的，去合法性的力量也会改变组织结构。当一种组织形式不受欢迎并丧失合法性时，就像20世纪80年代公司合并那样，该社会部门的行动者会抛弃原有组织形式转而采用其他形式。

贯穿于制度理论各个方面的一个共同主题是环境对组织的影响。Scott（1987）辨识出了七种不同的制度解释形式，区别在于考察的是哪些类型的制度因素以及提出了哪些成因机制。绝大多数用来描述组织和环境关系的动词，都带有环境支配或主宰组织的含义，从这个角度看，制度理论类似于组织生态学。组织结构可以由更高权威强加，例如通过政府的强制权力（Guthrie and Roth，1999），或者当下属单位寻求上级批准时由上级授权（Ruef and Scott，1998）。当上级权威提供激励或产生模糊的意思时，可能会引起组织的结构性反应（Zorn，2004）；当组织有意选择结构模型时，例如通过模仿或规范同构（DiMaggio and Powell，1983），组织结构就可能形成。当新组织承载着周围事物的属性时，结构也就可能带有这些印迹（Boeker，1988）；当组织适应了环境内的分化程度时，结构可能会具体化（Selznick，1957）；当组织内成员更关注规范压力而非技术要求的压力时，组织结构变化则可以被忽略（Meyer and Rowan，1977）。

在制度理论中，保留机制通常从属于选择过程。与生态学家一样，制度理论家倾向于将组织实体的存续性视为是相对没有问题的。他们认为，人们通常将所经验的社会世界视为是一种理所当然的约束，因而不能作为有意识选择的依据。人们做某事不是因为它在规范性上"正确"，或者理性上"最佳"，而只是因为那是适合做的事情。制度理论强调创建并维持组织作为一致的、整体的单元的那些力量，重点关注大型的、长期存在的组织。诸如社会化和魅力型领导等力量促进了共享意义的传递，增加了组织通常被成功复制的可能性。

越来越多有关制度的理论和研究都强调制度的"微观基础"，即个体和团体采纳想法并积极地再生产（或挑战）制度化行为的方式（Cardinale，2017；Chandler and Hwang，2015）。例如，McPherson和Sauder（2013）对毒品法庭进行了为期15个月的民族志研究，观察到来自不同制度和专业背景的行动者如何在微观层面的互动中采用四种不同的逻辑框架。专业人员在其采用的逻辑和解释自身目的方面享有惊人的自由裁量权。正如

Swidler（1986）所指出的那样，McPherson 和 Sauder 发现，可用的逻辑十分类似于行动者为实现个体和组织目标而创造性使用的工具。这一制度理论流派建立在制度的心理学基础上，探究制度化环境中制度约束个体及其行动或促发战略决策的条件。

3.2.2 争议的问题

尽管近来在微观基础方面做了很多研究工作，但有关能动性在创造、维持和转变制度中的作用，制度学者间的共识甚少。21 世纪初，《组织研究》(*Organization Studies*) 和《企业创业》(*Journal of Business Venturing*) 杂志出版了专注于组织理论和创业的特刊。这些特刊中的文章使用"制度创业"概念，更好地理解了个体和组织积极形塑和转变制度景观的方式。除此之外，其他组织和创业学者则关注了能动主体在制度和文化变化中的作用。

一些研究者提出"制度创业"的概念，解决社会学中持续存在的有关能动性和结构的相互作用的悖论。这个概念强调了行动者嵌入在并非由自身创造的某个社会现实中时，可以施展力量和自主性的方式。然而，随着创业研究者接受制度创业这一概念，他们打破了某种平衡状态，从理解嵌入式的能动性转向了对创业者的英雄式解释，认为创业者不仅创造了组织，也创造了新的文化类别（Aldrich，2010，2011）。尽管依旧存在未解决的问题，但是制度理论家已开始探究"在复杂的条件下，行动者如何形塑涌现中的制度和改变既有制度"（Garud，Hardy，and Maguire，2007，p.957）。其中一个例子是对英国国家健康服务中心里的变革进行研究，考察了卫生保健专业人员如何通过使用自身网络中的结构洞来发起变革（Battilana and Casciaro，2012）。这项研究强调了专业人员在引领变革中的积极作用，而非如经典制度理论所预言的那样，被动接受系统的缺陷。

这些复杂性在制度学者中激发了另一组争论。几十年来，制度理论假设了一种稳定且同质的制度秩序。Hirsch 和 Lounsbury（2014）认为，为了更加有效，制度理论必须解决冲突、斗争和复杂性的现实问题。许多制度理论家已尝试回应他们的呼吁。与提供统一且逻辑一致的制度"处方"相反，理论家认为组织经常面临"制度复杂性"，在其中相互竞争的制度逻辑对组织过程和目标有着相互冲突的需求（Greenwood et al.，2011）。例如，专业服务企业必须平衡职业道德与商业和盈利之间经常存在的不兼容的需求。大学必须平衡追求共享知识与商业化的独占性之间的关系。尽管学者认识到组织制度生活的复杂性，但是关于组织如何管理复杂性，学者们仍未达成共识（Palermo，Power，and Ashby，2017；Waeger and Weber，2017）。

制度理论家在如何解释制度化环境中的权力和冲突方面也存在分歧。尽管学者早已意识到在制度分析中应包含能动性（DiMaggio，1988；Schneiberg and Lounsbury，2017），但是在如何调和如下二者间的关系方面仍存争论：①制度的结构化和稳定化作用；②强有力的行动者在形塑制度中的能动性和利益。在《管理研究》(*Journal of Management Inquiry*) 期刊刊载的一系列论文中，社会学家和组织学家围绕权力在制度理论中的作用展开了辩论。针对制度理论在理解权力及其滥用、公司不法行为以及经济和政治危机中的地位，他们提出了诸多发人深省的问题（Lok，2017；Munir，2015；Suddaby，2015）。

3.2.3 贡献

视野宽广是制度观的主要优势，这使其适用于所有层面及所有时间跨度的分析，从微观层面的互动到民族国家的大规模变革。正如 Jacobs（2005）所指出的，制度理论的核心成果——诸如 DiMaggio 和 Powell（1983）的影响深远的文章，是组织研究和社会学期刊中引用最多的文章。Scott（2008，p.X）本人观察到制度概念"在历时过程中持续负载了新的且多样的含义，恰似船体上附着的藤壶，但又没有遮蔽掉原有的藤壶"。想想制度理论所传达的信息：现实是社会建构的；广为认同的规则和规范支配着社会生活；现代社会的符号系统日益合理化……涵盖范围的广泛模糊了制度视角和其他视角之间的界限，为开展富有成效的合作开辟了可能性。例如，组织生态学中的"种群"和"种群成长"概念就受到了制度理论的深刻影响。在追问"组织形式从何而来"时，Hannan 和 Freeman（1986）修改其早期提出的以生物生态学为基础的种群概念（Hannan and Freeman，1977），转向了部分源自制度理论的以社会建构原则为基础的种群概念。类似地，新近的生态学研究强调作为种群层面过程之基础的类别和受众，这一灵感直接源自制度观（Negro et al.，2010）。

制度理论家有意愿进行从组织到世界系统的多层面分析，并且研究其他狭隘的理论视角所回避的一些议题。例如，Hallett（2010）追溯了一所城市小学实施成绩责任制度的历史，从以文字符号要求的初始制度到后来制度对组织实践产生制约并常常引发负面效果的影响。Haveman（2015）考察了杂志在美国媒体和公民话语发展中的作用。Edelman（2016）使用制度视镜，来考察为什么在反歧视法律和政策十分普遍的情况下，组织中仍根深蒂固地存在性别和种族歧视。尽管存在源自应用领域的压力（狭隘地关注诸如效率和组织内部问题），但是制度理论在扩展组织研究的范围和视野方面已取得了成功。制度理论的实践者始终关注社会学家关心的核心问题，诸如关注社会不平等以及社会规范和价值观中的长期历史变化。

3.3 解释性方法

解释性方法立足于微观层面分析，关注社会行动对于参与者的意义。它强调组织现实的社会建构性以及参与者商谈行动意义的过程，而不是将商谈过程视作给定的。不同于制度理论家，解释性理论家提出假设，在世行动者运用地方性的各种材料，与自主性他人进行社会性互动，建构行动的意义。各种解释观都关注组织中行动者的生活观，它们都强调组织成员必须考虑所处的社会和物质环境的约束作用（Fine，1984）。

解释性理论家感兴趣的是作为社会类别的集体成员而不是作为个体的行动者。我们对解释性的学术定义较为宽泛，因此将会包括 Blau（1955）基于两个官僚机构中人际关系的非参与性观察的经典研究——《官僚机构的动态机制》。我们的定义还将包括近期的专论，如 Rivera（2016）在文中运用的方法，强调从文化资源角度来理解精英服务企业如何雇用大学毕业生。类似地，Viscelli（2016）通过访谈、观察和个人经验，研究了长途卡车运输业中的就业不稳定性。另一个解释性的学术例子是 Duneier 和 Carter

（1999）对纽约街头小贩的社会组织和经验的参与式观察研究。

对于关注符号和认知还是关注现实行动，解释性研究者之间存在分歧。一些自称文化学者的人研究价值或认知性解释，关注通过民族志研究或组织内部调查收集的故事、神话、典礼和仪式（Stewart，1998）。例如，Ingersoll 和 Adams（1992）指出，人们使用意义地图来解释组织行动，孩提时期阅读的书籍和故事深刻地形塑了意义地图。他们发现美国儿童故事将欣然接受组织角色的人描绘为最幸福的人。其他解释性研究者更关注观察到的行为和工作史，而不关注故事（Barley and Kunda，2004）。一些文化学者强烈地拒斥纯认知方法而更多地采用唯物主义方法，主张探究深刻影响文化的权力和特权以及观察者理解它们的能力。例如 Kunda（1992）的研究，他对一家东海岸高科技企业的文化规范做了民族志描述，将高级管理层描绘为欺骗者和操纵者，而将员工描绘成受害者和被剥削者。

解释性方法通过考察个体而非组织在复杂背景中采用何种方式进行理解、解释和行动，扩展了制度学者所感兴趣的主题。"强健"的组织认同研究流派已经探究了个体自身意义建构、角色扮演的方式以及个体在其中工作的组织（Ashforth，Rogers，and Corley，2011）。学者们认为组织成员必须积极地创造、维持和共享组织认同，才能在组织中有效地发挥作用和理解周遭环境。诚然，个体在不断变化的环境中形塑和适应其身份的方式是组织适应的重要方式（Kreiner et al.，2015）。

3.3.1 变异、选择和保留

在解释性观点中，组织结构的变异通过社会互动而涌现，人们在社会互动中商谈、妥协以及接受他者对做什么的定义，然后付诸行动。当人们处理那些牵涉日复一日地对他们的组织进行再生产的问题时，变异就在组织内部产生了。通过对所要做的事达成一致，人们撰写了脚本，成为社会行动者。他们履行社会角色，然后在社会角色的约束条件下完成角色任务（Latour，1993）。在大多数解释性的考虑中，脚本绝非涵盖一切，人们在持续参与所处情境时拥有学习能力，因此他们保存了大多数社会互动的暂时性特征。然而，一些基于解释的模型都将组织视作简单的竞争性社会力量相互斗争以及成员解决分歧之场所。Clegg（1989）表达了这种观点，Burrell（1988）在赞扬 Foucault 的评论中也持类似立场。

在解释性的模型中，选择源自商谈、妥协以及涌现的理解，因为在复制或修改组织惯例和能力的过程中成员会进行互动（Strauss，1978）。例如，医学院的社会秩序源于学生对不同医学价值观的商谈，包括对临床经验、医疗责任以及学术成功的评价（Becker et al.，1961）。利益团体模型隐藏着这样一种假设：选择标准反映了一种意识形态和文化主导的涌现结构。产生的主导观点规定了个体偏好并抑制不相容的解释。解释性观点与其他关注选择过程的理论相吻合，这些过程由行动者维持持续性社会互动而生成。其他解释性理论包括将组织视为激励市场的理论（Dow，1988；Georgiou，1973）、将组织视为阶级冲突场的理论（Clegg，1989），以及将组织视为意义建构实体的理论（Weick，1995）。

对于解释性理论家来说，保留机制是一个非常突出的议题，因为比起生态学理论家或制度理论家来说，他们暗含着这样一种观点，即把组织看作是不太连贯和不太稳定的。他们倾向于将组织视为自利团体构成的联合体，由同其他成员或组织本身的关联中取得回报而得以维持（Swanson，1971）。这种观点引发了一种预期，即组织经常面临解散风险。组织结构再生产取决于参与者围绕所做之事不断商谈出一种共享性理解（Garfinkel，1967）。所选变异（代表成功解决问题的方法）必须以某种方式进行共享，从而保留下来。在所有情况下，持续地向前人学习都可维持再生产过程。

许多解释性理论家（虽然不是全部）都强调不同的、冲突的观点共存于组织，这些不同的观点会潜在地破坏作为稳定实体的组织的连贯性。类似制度理论，有些解释性理论假定社会化过程引发规范性共识。其他解释性理论则认为，由于组织内各方之间对应该做什么理解不同，于是产生争辩，因此，只有各方达成有约束的休战，才能完成复制。Kellogg（2011）针对变革医学院培训的行动的民族志解释，表明行动者可能会挑战新的规制和规范，甚至当这些变革似乎更符合他们的最佳利益时也是如此。她描述了住院医生和外科医生是如何抵制"强制缩减住院工作时间至每周80小时"的。这种抵制源于作为"铁人"的外科医生的身份和叙事。他们的反对者是潜在的改革者，包括女性住院医生、更具平等主义和以患者为中心的外科医生以及其他专业的住院医生。而秉持"铁人"传统观的内科医生与其反对者之间的权力动态变化，加剧了外科医生对变革的抵制。

3.3.2　争议的问题

由于将社会现实视为自下而上建构的，因而解释性视角为机遇、创造力和偶然事件发挥作用预留了空间。一旦这样做，解释性的思考就提醒我们在微观层面未来仍然是开放的（在限制条件内），战略、雄心、偶然事件和运气以及其他力量驱动着社会生活变化。例如，Weick（1991）在对Tenerife空难的解释中，解释了模糊性的累积以及跨组织沟通中的误解是如何导致数百人死亡的。然而，解释性的说理研究者试图"解释一切"，将杂乱的状态捆在一起建构一种极为有序的解释，这是有缺陷的。例如，Martin（2002）指出：从整合视角研究组织文化的学者通常建构的解释，是将组织描绘为统一、和谐以及同质的。相比之下，运用差异化视角的学者更专注于模糊性、不一致性以及存在的组织亚文化。

在不同视角的一极，解释性理论家倾向于假设互动和商谈发生在拥有固定偏好的行动者之间。相反，Weick（1979）的学习模型中指出，人们在互动中发现或修改各自偏好，为组织内部选择力量提供了精妙的见解。无论是统一文化的组织还是差异文化的组织，都可能说服个体接受一种对其行为的新解释。在另一极，批判理论家宣称人们可能被灌输了一种同组织利益更相容的世界观，这种世界观可能与他们自身利益相悖（Perrow，1986a）。

一些理论家认为组织行动者本质上创造了他们需要响应的情境，从而创造了一个闭合的解释循环（Weick，1979）。不是每个理论家都能思考得如此深远，但是生成概念——行动先于解释并且解释创造了行动的情境,对于任何探究人和组织为何如此行事的研究者都提出了很高的要求。鉴于我们所知的认知经验推断和归因偏差,我们可以在多大程度上信任参与者对其行动的自我报告?以大量文档资料为基础的研究和民族志研究是替代自我报告的方法,但是这些研究既耗时又费钱。尽管如此,因为可能阐明变异在何种条件下导致生成,以及在多大程度上生成是有意的或盲目的,所以它们的价值非常高。

人们越来越欣赏民族志方法的好处,这又提出了一个问题:解释性方法是称为一种组织理论最好,还是称为考察组织的一种方法最好(Van Maanen,2011)?顾名思义,解释性方法依赖于归纳观察和解释,理论洞见源于这些过程。因此,观察的方式和解释的数据是这种方法的关键。基于团队中专业服务人员的创造通常始于"由数据或文献启发的某种预感",Hargadon 和 Bechky(2006,p.489)描述了他们对团队中集体创造力展开推断的迭代过程。这种推断有助于形成更广泛的、中观层面的组织和组织化理论,结合心理学、社会学、人类学和组织理论的元素,产生一种组织中的人类行为的整体观(Blomberg and Karasti,2013;Gaggiotti,Kostera,and Krzyworzeka,2017)。

3.3.3 贡献

作为一种理论方法,解释性理论的最大优势是许多运用它的学者都十分依赖直接观察和田野工作,而不是依赖问卷调研和组织记录资料,因而避免了大多数社会学家的"训练无能"(Reiss,1992)。根据 Reiss 的观点,问卷调查者迫使受访者用"我们的语言"而不是用他们自己的语言来做出响应。关注文化的民族志学者经常在田野中度过漫长的时期,观察参与者的行为。例如,Barley(1990)花了一年时间观察两个放射科中引入潜在创新技术所导致的角色关系变化。这些源自田野工作的报告让我们更近距离地看到了组织内部的过程,尽管它们经过了研究人员的镜头过滤,因此受到了一些指责,认为作者"正在进行腹语表演"(Czarniawska and Joerges,1997,p.198)。解构主义者已消除了我们的浪漫主义观念,即民族志学者提供纯朴的"源自田野之声"。优秀的民族志让读者能够意识到作者的声音及其代表的含义(Stewart and Aldrich,2015)。

民族志研究极其耗时间、费精力。在获得撰写短文和评论的充分证据之前,许多田野工作者只完成一种简单大致的民族志研究,例如 Willis(1977)和 Stewart(1989)。尽管如此,他们的工作已阐明了组织内部行动的情感基础。Golden-Biddle 和 Locke(1997)撰文介绍了 Glaser 和 Strauss 的"扎根理论"应用于田野工作的发展史,并提供了分析使用该方法收集的数据的指南。Kleinman 和 Copp(1993)记述了田野工作带来的激情,因为研究者始终致力于解决难题。田野工作者必须努力同被试者生活在一起从而确定他们各自的角色,忍受研究对象的负面情感,在分析大量棘手的田野笔记时要应对时间压力,尝试建构一种有效的解释。Kleinman 和 Copp 认为田野工作者在工作中承担着各种社会身份,"专业研究者"只是其中一种社会身份而已。他们的解释附带地揭示了组织研究中以真实田野工作为基础的民族志研究为何如此少,以及它们何以如此宝贵。

3.4 组织学习方法

组织学习方法聚焦于个体、团体和组织如何关注并解释信息，以及如何运用信息来改变自身与环境的契合度。一些改变可能会改善他们对环境的适应性，而另一些改变则可能会使适应性恶化，组织学习与成功并没有内在的联系。在过去的50年中，有关组织学习的理论和研究发展出两条主线：适应性学习观和知识发展观（Glynn，Lant，and Milliken，1994）。由 Cyert 和 March（1963）率先提出的适应性学习观，将组织视为目标导向的活动系统，这些活动系统通过重复明显成功的行为以及摒弃不成功的行为来从经验中学习。在适应性学习观框架内，理论家对增量式或单环学习以及激进式或双环学习进行了区分（Argyris and Schon，1978）。

在极端情况下，学习试错模型强调"什么事情"可简单重复，这些模型可以视为具有无定向变异和选择过程受一系列约束性质的演化过程。自适应性学习观提出以来，March（1981）、他的学生（Denrell and March，2001；Levinthal，1991；Levitt and March，1988）以及其他一些人考虑到对组织从经验中进行学习的能力的各种限制，都对这种方法进行了相应的修改。例如，Khanna、Guler 和 Nerkar（2015）发现，失败并非总能导致组织层面的学习行动。他们认为比起个人处理信息并从中学习而言，组织可以更快地调整其选择机制。后续的贡献者转移了视角，从纯粹的行为方法转向了更加注重认识的方法。例如，Greve（2003）在开发组织学习的绩效反馈模型时借鉴了社会心理学的许多原则。

组织学习理论的第二条主线是知识发展观，该观点将组织视为相互依赖的成员的集合，成员们拥有共享的认知和信念模式。随着认知关联模式及因果信念模式的传播和制度化，组织学习得以发生。意义建构和生成是学习过程中的关键活动，研究人员已经研究了知识结构和认知因果地图在组织内部的发展以及在组织之间的传播（Argote，1993）。知识发展观强调，学习并不仅限于简单的试错或直接的经验。相反，学习可以是推论性的和从他人经验中间接获得的，组织可以通过试验和创造产生新知识（Pentland and Hærem，2015）。尽管学习的方法和解释性方法有许多共同之处，但它的不同之处在于是否明确地采用发展的观点来看待组织活动。制度理论大量吸收了学习方法，一些研究者对二者都做出了贡献（DiMaggio，1997）。知识发展观在概念上和经验上都与技术演化及组织知识创造和运用方面的研究相适应（Tushman and Anderson，1986）。

3.4.1 变异、选择和保留

从适应性学习观来看，当绩效未能达到目标期望水平，触发问题驱动的搜寻惯例时，就会生成变异。Cyert 和 March（1963）将源于标准操作过程的变异称为问题搜寻，变异遵循众所周知的启发式且涉及局部性的探究，当找到满意的解决方案时，这些探究就会停止。按照试错逻辑，标准程序的失败可能导致它们被新的程序替代，从而产生进一步的变异。这类模型引出一个问题，即组织是否能认识到"失败"，还是仅仅忽略它，或是重新定义它们的目标（Milliken and Lant，1991；Sitkin，1992；Staw, Sandelands, and

Dutton，1981）。从知识发展观来看，在认知混乱和发生误解的情况下，变异会增加，例如当跨群体或跨组织边界获得的知识必须整合到现有的认知因果地图和信念中的时候。人际网络和组织间网络的变化可能会将新的信息或解释带入一个单元，从而引发一轮意义建构（Borgatti and Cross，2003）。微妙的是，新的和异质性的工作的创造可能为组织引入新的意义系统创造有利条件（Miner，1990）。缩减规模、工作调整和"无边界职业"的增加，迫使个体和组织经常将任务整合和重组为新工作或跨越现有工作（L. E. Cohen，2012；Obstfeld，2012）。因此，新惯例和知识得以创造，组织处理自身任务的方式发生变异。

在适应性学习观下，管理者将自身行动结果与预先设定的期望水平进行比较，据此在变异之间进行选择（Mellahi and Wilkinson，2010）。根据问题搜寻的原则，管理者应当保留那些有助于达到目标的变异，并尝试其他变异以替代那些失败的变异。简言之，成功的行动往往会重演（March，1981）。不成功的行动会引发进一步的搜寻，因此人们日益重视组织中的失败。然而，组织学习模型也允许期望水平随着经验的变化而变化，随着时间的推移，目标趋向于适应实际的绩效水平。例如，有关中国和美国的创业者研究发现，有些创始人在创业失败后转变了目标行业，试图更好地匹配自身优势和既有机会（Eggers and Song，2014）。

在知识发展视角中，选择源自新信息和信念与当前知识的兼容。先前的组织学习创造了过滤后续信息的知识结构和概念分类集，因此影响了进一步的学习。Cohen 和 Levinthal（1990）从产业经济学中借用了"吸收能力"这一术语，用于指称存储的知识和经验水平使得一些组织比其他组织能够更好地从后续经验中学习。领域中没有先前经验的组织必须投入额外的资源用于解释新信息，因此可能落后于更有经验的竞争对手。

保留机制对于组织学习的理论家至关重要，因为如果没有办法存储和检索新的惯例或知识，那么组织从经验中将一无所获。由适应性学习观来看，问题搜寻的成果存储在惯例和绩效方案中，并在需要时可以反复使用（March and Simon，1958；Nelson and Winter，1982）。这样，组织学习就嵌入在一系列相互关联的角色行为中，由工作描述、社会化、培训计划、书面规则以及所学内容的其他外化表现形式所支持（March，Schulz，and Zhou，2000）。从知识发展观来看，当一个组织的文化（其信念体系、认知因果地图及知识结构的其他方面）发生变化时，就发生了保留。新的共享认知和信念体系将组织成员的注意力引向新概念范畴所凸显的环境特征。基于组织学习理论的两种观点，理论家认为习得的信息以三种方式保留在组织记忆中（M.D. Cohen，2012）：第一种是陈述性记忆，涉及事实、命题和事件；第二种是交互性记忆，涉及团队记忆和知识检索；第三种是程序性记忆，涉及熟练行动、能力和惯例。

认知似乎可以对发生在组织内部的三个过程（变异、选择和保留）都发挥作用。因此，微观演化模型和组织学习模型之间的界限有些模糊。当模型将变异视为受到行动者的意向指引，或假设选择与保留过程涉及认知和推理时，学习模型与演化方法的区别就显著一些（Miner and Mezias，1996）。尽管如此，致力于演化理论的研究者认为，人们所采用的认知和推理本身就是长期文化演化的产物，从而将学习模型置于了更大的演化框架内（Dennett，1995，pp.370-400）。

3.4.2 争议的问题

在过去的几十年里，运用组织学习方法的理论家和研究人员所组成的学术共同体取得了巨大的成果，但其中一些成员一直批评其成果缺乏整合（Huber，1991）。组织学习领域的理论家经常满足于仅仅指出理性行动者假设中的缺陷（Cohen and Sproull，1991）。由于组织学习理论为产业经济学中更加理性主义的模型以及组织生态学中更加总体化的模型提供了一个明确的替代方案，因此组织学习理论引起了制度理论家的关注。与制度方法一样，组织学习方法包含多个研究分支。基于参与者的自我评论，我们辨识出一些问题。

第一，Glynn等人（1994）指出了组织学习模型的复杂性带来棘手的方法论问题，并试图将这些模型用于不同分析层次中。就复杂性而言，组织学习模型往往既包括表征参与者如何看待他们所处环境的构念（constructs），又包括表征环境的构念。从社会心理学家对认知启发式、自我感知和归因的实验工作中，我们了解到参与者往往不能很好地报告他们自己的感知和信念（Kahneman and Tversky，1982）。此外，由于组织学习理论明确地显示历时变化，因此研究人员必须创建动态性的研究设计，来跟踪研究对象的历时变化。行为理论家，从适应性学习观出发，在进行计算机模拟或在实验室实验中创建模拟组织时，经常面临这些问题。此外，这些研究者有时会超越个体认知，在组织的或更高层次的分析中寻求学习和记忆的测量方法。相比之下，从知识发展观出发进行研究的认知研究人员，在进行实验室实验的同时，也适应性地开展应用案例研究。结果，在这两个群体之间产生了巨大的鸿沟且双方都缺乏对实际学习型组织的动态实地研究。

第二，一个相关的方法论问题与观察者将组织行为的变化归因于组织学习的过程有关。并非所有的组织学习都经由可观察的行动而发生，组织可以采取一些并不导致学习的行动。一些变化仅仅是随机变异，另外一些行为则是模仿的结果。一些理论家将模仿视为单纯的"行动"，除非参与者已经了解了他们所复制的内容的基本原理；他们认为只有有意识的学习才算作真正的学习。其他理论家认为，对明显有效行动的模仿，表示在组织整体层面进行某种形式的替代性试错学习。

第三，一些传统的学者认为，组织的记忆和行动应该区别于单纯的个体层面认知的聚合（Walsh，1995）。例如，Hutchins（1991）解释了一群人在船上的设备发生故障后是怎样集体发现一种新的导航办法的。参与者并不是单个地意识到由他们一起创造的新方法的。在这种情况下将"行动"与"学习"区分开是一项艰巨的任务。它要求考察人员探究组织知识体系的核心并仔细描述他们的构念和分析层次。

同样，Weick and Westley（1996）提出了有关组织学习的文献究竟是关于组织层面的现象，还是仅仅关于组织内部的个体学习的问题。他们认为，一些理论家忽视了这一问题，仅仅将组织学习看作组织环境下个体的学习。那样的话，组织与实验室、小团体或个体可能在其中学习的任何其他环境就没有什么不同了。其他理论家认为，组织和个体的学习方式相同，因此我们可以随时将个体的学习理论转化为组织的。Weick 和 Westley（1996）建议将组织视作文化群落——知识库以及自我设计的系统，专注于组织组织化过程中引致的"学习契机"。他们提出的方案与我们称之为"解释性"方法的方案非常相似，但却是将其完全置于组织的情境中。

尽管组织研究关注失败，但学者们仍不清楚个体和组织在何种程度上从失败中学习。Baumard 和 Starbuck（2005）发现，企业经常缺乏从失败中学习的动力和资源。其他学者认为许多组织过程，包括组织创建过程，都缺乏清晰的目标（Sarasvathy，2008）。因此，创业者和组织通常由手边资源驱动而非短视地追求特定的目标。在这些情形下，判断"学习"是否发生是有问题的。

3.4.3 贡献

组织学习方法特别适合解释组织演化，事实上，它的一些追随者确实在研究中采用了演化理论的语言。无论是从适应性学习观还是从知识发展观来看，组织学习都牢牢地锚定在行为科学之中。在行为科学这一港湾中，组织学习理论将组织研究与心理学以及社会心理学联系起来。组织学习理论处于不断发展的认知科学领域的前沿，横跨了生物学和行为科学（DiMaggio，1997）。这种跨学科的合作性研究增加了创造性理论见解产生的可能性，沿着组织学习理论之路，我们期待着来自领域边缘研究的学者的学术成果。

分散式学习和嵌入交互行动系统学习的构想具有很好的发展前景（Borgatti and Cross，2003）。"由于这一构想强调信息是通过组织互动构建的，因此为研究组织学习的系统互动方法提供了一种视角上的转变，从强调学习内容转变为强调学习的涌现过程。"（Glynn et al.，1994，p.75）这样，组织学习就成为一件与他人共同完成的事情，而不是独自完成的事情，因此理论家必须注意到维持共享知识的角色关系和人际网络的结构，以及导致参与者形成非正式社会关系的有关他人的知识。这一观点可以将组织学习方法同人类学的文化理论以及社会学的社会网络理论和集体行动理论联系起来。

3.5 交易成本经济学方法

交易成本经济学（transaction cost economics，TCE）方法关注管理者在组织经济活动的过程中，如何进行决策，以解决市场和层级组织之间的选择困境难题。TCE 将交易看成分析的基本单位，关注竞争环境中驱动组织变化的特定的选择压力（Williamson，1994）。治理任何特定交易的组织安排取决于这些安排和其他安排相比的成本与收益（Hesterly，Liebeskind，and Zenger，1990）。鉴于"我们所知的人性"（Williamson，1981），交易结构化的最终解释，根据的是外部条件对社会行动者的约束效应。

组织的所有者和管理者，面临着如何构建生产活动的两种极端选择。是从市场上购买所需商品和服务呢，还是安排在组织内部生产？他们可以通过与市场上其他独立的行动者进行交易来获得他们所需要的，他们也能在自己拥有的层级组织的控制下，使所需资源内化生产。TCE 理论家认为，组织混合了市场和层级这两种方式的活动。他们认为市场和层级之间存在中间形式，比如专业协会和层级契约（Mani and Moody, 2014; Powell, 2003）。然而，Hodgson（2002）拒绝了中间形式的概念，认为如果组织真的是有界的实体，那么组织和市场代表的是简单二分法，而不是一个连续统一体。

3.5.1 变异、选择和保留

在处理组织内变异时，TCE 假定行动者具有理性倾向，同时受到其能力的约束（Weber and Mayer, 2014）。TCE 强调人们在信息处理和监督能力上存在严重的限制，认为在人性上会带有偏见。主导 TCE 关于社会行为思想的两个假设源自卡耐基学派的 March 和 Simon（1958）：行为人的行动理性有限，常受机会主义驱动。大部分行动者意欲理性，但由于人的局限性，人们的理性又与书本上理性不同。由于认知的缺陷和特质以及信息可得性的限制，人们无法做出最优选择。特别地，信息搜寻成本的存在使绝大多数行动者选择满意的而不是最优的方案。行动者必然会与其他行动者的机会主义行为倾向（牺牲他人利益为代价，追求自身利益）做斗争。

Williamson 对机会主义的看法不同于 Simon，Simon（1985, p.303）认为人们之间缺乏信任的原因是"动机和理性的脆弱性"，而 Williamson 的解释就不太温和了。他指出，机会主义能以"公开的、微妙的和自然的形式"出现（Williamson, 1994, p.81），Machiavelli 对君王的忠告构成系谱的一端，官僚营私自肥的倾向则是另一端。处于中间的是策略性机会主义，只有实施巧妙方能生效。"狡猾地追求自身利益"就是 Williamson 对人类事务一般状态恰当的描绘。总之，行动者具有通过撒谎、欺骗和偷窃行为来达到目的的倾向。他们隐瞒或歪曲信息、隐瞒自身的偏好、实施各种形式的欺骗诡计。

在资源稀缺的环境下，行动者有寻找节约交易成本途径的压力。TCE 模型所选择的是实施组织目标的组织行为的动态匹配。"目标"通常被定义为在市场竞争情境下有效利用资源。TCE 的选择过程中内含了人性的弱点。在有限理性和机会主义条件下，与其他人的交易几乎总是有问题的和成本高昂的。Williamson（1981）假定交易有三个维度：交易频率、交易的不确定性和专用性交易投资的程度。这三个维度，对于交易关系的建立特别重要。行动者与特定的对象进行交易的频率越高，处理好交易关系、节约交易成本的压力就越大。一次性的现货交易不值得操心，实际上，用关系语言来对此进行描述也并不合适。

在交易过程中，行动者有限理性和机会主义产生不确定性，这样在给定的收益下，消耗资源会更多。不确定性并非都源自他人的策略性机会主义，还源于"诚实、有道德的人们之间的纯粹的看法分歧，这些人对于什么事件发生了、与原初的预想有何不同、该做何种调整的意见不一致"（Alchian and Woodward, 1988, p.66）。Weber 和 Mayer（2014）认为，认知框架（我们看待和理解世界的视镜）的个体差异，可能导致误解和增加交易成本。用演化观的语言来说，如果交易结构的成本比容忍不确定性的单项成本低，那么通过防止误解和分歧来降低不确定性的交易结构将比那些不这样做的交易结构具有选择性优势。任何忽略选择压力的管理者都会把资源浪费在低效率的交易结构中，将企业置于不利境况下，正如 Freeland 和 Zuckerman（2018）在解释现代资本主义经济中企业的持久性时所说的那样。

在 TCE 模型中，保留发生于关系当事人对交易进行的专用性投资、书面契约以及伴随重复交易的相互监督和契约实施过程。专用性交易投资指的是关系中的行动者为维持关系而投入资源。对许多一次性的市场交易来说，维持交易关系并非重要问题。但是，如果交易一方有兴趣维持长期交易关系，那么他就必须投入若干资源以维持这种关系。否则，纯粹自利行为将会摧毁而非维持这种关系（Swanson，1971）。

制度理论和解释性理论，把专用性交易投资视作由目的或共同利益所引致或激发的（Clark and Wilson，1961），而 TCE 理论家则强调物质主义或自利动机。如 Loasby（1995，p.475）所指出的那样，TCE 理论"遵循了标准的美国实践，狭隘地将自利解释为自私"，大多忽视了其他动机和激励，比如信任。然而，对美国公众的调查表明，TCE 理论可能精确地把握了美国人对陌生人的真实信任水平。综合社会调查的数据显示，在 2014 年，只有 31% 的美国人认为"大多数人是可以信任的"，比 1984 年的 47% 下降了约 34%。

Williamson 认可"有远见的契约"，他建议可用这种契约来应对关键的偶然事件，但这种契约不应被极端化。鉴于注意到经济学家做出了如下假设，即"经济行动者具有展望未来、觉察出问题和前景并且将它们分解为组织或契约设计的因素的能力"（Williamson，1994，p.88），他主张"合理的远见"而非"超理性"。此外，因为行动者为某种不完全知晓的未来拟订契约，所以当遇到新情境时，他们签订的事前协议必须为事后调整留有调整空间（Nickerson and Silverman，2003）。当代的 TCE 理论家的推理听起来与演化观极为相似，主要差异在于他们更相信"远见性"。演化理论家更可能考虑这些未来的期望是如何基于过去的经验和文化情境而想象出来且被选定的（Beckert，2016）。

3.5.2 争议的问题

Granovetter（1985）强烈地批判了 TCE 理论，认为它对人类行为做了两个相互矛盾的假设。他认为 TCE 理论以低社会化人的概念为基础，假定人们作为类原子式的孤立的个体来进行活动。低社会化的人不考虑自身行动对社会的危害，或者不在意自身行动给他人留下的印象。然而，TCE 又以过度社会化人的概念为基础，假设个人可以自发抑制自己的不理智行为。只有当行动者已完全内化了"文明"行为的准则时，他们才会在竞争游戏中遵守规则吗？Nilakant 和 Rao（1994）赞同 Granovetter 的观点，认为能动理论和其他新制度经济学模型可能过高估计了个体导向的经济激励在组织中的作用，低估了诸如相互依存、合作和信任等社会交往的重要性。

Williamson（1994，p.97）在回应 TCE 忽视信任的批评时指出，"信任"有很多功能性替代物，如同可以利用债券、抵押和信息披露规则、解决争议问题的协议等达成可信赖的承诺一样。虽然这些替代物对经济组织很重要，但是这些替代物却不可同真正的信任相混淆。尽管 Williamson 的让步向 Granovetter 的方法敞开了妥协之门，但是他仍然认为"算计的风险"和"算计的信任"在社会生活与经济生活中占据特殊的位置。"算计的信任"存在于人类个人生活中，"算计的风险"则存在于商业生活中。相反，Jones、

Hesterly 和 Borgatti（1997，p.922）指出了 Granovetter 和 Williamson 之间的共同点，因为他们都强调了契约的频率和互惠性为基于信任之关系的非正式控制创造了条件。

TCE 作为组织研究中的一个经验领域，其发展受到若干问题的阻碍。理论家在运用既定的交易成本概念的过程中均遇到了困难，他们也不愿意就组织对环境的适应进行动态分析。TCE 研究还遭受一个根本的模糊性问题的困扰，即组织是不是真正的分析单元。尽管这种模糊性持续存在，然而，近期在"大数据"的可得性和分析方面取得的进展，已经导致对 TCE 的诸方面进行经验性检验，包括新公司创业的决定因素（Titus, House, and Covin, 2014）、网络何以促进创造力（de Vaan, Vedres, and Stark, 2015）、更灵活的产业中的组织的新形式（Demil and Lecocq, 2006）。

这些研究进展表明，交易成本模型具有生成可证伪假设的潜力，在某种程度上说，可以先验地说明交易的成本。然而，如何衡量关键构念上的分歧，已经抑制了 TCE 对渐增、有效的经验性规律的不断累积（David and Han, 2004）。此外，由于它依赖于横截面观察且热衷于将现有结构归因于市场的约束效应，因此在很大程度上忽略了演化议题。Hesterly 等学者（1990）指出，TCE 理论化过程大多数隐含功能主义思想。功能主义思想有助于我们思考现有结构的好处，然后指导我们探索历史性解释。然而，功能主义解释也有不足之处，在一定程度上它仅通过考察结构的后果而不是产生结构的过程，来推断结构之起源。

3.5.3 贡献

TCE 在推动组织理论前沿发展过程中发挥着建设性作用。Williamson 笔耕不辍，创造了一种形式化的、演绎式的理论体系，人们从中可以推演出一系列命题，他因此荣获 2009 年度诺贝尔经济学奖。从合理的人类行为假设入手，Williamson 及其追随者们对非经济学理论精心提出了强有力的挑战。对于所观察到的组织形式，他提出了不同的解释，呼吁人们考察各种交易安排的成本与收益，由此，以独特的视角推动了理论的发展。在其关注的"主要情境"，即理论对应的应用领域，他向其他学者提出了挑战，要求"去芜存菁"，并且提出了他们论点的"可辩驳性含义"（Williamson, 1994, p.86）。

TCE 提供的概念框架有助于经济社会学家理解新组织形式的爆炸式发展，包括网络、"集市"和混合形式，这些组织形式体现了发展中的经济体和企业的特征，这样的企业构成了西方"新"的、更具系统性的经济体系（Demil and Lecocq, 2006; Ebers and Oerlemans, 2016; Mani and Moody, 2014）。对组织和管理理论家来说，TCE 已经提供了最稳健的框架之一，用于研究战略管理议题，建立新的洞见（Durand, Grant, and Madsen, 2017）。

随着经济思想和理性选择模型继续吸引组织理论家的关注，TCE 在组织研究中已站稳脚跟。21 世纪初，David 和 Han（2004）发现，在社会科学引文数据库中，引用 TCE 的增长速度要快于引用制度理论、组织生态学理论和资源依赖理论的增长速度。甚至没有采用 TCE 框架进行研究的学者也感到有必要提及 TCE。TCE 在公司治理分析中仍继续产生影响（Davis, 2005; Reuer and Devarakonda, 2016）。在许多经济史学家眼中，TCE

理论"为处理现代商业合作中激增的问题提供了最有前景的分析框架"（Schmitz，1995，p.84），这些问题例如美国汽车产业中的垂直一体化模式的涌现（Langlois and Robertson，1989），以及21世纪灵活经济体中的企业的存续（Freeland and Zuckerman，2018）。而也有一些史学家没有那么乐观（Coleman，1987）。但不管其研究项目中有何问题，TCE已展现了它的活力，它是一个发展完善、阐述清晰的比较经济组织的理论，其追随者时刻准备且愿意回应任何批评和攻击。

3.6 资源依赖方法

资源依赖方法关注组织的策略行动，对环境中的组织与其他组织间的相互依赖性进行管理。它同交易成本经济学（TCE）方法一样，都强调行动的约束条件，但是更加明确地采用政治学方法探究管理动机，关注自主性和生存之间的权衡。尽管资源依赖方法也可运用于分析子单元间的其他类型的关系，但组织间关系是其基本分析单元。其应用范围包括从微观到宏观，分析单元包括个体管理者、组织子单元、企业、联盟和联合企业以及组织间网络（Burt，1983；Gulati and Sytch，2007；Heeley，King，and Covin，2006；Mizruchi and Galaskiewicz，1993；Taylor，McLarty，and Henderson，2018；Xia and Li，2013）。

这种观点诞生于20世纪60年代早期，Levine和White（1961）以及Litwak和Hylton（1962）认为，可通过考察组织间的交易来解释社会服务部门中的组织行为。政府的规制和支持对这些组织至关重要，它们都在资源稀缺的情境中活动，依赖于其他机构和组织以获取所需的大部分资源。大约同时，Emerson（1962）建立了一种以依赖关系为基础的权力理论，Blau（1964，p.118）随后将其重新阐述为"交易条件产生权力失衡"。在组织研究领域，Thompson（1967）、Zald（1970）和其他社会学导向的理论家将资源依赖理论的许多假设前提扩展并应用于分析组织间关系。例如，Thompson（1967）认为，组织通过不断地调整边界和管理内部的相互依赖性来应对不确定性。

Aldrich和Pfeffer（1976）概述了资源依赖理论和演化理论之间的差异，但Pfeffer和Salancik（1978）给出了此观点最初的全面阐述。他们增添了来自政治社会学、产业经济学和社会心理学的概念，为管理者面临外部威胁、努力控制组织提供了一种令人信服的解释。尽管他们将书定名为《组织的外部控制》，但实际上他们提供了许多管理者可运用的策略，以削弱外部威胁的影响并为自己赢得更多自主权。

3.6.1 变异、选择和保留

关于变异，Pfeffer和Salancik（1978）在书中提出了一个基本前提，它也是资源依赖理论的核心：除了根植于组织间劳动分工的常规的相互依赖性之外，组织会寻求（或规避）一些相互依赖性，因为这些相互依赖性蕴含着权力和控制。管理者努力避免依赖他人，同时让其他人依赖自己，从而驱动着变异。规避依赖性的行动方式可能是对内部结构进行微小的战术调整，诸如通过增加库存来减少不确定供应计划的影响；也可能是进行重要的战略变革，例如通过兼并来抑制组织间竞争。Pfeffer 和 Salancik（1978）描述了决策者试图获得权力以便能够管理所处的环境及组织。他们将环境概念化为由多样的利益团体所组成，并假设管理者必须找到抵消敌对团体的方法，或者找到与那些保护其组织的团体保持一致的方法。

选择力量内在于非对称性权力关系中。在这种图式中，权力是以 Emerson（1962，1972）提出的概念为基础的，即一个人的权力隐藏在另一个人的依赖中。权力关系中的各方通过一方依赖于另一方或相互依赖而联系在一起。行动者 A 对行动者 B 的依赖"与 A 对以 B 为中介的目标的**动机性投入**成正比，与 A 和 B 关系之外的 A 的目标**可实现性**成反比"（Emerson，1962，p.32；original emphasis）。A 对 B 的依赖为 B 向 A 施加权力提供了基础，因为 B 控制或影响着 A 所渴望的商品和服务。从某种程度上说，若 A 不能没有某种资源且无法在其他地方获得这种资源，则 A 依赖于 B。

因此，对他人的控制力或影响力在于对他们的有价值的资源的控制（参见 Aldrich，1979，pp.268-273）。当组织设法获得对重要资源的垄断控制并能够捍卫其地位时，组织差异化和职能专业化可能导致组织间的依赖性。资源依赖理论超越了 TCE 的交易思想，认为围绕稀缺资源的竞争和合作的一个后果，是形成某些组织依赖其他组织这一局面。若干次大规模检验依赖性影响的研究，产生了好坏参半的结果。Burt（1983）的研究表明，产业部门依赖于其他组织得更好的产业部门，付出了盈利性降低的代价。然而，鉴于其数据的聚合性，他无法考察企业的生存是否直接受资源依赖的影响。Heeley 等学者（2006）发现，在动态变化的环境中，高研发支出（创新的一种衡量方式）的企业更可能成为收购目标。在产业层面，Taylor 等学者（2018）对美国大学橄榄球产业展开研究，发现嵌入在联盟中的权力和感知的产业结构的稳定性，形塑了联合会的重组和联盟结构中的变异。

行之有效的结构的保留对于资源依赖理论视角来说是一个潜在问题，因为它强调组织是"团体和利益的联合体，每一个团体都尝试通过与其他团体的互动从集体中获得某种东西，每一个团体都拥有自己的偏好和目的"（Pfeffer and Salancik，1978，p.36）。在这种准市场环境中，参与者经由讨价还价、谈判、妥协过程获得权力以及丧失权力，因此组织总是面临解散的风险。遵循 Barnard（1938）提出的观点，Pfeffer 和 Salancik 认为，组织中的控制和影响取决于管理者和子单元为组织的生存与成功所做出的贡献的重要性。为组织提供大部分关键资源的组织子单元将成为最有权力的子单元（Crozier，1964）。

3.6.2 争议的问题

像制度理论一样，资源依赖理论蓬勃发展，视野开阔，喜欢其理论域和清晰度的分析者经常引用它。但是，它仍存在若干尚未解决的议题。一些批判者认为，尽管资源依赖理论已得到广泛使用，但是理论的关键元素尚未得到经验性检验。Pfeffer 本人也承认"只有少量的经验性研究工作明确地扩展和检验了资源依赖理论及其核心原理"（Pfeffer and Salanick，2003，p.xvi），而 Casciaro 和 Piskorski（2005）则为资源依赖理论在组织话语中大量的隐喻作用表示惋惜。尽管这种观点仍具影响力，或许比其支持者和批判者所认为的那样有着更多的经验性支持（Drees and Heugens，2013；Hillman，Withers，and Collins，2009），但两个议题还是值得特别注意：应该如何定义资源依赖；究竟是依赖还是一般的市场驱动力生成了各种形式的组织间关系。

第一个定义性问题关注的是，依赖究竟是一种客观状态还是一种主观感知状态。Pfeffer 和 Salancik（1978）使用了环境条件的客观测量，例如在他们提出的组织转型约束模型中，使用了4个企业的集中度和资源的其他来源数据。组织间关系可能是客观性关系，是下属组织对于主导性组织的一种依赖，但这可能只是依赖组织的一种潜在问题（Aldrich，1979，pp.272-273）。只有当一个主导组织向下属组织提出要求时，它才能感受到依赖的影响。因此，除非下属组织感知到其潜在依赖的情境，否则依赖的影响可能是不可见的。正如 Fligstein 和 Freeland（1995，p.31）所指出的，"在朦胧的社会世界中，感知到相互依赖并不总是一项简单的任务。此外，即使它发生了，行动者也必须能够将他们对战略偶然性的解释强加于他人"。

第二个定义性问题关注的是，资源依赖概念的潜在理论维度。Casciaro 和 Piskorski（2005）认为，过去的经验性研究经常混淆了 Emerson（1962）的分析框架中的两个维度：①权力失衡，反映两个组织间的权力差异；②相互依赖，反映双元关系内部的双边依赖性。对于组织管理资源依赖的行动而言，每一个基础的维度都具有独特的意义。Casciaro 和 Piskorski 考察了 1985—2000 年期间美国上市公司间的并购活动，发现企业间的相互依赖促进了并购的发生。相比之下，权力失衡会阻碍并购，因为权力优势组织和权力劣势组织都没有动力建立并购关系。

第三个定义性问题涉及环境复杂性的测绘和操作（Aldrich and Pfeffer，1976）。尽管资源依赖理论是一种精妙的理论，重视组织之间以及组织–环境间关系，但是衡量这种复杂性仍是一项富有挑战性的任务。生态学和制度观近期的方法论进展，可能会为解决这一难题提供若干有效洞见（Wry，Cobb，and Aldrich，2013）。例如，Battilana 和 Dorado（2010）测绘了小额信贷产业中相互竞争的制度逻辑，然后测量了它们的代表性影响指标，以此把握环境复杂性。

关于资源依赖研究的其他解释，Donaldson（1995，p.161）质疑以权力和政治过程为基础的解释。他认为，支持资源依赖理论家立场的大部分证据都可以重新解释为市场力量的结果。市场中非对称依赖的条件可能仅仅反映具体的供需条件，在完成市场交易后不存在剩余的遵从责任。从这个观点来看，一个组织在大多数依赖关系中只会暂时处于劣势，随着主导性组织完成交易，提取价值，收益上并不具有长期优势。

同样，在考察跨董事会的相互关系后，Zajac（1988）观察到，研究组织间关系的学者在推断这些关系是否真正代表了应对依赖的组织策略时，应小心谨慎。与预期相反，观察到的关系可能仅仅是不相关行动的结果。关于相互关系的研究也普遍忽略了其历史和空间情境，关注后果而不是原因（Kono et al.，1998；Mizruchi，1996）。权力不对称和更为分散的群体之间的关系使这些问题变得更加复杂。股东可以对企业的战略施加很大影响，但比起管理二元关系而言，管理这种"关系"更难（Goranova and Ryan，2014；

Vasi and King，2012）。当组织共享消费者、客户或其他利益相关者时，简单的双边关系就变得复杂了，此时，组织可能经由中介相互关联（Kitts et al.，2017；Shipilov and Li，2012）。在此类情况下，组织战略可能代表着一种行动努力，以维护声誉或与组织合作方建立共享的惯例，而非管理权力的不对称性。

3.6.3 贡献

资源依赖观已经影响了诸多组织议题的研究，这些议题聚焦于组织间关系、权力、环境对组织动态变化和战略的影响。Wry 等学者（2013）认为，资源依赖观提供了一种最为精妙和准确的对于环境复杂性的解释，且继续为经验考察的完善提供机会。Mizruchi（1992，pp.64-66）观察到，尽管大多数研究的横截面性质在某种程度上削弱了它们的价值，但对董事会相互关联的研究仍经常使用资源依赖解释。Scott（2003，pp.118-119）认为，资源依赖理论具有辨别并描述组织用于改变和适应其环境的战略的优势。例如，Burt（1982，1992）提出的行动和权力的结构理论就是以关系的资源依赖观为基础的。战略管理学者继续运用该观点研究兼并、合资、高管继任和战略联盟（Hillman et al.，2009）。与组织的生态和制度观不同，资源依赖理论家对组织与其环境的关系持非常积极主动的看法。积极主动的主体在他们的研究文章中经常出现，因此资源依赖理论可能是组织研究中行动与结构鸿沟间的一座桥梁。

资源依赖理论类似于解释性理论，两者都将组织视作激励市场和争夺利益之冲突场所。在一些版本中，它也类似于制度理论，都强调社会建构的真实情况对组织产生强大的约束作用。Fligstein 和 McAdam（2012）基于资源依赖理论和制度理论原理建构了组织分析的政治－文化理论方法。他们强调内在于组织间关系的政治过程以及具有社会性和合法性的文化理解的稳定化作用。

然而，基于对资源依赖理论的极为多样的运用，理论家又提出了一个有关其智识核心连贯性的问题。生态学理论通过致力于一小批议题的探究，已积累了一些经验性成果，与其不同的是，资源依赖理论似乎一直附从 Emerson 最初的洞见——权力与依赖密切相关。就这一点而论，资源依赖理论是在特定研究问题的情境中，作为一种补充的理论来运用的，而且这些问题中没有一个能在理论群组支持的研究中得到解决。

3.7 总结：六种视角

演化理论不是一个封闭的逻辑演绎体系，而是一种纲领性的元理论，由一组相互联系的原则构成。它可用于多层面分析，亦可同诸多理论结合以解释特定类型的变化。自 20 世纪 70 年代以来，至少出现六种可行的组织研究视角，为演化理论提供了可资借鉴的丰富思想和原则。在本章中，我们综述了呈现于专著和论文中的集体性判断，这些判断正是在六种理论观点的专家思想的碰撞和争论中涌现。本书剩余部分，将以这些思想为基础来建构演化解释。

生态学分析提醒我们组织种群的波动性，关注种群生命周期中的组织建立和解散过程。从长期来看，生态学突出历史事件对种群和共同体发展的重要意义，因为生态研究者注重重要研究发现的可复制性，从而建立一般的经验规律，为演化分析奠定重要基础。制度理论家强调组织和种群的社会建构性。制度化作为价值规则对实体渐渐渗透的社会建构过程，其发生在所有的分析层面，因此，制度理论使理论家将多个层面的事件关联起来。制度理论提醒我们，传承下来的传统、风俗和习惯驱动了许多组织行为与管理行为，以此平衡战略管理理论家和 TCE 理论家围绕"选择"的争论。

解释性理论将人看成可影响自身命运的积极的能动者，组织学习理论的大部分研究工作中对于人也是做这样的假设。在其他理论观中，关于人的假设消失了。形成鲜明对比的是，许多解释性理论家通过对组织生活直接的田野观察来建构解释。通过关注持续创造和维持意义中的社会心理过程，解释性理论为机会和创造力在组织中发挥作用留下了空间。交易成本经济学对困扰许多社会学家的人类行为做出假设，挑战了其他观点的支持者，以使自己（TCE）的假设和命题得以明晰。TCE 为演化分析提供了一个分析框架，以便考察由演化力量所选择的多种组织安排的成本与收益。

若干理论都突出了人类能动性，但资源依赖理论是人类行为积极介入的最有力倡导者。该理论注重组织改变或控制环境的策略行动，同时认同行动所受的严苛约束。与制度理论和组织学习理论类似，资源依赖模型使得理论家将组织联盟的利益与组织策略捆绑在一起，这也反映了他们对组织在环境中位置的判断，从而将多个层次的分析联系起来。资源依赖理论是六种理论中最强调政治模型的，但制度理论家也处理权力和支配问题。在许多方面，组织学习理论包含了同演化理论相类似的一组概念和原则。尽管每一篇论文或每一本专著中都未明确说明，但是"变异—选择—保留"模型是分析任何情境中的学习过程的基础，无论是针对个人、团队还是组织。因为组织学习理论的大部分研究都是以社会心理学和人类行为的认知理论为基础的，这就有利于研究者围绕人类在何种条件下掌控自身命运提出清晰命题。

小结

这六种理论中的每一种都为组织的演化观提供了一些有价值的思想。在实践中，演化分析依据其折中性，可以有选择地借鉴这六种理论。首先，演化理论对未曾预料到的和不可能的事物持开放态度，因此和解释性理论及组织学习理论有一些共同点。其次，与制度理论一样，演化理论也跨越了分析的各个层次，并在组织生命周期的长短期中都有体现。再次，演化是一个局部性适应过程，其过程是不确定的，因此与同样强调局部选择过程的生态学和交易成本经济学（TCE）有一些共同之处。最后，演化理论强调很少有人真正知道自己正在做什么，或者为什么这样做。因此，演化理论与资源依赖理论一样，也认为组织容易受到有进取意识的能动者的影响，这些能动者知道自己想要什么并愿意为之努力。

作为对这些折中性借鉴的回报，演化观也提升了这六种理论的价值。演化理论提出建议，说明了凸显各种组织内完全不同特性的方法怎样才能相互整合。它还提出了如何使用变异、选择和保留机制的一般框架来分析诸如创业、机会主义、建立联盟和一致性等相对具体的过程。因此，演化理论为全面了解组织和改进不同实质性领域的知识积累带来了希望。

研究问题

1. 演化方法是"算法式方法"而非"因果式方法"——这句话说的是什么意思？

2. 生态学方法为何最小化个体行动者的作用？

3. 我们把演化方法当作一种方法论框架来整合诸多有关组织的观点。还有哪些观点比其他观点与演化框架更加适配？本章中评述的六种观点的哪些特征可以更好地用演化术语加以概念化？

4. 为何保留机制对于组织学习方法来说十分关键？组织学习与组织内的个体学习有何不同？

第二部分
组织涌现的概念化

第 4 章
CPAPTER 4

创业者和新组织的涌现

在世界各地的社会中,每天都有成千上万的人启动创造新组织(商业企业、志愿性协会、非营利组织等)的过程。在本章中,我们聚焦于新的商业组织。各国创业活跃度不同,但企业所有权的吸引力似乎是普遍的。然而,与如火如荼的创业活动相对应的是,许多新创企业在完全成熟运转前就失败了。我们对企业所有权的普遍吸引力以及一波又一波充满希望的创业者感兴趣,我们也对低创业成功率感到困惑。创业的流行度与低成功率之间的巨大反差令人费解,在本书中,我们给出了一种以演化原则为基础的解释。

组织涌现的过程十分复杂,这反映在组织研究文献所提供的形成鲜明对比的观点中。在其中一极,20 世纪 60 和 70 年代的组织涌现的经典研究方法,关注创始人的特质和性格而非社会景观(Aldrich and Wiedenmayer, 1993)。知识和行动与特定情境无关,研究者也不关注过程。另一极是与特质方法相对的社会学方法,它虽然关注社会层面,考虑文化和历史,但是这种分析十分抽象(Stinchcombe, 1965)。自 20 世纪的最后几十年以来,创业研究蓬勃发展,有助于填补两极间的缝隙,将个体、团队和小群体、组织同社会与历史情境关联起来。

从演化角度看,我们对创业的关注反映了近期理论和研究中的四个主题。

第一,Stinchcombe(1965)认为,人们总是在特定文化和历史背景下创建组织,这种组织又反映出了特定历史节点下的社会状况。如果创业者不偏离已被接受的组织形式,那么实现的就是既有组织种群的再生产,即再生产现有社会秩序。所以,在收入、财富、政治权力和其他有价值资源的分配日趋不公的社会中,我们可以预期,通过新的经济组织创建,仍然会再生产这种分配不平等(Bapuji and Neville, 2015)。

第二,创业是对现有社会秩序的挑战,从某种程度上说,创业为创建新的种群奠定基础。组织生态学家主要关注现有种群内的动态变异,指出绝大部分创业是为了再生产现有组织形式,是组织景观中的增量而非创新(Carroll and Hannan, 2000)。相反,演化理论家则关注新种群的产生,分析了在何种条件下新组织形式能为自己开辟有利的局部生态环境(Aldrich and Fiol,1994)。一个新组织是单纯再生产现有形式还是开辟新领域,在一定程度上取决于组织的创始成员各自拥有的不同的视野和技能,以及所处的社会政治情境。

第三,在大部分工业社会里,高水平的初创活动不断把潜在变异引入组织种群。在美国,每年约有 6%～8% 的劳动者自己创业(Gartner et al.,2004;Reynolds and Curtin,2010)。大约 40% 的美国人在五十几岁前都有创业经历,尽管近些年美国年轻人自主创业的比例较低(Hipple and Hammond,2016;Mueller and Arum,2004)。这种现象在几个西欧国家同样存在。从某种程度上说,高创业率反映出创业初始阶段对资源的要求并不高。有很多组织都是从少量的创业资金和有限的工人起步的。

第四,强烈的选择压力打击了大多数创业尝试。根据调查和民族志解释,创建过程显然是复杂、混乱的,而且时间紧迫(Sarasvathy,2001)。只有一半的潜在创业者可以成功地创造一家初始运转的实体,而仅有不到 10% 的新创企业能够继续生存和发展(Artinger and Powell,2016)。所以,在选择压力下,许多由不同的组织创建所代表的潜在变异消失了。Stinchcombe(1965)观察到,新组织要比老组织的失败率高,他发明了一个词,称作"新进入劣势"。他认为,新组织尤其是以新形式存在的组织,面临着严峻的生存压力,因为人们必须学习新规则、形成新习惯,在有限的时间内争取有价值的资源。随后的研究又揭示出了一种"小微组织劣势"的现象(Aldrich and Auster,1986),解释了为何小组织总是易于失败(Gartner and Brush,2016)。

在本章中,我们关注创业者建构新组织的过程。社会网络塑造新手创业者的行动情境,其中一些结构性的区位优于其他区位。我们描述了三种类型的网络联系及其对创业行为的影响,并将创业过程分为两个子问题:创业者获得和使用知识的条件是什么?获得资本和其他资源的条件又是什么?

新手创业者需要几种类型的知识,我们把它们的来源归结为工作经验、专家的建议以及对现有组织形式的复制。知识结构包括各种创业探索的论据,如乐观主义和过度自信。我们研究了"界定问题和以故事来展现一个新创企业愿景的技能,在多大程度上有助于创建过程"。在最后一节中,我们揭示了大多数新手创业者是从拥有很少的资源开始,从非正式渠道中获取了所需的大部分资源的。

4.1 有关创业定义的争论

"创业者"和"创业"都是有点儿争议的术语,特别是在创业学界(经常在创业期刊发表文章)之外的学者中(Ruef,2015)。20 世纪 70 年代,当创业领域为学术合法性而苦苦挣扎时,有关这些术语含义的辩论也成为会议报告和期刊文章的常见栏目。有些争论反映出一些学者试图将"创业研究"与"小企业研究"区分开来,而后者正是研究企业初创的学者传统意义上的家园。争论同样反映了对于分析单元、分析层次、方法以及理论视角的学科争议(Gartner,2001)。自 20 世纪 80 年代百森商学院(Babson College)召开创业会议以来,很多文章给出了概念方案、分类法和类型学方法来定义"创业者"。

四种相互竞争的观点凸显了这场辩论的主题，如表 4-1 所示。

表 4-1 "创业"术语的四种相互竞争的解释

解　释	存在的问题
风险承担和寻求自主性	选择偏差：自主性和成长是结果，高资本化并不保证成长
创新和创新性	选择偏差：事先难以将行动界定为创新性行动
机会识别	赋予创业者以特殊的认知力
新组织的创造	难以确定新社会实体何时涌现

第一，一些学者认为一组特定的行为和行动是"创业型的"。在这种思想流派中，学者将那些对风险有着高容忍度的人或者那些从社会的传统权威和制度结构中寻求自主性的人视作创业者（Sørensen and Fassiotto，2011）。在此定义中，创业可发生于各种情境中，不限于组织创造。

第二，基于对 Schumpeter 思想的解读，另一些学者认为创业必须着眼于创新活动以及由于创新而带动的新产品和新市场的创新过程。例如，企业战略制定者总是用"创业的"一词，指称那些在已有企业中采取创新行动的管理者和经理人，与此相关的指称是"公司创业""内部创业"或类似的词汇（Kacperczyk，2012）。

第三，根据 Kirzner（1997）的思想，一些学者认为"机会识别"是创业和创业活动的核心（Shane and Venkataraman，2000）。所以此观点认为，创业的关键不是初始资本积累，而是某些人发现他人未识别的、潜在的、有价值的机会的能力。近来的研究已关注可能有助于机会识别的人格特质和基因特征（Navis and Ozbek，2015；Shane and Nicolaou，2015）。然而，迄今为止，研究者尚未发现一种"创业基因"。

第四，部分创业研究者建议人们对创业者所要做的事予以关注，即关注新组织的创建。例如，Gartner（1988）通过对有关创业者特质论文献的综述，认为创业研究应该关注人们试图创建企业的行为和活动，而非心理状态和人格特征。从这种视角看，创业者就是那些创造新社会实体的人。这种观点与创业者术语的传统使用方式相吻合，指的是那些创建一个组织的人，而不管组织的规模有多大，这可能为当前的创业研究提供了最坚实的基础。

随着创业研究从以政策导向的文本和案例研究为主向更多以经验为导向的研究领域演化，同这几种视角相关的问题也凸显出来。首先，关注个体的自主和风险倾向的研究忽视了创业所处的社会情境，假设这些倾向与成功之间存在直接联系。然而，自主性和成长是不确定过程的结果，研究已表明很难预测哪个企业将会成长（Aldrich and Ruef，2018）。例如，Pierre Omidyar 使用自己的个人网站发布待售物品（包括一支坏掉的激光笔）。最终，他的行动催生了 eBay，截至 2019 年底，其价值近 300 亿美元（Viegas，2007）。不管他们的意向和性格如何，很多创新和机会寻求型的创业者创造了短命的创业企业。甚至高资本化的企业也会陷入无法解决的问题，恰如 2000 年互联网泡沫破灭所证明的那样。理解哪些活动在不同的环境中能带来成功创业和成长，要求研究者尽可能地广撒网，甚至是从非常保守且看似不太可能成功的创业行动入手（Welter et al.，2017）。

其次，以创新程度为标准挑选作为研究对象的创业者和创业企业，也会导致选择偏差，正如我们在第 2 章中所讨论的。创新通常是对特定用户群和特定情境的新活动的分类，因此与现有条件相关（Rogers，1995）。因此，在验前很难区分哪些行动是创新性的，哪些不是创新性的，要等到这些行为被引入并根据他人的反应进行评估之后，方能进行分类。

再次，机会识别论学者的研究有一个潜在假设：所研究的潜在的机会领域包含的是那些能够带来企业初创的机会（Fiet，2002）。这种观点似乎赋予了一些创业者非凡的认知能力。比如，Shane 和 Venkataraman（2000，p.220）认为，"虽然识别创业机会是一个主观过程，但机会本身是一种客观现象，并非所有人在任何时候都能知道"。研究者必须区分：可以识别机会的人和无法识别机会的人。一般而言，组织理论家面临的主要问题就是存在一种普遍的信念：对创业成就的解释必须从"成就动机"和"自信"等认知特征中寻找。不幸的是，对于遵从这条考察路径的理论家来说，这样的特质是如此普遍，以至于无法将创业者和其他人区分开来。此外，一些传统上与创业活动相关的特质，诸如金融风险容忍度，更常见于普通大众而不是新手创业者（Xu and Ruef，2004）。

最后，将创业看作建立一个新组织，需要研究者识别新社会实体是何时建立的。只有作为目标导向、边界维持的活动系统，组织才会成为人们都认可的新社会实体。Katz 和 Gartner（1988）指出，前组织和组织间的边界十分模糊，并提出识别组织存在的四个标准：①意向性，可能反映在所陈述的目标上；②调动必要资源；③确定边界，如通过对实体正式注册和命名；④与外界进行资源交换。

鉴于表 4-1 中所示的前三个视角所带来的问题，我们建议将重点放在第四个视角所提出的两个问题上，来重构"涌现"问题。

第一，创建者是通过什么过程构建了新组织？正如我们所定义的，组织是目标导向的、边界维持的活动系统，组织创建者在构建组织时必须注意到以上三个要素。我们的组织涌现分析框架是建立在 Katz 和 Gartner（1988）的先驱性研究上的，他们的成就阐明了组织的涌现并非一个线性的、逐步的过程。相反，涌现涉及了多条线的不规则发展，其中任何条线上的发展停止都可能妨碍组织的成功创建。由于边界构建过程对组织的产生具有决定性影响，我们会在下一章讨论它。

第二，何种选择对新组织是否会再生产或偏离现有的组织形式、惯例和能力产生影响？这一疑问，对所有运用现有研究结果的研究者，提出了一个方法论谜题：组织需要创建者，但是组织又不能雇用他们，因为组织在创建者构建它们之前并不存在。所以，我们只有在识别了他们创建的组织之后，才能识别他们。如果我们只在创业者的组织吸引了足够多的公众注意并被纳入标准抽样框后，才对其进行研究，那么我们就忽略了创业过程中的一个关键阶段（Kalleberg et al., 1990）。从这个角度来说，选择过程过滤掉了很多有趣的变异（Katz and Gartner，1988）。同时，我们也会丢掉拥有创新性惯例的新组织和启动新种群生成的活动过程，这一个主题我们将在第 9 章中进行考察。

4.2 新手创业者和创新

组织通过什么过程涌现？首要的难题就是理论家应该使用什么样的语言来描绘组织

的形成过程,我们用"创建"或"建构"而不是"诞生"一词,这是因为"诞生"是一个从概念开始到发展的平稳过程。我们强调的是组织涌现的偶然性,甚至是无序性。

4.2.1 新手创业者

新手创业者(nascent entrepreneur)这一概念表达了创业过程偶然性的意蕴。新手创业者的定义是:开创关键活动、意在创办一个可行组织的人。Reynolds(2000)开发了一套程序用于定义和研究新手创业,将创业领域的初始兴趣放在创业过程而非创业结果中来研究(Ruef, 2005)。虽然Reynolds严格按照商业情境来定义新手创业者,但建立网络、调动资源和创业执行过程同样可用于非商业初创活动。从演化视角看,新手创业者是组织变异的主要来源,从意向开始,到其后的持续行动,最后实现创建。

新手创业的不同阶段涉及三次转变过程和四个时期(见表4-2)。转变Ⅰ:当某人(独自或同其他人)开始思考去开创一个新企业时,就引发了转变Ⅰ。自Weber(1963)对新教伦理的研究开始,驱使这种转型的社会情境一直是经济社会学的核心议题。近期的研究反映了多种要素对新手创业产生影响,包括生活史、人力资本、金融资本、人际关系网和组织情境(Aldrich and Kim, 2007; Blumberg and Pfann, 2016; Kim, Aldrich, and Keister, 2006)。在这个过程中,有关创业驱动力的常见假设受到了挑战。比如,一个反直觉的发现强调那些与潜在创业者的前雇主有关的特质。虽然人们一般认为在大型的、稳定的官僚机构中工作的人,创业转向率是降低的,但这种组织情境实际上增加了这些新创企业创办者的创业转向率(Dobrev and Barnett, 2005)。原因可能是组织成长稀释了创业者与初创期的各种联系,又激发了他们对新的创业机会的追寻(Sørensen and Fassiotto, 2011)。

表4-2 组织涌现:从概念期阶段到青少年期阶段

成年种群 → (Ⅰ) →	新手创业者 → (Ⅱ) →	羽翼未丰的新公司 → (Ⅲ) →	完善的新公司
(概念期)	(孕育期)①	(幼儿期)	(青少年期)
活 动	首次后续访谈时活动已完成的百分比(%)	平均完成时间/月	
采购材料、供应品和零部件	78.9	15.2	
推广产品或服务	68.5	21.4	
出租或获取主要资产	72.4	17.8	
销售、收入或报税	74.9	19.5	
获得电话簿列表	71.3	20.6	
与供应商建立信用账户	43.4	21.6	
取得商业登记号码	40.1	16.8	
全身心投入企业	32.6	21.3	
雇用付酬员工	25.8	35.4	

①《创业动态调查Ⅱ:2005—2006》(PSED Ⅱ)报告的孕育期所涉及的活动,该研究收集了美国新手创业者的代表性样本。

资料来源:改编自Reynolds(2016)。

4.2.2 孕育期

在转变Ⅰ之后是组织涌现的孕育期，在这一时期，新手创业者投身创业活动，进一步推进其目标的实现。例如，新手创业者会租赁设备仪器和有偿雇用工人。尽管单一的创业活动看起来是此阶段的一个比较低的门槛，但尝试创办新企业的大部分人都自称采用了好几种行为。在创业动态面板数据研究Ⅰ（PSEDⅠ）中，超过半数的新手创业者报告，在最初接受调查后，他们会在24个月的随访中全身心投入创业中（Carter, Gartner, and Reynolds, 1996）。在后续经营活动中，大多数创业者表示自己都经历过促销或配送、和供货商建立信用关系、在银行开户、从出售产品或服务中得到报酬以及购买或租赁仪器设备等过程。

两组因素在形塑新手创业和企业涌现过程中发挥着关键作用。第一组因素包括创业者自身的意向和感知。以早期的"特质论"研究方法为基础，创业学者现在探究意向如何形塑孕育过程，以及以何种方式促进或阻碍组织创建过程。尽管许多创业活动的模式相对来说比较混乱，但是在安排自身活动方面，拥有先前经验的创业者往往不同于新手创业者（Hopp and Sonderegger, 2014）。新手创业活动与机会结构交互作用，决定了创业者的组织方式以及他们最终是否会成功。例如，Dimov（2010）发现，有先前经验的创业者不一定擅长组织新创企业，但是更擅长评估机会以及在孕育过程的早期就舍弃前景黯淡的机会。

大部分创业研究假设组织化行动的速度是成功的一个重要指标。然而，有些创业者，特别是那些基于兴趣爱好的创业者，比起其他创业者而言，实现重要里程碑的速度更慢，但他们仍然更愿意投身自身的创业企业（Kim, Longest, and Lippmann, 2016）。这意味着时间维度是孕育过程的一个重要部分。诚然，创业者的感知、管理以及使用时间的策略，在不同情况下差异巨大（Lippmann and Aldrich, 2016b）。

创业动态面板数据研究（PSED）很好地记录了创建过程的三个特征，这是有关新手创业者活动的最全面的数据源。此外，下文描述的许多模式也得到了其他有关创业者的面板数据的复制（Davidsson and Gordon, 2012）。

第一，发现了许多不同活动的组合，但这些活动均未形成规模。Carter等学者（1996）调查了14项可能的创业活动，91个活动间相关系数中有60个低于0.2，Arenius、Engel和Klyver（2017）发现对新企业实现利润来说，不存在单一的创业活动。

第二，在成为幼儿期的企业之前，这些活动以多种不同的顺序发生。虽然在考虑了结构、战略和环境偶然性后，活动的时机可能是可预测的，但新手创业者并不遵循固定的活动序列（Ruef, 2005）。相反，新手创业者持续评估自身所处的环境和能力，选择相应的活动。因为人格特质和环境特征的交互作用实际上有无限种排列组合，因此孕育活动中几乎不存在可预测的、序贯性的演化（Jiang and Rüling, 2019）。

第三，PSED后续的几期调查表明，从人们着手组织企业到他们将初创企业感知作一家运转中的企业，平均需要29个月（Carter, Gartner, and Reynolds, 2004）。然而，差异也是巨大的——有些新手创业者在完成任何其他创业活动之前，就认为自身的企业已是运转中的企业了。

有多少新手创业者真正完成了转变Ⅱ，建立一家幼儿期的企业？在过去，案例数量过少和样本减损阻碍了这方面的研究。Reynolds和White（1997）估计，约有一半的创业者可以完成这种转变，而且平均耗时不到一年就建立了一个初生的企业。利用PSED给出的巨大样本数据，Carter等人（2004）发现，在随后的两年中，在全部创业企业中，正在运营的企业（占30%）或积极开展初创活动的企业（占31%），这两类的数量几乎相等。剩下的不是放弃（占19%），就是消极维持经营（占20%）。美国劳工统计局发布的数据显示，2013—2014年也出现类似趋势，只有不到70%的新企业能存活至少两年（U.S. Bureau of Labor Statistics, 2016）。根据这些估计，在美国，每年幼儿期的初创企业大约有100万家。在这项研究中，对建立完善的新企业的三次转变的考察，还需要更多的新理论和经验性的分析来指导。

创业结果具有高度不确定性。很多案例表明，新手创业者最初的想法并没有实现，因为他们的意向被误导了，或者是他们无法调动所需的资源。所以在任何给定的时刻，我们观察到的只是初创企业大群体当中还生存的那一小部分，而不包括已经放弃的部分（Katz and Gartner, 1988）。认识不到种群中的流动紊乱，蒙蔽了社会科学家的双眼，使他们看不到现代社会表象之下的组织发酵酝酿过程。绝大多数新组织都是规模小、寿命短的，但是如果没有这一过程中的幸存者，那么组织研究就找不到研究主体了。

4.2.3　再生产者和创新者

绝大多数新手创业者初创的是小的再生产型组织，而不是创新型组织（Aldrich and Martinez, 2015）。在由再生产者和创新者两极构成的连续统（continuum）上，再生产型组织被定义为在既有种群中创立的组织，它们的惯例和能力与现有组织基本上无差异，即使有差异，也是微乎其微的。它们没有给所进入的种群带去增量知识，组织活动的方式同它们的先驱者是一样的。相反，创业者开创的创新型组织，其惯例和能力与现有组织明显不同（Ruef, 2002a）。当组织偏离了既有惯例和能力，而这种偏离是不切实际的或与现有选择标准产生冲突时，它们中的许多将无法存续下去（Hyytinen, Pajarinen, and Rouvinen, 2015）。例如，以新方式整合资源的许多尝试都是致命的错误，有些还被认为是非法的。

一些新创的创新型组织以与现有标准不同的方式运用惯例和能力。这些组织的新知识可能会改变现有种群或创造一个新种群。从种群的角度看，它们创造了强化能力型或破坏能力型创新（Anderson and Tushman, 1990）。强化能力型创新包括在现有惯例和能力基础上，针对产品或服务等级进行实质性改进，并可被现有组织接受（Abernathy and Clark, 1985）。例如，大多数打字机制造商都能相对平稳地从生产机械打字机转向生产电动打字机。

绝大多数创新都属于能力强化型而非破坏型（Schmookler, 1962; Tushman and Anderson, 1986），因此可被既有组织接受。因为既有组织可以轻易地将能力强化型创新融入运营中，这就使得初创企业处于劣势。相反，在产品（或服务）的开发和生产过程中，能力破坏型创新就需要新的知识、惯例和能力来发展或者制造产品或提供服务。这从根本上改变了组织所需的一系列相关能力，所以这种创新模式将现有组织置于不利地位。我们将在第 8 章和第 9 章中更详细地讨论这一区别。

从再生产者到创新者的连续统是以结果而非意向来界定的（Samuelsson and Davidsson，2009）。一些创业者有意识地背离现有知识，而另一些人则并无此意。无论意图如何，个人面临着偏离现有能力和遵从现有能力之间的抉择张力（Gino，2018）。但是遵从文化传统的压力常常迫使个人放弃创新思想（Gino，2018）。那些商业计划超出当前行业预期的创业者，可能会发现没有人理解或接受他们所做之事（Hargadon and Douglas，2001）。此外，新手创业者在获得有关机会的知识、可行变异范围以及感知到的选择标准方面，都严重依赖他们的社会网络。而来自网络联系的负反馈可能会抑制创业者脱离传统规则，从而限制创业者的活动。社会网络在影响行为一致性、信息多样性和信任方面占据着核心地位，现在，我们就转向对创业网络情境的考察。

4.3 社会网络情境

在组织涌现的许多方面，社会网络扮演着重要角色。诚然，创业者所嵌入的更大的网络结构构成了其机会结构的重要组成部分。新手创业者的人际网络——与其有直接联系的人脉，影响他们获得社会、情感和物质支持的渠道。在为组织获得知识和资源的过程中，新手创业者利用自身现有社会网络，并建构新社会网络。例如，在 Engel、Kaandorp 和 Elfring（2017）的详尽的文献综述中，他们发现创业者依赖自身先前的网络聚集资源，建立超越当前联系的、扩展资源获取渠道的网络联系。不管他们构建个人网络的能力如何，处于不利社会位置的新手创业者会发现自己无法获得组织形成所需的机会和关键资源（Brush et al.，2019）。

网络分析家区分了个人的社会关系的两个互补维度：①多样性或异质性；②感情强度或情感强度。各种关系的效用都是具有情境依赖性的。在创业网络情境中，人们需要获取信息和其他资源的通路。因此，无论其强度怎样，多样化的人际关系都是重要的。我们首先分析为何社会关系的多样性会有利于创业者，随后考虑关系强度对于创业行动的贡献。

4.3.1 多样化的重要性

多样化的网络联系对新手创业者来说至关重要，因为多样性有助于他们获得有关潜在市场、新企业选址、创新、资金来源和潜在投资者的信息。这里的多样性我们指的是：与根据诸如性别、年龄、职业、产业、种群等多种维度划分的不同社会位置和特征的人之间的联系。多样性取决于新手创业者所涉足的行业范围。在那些新手创业者没有直接联系的部门之间，关系能够起到桥梁作用（Granovetter，1973）。多样性还取决于新手创业者网络中结构洞的数量。结构洞（structuralhole）指的是：当与创业者有联系的人彼此之间没有联系时就会出现结构洞（Burt，1992）。比如，一个新手创业者可能与银行家和会计师有直接联系，但后二者互不认识。

对新手创业者来说，由同质性关系组成的网络价值是有限的。在同质性网络中，一个人所知的信息会快速地传播给他人，大家对信息的解释方式是相似的（Grantover，1973）。有两种力量会促进个人网络的同质性。第一，人们倾向于和与自己有共同社会特征的人来往（Marsden，1987；McPherson and Smith-Lovin，1987；McPherson，Smith-Lovin, and Cook，2001），这是一种称为趋同性的过程。第二，人们倾向于在社会关系中保持情感和个人的平衡（Cartwright and Harary，1956；Davis，1963）。例如，一个新手创业者的两个挚友成为朋友的概率就很大。所以，如果一个创业者有一个做律师的好友，而这个律师又有一个银行信贷员好友，那么这个创业者很有可能与信贷员成为好友。

随着与同一类人的关系不断积累，每一种接续关系的边际价值都会下降。再增加一个有着相似特征或相似社会位置的人的联系就会显得冗余，而且这种关系所提供的信息价值也不明确（Burt，1992）。如果这些人有着相似的社会位置或共同特征，那么再增加一个这样的人的交流，创业者几乎得不到新信息。所以，Burt（1992）认为，当涉及信息流动时，关系的强度就没有关系多样性重要了。例如，使用中国创业者样本，Burt（2019a）发现拥有相对开放网络的创业者比拥有相对封闭网络的创业者获得的绩效更高。与在若干其他国家开展的先前研究一致（Aldrich，Reese，and Dubini，1989），Burt（2019b）也发现，除了性别构成外，男性和女性创业者的网络十分类似，差异在于：男性创业者的网络绝大多数是男性，女性创业者的网络混合程度更高。我们现在转向强关系和弱关系对创业行动的贡献。

4.3.2 关系强度的重要性

构成一个人全部关系的关系类型可以根据强度进行分类：强关系、弱关系、不确定关系或波动关系（和完全陌生的人打交道）。网络的多样性层次部分取决于强弱关系的交织程度（Ruef，2002a）。创业模型和商业周期模型强调三种类型关系的社会情境依赖特性（Stam，Arzlanian，and Elfring，2014）。对新手创业者而言，在创业初期或企业发展初期调动资源方面，强或弱的关系要比与陌生人的接触更重要。随后，当新组织逐步稳定后，与陌生人正常的交易和接触就变得更为重要了。

人际网络中最可靠的关系是强关系，它通常持续时间很长。人们在所有生活领域中，都依赖这种关系来获取建议、帮助和支持，比如在工作中遇到道德难题时寻求帮助，或临时请求别人照看小孩等。这是一种长期的双向关系，不受短期自利行为影响。它暗含了互惠义务。所以它比其他类型的关系更可靠，甚至包含着深度信任和亲密情感（Granovetter，1993；Marsden and Campbell，1984）。因此，人们倾向于为这种关系大量投资并与他人相当频繁地接触。然而，使用源自不同国家的多个数据集的一项大规模研究项目表明，涉及长距离的间接关系仍可能支持人们之间的强关系（Park，Blumenstock，and Macy，2018）。

由于创造和维持强关系要付出很大努力，因此学者估计绝大多数人的人际网络中只有5~20个这种关系（Fischer，1982），尽管有关核心讨论网络的潜在衰退仍有很多争论（Fischer，2009；McPherson，Smith-Lovin and Brashears，2006）。研究人员发现，人们所回答的强关系的具体数目与调研人员的提问方式有着密切联系（Bearman and Parigi，2004）。在创业者网络里，调查者发现大多数企业主报告自己拥有 3~10 个强关系，诸如 Aldrich、Reese 和 Dubini（1989）的研究所展示的那样。组织内部的研究结果也得出了类似数据（Hmieleski，Carr，and Baron，2015）。试图维系好大量的强关系会导致角色压力。尽管如此，大量的强关系所带来的收益仍可能会超过成本（Aldrich，1979，pp.259-263；Marks，1977）。一个企业主的强关系网多半由关系密切的商业伙伴、几个朋友和一到两个家庭成员构成（Elfring and Hulsink，2007）。例如，利用一个瑞典家族企业的样本，研究发现在 2002—2012 年，创业者的子女是这类企业中最普遍的家庭关系成员（Adjei et al.，2019），这将企业嵌入在一种强关系中。

　　强关系为创业者提供了一个避风港，在此他们可以避免市场交易中可能出现的机会主义和不确定性（Williamson，1994）。在人们希望与他人建立长期的交易关系的社会情境下，强关系可以带来三大好处：信任、可预测性和表达诉求。信任告诉创业者在困难的情况下他们可以依靠谁，这大大提高了人际关系中的可预测性。可预测性是指如果情境发生变化另一方会如何行动。最后，表达诉求意味着在这种人际关系中，每个人都可以就事实进行抱怨或协商，而不是悄悄溜走（Hirschman，1970）。长期关系强化了这些好处，增加了进一步互动的可能性。反过来，增加接触的频率会带来很多好处。通过频繁接触，强关系得以发展、隐性知识得以转移，关系双方会形成更加非正式的相互控制（Llerena and Ozman，2013）。

　　令人惊讶的是，家庭成员间的强关系常常并不转化为财务支持。全国代表性的数据以及社区研究表明，只有很少的少数族裔创建者才能从家庭成员那里获得很大的支持，其中不包括夫妻关系（Ruef，2010）。家庭成员关系作为一种强关系，为新手创业者提供情感支持，却往往不能提供资本支持。实际上，对家人的过度依赖也不利于新手创业者的发展（Renzulli，1998）。北卡罗来纳州三角研究园的一项面板数据研究发现，在一个新手创业者的商业讨论网络中，创业决策团队中亲属人数所占比例越大，创业的概率反而越小（Renzulli，Aldrich，and Moody，2000）。

　　制度和组织情境也会影响家庭关系的重要性。在土耳其，大家庭更有利于女性创业者，因为她们在传递金融和社会资本方面处于更有利的位置（Cetindamar et al.，2012）。Hillmann 和 Aven（2011）对俄罗斯的研究发现，在俄罗斯帝国晚期的工业化时期（1869—1913 年），强关系更有利于地方性市场中的小企业，因为它们有助于培育积极的声誉。然而，对于瞄准全国市场的大企业而言，更为多样的弱关系的混合往往带来更好的绩效。在 2004 年，瑞典政府废除了遗产税和赠予税，使得企业更容易传递给下一代，间接地提升了代际关系的力量（Adjei et al.，2019）。

　　强关系往往是创业团队的核心。在 Ruef（2010）研究的具有代表性的美国初创企业样本中，团队规模为 2 人。大约 1/4 的初创企业单打独斗，1/3 的企业是建立在姻亲或亲属关系上的，剩余的就是由互不相关的个体组成的团队。在零售和服务业中，大多数企业的规模都很小，不管是美国还是英国，近一半的夫妻业主承认自己的配偶参与公司运作（Aldrich et al.，1983）。

强关系是建立在信任基础上的,而弱关系是浅薄的、不明确的,通常几乎不涉及情感投资。弱关系通常维持时间较短、接触频率较低。所以,与强关系相比,弱关系通常处于休眠状态,尽管在需要援助时它们可以复苏,但并不太可靠。它们可以被视为一种保持距离的关系,包括那些我们寻求与之握手,但不能指望得到其充分支持的人。

个人之间的弱关系比强关系多得多。弱关系的例子包括与客户或顾客之间的关系,这种关系也就是知道对方的姓名,而彼此之间的互动只是"就事论事"。如交易成本经济学视角所述(Williamson,1994),与强关系相比,弱关系更有可能具有机会主义、不确定性和退出的特点。机会主义可能存在于典型的市场交易中,这些交易由自身利益驱动,很少或没有信任空间。关系的不确定性来自对伙伴行为预测的困难性。退出是当面临机会主义和不确定情境时,人们通常选择的路径。完成一笔涉及弱关系的交易,要比为争取一笔更好的交易而在谈判中苦苦挣扎容易得多(Hirschman,1970)。但是,高度的专用性交易投资的条件阻碍退出。

第三种网络关系类型可以描述为接触,而不是联系。这些类型的网络关系是为了实用的目的而创建的,对象是之前新手创业者与他们没有任何关系的陌生个体。与陌生人的接触通常是短暂的,几乎不需要或根本不需要情感投入。举一个与陌生人产生交易接触的例子:一个人从在贸易类出版物上登广告的陌生人那里购买了一台设备。TCE理论家把这种交易事件描述为"现货市场"交易。

多样化与关系强度之间的联系

与强关系相反,人们很少关注自身庞大的弱关系圈中的平衡。与跟我们有强关系的人(如密友)相比,跟我们有弱关系的人(如偶识)彼此间不太了解。所以在弱关系中,异质性更有可能发生,也更能得到容忍。新手创业者与不同的人偶然相识,这样的接触可以使彼此不同的人建立联系,这些人中的每一个人都有一个创业者不熟悉的亲密圈子。

如果陌生人掌握有价值的信息和资源,那么新手创业者会通过多种弱关系途径,间接接近这些人。他们也可以通过多样化强关系来达到相同目的,但是这需要非常热切的和不断变化的策略(Burt,1992)。因此,我们期望成功的新手创业者能从勾连各种信息来源的位置中以及得益于一套可靠的强关系的位置中脱颖而出。Ruef(2002a)还发现,在毕业于美国商学院的创业者样本中,网络多样化(混合了强关系、弱关系和接触)有助于促进创新。

4.3.3 社会网络和性别

历史上女性在所有权中的代表性不足,这显然与她们被排除在男性的商业交流网络之外有关(Carter,1994),如果女性没有在银行、投资公司和其他重要的财经职位中占有一席之地,那么男性在日常商务关系中和女性打交道的可能性就小得多(Rytina and Morgan,1982)。在PSED Ⅱ样本中,女性作为新手创业者的比率仅为男性的60%(Ruef,2010)。在西欧,由女性创办的企业也比男性创办的少得多。在欧洲,2012年创业者中女性约占29%,从爱尔兰的20%到葡萄牙的38%不等。Lerner、Brush和Hisrich

（1997，p.320）观察到以色列女性创业率较低，将较低的女性创业率归结为：女性在获取政府或商业合同中的劣势地位，限制了她们获取"创立和发展企业所必需的信息和资源"的能力。

男性把大多数其他男性纳入自己的社交网络，这反映了权力和所有权地位的社会分布以及男性选择与自己相似的人的交往倾向（Kanter，1977）。例如，20世纪80年代和90年代，在美国、加拿大、意大利、北爱尔兰、日本、瑞典和挪威进行的研究发现，男性企业主的强关系圈内很少有女性，这种性别同质性对信息向女性自由流动造成了巨大障碍（Aldrich, Reese, and Dubini, 1989；Aldrich and Sakano, 1998），当然配偶例外（Ruef, Aldrich, and Carter, 2003）。此外，当女性与丈夫共创企业时，她们在新创企业中占据领导位置的可能性较低，因为性别角色和期望从家庭生活蔓延至创业团队中（Yang and Aldrich, 2014）。

纵观历史，美国女性劳动力参与率（16岁以上女性就业或找工作的比例）从20世纪40年代末开始上升，2016年为56.8%，而男性为69.2%（美国劳工统计局，2017）。过去，女性低就业率和性别歧视阻碍了女性，使女性无法从事许多高薪工作（Rosenfeld, 1992）。在过去几十年中，随着女性就业机会的增加，女性创业的比例比前几代人高得多，增大了男性商业交流网络发生变异的可能性。主要由女性拥有的企业从1970年的不到5%增长到2012年的39%以上（Danti, 2014）。如果把男女各占一半所有权的企业也包括在内，这个数字在2012年跃升至45%左右。

实际上，很多致力于商业网络的妇女自愿协会的发展，已大大提高了妇女业主在商业界的知名度（Davis, Renzulli, and Aldrich, 2006）。全国妇女企业主协会（NAWBO）、全国妇女商业理事会以及200人委员会就是三个例子。1982年，200人委员会的创始成员包括：《华盛顿邮报》的Katherine Graham、20世纪福克斯的Sherry Lansing以及帕特里克夫投资公司的Patricia Cloherty。这个协会囊括了美国女性拥有的最大企业的所有者和高管。

4.3.4 社会网络和种族

不同种族群体的创业率差别很大，因为特定人口群体的成员占据了截然不同的结构性位置，他们的社会网络情境也有所不同（Aldrich and Waldinger, 1990；Ram, Jones, and Villares-Varela, 2017）。一个群体在创业者中的代表性高度依赖于他们移民到东道国社会所处的时代及其所获待遇。例如，在美国的某些历史时期，移民身份是对企业形成的一种刺激。在19世纪末和20世纪初这一时期，一些处于社会边缘的种族或宗教群体，如日本人或犹太移民，在创业人口中所占比例远高于一般人口。经济机会扩张时期的移民群体，发现几乎所有方向的发展路径都被堵死，只能创办小企业。这些障碍也可能反映在人力资本与移民创业之间的联系中。例如，20世纪70和80年代到美国的亚洲移民赶上了教育和自我就业间的正向关系，但是，20世纪90年代后，当他们在主流劳动市场中几乎没有什么劣势时，这种关系就成了负面关系（Min and Kim, 2018）。

种族团结和网络容量为许多移民群体创办企业提供了便利（Light, 2005）。这些群体从在强大的内部市场发现商业机会和筹集资本中受益（Wilson and Portes，1980）。例如，在 Zimmer 和 Aldrich（1987）对三个英国城市企业的研究中，发现只有大约一半的所有者依靠正式渠道获取有关企业最终选址的信息。在筹措资本方面，亚洲人依靠家人和朋友的程度远高于白种人。由于拥有多种资本来源，与白种人相比，似乎亚洲人在社会网络很少会有疏离感。

鉴于全球化趋势，现在移民社会网络经常在不同国家和地区建立。跨国创业者是指经常为企业事务而出境，并认为企业的成功取决于与外国的定期联系的人（Drori, Honig, and Wright，2009）。Brzozowski、Cucculelli 和 Surdej（2017）在他们对意大利的跨国创业者的研究中，发现那些与同种族的人有着强联系的意大利移民更可能成为创业者。此外，那些与母国有着强联系的人更能坚持不懈地努力下去。

与其他移民群体相反，美国的非裔美国人在企业所有权方面，面临着更多的系统性障碍，包括严格的居住隔离（Romero and Valdez，2016）。非裔美国人本身并非传统的移民群体，但是，自第一次世界大战结束以来，非裔美国人的大规模北移，在他们的目的地创造了与欧洲和亚洲人相似的条件。即使非裔美国企业所有者在一些经济利基市场立足之后，许多繁荣的商业社区也受到干扰，并最终被外国移民和白种人故意破坏。例如，白种人暴徒和执法人员，在 1898 年摧毁了北卡罗来纳州威尔明顿的"黑人商业区"，在 1921 年摧毁了俄克拉何马州塔尔萨的"黑人商业区"。后来，许多其他人屈服于大萧条时代的经济混乱（Drake and Cayton，1945）。从那时起，非裔美国企业主取得了一些进展，但他们的自我就业水平仍然低于自 20 世纪 60 年代以来移民到美国的许多群体，如韩国人和古巴人（Lofstrom and Bates，2013）。

4.3.5　共同体社会资本

大部分有关社会资本的研究都关注个体创业者获得的益处，即个体和团体如何从与他们有社会关系的人那里获益。然而，越来越多的研究开始考虑共同体层面的社会资本。这些研究关注各种社会和人口分组中的社会凝聚力与整合的总体水平，考虑成员间联系的数量如何影响社会结果。这些联系服务于以下两个目的：黏合或强化拥有相似社会特征的人之间的信任；在不同群组的人之间桥接或创造关系和信任（Ruef and Kwon, 2016）。共同体层面的社会资本可能引发各种积极结果，包括更好的健康状况、更少的犯罪、集体行动以及经济发展（Kwon and Adler，2014）。

这种经济发展的一个重要来源就是创业。社会或一般化的信任所推动的高水平的社会资本，以两种方式帮助创业者（Kwon, Heflin, and Ruef，2013）。第一，促进信息和资源在无直接社会联系的个体间自由流动。第二，在新组织中更快地培育声誉和合法性（Aldrich and Fiol，1994）。社会资本也可以降低风险水平，使得创业者更容易获得融资。例如，Samila 和 Sorenson（2017）发现，拥有高度种族整合性的共同体产生了更多的新奇想法和发明，因而吸引了更多的风险资本。

共同体层面的社会资本是"创业生态系统"的重要组成部分，或者说，地方环境的社会、文化、制度和经济特征孕育了创业活动（Pitelis，2012）。创业者、风险资本家、导师和丰富的人才库描述了创业生态系统的特征。密集的社会网络促进了人和资源的流动，创造了充满活力的创业区域（Lippmann and Aldrich, 2016a）。若干比较案例研究已经揭示了网络如何在区域层面的创业结果中发挥重要作用，包括 Saxenian（1994）对硅谷和波士顿附近的 128 公路走廊地区的创新研究，以及 Spigel（2017）对安大略省滑铁卢和阿尔伯塔省卡尔加里地区的创新分析。创业者及其各种利益相关者共同构成区域密集的社会网络，对孕育这些区域的创业活动起了重要作用。

研究示例 4-1
创始团队的结构

我们使用一个具有全国代表性的样本分析了创始团队的结构变异，凸显了影响创业者的网络环境的几个特征（Ruef et al., 2003）。我们利用第一波创业动态面板数据研究（PSED），收集了美国 816 家创业公司创始团队的人口统计和社会网络信息。抽样方法针对的是新手创业者，识别出"现在正试图创业"的个人，排除运营企业的人——特别是那些拥有超过 90 天正现金流的企业的经营者。

从演化观点看，我们的主要兴趣在于促进或抑制创始团队结构变异的机制。我们提出了五个独特的机制，包括：①同质性，创业者倾向于根据相似特征（如性别、种族、国籍）进行组队；②功能性，创业者倾向于根据不同的已获得的特征（如业务技能）进行组队；③地位预期，高地位创业者比低地位创业者更具有吸引更多同僚共事的倾向；④网络约束，既有的网络关系对群体多样性的约束；⑤生态限制，创业者因地域或行业的隔离而产生的对群体多样性的限制。我们的经验性研究结果表明，美国的创始团队结构在很大程度上是由同质性和强关系所施加的约束驱动的。在控制了配偶带来的异质性之后，我们发现，全男性或全女性的团队出现的概率大约是随机预期的 4 倍。此外，种群同质性的发生率几乎是性别同质性的 10 倍，少数族裔甚至可能更高。也许创始团队多样化的唯一重要来源是创业者倾向于与配偶或同居伙伴一起工作，这大大减少了性别的同质性。

在方法论上，我们的研究阐明了新兴组织演化分析的两个关键特征。

第一，正如第 2 章所指出的，分析人员必须谨慎选择，不要只根据成功的结果来选择组织。考虑到现有的社会网络文献，我们有充分的理由质疑主要建立在人口同质性和强关系基础上的团队有效性。但是，如果没有一个以新手创业者为目标的抽样策略，我们就没有什么前瞻性的证据来评判可能在组织孕育期间出现的不同结构安排的有效性了。

第二，这项研究提醒人们关注反事实（counterfactual）在演化分析中的重要性。由于样本大小、同质性和强关系约束的影响，在给定的样本中可能缺少某些类型的创始团队。例如，我们的样本中就缺少混合性别的、以女性为主的、不包括配偶或伴侣的更大的创始团队（含 5 名或 5 名以上成员）。尽管如此，至关重要的是人们必须承认，即使没有得到经验观察数据，这样的创始团队显然也是可能存在的。如果意识不到这一点，就可能会导致对最初产生创始团队的机制（如同质性）的低估。

鉴于对变异的强调，我们的研究可能会因为没有对创始团队的结构做出一个完整的演化解释而遭到批评。要完成解释就需要解释影响创建团队的选择机制。比如，是否有些团队结构更容易发生人际冲突，从而导致解散？团队的结构是否预示着新手创业者最终会创建一个运营性组织？人们还需要解释保留过程。什么样的团队最有可能经历创建者更替？这将如何影响创建新企业所需的知识和惯例？这些关于人员保留的问题，在最近关于创业团队演化的文献中得到了更多关注（Beckman and Burton，2008）。

4.3.6 总结

社会网络通过构建新手创业者必须采取行动的情境，来影响组织的涌现。不利的网络环境限制了许多人创业的可能性。处于有利社会位置的新手创业者拥有获得新兴机会和关键资源的通路，而处于资源贫乏地区的创业者则必须更多地依赖于他们个人的网络能力。不管他们的结构位置如何，借助经纪人和其他网络策略，都能使一些创建者增加他们获得资源和机会的通路。然而，初始渠道只是使新手创业者能够开始创业过程。他们还必须获得知识，并找到将其转化为组织惯例和能力的方法。在下一节中，我们将研究创业知识的类型和起源，以及它的应用。

4.4 知识：类型、起源和应用

在大多数西方工业社会中，组织化规则是那些理解并利用这些规则作为大多数社会情境指导方针的社会化成人的行为库的一部分。事实上，"组织模式是任何社会的文化工具包的一部分，它既具有表达或沟通功能，也具有工具功能"（Clemens，1993，p.771）。这些模式通常可以"无缝地"从一种制度领域转到另一种制度领域。例如，Clemens（1993）研究发现，1890—1920年，女性团体将志愿协会的组织模式引入政治舞台。这种社会运动依赖于如下文化假设——美国社会中的志愿组织具有效能。潜在创业者只是将这些文化上定义的规则模块视为理所当然的，从而引导大多数新企业朝着再生产现有组织形式的方向发展（Aldrich and Martinez，2015）。这些规则及其起源当然值得分析，相对于此书囿于篇幅所能给予的关注而言，这一任务值得研究者给予更多的关注。

在下一部分中，在界定了新手创业者使用的知识类型的一些关键术语后，我们指出了开发创业知识的特殊条件。我们将组织知识定义为：特定于组织活动系统并嵌入其内部选择过程中的惯例和能力。图式，或称为组织化的知识结构，位于程序性和陈述性知识之上，这些知识可以通过若干渠道获得。复制是一个特别有吸引力的选择，因为它很便宜，但它也可能是危险的。

4.4.1 知识的类型

新手创业者通过经验建立组织化的知识结构，将这些结构当作赋予信息形式和意义的模板（Walsh，1995，p.281）。例如，Löwstedt（1993）研究发现，创始人的认知结构以及他们对如何进行组织的思索，影响了涌现组织的最终结构。Fiske 和 Taylor（1991，p.149）将组织化知识结构称为图式（schemata），将其定义为"表示有关某种给定概念或刺激类型的组织化知识的认知结构"。图式包括知识的结构和内容。它们以早期的社会化经验为基础，因此依赖于基本的文化规则，但随着人们从经验中学习，它们也会在人们的整个生活中发生变化。当将图式当作决策制定的基础时，认知理论家谈论的是自上而下的信息处理观。然而，认知理论家也认识到，知识结构是在经验和使用中建立的，从而在他们的理论中增添了学习过程和社会互动（Harris，1994；Walsh，1995）。我们会在第 6 章中详细讨论图式概念（关于图式的定义，参见表 6-2）。

记忆的形式

建构新组织过程所需的大部分知识都以存储化信息和经验的形式存在于新手创业者和创业伙伴的记忆中（Huber，1991；Moorman and Miner，1998）。其中两种类型的记忆对于组织建构过程特别重要：程序性记忆和陈述性记忆（Cohen and Bacdayan，1994），如表 4-3 所示。程序性记忆是指人们由于储存了大量用于熟悉场景的惯例和技能而通晓的事情。例如，对管理人员来说设置和操作电子收银机就是惯例程序，他们以前已经做过很多次了。这样的知识不仅源于经验，而且可以从别人那里学习，尽管要付出一些代价。程序性记忆往往是有专门用途的，阻碍了行动者把它推广到不同的情境中。默会知识是指难以或不可能用言语表达的习得知识（Nonaka and Takeuchi，1995；Polanyi，1966）。许多程序性知识是默会的或隐含的知识，因此也是难以编码化的。

表 4-3　组织记忆（知识）的模式

概　念	定　义
组织知识	组织活动系统专有的惯例和能力
程序性记忆（知识）	从所存储的记忆中提取的、能够应用于熟悉情形的关于特定惯例和技能的知识
默会知识	可以应用但难以用言语表达的知识
陈述性记忆（知识）	从记忆中提取的理论性或抽象性知识，如事实和事件

陈述性记忆是指理论知识或抽象知识。它是关于事实、事件、命题和原则的记忆。相比程序性记忆，陈述性记忆更具普遍性，因而应用更广泛。例如，成本会计原则的知识可以在各种各样的行业和组织中得到推广。然而，它的价值实现依赖于参与者能够使用正确的搜索算法来发现特定情况下需要什么。例如，会计人员必须能够识别出服务业和制造业的某项"成本"。随着成熟度和经验的增长，关于在何种条件下应该调用陈述性记忆的默会知识也会产生。

新组织的创建常常需要新手创业者即兴创作。随着创建者在创建过程中的逐步深入，他们有时候必须在极端的时间压力下回顾、发展和应用知识（Baker and Nelson，2005；Perry，Chandler，and Markova，2012）。在创建过程中，从构想到执行之间的时间跨度很窄，这压缩了许多活动，而这些活动在已建立的组织中可以延续较长的时间。管理者通常有充分的时间来考虑他们的选择，而新手创业者必然在没有时间反思的情况下行动。行动和反馈之间的短周期提供了比已确立组织的管理工作更多的学习机会（Sitkin，1992）。在即兴创作的过程中，有时会出现盲目的变异和新颖性，从而为创新组织形式的涌现打开了机会之窗（Lant and Mezias，1990）。

4.4.2 知识的来源

组织创建者怎样才能知道什么资源值得追求？因为大多数创建者只是试图复制他们进入的种群中最常见的形式，所以他们需要的大部分知识都是可以广泛获得的。他们可以从现有组织、行业专家、商业出版物、时事通讯、种群组织雇员的经验、在线数据库和在该行业工作过的早期雇员那里获得信息。我们关注三个最有可能的创业知识来源：①先前的工作经验；②来自专家的建议；③模仿和复制。我们注意到了复制和分享知识的潜在危险。

1. 先前工作经验

新手创业者可以利用他们在先前的工作中所获得的知识和建立的人脉。然而，依赖先前的工作经验会制约他们对机会的搜寻，并限制他们所考虑的策略范围（Kim and Longest，2014；Ruef，2002a）。人力资本投资的劳动力市场理论，强调员工对其所在企业和特定行业的知识所进行的投资（Becker，1975）。新手创业者只有通过从事类似的活动来利用这些投资，才能充分认识到这些投资的价值。这些知识在其他情境下可能没有那么有用。先前的工作经验会通过三条途径影响创业者获得知识：①通过特定的工作联系；②通过特定组织或特定行业的知识；③通过职业关联的子共同体的文化。

第一，现有的组织内外关系网络是关于机会的想法的重要来源。一些工作背景为在任者提供了许多创建新企业的机会（Romanelli，1989，p.218）。例如，硅谷一些之前受雇于关系良好的公司的创新型高科技企业的创建者，他们在筹集外部资金方面比其他创建者更成功（Burton，Sørensen，and Beckman，2002）。了解个体工作单元的细节不仅可以告诉我们他们是否会尝试创建一个组织，还可以告诉我们他们可能会创建哪些形式的组织。与特定工作和组织子单元相关的选择过程过滤了潜在创业者可获得的信息和激励（Romanelli，1989）。在专门单元工作的人处于独特信息的十字路口，他们可以利用这些独特信息来进行投资，开创自己的企业。例如，Woolley（2013）在有关纳米技术产业的研究中发现，在学术机构和产业机构之间自由流动的科学家比流动少的科学家更具有创新性。

第二，一些研究表明，企业主倾向于在与以前的工作类似的领域，建立产品或服务项目业务，为一些相同的客户服务。然而，这一倾向似乎因行业而异。Picot、Schneider 和 Laub（1989）在对西德创新型高科技企业的研究中发现，大多数创建者先前都在自己的产业部门有过工作经验。并不是所有的研究都找到了直接复制创建者之前企业的证据。Boeker（1988）研究了 51 名商用半导体企业创建者的背景以及他们在创建企业时所采用的策略。他发现，创建者以前所在企业的组织化策略并不影响创建者的策略——先行者、快速跟随者、低成本生产者或利基生产者，但创建者的职能背景和职能训练产生了重大影响。

第三，在超越特定组织边界的职业子共同体中，从业人员发展出可转移到其他情境的实践、价值观、词汇和身份（Barley and Kunda，2004）。例如，前任警察经常创建侦探所和家庭安全机构（Van Maanen and Barley，1984）。Romanelli（1989，pp.221-222）认为，种群和共同体约束了信息的流动和对其内部人员的激励，其中一些人相对封闭，但另一些人与外部行动者高度相互依赖。相互依赖往往伴随着获知有关潜在创业机会的信息。

2. 专家建议

专家的建议可以代替直接的经验。如果新手创业者与专家合作解决问题,他们就能获得专家所掌握的程序性知识。事实上,默会知识只有在这种关系中才能被揭示出来。和专家一起工作,有助于创业者在实践中将惯例体现出来,而不是纸上谈兵。向同一种群中的前辈征求意见,能鼓励创业者复制现有的形式,因此网络联系有助于保持种群能力和惯例的连续性。Baker、Miner 和 Easley(2003)发现,那些对同事、供应商或客户提供的机会反应迅速的创业者,比那些进行更系统搜索的创业者,更有可能在熟悉的工作领域创建一家公司。

寻求业内专家建议的企业主往往依赖于他们的个人网络,尤其是弱关系(Ruef, 2002a)。在 1992 年对美国北卡罗来纳州三角研究园所进行的一项研究中,217 名企业主中约有 3/4 的人在过去一年内曾寻求过专家建议,其中约 40% 的人向 5 名或更多专家寻求过建议(Aldrich and Elam, 1996)。在寻求帮助方面,女性企业主和男性一样积极。对大多数企业主来说,与相识的人的关系,而不是与家人的关系,是最好的信息来源。他们大多求助于自己认识的人,要么是通过工作关系,要么是作为朋友,而且几乎没有人为这些建议按市场定价付费。大多数人对他们得到的建议评价很高,约 2/5 的人表示这些建议改变了他们组织业务的方式。

3. 模仿和复制

通过经验、专家和复制现有组织的惯例与能力所获得的知识,会引导着创建者模仿或复制现有组织形式。但模仿绝对不是一个简单的过程。Miner 和 Raghavan(1999)发现了三种不同的复制规则。频率模仿是指创建者复制他们希望进入的种群中最常见的实践模式。特质模仿包括模仿占主导地位的组织或地位高的组织的实践,不管这些实践在整个种群中的出现频率如何。结果模仿指的是复制别人的被认为成功的做法。在环境相对稳定的成熟种群中,模仿被视为创建者对自己处境的合理适应。然而,Miner 和 Raghavan(1999)认为,个体复制实践形成的种群层面的后果很难预测。

在组织层面,有四个问题突出了复制作为创建者策略的一些困难。

第一,程序性知识要比陈述性知识更容易复制,特别是当它已经在培训手册、指南和绩效计划中具体化时。然而,隐含在某些程序中的隐性知识却难以进行简单的转移。

第二,如果复制现有组织的惯例和能力,创建者就无法探索其他可能更好的选择(Romanelli, 1999)。进行结果模仿的创业者尤其容易受到毫无价值的流行经营思潮的影响,因为他们的模仿策略中内含成功者偏差(Denrell, 2003;Strang and Macy, 2001)。然而,对于被迫在创建过程的时间限制下即兴创作的创业者来说,探索其他替代方案也许是不可能的。

第三,作为一种多元化的群体,种群并非只有单一的最佳组成方式,而是包含多种惯例和能力(McKelvey, 1982)。现有惯例的多样性对创业者构成了挑战,因为他们缺乏陈述性知识,无法明智地选择模仿什么。面对令人不知所措的多样性,他们可能无法认识到什么有效、什么无效。在这种情况下，他们可能会转而求助于频率或特质模仿，从而强化其种群发展中的核心趋势，不断增强竞争应力。

第四，复制其他种群的现有形式对创业者来说可能是危险的，因为在一个种群中起作用的选择力量可能并不存在于另一个种群中。例如，如果是跨国复制，制度基础设施的差异可能使某些惯例和能力不合适。在瑞典，风险投资行业的创业者起初将目光投向加州的硅谷，寻找有效组织企业的模式，结果几乎所有模仿者的企业都失败了。幸存者和后来的创建者发展了一种独特的瑞典方法，事实证明更加成功。

模仿的一致性和实验的偏差之间不可避免存在张力。新手创业者依赖的知识来源往往会给他们带来巨大的遵从一致性的压力。比如，专家建议新手创业者在种群内保留成功的惯例。此外，地方约束加大了对创建者的压力，以使其借用现有组织形式。例如，正如我们将在第9章中讨论的，资源提供者对待与旧企业相似的新创企业比对创新性新创企业更慷慨。令人困惑的是，见多识广、人脉很广的新手创业者，可能在脱离这个圈子方面遇到的困难最大。不过这些创业者可从既有企业中经验丰富的管理者那里获得灵感，这些管理者避免盲目模仿，他们倾向于将"最佳实践"同企业独有的战略目标和约束条件组合起来（Strang，2010）。

4. 分享知识还是储藏知识

我们注意到，一般的创业知识有许多来源。然而，具体的创业知识可能比一般的更难发现，这使得它格外有价值。在种群中发现或创造有价值的知识的创业者面临着一个困境——他们应该把自己的知识编码，把隐性知识变成显性知识吗？在一些行业中，发明者为他们的创新寻求专利保护，从而获得合法的使用权利。在其他行业中，创新者更加隐秘，因为他们担心公开披露他们在专利申请中的工作，会损害他们的竞争地位。当程序性记忆和陈述性记忆被编码并明确化时，它们在新兴组织中更容易实现共享，同时外部人员也更容易复制这些知识。

在竞争激烈的条件下，成功的创业者有强烈的储藏知识的动机。因此，新手创业者发现，他们对创业知识的搜索不仅因为不确定性和信息超载而变得复杂，还因为故意设置障碍进行阻挠而变得复杂。如果现有组织不肯给予或隐瞒关键知识，从现有组织中复制这些知识就成了问题。

在大学周边区域可以发现一种抵消保密的力量。因为大学鼓励相对开放地交流科学信息，学者已经发现他们所在的区域展现出知识外溢特征（Audretsch and Lehmann，2005）。随着附近大学研究能力的提高和知识产出，年轻的高科技企业往往会大量涌现出来。

随着涵盖创业、成功秘诀传播等内容的印刷品和电子期刊的增长，出现了另一种抵消保守创业秘诀的力量。聚焦于种群中的卓越实践而非最频繁的实践，这些信息源鼓励结果模仿。例如，《快公司》杂志发表了关于快速增长公司"最佳实践"的文章。新手创业者利用这些资源，似乎可以避免信息不灵通的竞争对手所犯下的明显错误，但是他们仅仅关注成功案例，也会面临着严重的认知偏差（Denrell，2003）。正如Strang和Macy

（2001，p.162）在他们的计算机模拟中所证明的，仅仅基于成功故事的模仿的结果是"一个充斥着收养和遗弃浪潮的时尚世界"。

知识的选择性使用被认知心理学家称为代表性经验推断，是指决策者从小的、非随机的样本中进行概括的意愿。人们倾向于忽略他们正在评估的事件的基本比率信息，并且低估不具代表性的小样本中固有的错误和不可靠性（Kahneman and Tversky，1982）。Busenitz 和 Barney（1997）比较了 124 名新企业的创建者和 95 名来自两家大公司的经理人。他们的研究表明，与经理人相比，新企业创建者更愿意依赖主观意见或简单的经验法则来做决策。在缺乏共享知识的情况下，许多新手创业者往往会对个人经验过度推广。这对开夫妻店或居于管理地位的家族创业者来说尤其如此（Aldrich，Renzulli，and Langton，1998）。在这种情况下，尽管条件不利，新手创业者仍可能认为自己有能力取得成功。

4.4.3 知识的使用

新手创业者需要一些策略，来鼓励别人相信他们具有能力且值得信任。如果以前没有参与创建新组织，当创建者向别人寻求资源时，在别人眼中就缺乏可信度。因此，"创业者必须通过策划来获得许可，使用说服和影响力来克服现状守护者的怀疑和抵制"（Dees and Starr，1992，p.96）。Lounsbury 和 Glynn（2001）呼吁关注"文化创业"，这是一个讲故事的过程，在新手创业者现有的人力资本、社会资本和金融资本以及随后获得的资源之间进行调节。由于创建者同时追求许多不同的资源，一些他们欲努力说服的目标将会相互抵抗，因此初生组织的各个碎片将会以一种相当偶然的方式聚合起来。

新手创业者对知识的两种使用方式，增加了他们整合企业所需资源的机会。首先，创业者可以用增加自己对他人的可信度的方式来拟订问题。其次，创业者可以用讲故事和其他符号沟通方式，向其他人保证，新创企业运行在正确的轨道上，实际上是有未来的。这些知识的使用方式再次凸显了创建者在分享知识与储藏知识之间的两难境地。通过拟订问题和讲故事与他人分享知识可以增加自己的追随者，但也会向潜在的竞争对手泄露自己的独占知识。

1. 问题拟订

问题拟订之所以重要，不仅因为它可能产生的心理后果，还因为它作为合法化和激励象征的价值。风险的感知和评估是高度主观性的。一个问题的拟订，而不是它的实际内容，往往决定了人们是否认为它是一次愚蠢的冒险，特别是在缺乏客观标准的情况下（Tversky and Kahneman，1981）。当无法获得外部的可靠性测试时，新手创业者必须找到简化和程式化问题的方法，并给出人们习惯的表述（Hawthorn，1988，p.114）。注意到以前的创建者受到的不友好的批评，Lodahl and Mitchell（1980，p.186）认为创新的创建者"必须创造符号、语言、仪式和组织结构，而不是只了解他们可能在多大程度上支持或破坏意欲的创新"。如果创建者的行为使人感到活动仿佛就是现实——就好像制作和导演了一部伟大的戏剧，那么就会让他人相信新活动的真实性。

问题拟订可以创建具有强大心理效应的新图式。符号交流有助于魅力型领导者转变员工的信念，培养一种责任感（Pettigrew，1979）。魅力型领导者使用几种特定的修辞技巧来改变成员的信念（Fiol，Harris，and House，1999）。首先，魅力型领导者呼吁即使是在打破既定价值观的时候，也要与追随者同舟共济，这彰显了他们值得信赖且可靠。他们通过频繁使用"我们"等包容性指称来做到这一点，而不使用"我"和"你"这样的指称。其次，魅力型领导者使用高度抽象的概念来描述问题，这使他们的创新思想更加模糊。同样，Howell 和 Higgins（1990，p.336）写道，技术支持者们"呼吁以更大的资本投入或不容置疑的价值投入来对待创新的潜力，因为创新能够实现组织的梦想"。如果创业者把他们的创新界定得足够宽泛，涵盖现有知识，他们可能会显得更可信。

然而，一些批评人士认为，传统创业文献中关于"领导力"和"魅力"的修辞，暗示了新兴组织的等级结构比它们实际拥有的等级结构更复杂，对新兴组织的社会建构性质强调不够（Calâs，1993）。在创建过程中，创建者的意图与他者的意图在特定情境下相互作用，他者特指那些贡献资源的人，如家人、朋友和潜在员工。创建者的问题构建并非简单地将一个人的观点不对称地强加于其他弱者。由于新成立的组织规模小，状态不稳定，创建者的单方面行动可能是危险的。

2. 故事和愿景

讲故事为新手创业者提供了一种无须参照外部标准来解释事件的方法，尽管制度情境往往会影响故事讲述的效果（Lounsbury and Glynn，2001）。创建者可以解释他们的行动，而无须就明确的标准达成共识，故事随后可以成为向更广泛的公众传播的媒介。领导者创造包罗万象的故事，帮助人们构建他们的经历，并将他们的故事作为一种手段，来传达他们对组织的愿景，吸引更广泛的追随者，并建立合法性。Pettigrew（1979，p.577）认为，一个创业者的愿景，代表了"信念和语言系统，它们赋予组织结构性和连贯性"。在他对英国私立寄宿学校的研究中，Pettigrew（1979，p.578）强调了学校创建者使用的语言以及他的愿景通过故事传达的方式："愿景可能包含新旧术语，有时使用隐喻和类比来创造新的含义。词语可以提供能量，增强意识。"

一个故事的有效性不仅取决于一套外在的标准，还取决于故事是否连贯，是否没有矛盾（Fisher，1985）。故事建构的创业者"真相"很可能与人们知道的"真相"相矛盾。通过肯定前者而不否定后者，故事可以为这一鸿沟搭桥。Howell 和 Higgins（1990，p.336）的研究结论是，技术支持者能否成功引入创新取决于"能否系统表达对组织创新潜力的美好愿景，显示出对其他人主动有效参与创新活动的信心，展示出实现目标的创新行动"。获得合法性本质上是一个社会过程，需要更多的人合作，而不仅仅是创建者和债权人。

4.4.4 总结

新手创业者并非都具有洞察力。由于对未来缺乏了解，他们必须有根据地猜测哪些策略会奏效，以及决定以什么顺序尝试这些策略。说服一些潜在员工和投资者的叙事策略可能会让其他人感到困惑，创建者也可能无法理解从自己的行为中得到的反馈（Weick，1995）。选择力量作用于行动的结果，而不是预期的结果。由于缺乏洞察力，新手创业者必须基于对现状的理解尽力而为。从试错中学习时，人们往往会频繁地犯错。如果创建者的努力得到的是模糊的反馈，那么创建者会很难决定该做什么、不该做什么。在复杂和不确定的情况下，大多数创业者顺从于社会压力和模仿他人已做之事带来的安全感。因此，大多数的创建活动都是复制现有的组织形式，而不是打破现有的组织形式来创建创新形式。在第9章中，我们研究了成为新种群基础的创业企业。

4.5 员工、资本和其他资源

所有其他关于新组织的统计数据都表明一个不可避免的事实：大多数新企业开始时规模都很小。由于初始禀赋对组织的生存至关重要，因此资源很少的组织可能面临早期解散的高风险（Baum，1996，pp.79-81；Fichman and Levinthal，1991）。与此同时，来自外界广泛的资源支持也可能带来风险。比如，Ruef（2002b）发现，在一个创业企业的样本中，由于投资者、风险资本家和富人的外部资助，解散率实际上有所上升。创业者可能对他们的想法和组织有持久的承诺，但这种承诺并不总是被其他人分享。具有全国代表性的资料显示，除了知识以外，大多数新组织所能获得的资源很少。

4.5.1 员工

大多数企业和非营利组织在形成时都非常小，而且在其生命周期中如果有变化的话，也是非常小的变化。因此，创建过程中的资源需求是十分温和适度的。大多数企业从不增加更多雇员。在少数增长型企业中，大多数增加的员工也很少。例如，一些研究发现，随着新企业年龄的增长，只有3%的新企业增加了超过100名员工（Duncan and Handler，1994；McKelvie and Wiklund，2010）。有关商业规模的档案记录非常清楚地显示了这一结果。

在表4-4中，我们以两种方式展示了2014年不同规模企业的分布情况：占所有企业的百分比以及占至少有一名员工的企业的百分比（Small Business Administration，2018）。在所有企业中，80%以上的企业没有员工，100人以上的企业更是凤毛麟角。在有员工的企业中，员工数少于5人的企业约占62%，员工数少于20人的企业占将近90%。因此，在雇用他人的企业中，大部分是小企业。

新企业的规模因产业部门而呈现很大差异。例如，一项关于1984—1994年期间加拿大新企业的研究将所有研究对象分成3个产业集群，每个集群大约包括70个行业，并考察了每个集群内的最小和最大的公司平均起始规模（Baldwin et al.，2000）。对于"小型"产业集群，平均创业规模指标值为0.6~11.1，"中型"集群的创业规模指标值为11.2~36.3，"大型"集群的创业规模指标值为36.9~1 590.1。有点儿令人惊讶的是，存活率并没有因初始规模大小而发生太大的变化。类似地，意大利新创企业的规模因企业的目标产业和创始人的产业经验而呈现出巨大差异（Furlan，2019）。

表 4-4　2014 年不同规模企业的分布情况

员工数量	占所有企业的百分比（%）	累计百分比（%）	占有员工的所有企业的百分比（%）	累计百分比（%）
无员工	80.4	80.4	—	—
1～4 人	12.1	92.5	61.8	61.8
5～9 人	3.4	95.9	17.1	78.9
10～19 人	2.1	98.0	10.4	89.3
20～99 人	1.7	99.7	8.8	98.1
100～499 人	0.2	99.9	1.5	99.6
500 人及以上	0.1	100.0	0.3	100.0
百分比总值	100.0		100.0	
企业总数	29 662 935 家		5 825 458 家	

资料来源：Small Business Administration（2018）。

4.5.2　资本

大多数创始人在没有多少资本的情况下就创办新企业。如果需要资金，他们会动用自己的储蓄，而不是依赖从外部获得资金。使用自己的资金使他们保持自主性。然而，与有外部资金支持的组织相比，这样的新企业起步规模较小，在竞争压力下显得十分脆弱。

需要多少资本

新手创业者需要多少资本来创业？实际上不是很多。在表 4-5 中，我们展示了 2012 年美国人口普查局公布的女性拥有的企业和非少数族裔男性拥有的企业的调查结果。这里有两点值得注意。第一，近一半的企业主（46% 的男性企业主和 62% 的女性企业主）仅需要 5 000 美元以下的资金就能开始创业。第二，只有少数人需要超过 100 000 美元的资金（12% 的男性企业主和 6% 的女性企业主）。两组企业主中只有不到 2% 的人需要 100 万美元以上的资金。德国的研究发现的资本要求更高，可能是因为政府的法律法规更严格。例如，Albach（1983）报告说，在他的研究中大多数创始人需要 3 万～4 万美元（按 1983 年的汇率计算）才能建立自己的公司。因此，大多数企业是在没有很多员工或大量资本的情况下创办的。当然，某些部门的创始人需要大量资金。例如，2017 年早期风险投资交易的中位数超过了 400 万美元（Lightbown，2017）。

对收购一家成熟企业而不是创办一家新企业的所有者来说，资金要求是不同的。有些人每年都成为新业主，而不需要经历创办新企业的全部过程，因为他们开设了现有企业的分支机构、子企业或实行特许经营。他们也可能购买或继承由其他人创建的正在运营的企业。在美国零售行业，特许经营占 GDP 的比重越来越大（Boll，2016）。开设分支机构、子企业或实行特许经营极大地改变了资源需求。母企业将提供支持，潜在特许经营企业必须满足特许经营母企业制定的严格要求。由于加盟商通常需要数十万美元的入场费和初始资本，因此只有那些从以前的工作、企业所有权或其他财富中储蓄了大量资金的人才能获得这样的机会。

表 4-5 2012 年按企业所有权分类的初始资本要求

创办或收购一家企业所需的原始资本总额	女性拥有的企业（%）	非少数族裔男性拥有的企业（%）
低于 5 000 美元	62.1	45.8
5 000~9 999 美元	10.9	13.0
10 000~24 999 美元	8.6	12.5
25 000~49 999 美元	4.8	7.5
50 000~99 999 美元	3.7	6.4
100 000~249 999 美元	3.2	6.1
250 000~999 999 美元	1.8	4.2
1 000 000 美元及以上	0.06	1.8
未报告	4.1	2.6
百分比总值	100.0	100.0
企业总数	3 293 623 家	8 366 429 家

资料来源：United States Census Bureau（2018）。

我们很难找到具有全国代表性的数据，但在美国和加拿大，大约 1/4 的企业种群由分支机构或子企业构成。在 1982 年的美国，大约 20% 的企业是由另一家企业拥有的（Small Business Administration，1982）。（不幸的是，SBA 随后并没有重复 1982 年的研究。）Aldrich 等学者（1989）在 1987 年的北卡罗来纳州三角研究园发现，大约 25% 的新企业是分支机构或子企业。分支机构和子企业也是加拿大企业种群的重要组成部分。1994 年，温哥华地区和不列颠哥伦比亚省低陆平原地区约 24% 的企业是其他企业的分支机构（Contacts Target Marketing Group，1994）。在 320 个 3 位数标准产业类别中，不列颠哥伦比亚省拥有上级企业的企业比例为从 0 至 100% 不等。除了通过设立子企业或特许经营成为新的企业主外，企业主还可以从其创始人那里购买一个正在运营的组织。同样，很难找到具有全国代表性的数据，但从各种共同体研究来看，所有公司中约有 1/4 不是由其创始人所拥有的。例如，Aldrich 等学者（1989）在对北卡罗来纳州三角研究园的研究中发现，在三个来源的数据中被暂定为"新"的独立企业中，有 28% 实际上是从以前的企业主那里购买的。在加拿大温哥华低陆平原地区，在 1995 年拥有 5 名以上员工的公司中，约有 40% 是从前任企业主那里购买的（Aldrich and Langton，1997）。在对美国三个城市（波士顿、芝加哥和华盛顿特区）和英国三个城市（布拉德福德、伊灵和莱斯特）部分地区的小企业种群的研究中发现，先前成立的企业的比例类同（Aldrich et al.，1983；Aldrich and Reiss Jr.，1976）。

4.5.3 资本的非正式来源：自给、家庭、众筹和天使投资者

因为可以获得资源的条件有限，所以大多数企业创立时规模很小。创始人往往不确定他们所提供产品的市场，因此必须从对市场的探索性调查入手。大多数人不借入资本进行创业，或是因为他们不需要，或是因为外界要求的条件令人无法接受。相应地，创业者主要是动用自己或家庭的积蓄，如表 4-6 所示。

表 4-6 2014 年企业的借入资本来源

资本来源	企业所占百分比[①]（%）
个人或家庭储蓄	63.9
银行或其他金融机构的商业贷款	17.9
个人信用卡	10.3
储蓄以外的个人或家庭资产	9.8
房产再融资	7.3
商务信用卡	5.3
商业贷款或亲友投资	5.0
银行或其他金融机构的商业贷款（获得政府支持的）	1.9
风险投资	0.6
政府贷款	0.4
拨款	0.3
资本的其他来源	3.7
不需要或没有借入资本	8.9

①百分比总和不等于100%，因为受访者可以有多个资本来源。
资料来源：改编自 Robb 和 Morelix（2016）。

通过银行贷款或投资者进行融资，对小企业主来说可能比较困难。因为对金融家来说，小企业是高风险客户，所以资金出借者常常通过增加与贷款相关的财务成本来降低这种风险，因此，与个人储蓄相比，对小企业来说从商业资本那里进行融资的吸引力较低。通过金融家进行融资，除了使用资金的高昂成本外，小企业还需要担负辨识潜在金融家和进行担保活动以确保企业合法性的成本。此外，对占所有新企业很大比例的以家庭为基础的企业所进行的研究表明，这些企业几乎都不符合银行贷款的条件（Jurik，1998）。在美国，比起白种人创业者而言，少数族裔创业者依赖银行或其他金融机构的商业贷款的可能性较低（Robb and Morelix，2016）。

尽管一些经济学家指出，流动性限制——缺乏资金——阻碍了人们创业，但研究结果并不支持这一观点。Kim 等学者（2006）使用 PSED 创业动态面板数据研究发现，无论是个人收入水平还是财富水平，都无法预测哪些受访者会成为新手创业者。诚然，许多创业者找到了解决资金短缺的办法。小企业主使用金融上的"滚雪球"方法来减少创业阶段的资本需求。这些方法包括以低于市场的薪酬水平来使用亲属的劳动、使用企业主的个人信用卡支付企业开支、向亲属借款、暂时不发企业主工资、接受其他企业的兼职任务、租赁设备而不是购买设备（Winborg and Landström，2001）。

正如我们前面提到的，很少有创始人从父母或其他家庭成员那里获得资本。即使能够获得父母的财富，这对人们实际尝试创业似乎也并没有影响（Aldrich et al.，1998）。此外，很少有女性或非少数族裔男性企业主从自身家庭获得资金（Leitch，Welter，and Henry，2018；Robb and Morelix，2016），而且朋友发挥的作用也比较小。2014 年，只有 5% 的美国创业者从配偶、其他家庭成员和朋友那里借入创业资金。家族企业的继承是解决缺乏个人资产的一个路径，但只有不到 10% 的企业主通过继承获得企业（Aldrich et al., 1983；Aldrich and Reiss Jr., 1976）。

在一些少数族裔社群，家庭成员确实向创建者提供了有限的资金。例如，一项对英国三个城市的亚裔业主和白种人业主商店的研究（Zimmer and Aldrich, 1987），发现亚裔创建者从家人和朋友那里获得的资金要比白种人创建者多得多。相比之下，使用个人储蓄的比例在两组之间没有显著差异。例如，在布拉德福德，1/3 的亚裔企业主通过家庭关系筹集资金，而白种人企业主只有 1/10。在同一个城市，有 49% 的亚裔创建者，但是只有 3% 的白种人创建者，使用朋友的资金；在另外两个城市，差异较小，但仍然显著。或许更重要的是，亚裔创建者获得更广泛资金来源的渠道更多，意味着没有一个资金来源占据主导地位——平均而言，他们从每个来源获得了所需资金的约 1/3。相比之下，白种人创建者要么严重依赖自己的储蓄，要么，对少数人来说依赖自己的家庭。2014 年美国的调查数据也反映了类似模式（Robb and Morelix, 2016）。

促进资源调动的社会网络不仅使特定社会中的子群体受益，而且可能成为整个社会的特征（Peng, 2004）。Biggart 和 Castanias（1992）在对中国台湾地区资本市场的研究中发现，很大一部分人依赖于非正规的信贷协议，而不是银行或其他正规渠道。他们认为，中国的社会结构中具有广泛的人际网络，为风险评估提供了一个信息丰富的环境。在这些人际网络中，社会压力限制了那些努力付款的人的贷款违约行为。

商业天使是投资于创业公司的富有人士。他们没有将自己的财富投资于股票市场或投资公司，而是寻找机会直接投资新企业。他们不仅为新企业提供资金，还在创建过程中为新手创业者提供专家建议和帮助。观察人士估计，与银行或风险投资企业相比，富人为更多的初创企业提供了资金。2014 年，美国接受天使投资的企业（8 900 家）多于接受风险投资的企业（7 878 家）(Stangler, Morelix, and Tareque, 2016)。

商业天使投资者更可能在新创企业的早期阶段进行投资，因为他们愿意积极参与到创业中，并且相比风险投资家愿意接受更低的投资回报率。例如，在英国，Van Osnabrugge（2000）估计商业天使基金在早期创业企业中的投资数额几乎是风险投资家的 4 倍。由于商业天使基金对每家企业都投入少量资金，Van Osnabrugge 计算出他们所投资的新企业的数量可能是风险投资家的 30~40 倍。

资本的正式来源

银行和其他贷款机构都不愿意贷款给新创企业，除非是基于大多数新手创业者都难以接受的条件。银行根据同类贷款的损失经验制定贷款政策，因而银行管理者会意识到新创企业贷款具有高风险（Bellavitis et al., 2017）。由于新创企业的高失败率，银行要求借款人提供大量的抵押品并承担高额利息。与大多数商业天使基金不同，银行会对新手创业者进行广泛的尽职调查，包括对创始人的背景调查以及对企业财务前景的全面评估。

银行面临着由交易成本经济学和代理理论所界定的经典问题：道德风险和逆向选择（Eisenhardt, 1989）。借款人对银行构成道德风险，因为他们有强烈的动机隐瞒自己的缺点，并夸大自身的能力。由于银行贷款的申请人群体往往包含实力较弱的企业，因此出现了对贷款人的逆向选择问题。新创企业如果足够强大，能从私人部门获得资金承诺，就不需要银行融资，因此也不用申请贷款。银行经理们很难评估新手创业者的能力，尤其是考虑到我们前面讨论过的过度自信和毫无根据的乐观等因素，新手创业者完全有动机隐藏自己的不足之处，并夸大自己的优势。因此，银行必须提出条款来防范平均而言做得不是很好的申请人（Colombo and Grilli，2007）。

在线网络平台的涌现使众筹成为可能，从而成为 21 世纪创业融资的一个潜在来源。典型的做法是，新手创业者在众筹网站为自身创意寻求投资，并许诺给投资者一些未来的好处——商品或服务折扣、独家俱乐部的会员资格或提前获得创新产品（Mollick，2014）。尽管每个众筹者的平均投资数额往往比较小，但是 2015 年通过众筹网站筹集的资金总额超过 170 亿美元。虽然产业本身发展非常迅速，但是大多数创业者以这种方式筹资远未达到他们的目标。Mollick（2014）研究发现，平均来说，失败的项目仅筹集到目标总额的 10.3%。在其他领域遭受歧视的创业者（例如女性创业者），往往在网络 P2P 贷款中也遭受歧视（Kuwabara and Thébaud，2017）。然而，随着最佳实践经验的传播，新手创业者运用具备更好的入门机制的众筹平台，可能会提升他们获得成功的可能性（Short et al.，2017）。

风险投资家对大多数新成立的小企业也不感兴趣（Gifford，1997；Gorman and Sahlman，1989）。新创企业没有从公开募股中筹集股本的业绩记录，在他们建立记录之前，他们必须依赖其他资金来源。研究表明，正规的资金渠道在解释创办率方面并不是很重要，即使对基于技术的组织来说也是如此（Bellavitis et al.，2017；Colombo and Grilli，2007）。虽然很少有创业企业获得风险投资，但是在 21 世纪，风险资本家的投资额却急剧增长。1999 年有 813 笔初创投资交易，到 2017 年有 5 052 笔初创投资交易。然而，更为重要的是，投资总额已从 2003 年的 180 亿美元增长到 2017 年的接近 720 亿美元（PricewaterhouseCoopers，2018）。

创建者有两条外部途径可以使企业成功增长并带来财富变现。首先，他们可以通过首次公开募股（IPO）使企业上市。其次，他们可以将其卖给更大的企业。与新创比率相比，这两种退出选项的采纳比率都相当低。通过企业上市来套现的频率相当低；2018 年，只有 190 家企业进行了 IPO。巨额财富变现的另一条途径是被一家更大的企业收购，但这种退出也很难实现。1990—1994 年，追求这一梦想的创建者面临着很大的困难，因为对私营企业的收购数量平均每年仅略高于 20 000 起（Small Business Administration，1998）。不幸的是，美国商务部在 20 世纪 90 年代末就停止采集有关私人并购的全面数据，因此我们无法报告近期的统计数据。大多数幸存下来的企业不是被更大的企业收购，而常常是通过商业经纪人出售给其他企业主。商业经纪人擅长为那些所有者希望使企业价值变现、退休或进入另一个行业的企业寻找买家。

运用上述选项从新创企业中获益的困难并没有让许多新手创业者感到气馁，原因有三。第一，创建者创办企业有很多原因，其中只有一个涉及套现——上市或出售企业（Ruef，2010）。例如，女性的兴趣往往在于通过自我雇用来获得更大的生活灵活性（Renzulli and Reynolds，2005）。第二，对大多数创建者来说，在创业过程中，如果他们面临着更多紧迫的障碍，IPO 和收购率的信息就不是那么重要了。第三，对自己能力的乐观和自信蒙蔽了一些创业者，使他们无视企业上市或被收购的极小可能性。

风险投资家和其他投资者在传播有效形式的知识方面所起的中介作用，可能与他们在资助新创企业方面所起的作用同样重要。此外，正如 Podolny（2001）所指出的，风险投资企业联合参与创业项目也传递了状态信息，降低了其他试图判断创业努力质量的人所体验到的不确定性。在后面的章节中，我们将再次讨论风险资本在为新兴种群中的新企业提供资金方面所起的作用。

4.5.4　总结

鉴于大多数自我雇用人士获得的人力资本回报率很低，一些经济学家对创业者对于机会的看法以及随后做出的自主创业决定的看似非理性的本质感到困惑。基于对投资行为的研究（Thaler，1991）以及自我雇用和企业所有权方面的真实经济回报的数据，简单的创业经济模型受到质疑。在成为创业者后，人们似乎忽视了成本效益的计算。例如，Hamilton（2000）表明，平均而言，自我雇用者作为雇员在经济上会更富裕，一项更全面的研究扩展了他的结果（Moskowitz and Vissing-Jørgensen，2002）。相比之下，社会学家更关注"进入"这一行为发生的社会情境和这种进入所带来的流动机会。

在各种动机的驱动下，随着一些资源被证明无法获得，而另一些资源被创业者掌控，他们追求的目标会发生转变。创业者获取资源的能力可向自身揭示出他人是如何评估自己的，而负面评估会导致许多创业者在创建出一个完全有界实体之前退出创业过程。其他人则借此成功地聚集起他们所需要的东西，在此过程中，他们获得了对所需资源的充分控制，以保护这些资源免遭其他使用者的侵占。

小结

基于我们对变异的演化重要性的兴趣，我们在本章中强调了两个主题。首先，我们提出了一个新组织形成过程的模型。我们利用网络分析和社会心理学的原理来解释创建过程是如何展开的。我们没有把相对固定的个人性格设定为创业的先决条件，而是专注于创业过程中的学习。其次，考虑到大多数新手创业者明显倾向于复制自己所在种群中的惯例和能力，而不是打破传统，我们给出了相应的解释。人际的、组织的和种群层面的选择力量将大多数变异限制在一种再生产模式中。

真正创新的新创企业常常是种群外部人员对新想法进行创造性试验的结果。以往的工作经验和来自网络联系的建议会影响新手创业者对探索领域的选择，限制他们取得重要发现的机会。对种群惯例和能力的漠不关心或无知，可能给予外部人员以自由，从而打破对内部人员的认知和文化限制。创业过程中的即兴创作也为创造力和偶然事件提供机会，即使是那些认为自己只是复制在种群中占主导地位的或成功的组织形式的新手创业者，即兴创作也会提供同样的机会。

大多数新手创业者几乎只是凭借他们的意向开始创业的。极少数人有渠道获得资金，而且大多数人都雇不起员工。因此，选择力量会对羽翼未丰的组织造成严重破坏，以致有些人放弃了努力。然而，尽管许多新手创业者在创业过程中遇到了许多令人沮丧的事情，但仍有人接收到来自环境的积极反馈，并继续创业。通过个人网络的支持和创业探索经验的力量，许多人坚持并找到了克服障碍的方法。他们还受益于问题拟订以及对符号性沟通和创业故事的选择性使用。

尽管形态可能差异很大，但只要创业过程中的所有要素发生聚合，一个组织就开始形成了。当与组织打交道的人开始将它视为一个具体的实体时，新组织作为一个拥有生命的社会单元就会涌现出来。创建者以新实体的名义做出承诺，代表新实体与政府机构打交道，并发现人们对待此组织表现得就像它真的存在一样。但如果资源不能实现有效配置，那么暂时组合起来的资源就会散落，回到环境中，从而有可能满足另一位新手创业者的需求。在下一章中，我们将考虑创建过程的一个关键方面：组织边界的涌现。

研究问题

1. 个人社会网络在创建新企业过程中有什么作用？
（1）为什么弱关系对从孕育期到幼儿期的过渡特别重要？
（2）为什么源自强关系的好处可能会变得多余？
（3）组织变异与创业之间的关系是什么？

2. 潜在创业者揭示机会开创新企业的方式有哪些？

3. 我们应该将那些拥有"副业"或兼职工作的、从事以家庭为基础的商务活动的人视为创业者吗？
（1）为什么应该将他们视作创业者或者为什么不应该将他们视作创业者？
（2）对于将一项活动归类为创业活动来说，什么特征最重要？

4. 在有关创业和生命历程的文献中，一项全面的研究发现，年龄与创业活动之间的关系往往呈曲线状，中间年龄段的受访者比年轻或年长的受访者更可能投身创业活动。请你试试能否通过将其与生命历程中的知识、资源和社会资本方面的特定变异关联起来，来解释这一研究发现。

第 5 章
CHAPTER 5

组织边界

从演化观点看，组织边界的拓展十分重要，原因有四。第一，在组织成为有界实体前，选择压力只影响其创建过程的方向而非其最终结果。当组织成为种群的一员时，才会对创立者组配的知识和资源进行真正的检验。第二，组织只有在成为成熟的选择单元后，才对种群的动态发展做出贡献。作为有界实体，组织之间既相互竞争，又相互合作。第三，在组织边界确定和组织活动展开之后，组织才成为惯例和能力的可行载体。因此，它们有助于对种群层面的知识进行再生产和传播。作为新实体，组织是种群内部变异的潜在源泉。第四，当它们作为实体而涌现后，组织就变成了另一个活动场域，在此生成并孕育新的惯例和能力，这些新的惯例和能力也能够被其他组织所复制。每一个新的组织实体都代表着组织形式对环境适应性的另一种检验，也代表着改进该形式的一个机会。

在创建有边界组织实体的过程中，创业者和其他参与者都面临很大困难。除了有效地调动、利用知识和资源，他们还必须处理另外两个问题。第一，他们必须学习如何维持组织边界。有关初创企业边界的现代观点认为，边界是基于与效率、权力、能力和身份等有关的各种标准而创建和维护的（Santos and Eisenhardt, 2005; Xu and Ruef, 2007）。第二，创业者还必须学习如何再生产自己的组织知识。他们每天重复着所知和所做，世代如此。将这些知识保留下来，需要人们在组织中扮演两种矛盾的角色：组织所控资源的使用者；组织再生产活动的支持者。

在本章中，我们考察陷入现实矛盾之人的困境：使用者只需学习有利于自身利益的组织知识，然而支持者需要学习完整地再生产组织形式中他们所涉及的那部分知识。新组织通过吸引、招聘和雇用成员来创建边界，独立发展，我们通过关注这一过程来继续讨论这些主题。我们也探究了奖酬和控制系统的建构及其对组织协调性的影响。

5.1 作为一种生存方式的跨边界：组织和成员的匹配

每天早晨，在整个工业化世界，人们都会重复一个熟悉的仪式。成千上万的人整装出发，踏上前往工厂、办公室以及其他远处的工作场所的旅程。在这些旅途中，一个奇妙的转变发生了。他们的活动节奏转变了，不再与家庭需求同步，而是受组织推力驱使。许多人努力平衡工作和家庭的需要（Pedulla and Thébaud, 2015）。他们试图摆脱在家中的角色，代之以新角色，进入大多数旅程同行者不被允许进入的场所（Ahrne, 1994; Marsden, 2015）。当他们到达目的地时，大多数人会心无旁骛径直前往特定的工作场所。有些人走向办公桌，有些人走向工作台或装配点。当他们就位之后，无须得到任何指令，大多数人立即开始按部就班地工作。他们知道该做什么，然后开始做——打开电脑，调试机器，整理文件。有些人独立工作，而另一些人组成团队共同工作。

在这种日常过程的背后，勾连的是一个更大的、长期的选择过程，它关涉寻求匹配的组织和人。当组织创建者决定雇用工人时，他们会展开雇用和保留那些看起来适合组织之人的选择过程。当人们决定求职时，他们会不断尝试不同工作，直到发现最合适的工作。大多数年轻人在找到一份稳定的长期工作前尝试过很多短期工作。然而，除了那些 50 岁以上的工人，"长期"很少意味着超过 10 年。志愿者协会和非营利组织也有相似的招聘、留任和解雇员工的过程，它们也会竞相揽聘员工（Lepori, Seeber, and Bonaccorsi, 2015; Shi et al., 2017）。

组织只是简单地向世界宣告自身边界吗？若如此简单，新手创业者和创始人就会很容易建立自己的组织了，已建立的组织也只会根据保障条件的变化进行扩张或收缩而不用考虑其环境。然而，新组织是在努力拼搏中建立和维持它们的边界的（Langley et al., 2019）。在本章中，我们将重点关注这类拼搏中的一个部分，考察新组织活动中创始人和成员间的互动，这些活动决定了资源流的多寡。我们专注于招聘过程的选择性和组织角色系统的开发而非新进入者的社会化，后一个问题将在下一章进行讨论。尽管新成员的社会化在边界形成中发挥关键作用，但社会化过程的典型运作方式是对符合入门条件的群体进行严格筛选。因此，选择的力量简化了新进入者的社会化实践。

5.2 组织一致性的两种模型：使用者和支持者

每天都有大规模的边界跨越行为发生，是什么将组织聚集在一起？当新手创业者获得对资源的控制权并将其塑造成持续的交换关系时，组织实体得以生成。如果意向、资源和边界汇聚到组织的框架下，创业者的活动具有充分的协调一致性，与组织打交道的人就会将其视为一个生态实体、一个拥有生命的社会单元。刚涌现的组织实体在种群中只是确立了初步的地位，它的持久性取决于其惯例和能力的不断复制，而复制取决于成员做什么。成员包括有薪和无薪雇员、志愿协会的参与者、政府机构的官员和其他工作时间受组织控制之人。社会学家将组织中成员的位置描述为组织角色，但该术语只描述了成员定位的一个方面而已。

双面原理：成员定位的模式

成员参与组织有两种形式：作为维持组织所需活动的支持者以及作为运用组织资源追求自身需要的组织资源使用者。我们可以把所有成员角色定位归结于两种基本模式中（见表 5-1）。Swanson（1971）称第一种模式是社会系统模式，第二种模式是联合模式。社会系统模式将组织视为社会系统，由组织内各种角色的参与者共同维持组织运行。系统内部的成员角色和提供的激励形塑了组织成员服务整体的行为。相比之下，联合模式将组织视为自利各方的联合体，由自发参与者从与组织的联系中获得的回报来维持组织运行（Dow，1988）。这两种观点在社会科学，特别是在社会交换理论中有着悠久的历史（Blau，1964；Ekah，1974）。尽管存在微妙差异，但所有关于组织的视角最终都会使用其中一种模式，或者以某种方式将两者结合起来使用。

在联合模式中，权威的作用是协调自利使用者之间的协商性交换。团队成员的力量取决于个人与其他团队成员的关系，也取决于个人在组织机会结构中的位置。在社会系统模式中，权威的作用是根据团队成员在组织各科层中的位置来分配激励物品。成员进行一般性交换，在这种交换中，贡献与个人利益没有直接联系，他们从组织分配的角色中获得权力。联合模式考虑到谈判出错会带来危害，隐含地认为组织始终面临解散的风险。社会系统模式则暗含着这样的观点：将组织视为相当稳定的实体，一般交换的规范约束着自私自利的成员。

表 5-1　双面原理：组织一致性的两种模式

	社会系统模式	联合模式
成员与组织的关系	支持者	使用者
权威的角色	配置激励	调解激励
交换规范	一般性规范	商谈规范

在使用联合模式的作者笔下，仿佛组织成员可以自己选择角色。如果角色行为是完全自愿的，那么遵从权威指令就成为个体自主裁量的问题。但是，正如 Arrow（1987，p.233）所指出的，"人们并非每时每刻都在自利的基础上做出最大化决策。实际上，如果他们那样做，系统就无法运转。我们知道，如此假设的结果就是组织社会的终结"。与 Arrow 的洞见保持一致，社会系统模式假定组织不能仅靠自我追求的个人主义行为来维持。再生产也需要支持者的行为，否则组织的资源可能会被浪费。

在运用社会系统模式的作者笔下，似乎不论成员对组织的导向如何，组织惯例和能力的再生产都是自动发生的。然而，依循这一控制思路的组织权威将付出大幅增加控制成本的代价。组织权威如果经常忽视作为使用者的组织成员的利益，诸如退出和抗议等令人忧心的行为出现的可能性就会增加（Hirschman，1970）。尽管沉默可能是对忽视的一种最常见的回应，但退出和抗议的频繁出现已足以增加许多无回应组织的维系成本（Aldrich，1979，pp.232-242）。因此，组织权威为维持组织边界所做的努力通常既包括承认成员的利益，又包括承认组织的利益。Turco（2016）对一家快速发展的社交媒体营销公司的民族志分析表明，即使是那些声称自己的结构是开放的、对成员利益做出反应的公司，出于组织协调一致性的考虑，也可能会保留科层制核心。

我们所说的"支持者"，指的是组织成员的行为而非其情感状态。作为一个支持者，并不必然意味着要对组织做出情感承诺。对组织的承诺、满意和其他情感取向是经验性问题，这些具有偶然性的问题要根据工作、工作团队、企业和行业特征以及广泛的历史性转型对就业稳定性的影响等诸多因素来确定（Kalleberg，2013；Lincoln and Kalleberg，1990）。同样，支持者的概念和社会认同的概念相关，但并不完全等同。认同某个组织，意味着人们在心理上认为自己与某个群体的命运交织在一起，但并不一定认同该群体的目标，也不一定内化其所有的价值观和态度（Kreiner and Ashforth，2004）。我们用"支持者"一词专指与自利性结果无关的组织维持行为。成为一个支持者并不意味着"成为一个更好的人"，而是成为一个支持其他成员的角色行为的人。

5.3 构建成员团队

组织必须运用其环境提供的材料，将这些材料转变为对组织有用的资源。组织成员——员工、志愿者和其他参与者，可以说是最关键的资源，因为他们为组织带来了灵活性和创造性。当然，并非所有组织都能利用其人力资源中蕴含的潜力。雇主越来越多地提供短时或应急性工作而非全职和永久性工作，这引起了员工对低薪和福利缺失的担忧（Kalleberg，Reskin，and Hudson，2000）。结果，许多组织成员都不认为他们实际上是某个特定组织的"资源"（Barley and Kunda，2004）。大多数人都是不止一个组织的成员，从而使不同组织对他们的时间产生了竞争（McPherson，1983；Popielarz and McPherson，1995）。

除"全控机构"（Goffman，1961）外，大多数现代组织的成员都能一定程度地掌控自己是否加入和退出某一组织。因此，构建组织的成员团队，就不能采用单纯的权力及赤裸裸的胁迫的方法。尽管在资本主义社会，大多数人为了维持生计必须工作，从而依赖工资（Perrow，1991），但形式上他们仍有选择雇主和更换工作的自由。同样，大多数组织都很大程度地掌控了其成员的进出，因此只需同所有可能成员中的一部分打交道（Aldrich，1979，pp.223-228）。成员的控制和组织的控制交互作用，从而将新成员引入组织中，但只有当组织成员接受其组织角色时，其潜在贡献才能完全实现。

组织以多种方式形塑其成员对组织的认同，而成员的社会身份可以形塑其组织承诺。一个组织的身份源于成员视为最核心的、持久的和独特的那些属性（Albert and Whetten，1985）。尽管相关研究在几个重要问题上已达成共识，但成员认同组织的显著特征的过程非常复杂。第一，组织身份是社会建构的（Gioia et al.，2010）。个人身份是通过迭代过程形成的，经由这个过程，人们开始像其他人一样看待自己。第二，成员具有解释和生成身份的能动性（Bartel，2001）。通过与组织内外部人员的互动，成员可以选择组织中自己明显最适应的身份特征。第三，身份不是静态的，而是随时间而适应和变化的（Kreiner et al.，2015）。这种"身份弹性"构成了组织及其成员适应环境变化的一种重要机制。

组织身份与成员身份的交界面是组织内部和组织之间变异的一个重要来源。当新成员将自身复杂的社会身份带入一个组织的边界内时，可以增加成员认同它的方式。同时，新的组织隶属关系会改变成员的外部社会身份。这方面的研究已经有了很大进展，但是还需要更多的研究来理解身份形成和维持这一无序的过程。

5.3.1 招聘：新组织和新成员

正如 DeSantola 和 Gulati（2017）所指出的，关于创业和成长的讨论往往侧重于两种叙事。"持续性叙事"强调组织的连续性，因为它关注如何将早期的创建条件、团队组成，以及主要决策置于适当的结构中，而结构是难以改变的。相比之下，"变革性叙事"则强调在组织生命历程中的许多时刻出现的变革机会。在本章中，我们通过强调创立条件对随后变化的约束作用，支持"持续性叙事"这种观点。我们认为早期决定雇用哪些人、他们的工作结构如何以及新成员如何互动，对新组织有持久性影响（Baron，Hannan，and Burton，1999）。

对新兴组织的研究表明，大多数新兴组织没有获得成长，正如我们在第 7 章中所注意到的那样。在那些确实成长了的新兴组织中，大多数是抓住机会而成长，而非按预先计划成长。对于抓住机会的成长，如果在成员中培养支持者取向的实践不能兼顾其他人的利益，那么就会威胁到新组织的一致性。成长通常会增加组织的横、纵向复杂性，给管理者带来重大的管理挑战（Blau，1970）。日益增加的复杂性会产生单位和利益集团。它们的目标可能与创始人和领导者的目标不一致。

创始人在招聘首批员工时，往往是盲目的。他们通常缺乏资源来立即填补每个职位，他们经常不知道哪些职位是必需的。更新的和较小的公司通常缺乏人力资源管理专业人员，人力资源实践往往是成长中的公司最后才形成体系的一项活动。例如，Chadwick、Guthrie 和 Xing（2016）对 1995—2008 年期间首次公开募股的 2 500 家企业进行了研究，发现只有 10% 的公司有人力资源主管，尽管这些公司的平均年龄已达 6 岁，员工平均数已达 400 人。此外，人力资源管理文献过于关注大公司。因此，创业者在寻找有效的人力资源管理实践指南或同行时会遭遇困难。尽管如此，数量虽少但仍在不断增长的研究已经为小企业的人力资源实践提供了若干启示。

初创企业员工招聘的一个显著特点是，新组织并不遵循既有的科层制公司所采用的原则。如马克斯·韦伯（1968）所描述的，这些原则包括组织生活和个人生活的分离、根据技能和经验选择新成员、成员之间的明确分工以及通过规则系统对成员进行管理控制。相比之下，初创企业和小企业往往严重依赖关系来寻找忠诚的员工；它们根据文化"契合度"或长期"潜力"来选择成员；它们将这些成员安排在多面手的职位上，承担各种责任；它们经常把对这些成员的控制限制在同伴监督或从组织外部引进的内在化规范这一范围内（Baron，Hannan，and Burton，2001；Wasserman，2012）。

尽管人力资源对初创企业绩效很重要，但通常只有创始人和少数值得信赖的员工可以承担新组织中的招聘职责（Bosma et al.，2004；McGuirk，Lenihan，and Hart，2015）。由于缺乏人力资源管理人员，许多初创企业借助于文化契合度进行简单的评估，通常依赖社会人口统计特征的同质指标，如第 4 章所述。因此，创始人和管理者倾向于招募与自己相似的人，组织也倾向于吸引那些其认为与组织的其他成员有相似态度和兴趣的人。研究发现，团队成员的招聘和角色分配不仅反映了以绩效为基础的成就，还反映了成员从组织的社会情境输入的分散的地位特征，如性别和种族。因为新组织在选择一条路径之前会探索很多路径，所以一些创始人会采用模糊的招聘标准。他们试图预测新成员的长期潜力，也兼顾新组织的短期需求。

即使新组织变得更加成熟，最初的成员也可能已经离开，但是早期的招聘策略可能对新组织产生持久性影响。Burton 和 Beckman（2007）在研究中发现，当初创企业聘用具有非典型背景的早期员工时，同一职位的所有继任者都经历了高流动率。因此，当创始人挑选具有特殊职能背景的家庭成员或朋友来填补新组织中的职位空缺时，可能会引发混乱。这些最初的在职者不仅仅是在初创企业中扮演一个角色，他们还参与了"角色塑造"的过程，在组织的职位上留下了持久的印记。

在高科技初创企业和支持组织中，众包是一种新的招聘方式，挑战了组织边界的传统概念。选择标准是相对开放的，互联网上的任何人都可以对组织做出贡献，而这些成员之间面对面的接触是有限的。尽管依赖于众包的社交平台近年来激增，但它们对成员和组织本身都有明显的风险。例如，在维基百科和 TripAdvisor 等网站上，只有一小部分贡献者会生成大量内容，这加剧了人们对偏见的担忧（Piskorski，2014）。贡献者之间缺乏紧密的网络结构也会导致违反社会规范的行为，如其他成员的"网络欺凌"或内容的破坏性（例如，Piskorski and Gorbatâi，2017）。当网上讨论的话题变得有争议时，一些成员的情感诉求可能会压倒其他人的理性思考，尤其是在经过长时间的理性辩论之后（Bail，Brown，and Mann，2017）。鉴于这些担忧，很少有企业或非营利组织完全依赖众包。大多数企业都有一支核心员工团队，负责维持组织所需的日常活动。

5.3.2 创造一支核心劳动力队伍

初创企业的创始人直面一个问题：雇用多大比例的人作为永久员工，雇用多大比例其他契约形式的非永久员工（Litwin and Phan，2013）。如果企业试图最小化固定成本，有以下几种选择。第一，它们可能会把劳动力分成两类：一类是有永久就业保障的核心员工，另一类是临时工。第二，它们可以临时通过人事代理机构和员工签订合同，将用人成本、档案记录等成本外部化，但是这可能会引发交易成本。第三，它们可以对业务进行结构调整，以便将一些业务外包给其他企业，包括诸如广告和法律事务等专业服务、诸如邮寄和维护等支持服务。第四，如果条件允许，所有者甚至会以低于市场工资的薪酬，雇用子女、配偶以及其他亲属（Ruef，2010）。如果要雇用付酬劳动者，那么大多数企业会雇用永久性员工。

决定雇用多大比例的员工进入新企业的核心机构牵涉到一些权衡。核心劳动力越少，固定经营费用就越低，因此，当现金流出现问题时，企业的灵活性会更高，许多初创企业正是这种情况。然而，用临时的和租用的劳动力补充少数的核心劳动力，也会给新企业增添成本。雇用很少的核心劳动力意味着，临时的和租用的员工获得了应由永久性员工学习的知识。所以，"干中学"的益处就不存在了。Kato 和 Zhou（2018）在对日本初创企业的非标准员工的研究中发现，虽然合同工和其他非标准员工可以帮助创业者管理成本，但过分依赖他们会阻碍创新。临时工和兼职员工很可能是"使用者"导向的，这就降低了他们对组织的"支持者的行为"的兴趣。员工获得大量默会知识，如果他们不再是核心员工，那么这些默会知识就不会继续留存在企业中了（Polanyi，1966；Shaiken，1986）。

不断招聘新员工来代替离开的临时工也会降低组织稳定性，因为知识流失和新员工的非完全社会化会打断组织知识的延续（Sessa and London，2015）。因此，证据表明，大多数创始人聚焦于雇用年轻的全职员工，他们常被认为更具创新性、更能容忍可能不稳定的组织结构（Ouimet and Zarutskie，2014）。例如，Aldrich 和 Langton（1997）研究发现：在温哥华地区的 229 家企业中，仅 14% 的企业以雇用兼职工人起家。根据交易成本的观点，资产专用性可以用来预先判断哪些人适合作为核心成员（David and Han，2004）。然而，Xu 和 Ruef（2007）对 PSED 的数据集进行分析，发现专业技能和想法都无法预测初创企业的辅助性网络的成员中哪些人能成为核心组织成员。显然，创始人在决定该雇用谁为永久员工过程中，会利用其他标准，诸如人员的熟悉度和地方性知识。

1. 新企业的劳动力市场

由于很多年长的工人都已经找到了一份适合自己的工作，所以对新组织来说，它们最容易获得的员工往往比较年轻。在二十岁左右，人们进入劳动力市场，一直工作到退休或能力不能胜任工作要求。根据不同的职位，人们在劳动力市场中的年限从 30 年到 50 年不等，尽管中途也有很多其他活动会打断他们的职业生涯，例如失业、抚养孩子、进一步深造或培训（Rosenfeld，1992）。大多数劳动力不会终身追随同一个雇主。

2016 年 1 月，尽管全部劳动力的员工任期的中位数约为 4 年，但年龄在 25～34 岁的员工任期中位数仅为 2.8 年。年龄较大的员工平均任期更长，55～64 岁的员工平均任期为 10.1 年（美国劳工部（U. S. Department of Labor），2017）。45 岁及以上的员工中，约有一半在当前雇主那里工作了 10 年或更长时间，而年龄在 35～44 岁的员工中，这一比例仅略高于 1/4。因此，年龄和工作任期有很强的相关性。平均而言，新组织招聘的大多是年轻员工，因为招聘他们比年长员工更容易。

组织-雇员匹配的波动性源于很多因素，包括新工人进入劳动力市场、跳槽找新工作、退休、组织创建以及解散。诚然，Carroll、Haveman 和 Swaminathan（1992）估计，在美国，组织的创建、解散和兼并至少造成了 25% 的工作流动。例如，在加利福尼亚州的储蓄和贷款行业中，在 20 年的时间里，初创企业的创建使企业间管理人员的流动率增加了约 13%（Haveman and Cohen，1994）。以英国为例，20 世纪下半叶，当劳埃德银行的并购变得更加普遍时，随着组织忠诚度的下降，银行各级员工的流动性变得更高了（Stovel and Savage，2006）。新组织经常会以流动性相当高的工作招聘员工。它们会通过诸如裁员和从其他组织招聘工人等方式加剧这种流动性（Honore，2016；Phillips，2002）。因此，总的来说，新成立的组织和既有组织共同导致了劳动力市场的波动。

我们回顾的这些因素所造成的劳动力市场的波动程度，可以从美国人工作变动的数据中得到说明。有关工作变动的代表性数据来自国家青年纵向调查（NLSY），该调查在1979年采访了年轻的男性和女性，然后一直跟踪调查到2014年（美国劳工部，2017）。在18~50岁这一阶段，平均每个人大约从事过12份工作，其中近一半是在18~24岁从事的。然而，即使随着年龄增长，员工仍在频繁更换工作，35~44岁的人平均从事过2.9份工作。这些趋势在21世纪很常见，因为"无边界"和"千变万化"的职业已经成为人生职业的典型模式（Tomlinson et al., 2018）。尽管这些趋势十分普遍，但是当雇主评估员工的简历时，这些职业会持续给一些员工带来不利影响。例如，Pedulla（2016）研究发现，工作经历与技能不匹配的员工在求职过程中会遭遇"贬值"，这与有兼职经历的男性一样。相比之下，有兼职经历的或从事临时工作的女性申请者则没有同样的遭遇。

美国劳动力市场的波动性比大多数其他工业化国家都要高。例如，德国、西班牙、挪威、瑞典、瑞士和日本的员工离职意愿比美国要低（Sousa-Poza and Henneberger, 2004）。对日本25年的就业数据进行分析后发现，尽管自20世纪80年代以来日本的平均工作任期有所下降，但日本所有教育和年龄段的男性和女性的平均工作任期仍明显高于美国（Kambayashi and Kato, 2016）。在德国，加入工会的劳动力比例比美国高得多，工人还享受法律保护免受解雇之忧，而这是美国工人无法享受的。因此，德国和其他欧洲国家的工人与雇主的联系比美国的工人要紧密得多（Biemann, Fasang, and Grunow, 2011）。

劳动力市场的波动以及年长员工强烈倾向于留在当前雇主那里，极大地影响着新的和成长型组织中使用者导向的员工与支持者导向的员工的组合。许多适合新企业招聘的潜在员工相对来说都是年轻且经验不足的，他们进入组织往往带有很强的使用者导向。适合新企业聘用的年长员工相对较少，因为他们受聘意味着离职——离开他们长期形成的舒适的日常工作状态，对新"工作"内容抱有期待（Lippmann, 2008b）。对于年轻员工来说，在新企业可以积累几年资历，但这对年长员工来说意义不大。因此，相对于年长员工来说，处于职业生涯早期的年轻工人对雇主的依赖程度要低得多（Lyons and Kuron, 2014）。然而，对年轻员工来说，在工作网络中树立良好声誉确实十分重要（Campbell, 1988; Granovetter, 1995）。

2. 搜寻新成员：正式搜寻和非正式搜寻

新创企业的创建者将正式程序和非正式搜寻结合使用，例如通过社会网络进行招聘（Aldrich and Langton, 1997）。创建者可能很难在员工中实现使用者导向和支持者导向之间的平衡，这取决于所选择的方法。他们面临着很大的压力，因为与老牌企业不同，他们经常为全新的岗位招聘员工。职位描述和工作期望可能很难说清楚。在本节中，我们将考虑招聘的两个重要方面：①雇用陌生人的后果是什么？②使用社会网络将在多大程度上减少对陌生人的依赖？与一些招聘标准（如文化契合度）相结合，通过社会网络的选拔以及小群体的融合过程可以提升组织的一致性。然而，这些方法无法保证一定获得成功。

3. 雇用陌生人

年轻公司面临一个核心问题：应该招聘多少陌生人？劳动力中哪一部分的员工会是彼此不认识的？雇用的陌生人越多，塑造一致性组织的难度就越大。例如，雇用许多陌生人，会增加新员工的机会主义及纯工具性行为的可能性，从而降低组织的一致性（Williamson，1994）。对组织来说，因为组织和成员间的关系具有内在矛盾性，两者都不能完全了解对方，所以在边界维持上是十分脆弱的（Smelser，1998）。虽然招聘者会用到尽可能多的信息，但仍然存在不确定性。此外，在新成员进入组织前，他们不能完全了解成员关系如何。因此，通过终止合同、辞职及其他退出形式，招聘和再招聘的过程始终持续进行着（Hausknecht and Trevor，2011）。

随着组织招聘的陌生人增多，不确定性就增加了，因为雇佣关系双方的知识都是不完全的。"员工所秉持的有关未来工作的价值的信息是高度不完全的，因为在没有实际就任的情况下，工作的某些属性……很难评估"（Halaby，1988，p.12）。从某种程度上说，如果员工对工作的预期是错误的，那么可能会导致新企业增加招聘和维持成本（Baron et al.，2001）。如果创建者在熟悉的市场中进行搜寻，那么可以降低这些成本。一些新手创业者是在他们先前工作的或通过其他方式的接触而熟悉的组织种群中创立新组织的。如果他们通过这些相同的联系来招聘成员，就会增加找到具有相关能力的人的机会。

当企业招聘陌生人时，就必须考虑额外的制度性要求，比如创作类似于求职者所熟悉的招聘广告。在Baker和Aldrich（1994）对北卡罗来纳州三角研究园新企业的研究中，企业主通常以非私人关系的方式雇用陌生人，通常是通过在报纸上刊登广告或大学招聘办公室。新创企业的第一份职位描述都是为了宣传某个职位空缺，而且十分简单。广告中的职位往往是行业内其他公司所设立的相对标准的职位，这使得这些职位对于阅读广告的人来说是可以理解的及合法的（Aldrich and Fiol，1994）。与早期尚未明确界定且由创建者的熟人所担任的高级职位不同，相对较低的职位往往会得到明确界定且有一套由创建者具体描述的技能要求（Wasserman，2012）。

4. 社会网络招聘

正如社会网络在组织创立中发挥关键作用一样，它们也影响新成员的招聘。创建者与亲属的强关系使得亲属很可能成为早期招聘目标，因此当工作变得繁重时，创建者将恳请家人填补空缺。一般来说，至少已婚企业主的配偶会为企业贡献一些无偿劳动（Ruef，2010）。但是，通常很少有其他家庭成员能够帮助创建者（Aldrich and Langton，1997）。年幼的孩子只有在不上学时才能帮忙，大部分年长的孩子则往往因他们刚开始自己的职业生涯而不能帮忙。实际上，大多数中小企业主表示，由于工作时间长、回报低以及风险高，他们不希望孩子们走自己的老路（Hammond，Pearson，and Holt，2016）。

大多数社会网络招聘都是通过弱关系而非强关系进行的，正如求职研究所显示的那样（Granovetter，1995）。例如，Sharone（2014）对美国失业白领求职者的研究显示，超过3/4的求职者激活了弱关系，而在不同的国家和文化背景下，几乎没有人激活这种关系。然而，尽管被广泛使用，作为工作匹配机制的弱关系也可能使一些群体处于不利地位，从而使劳动力市场的隔离持续下去。由于网络招聘模式与其他劳动力市场机制一起运作，因此它们倾向于按性别区分职业（Rubineau and Fernandez，2015）。例如，纵观美国故事片产业史，与男性相比，依靠私人关系和引荐来获得新机会的女演员要承受高度结构化的类型、角色以及演员 – 导演关系（Lutter，2015）。

有些求职者在求职时利用中介人获得优势。通过联系人推荐的求职者比没有得到推荐的求职者更有可能被聘用（Pallais and Sands，2016）。虽然推荐人可以为雇主提供其他情况下难以收集的信息，但是推荐人和招聘经理之间的权力差异使得推荐变得复杂，也可能对被推荐人的工作匹配和就业结果产生负面影响（Derfler-Rozin，Baker，and Gino，2018）。由于熟练工人在劳动力市场上变得越来越紧俏，尽管存在这些潜在缺陷，雇主仍然更可能借助推荐和其他中介机构（Bills，Di Stasio，and Gërxhani，2017）。

通过网络和口头宣传招聘到的员工，会对组织有一定的了解。Fernandez 和 Weinberg（1997）对银行机构的研究发现，被推荐的申请人获得的优势部分是由于现有员工对他们进行了预先筛选，现有员工可以判断申请人是否符合银行的标准。然而，大部分企业不会以同样的程度依赖于预筛选：在这项银行招聘研究中，被推荐的申请人所获得的优势，主要来自银行希望通过认真考虑现任员工的建议来给予现任员工一种赋权感。因此，在不确定情况下，能否参加下一轮面试，招聘人员给被推荐的求职者的只是一个不确定的利得。由于听取了老员工的建议，"新雇用的员工与参与招聘他们的老员工"之间的社会义务得到了加强（Fernandez and Weinberg，1997，p.899）。在这种情况下，组织成员更容易接受组织一致性所依赖的支持者导向。

另一种受到关注的招聘和雇用员工的途径是人力资本"渠道"。这种策略代表了一种介于"纯粹市场途径"和"完全依赖社会网络和个人关系的途径"之间的中间立场。渠道中个体历时不断地发展和有序流动，从特定的劳动力来源不按比例地进入企业、职位和某个地理位置（Brymer et al.，2019）。通常情况下，企业会与一些特定的大学建立关系，或者直接从施行"非升即走"政策的大企业招聘。这种策略为招聘企业创造了可靠的劳动力来源，减少了信息不对称性，同时使新员工之间存在一些异质性（Brymer，Molloy，and Gilbert，2014），尽管它也会产生一种偏见，有利于雇用有特权背景的员工（Rivera，2015）。

5. 提升一致性

新兴组织内部的选择力量往往会降低组织内部的变异性，通过使组织内部更加同质化，提升了组织一致性。例如，Mouw（2002）研究发现，若雇主依赖雇员推荐进行招聘，其职位的应聘者与现有雇员会非常相似，这使企业内部的种族同质性和不同企业之间的种族隔离性得以持久存在。这一点产生了巨大影响：当 Mouw 对照研究一定空间区位的企业时发现，在非裔美国人比例低于 10% 的企业里，雇主采纳雇员推荐使企业雇用这类员工的可能性降低了 75%。因此，通过社会网络进行招聘往往会提升劳动力的同质性。类似地，在对洛杉矶移民和劳动力市场状况的研究中，Waldinger 和 Lichter（2003）发现，过于依赖社会网络招聘通常会通过社会封闭来强化组织边界。

基于 Pfeffer（1983）的组织人口统计模型，有些经典研究表明，相对异质性不仅降低了组织的社会整合水平，而且会提高人员工作变动率。例如，O'Reilly、Caldwell 和 Barnett（1989）在针对 1979—1985 年一家大型连锁便利店的 20 个工作组进行的研究中发现，任期的不同降低了工作组内部的社会整合水平。工作组层面的低整合水平导致了更高的人员工作变动率。年龄上的差异并不影响工作组层面的整合，但它确实提高了人员工作变动率，与同质工作组年龄相差较大的成员工作变动率也较高。Popielarz 和 McPherson（1995）对内布拉斯加州 10 个城镇的研究发现，在自愿协会中，退出率最高的是那些与群体中其他成员不同的人，或者是那些感受到其他潜在群体成员关系的吸引力的人。近来许多研究已证明，人员流动对组织绩效造成问题，往往是因社会关系、职能角色和完成组织任务所需的知识中的扰乱造成的（Argote，Aven，and Kush，2018；Heavey，Holwerda，and Hausknecht，2013）。

同质化的劳动力不仅是网络化雇佣实践的结果，也是明确鼓励在年龄、性别和种族等维度上同质化的组织政策的结果。尽管在许多国家，在这些方面的公然歧视是非法的，但组织的人力资源政策和实践仍可能导致员工缺乏多样性。观察人士指出硅谷就是一个例子，在这个地区，年龄歧视造成了企业歧视年长员工，热衷于聘用 20 多岁和 30 多岁的员工（Scheiber，2014）。一项对科技行业 32 家非常成功的企业的调查发现，只有 6 家企业的员工平均年龄超过 35 岁（Hardy，2013）。在其中 8 家企业中，50% 的员工年龄为 30 岁或更小。相比之下，美国工人的整体年龄中位数约为 42 岁。在同类科技公司中，女性员工的比例通常不到 30%，这反映了观察人士所批评的另一种偏见。这种偏见的矛盾之处在于，旨在纠正歧视的组织实践可能被管理者视为免除他们的责任，从而加剧了问题。例如，Castilla 和 Benard（2010）的实验研究发现，在精英管理的环境中，管理职位更偏爱男性，在这种环境中组织价值观促进了基于绩效的评估而不重视个人自主权。

我们回顾的研究表明，新的和小型组织吸引并留住了那些对自己作为组织成员将面临的控制至少已初步接受的人。新组织通过各种选择实现相对同质性，这使得创建者可以专注于人力资源管理以外的问题。虽然同质性可能会对组织成员彼此间的相处能力产生有益的影响，但也限制了组织内部的变异，另外也可能损害组织对不断变化的环境条件做出创造性反应的能力。

研究者已在大型、成熟组织（如大学和《财富》世界 500 强公司）中检验了组织人口统计模型的思想观点。尽管研究尚不充分，但是将组织人口统计模型的原理应用于新企业是对该模型合乎逻辑的扩展（例如，Baron et al.，2001）。诚然，使用适当的研究设计，我们可预计，研究者将发现成员的工作变动会对新组织产生很大影响，因为员工所学到的很多东西尚未嵌入在规则和惯例中。例如，Gjerløv-Juel 和 Guenther 在对丹麦公司的纵向研究中发现，只有当员工流动率很低时，就业增长才会带来更长期的生存。我们预计，使用跨时大数据的研究将有助于总结出有关组织成长和生存的其他有价值的经验。

5.4 组织角色结构的演化

当创建者与其早期雇员一起工作，组织产品或服务的生产过程时，出现了两个影响组织边界的新变化。第一，出现了初级的劳动分工，因为工作结构与角色是随组织惯例和能力的演化而逐渐成长的。第二，当组织成员在内外部约束条件下，为应对特定选择压力而互动时，组织形式得以从中涌现。从单个组织的角度来看，组织形式指的是组织成员之间模式化的社会互动，这种互动保存了组织知识，引导参与者建立共同身份。我们将在下文中考察涌现中的劳动分工的动态过程，在下一章中探讨组织形式的建构。

正如我们在第 4 章中指出的那样，大多数新企业都是从小规模起步的，创建者与员工一起努力使组织朝着可生存的方向发展。九成以上的企业创建时员工人数少于 20 人，2/3 以上的企业创建时员工人数不足 5 人。创业初期是混乱的：创建者工作时间很长、很难分配任务并抵制将角色分配或工作头衔正式化。Kimberly（1980，p.29）描述了一个新成立的医学院的院长每天工作 16～18 个小时以使学院赢得创新性声誉的事迹。Kaplan（2014）讲述了他为了让自己的年轻公司存活而不懈奋斗，整个周末都在持续工作的故事。Wasserman（2018）报告了许多案例：过度劳累的创始人在创业初期试图做太多事情，导致家庭生活紧张和个人健康状况恶化。在初创企业不确定的氛围中，组织的结构与管理学或人力资源教科书中所描绘的情形相去甚远。

5.4.1 特异性协议

经历初期的混乱后，一些创建者成功地建立了秩序，但也有许多创建者失败了。对于实现了一致性的新创企业来说，在早期阶段采取的行动可能会形成传统，在促成它们的事件发生后很长一段时间内这种传统可能会持续存在。"任务"和"活动"转变成正式的角色和工作头衔，如果组织幸存下来，它将招聘更多成员来担任那些在正规化条件下涌现的工作职位（Burton and Beckman，2007）。许多在企业早期创设的工作都是特异性就业协议（idiosyncratic deal，或称为 i-deal），其定义是"个体工人和雇主（现有或未来的）协商的特殊雇佣条款"（Rousseau, Ho, and Greenberg，2006，p.977）。特异性协议可能是由创建者或管理层创造的，目的是为有前途的新员工创设一个职位，也可能是当组织努力使自身活动适应所处的局部生态环境时，由组织员工创造的。早期的特异性协议以及影响其创设的推断过程具有重要且持久的影响。

特异性协议通常在新组织组建最初团队时涌现（Wang, Liu, and Shalley，2018）。例如，华盛顿一家高科技新创企业从当地应聘者中招聘了一名高级工程师。这位工程师的妻子随后被聘用来履行多种职责，直到可以专门创设一个适合她的新工作岗位，因为她的专长是系统分析。企业是通过口碑注意到她的才能的，因此在无对应工作岗位的情况下就聘用了她，让她暂在会计部门工作，直到该组织的系统性功能变得更加全面正规。她的上司告诉她，她有出众的才能，虽然工作职责没有马上到位，但她应该"耐心些"，直到他们能够为她创设一份工作。新企业通常具有结构上的灵活性以允许这种招聘方式的存在，通过特异性协议的累积来实现增长。

特异性协议对新组织劳动分工的影响，在一定程度上取决于两个因素。第一，早期雇员可能是高级或初级员工，他们的责任程度不同。第二，分配给员工的任务范围可能很广也可能很窄。有些员工被聘作通才，在工作中有很大的自由度，而有些员工则被聘作专才，从事相对有限的工作。为了说明早期聘用决策的影响，我们回顾了前面提到的三角研究园对两个知识型产业的研究得出的一些成果（Baker and Aldrich，1994）。研究表明，新组织的角色结构在特定条件下会发生变化。

这两个行业（环境咨询、计算机教育和培训）中的创建者倾向于雇用特别高级和特别初级的员工。相比之下，他们只雇用极少的中层员工。这种做法对初级和高级异质性工作各自的涌现方式产生了影响。早期员工是通过非正式招聘渠道（口碑或个人网络）被雇用的，而且被授予具有一般性职责的高级职位。创建者并不聘用专才，而是有意聘用那些在本行业具有丰富经验且愿意接受相对不确定职位的通才。一些通才在被聘用时，就有着明确的打算，即如果公司规模扩大，他们最终将成为部门或分支机构的负责人；而之所以被聘用，也都是因为他们几乎不需要额外的培训就能着手工作。

一些组织的发展超出了创建者及其早期雇员所能应付的工作范围。在这种情况下，创建者转而对较低的初级职位展开招聘，对这些职位的界定是很明确的，也有一套由创建者具体描述的技能要求。显然，创建者试图雇用陌生人担任最初级的职位，只要他们能令人满意地完成工作。这些潜在员工只需具备完成企业中最简单的一系列任务所必需的基本技能。先明确界定职位再展开招聘，组织的角色结构会比较清晰，但这并不是创建者实施招聘的本意。相反，他们提到要控制成本以及希望避免将"层级"和中层管理引入企业中。

企业在早期通过非正式渠道雇用通才，后期通过正式渠道雇用专才，这造成了公司内部的人员结构鸿沟，其中高级员工位居顶层，初级员工则处于底层。小公司中很少有人担任中层职位，也很少有初级专才通过接受培训晋升到中层职位。像大多数小型组织一样，这些企业缺乏员工发展和管理培训计划。所以，它们并不准备让初级雇员来承担管理职责。因此，如果企业进一步扩大规模，则会雇用外部人士来填补中层管理职位的空缺。

高级雇员往往扮演相当分散且全面的组织角色，而不是担任具体界定的工作。高级雇员进入新企业是基于特殊标准、个人间熟识和信任。大多数人是在十分全面的意义上加入企业的，而不是担任预先确定的职位。随着这些角色聚合成能被较清晰界定的模式，它们逐渐变得与众不同，因为早期高级雇员的角色是围绕着担任该项工作的人的特定才能而演变的。类似地，Miner 和 Estler（1985）描述了加利福尼亚州一所大型研究型大学中员工的自然流动过程。当人们的责任越来越大，知识越来越丰富，以至于远远超出了角色的常规成长时，他们的工作就演变成为新的职位。他们的新职责使他们的职业发展前景更加广阔。

有三种情况有时会引起组织围绕初级雇员来创设特异性工作：高员工更替率、爆发式成长和管理权下放。第一，这些年轻企业中的自愿离职率很高；辞职的人远多于被解雇的人。当有人在短时间内辞职时，创建者往往被迫将辞职者的工作任务分配给另一名员工，甚至将两份工作合并成一份，在此过程中，他们发现了之前未注意到的员工技能。第二，企业的爆发式成长有时会给初级雇员承担更多责任的机会，因为企业无法从外部聘用足够的新员工，而高级雇员面对增长又应付不来。于是，初级雇员可能获准履行原先的工作中增加的新职责。由于成长是不可预测且不均衡的，因此创建者无法预计初级雇员何时能获得这样的机会。第三，正如 Rousseau（2005）所指出的，如果给予足够的自主权，员工有时会发挥其未使用的技能，并且抓住机会，使这些技能与新任务要求匹配，主动构建自己的特异性工作。这类机会常常出现于所研究企业的早期阶段，因为创建者忙于工作而忽略了工作的正规化界定。

5.4.2 初级特异性协议的演化意义

有些特异性协议可以增加内部的变异，特别是那些与员工执行的任务以及对自身绩效的自由裁量权直接相关联的特异性协议。这让组织有机会利用员工隐藏的技能，从而增加组织知识库（Hornung et al., 2010）。"事前特异性协议"是在雇用前商谈的协议，这在那些常规工作和工作描述基本未形成的小型组织和新组织中更为常见。在初创企业中，工作岗位通常是围绕员工创建的，而随着组织的形成，员工在形塑工作性质方面发挥着重要作用。

"事后特异性协议"是在雇员与雇主相处一段时间后协商出来的。许多员工都拥有工作要求之外的技能。随着成员在工作中获得经验，他们对组织知识的理解加深了，在认知方面也变得更加复杂。当他们变得更有经验时，他们逐渐发现以前被视为独立的特定任务实际上是相互关联的。以前未被开发的潜在技能浮现出来。他们还可能开始为活动创建更具包容性的概念分类。新分类使他们能够辨识组织能力中的漏洞。然后，经验使成员对其工作如何适应整体活动系统有了更深入的分析和理解。

因此，围绕初级员工创造"事前特异性协议"的组织可能会与所处环境更好地匹配。创建者创造抽象定义的工作的能力，受限于他们对现有惯例和能力的不完全理解，包括它们与环境中的偶然事件是如何相关联的。创建者定义的工作可能未反映企业需完成的任务。组织及其环境的变化越多，创建者的初始定义反映当前需求的概率就越低。如果仅根据内部选择标准创造工作，组织最终会失去与环境的匹配。

相比之下，允许"事后特异性协议"演化、取代或补充先前定义的工作，可以释放成员学习能力中固有的创造潜力。一项针对 3 个组织的 177 名员工的研究表明，具有高创造性自我效能感的员工从特异性协议中获益最多（Wang et al., 2018）。因此，组织也许就能够利用在以前的工作规定中隐藏的相关员工技能。事实上，组织过于刚性地专注于定义对具体工作的期望而不是更大的组织需求，就会面临阻碍有益变异的风险。有时，员工参与的行为超出了规范的正式要求，一些理论家将这些与公司有关的活动称为组织公民行为（organizational citizenship behavior，OCB）（Klotz et al., 2018）。正如一些研究人员指出的那样，大企业的结构可能会阻碍组织公民行为。例如，Nyberg 等学者（2018）综述了绩效薪酬方案的研究，指出大型科层化结构组织会鼓励员工在牺牲集体和组织利益的情况下从事自己的工作。

随着时间的推移，特异性任务可能在组织中变成标准化任务。这可以使组织和未来的员工受益，因为在工作内容和条件方面的创新可以成为日常工作的一部分。然而，如果特异性协议因为层级结构要求和惯例化的惰性而变得过于僵化，也可能降低其发展潜力。此外，在某些情况下，如果特异性协议被认为是偏袒或不公平待遇的结果，就会引起员工的怨恨。然而，如果执行得当，特异性协议有助于提升员工满意度和企业绩效（Hornung et al.，2010）。

5.4.3 总结：角色结构的涌现

在新组织中，人们所需的大多数惯例和能力都是从其他组织借用的，这促进了种群在缓慢变化环境中的再生产。然而，许多惯例也必须由见识广博的成员当即生成，以应对突发的或然事件和资源限制（Baker and Nelson，2005）。组织知识和新角色从这些情境化响应中涌现，边界对组织成员变得更加突出。因此，新组织的劳动分工不仅来自创始人的预先计划，也源于对初创阶段遇到的组织问题的应对方式的积累。

一系列的小挫折将使组织成员保持学习模式，消除任何自满情绪（Sitkin，1992）。因此，组织成员在创建过程中从他们的经验中学习。特异性协议是这一过程的重要组成部分，愿意承担不属于其正式工作描述范围任务的成员也是重要组成部分。允许或鼓励变异的组织结构促进了新知识的产生，但在建立内部选择标准前，变化也对组织的协调性形成威胁。

5.5 组织奖酬和控制系统

在资本主义社会，大多数人为生活而工作。为了吸引和留住成员，组织必须用收入和其他奖励回报他们。新组织通常采用种群中常见的奖酬和控制系统，但组织层面的变异仍是可能的。人力资源管理文本是成熟组织中奖酬系统有关信息的汇编，但它们往往忽略了新组织面临的特殊环境（DeCenzo，Robbins，and Verhulst，2015）。在新组织中，增加成员带来的成长可能会加剧使用者和支持者导向间的张力。在联合模式中，创始人构建奖酬系统，以吸引作为使用者的成员，他们从隶属的组织中寻求个人利益。在社会系统模式中，创始人需要创建控制结构，通过使成员转变为支持者来保护组织的协调性。因此，理解组织演化要求我们研究组织如何管理使用者导向和支持者导向的成员间的张力。

5.5.1 什么是奖酬和控制系统

奖酬和控制系统必须包括以下规程：①评估成员的绩效；②奖励或补偿成员，不仅是奖励他们的直接工作绩效，也可能奖励他们对组织的其他间接贡献；③控制和引导工作流（Edwards，1979）。在不同的组织中，这些系统差异较大，经验上也十分不同。Clark 和 Wilson（1961）在其奖酬系统分类中，指出了三种常见的给予组织成员奖酬的方法。有些组织依靠物质激励，如工资、股权或福利，这是第一种方法。另一些组织强调依附于组织的目的性基础，培养对集体目标的承诺和对挑战性工作的自豪感，这是第二种方法。第三种方法包含在工作场所建立牢固的网络，相信许多成员的依恋的主要来源是与同事的友谊和个人归属感。在实践中，大多数组织混合使用这些方法，而且奖酬可能因企业的年龄和规模而不同。例如，对丹麦员工薪酬的研究表明，大企业支付的薪酬高于小企业，尽管年轻的初创企业支付的薪酬似乎并不比成熟企业低（Burton，Dahl，and Sorenson，2017）。

Baron 和同事（1999）在对硅谷高科技初创企业的研究中强调，控制系统同样具有多样性。一些企业的管理者进行直接监督，强调对员工进行相对连续的监督；另一些管理者依赖于正式的监督，强调遵守组织成员认为合法的规程。由于这两种控制系统都会导致相当大的管理费用开支，许多初创企业转而依赖同伴文化，即组织通过对新员工的非正式的社会化进行控制。最后，一些初创企业的管理者根本不认为控制规范会在组织内部自动传播，而认为它是随着招聘新员工（假定他们已将规范内在化且接受正式的规范教育）而引入的。这就形成了类似于建筑企业、医疗团体、大学和类似组织形式中的专业控制系统。

从表面上看，不同的奖酬和控制系统的组合似乎为建立新兴组织的正式边界带来了很多令人眼花缭乱的选择。事实上，如本章前文所讨论的，当招聘新成员的不同标准增添到组合中时，这些选择将进一步扩大。然而，在高科技初创企业中，这些成员关系模式通常集中于相对较小的一组理想类型（Baron et al.，1999），如表 5-2 所示。独裁模式从泰勒主义和科学管理中汲取灵感，提出基于技能的招聘、基于物质奖励的依恋以及对劳动力的直接监督。官僚主义模式符合 Weber（1968）所强调的理想类型，包括招募精英、基于目的性奖励的依恋和以合理化规则为特征的控制结构。这两种成员关系模式往往会划出相对严格的组织边界，将成员的个人生活和组织生活分开。

表 5-2　组织成员关系模式的理想类型

成员关系模式	招　聘	奖　酬	控制结构
独裁	技能	物质	直接型
官僚主义	技能	目的	正式型
承诺	匹配	利益共享	同伴文化型
明星	潜力	目的	专业型
工程师	技能	目的	同伴文化型

资料来源：改编自 Baron 等学者（1999）。

在其余的成员关系模式中，组织边界往往更具可渗透性。使用承诺模式的企业，以文化匹配为基础招聘成员、以利益共享为奖酬、以同伴社会化为控制手段。Biggart（1988）研究安利等直销组织（DSOs）时发现，在没有明确区分直销组织和家庭单位的边界的情况下，企业倾向于采用承诺模式。在其他情境中，诸如大学，组织边界的挑战来自成员的先前职业社会化。在这种情况中，通常会建立明星成员关系模式，倡导基于长期潜力的招聘、目的性的奖酬，以及基于内在化的专业规范的控制结构。最后一种理想的组织成员关系模式往往与诸如硅谷这样的地区联系在一起，这些地区聚集了大量拥有技术的和高流动性的员工。它以技术技能为基础进行招聘，应用目的性的奖酬，以及依靠同伴文化作为控制结构，这就是工程师模式。

如果奖酬和控制系统促进成员中的支持者导向并减少成员流动，那么它们就可以提升组织的协调一致性。成员关系模式的变化可能会在这方面特别具有破坏性（Baron et al., 2001）。对年轻公司来说，如果组织知识仍存在于个人而不是规则和惯例中，那么人事的不稳定性会中断组织知识（Argote and Guo, 2016）。如果知识只嵌入交互记忆系统中，那么它会因人员离职而迅速消失，特别是在通信网络密集和层次有限的群体中（Argote et al., 2018）。相比之下，拥有更成熟的层级制度的团队可能会从人员流动中获益，因为它会破坏现有的交流模式并带来新知识（March, 1991）。

通过与合法化工作实践相关的价值观和制度化规范相匹配，组织奖酬和控制系统与社会建立了更广泛的联系（Dobbin et al., 1993; Kelly, 2003）。一定时期社会情境约束着组织层面的工作场所的权威，影响了员工所感知到的奖酬制度的合法性。在美国，员工对工作的依恋度受到如下计算过程的影响，即"员工对各种治理实践进行评级并计算拥有职权的成本和义务比"（Halaby, 1986, p.646）。美国员工对雇主制定奖酬、规训和其他实践决策应遵循哪些原则抱有一组期望。这些指导原则包括普遍主义（平等和公正）、程序正当和对成就的非随意评价。

对美国的新组织来说，这些原则是短期内的制度常数，也是所有新组织必须适应的美国景观的特征。正如Selznick、Nonet和Vollmer（1969）指出的，组织内部长期发展出的内生性规范秩序反映了一个国家的劳动法。然而，如果反对者向劳动法庭和法院提出劳资异议，内部秩序也会影响法律。除了国家规范、价值观和法规外，各组织还必须遵从其种群所遵守的原则。例如，不同产业在使用协商、仲裁和调解系统解决工作场所纠纷的程度上存在差异（Kochan and Osterman, 1994）。组织在说服员工遵守合法原则的程度上各有不同，不遵从的行为会对新组织施加一种选择压力。

即使组织遵循了一般的社会规范，它们还必须面对在各种情况下由分配利益或负担而带来的问题。组织成员感知的系统公正，是分配和程序意义上的吗？"由分配引出的公平性评估属于**分配公正**的范畴，而**程序公正**则侧重于分配过程的公平性"（Hegtvedt and Markovsky, 1994, p.257; original emphasis）。研究发现，当员工感受到工作场所的程序不公正时，会导致糟糕的团队氛围、降低工作效率和幸福感以及诱发与工作相关的疾病（Virtanen and Elovainio, 2018）。在相互谈判中，新企业的联合创始人在分配利益时往往采用客观平等的程序，这主要是为了避免围绕每个联合创始人的能力、各自贡献的价值以及他们在未来需要做出的贡献进行困难的讨论（Ruef, 2010; Wasserman, 2012）。

5.5.2 奖酬分配系统

除了物质性激励、目的性激励和团结性激励的基本区别外，我们还必须考虑奖酬分配系统。在新组织中，有两个维度特别重要，因为它们对成员的使用者或支持者导向产生影响。第一，它们可能根据绩效，也可能不根据绩效。第二，它们可以基于个体特征，也可以基于集体的特征。或有奖酬基于个人、团体或整个组织层面的绩效，而非或有奖酬则是仅因隶属于组织或在组织中处于特定地位而产生的收益。个体奖酬基于特定个人的特征或绩效，而集体性奖酬基于整个单位的特征或绩效。这些奖酬可以是小组、团队或组织层面的。

在表5-3中，我们对这些维度进行了交叉分类，生成一个2×2表，每个单元格都有一个示例。两种复杂情况往往影响奖酬分配系统的选择。

第一,组织权变理论认为,在奖酬系统中,成员相互依赖程度应与任务结构相匹配(Hackman,1987)。然而,正如我们在上一章中提到的,创始人在构建组织时利用了许多资源,例如个人经验、全行业的实践以及借鉴和模仿其他行业中的实践。相应地,任务结构和奖酬结构并非总是协调一致的,可能引发潜在的具有破坏性的冲突问题(Welbourne and Andrews,1996)。

表 5-3 给予工作奖酬的两个维度

奖 酬	政策层面	
	个 体	集 体
绩效奖酬	个体的绩效,如生产奖金	团体或单位的绩效,如收益共享
非绩效奖酬	成员福利,如基于职位的工资	团队福利,如每年增加的生活补助

第二,技术的可分离性,或者监测个人生产力方面的困难,使员工的贡献评估变得十分复杂(Alchian and Demsetz,1972)。如果任务相互依赖性很强,创始人将无法区分成员的个人贡献(Williamson,1981)。在这些情况下,权变理论提倡创建一种能与实际情境匹配的集体奖酬结构。例如,在具有不同知识基础、创始人对企业各方面的技术专长缺乏全面了解的初创企业中,会出现个人生产力的监管问题(Baker,1995)。在这种情况下,创始人可能必须依赖集体奖酬结构,而不太关注任务结构。然而,与产业经济学家和人力资源管理理论家通常研究的大型组织的管理者所面临的问题相比,小型和新兴组织很少有监控问题,因为创始人密切参与了活动的方方面面。

或有的个体奖酬使成员关注自己的贡献,并且可根据每个成员的情况进行量身定制。然而,这样的奖酬可能也会凸显使用者导向的特性,在组织内创造竞争氛围,提高员工对组织内的不平等性的感知。例如,在新成立的公司中,通常会为高管和关键员工留出股权期权池。在风险投资家投资的新企业中,这个期权池最多可以占公司流通股的20%(Nazar,2016)。

这样的奖励会提高管理者在公司中所占的股权,从而激励他们实现更高绩效,但也会损害被排除在外的员工的士气。成员间的竞争阻碍了组织早期(这时惯例和能力还处于生成中)所需的合作。基于绩效的个人奖酬也可能会抑制成员对非工作活动的兴趣,降低他们追求有利于团队或群组的变异的兴趣(Baixauli-Soler,Belda-Ruiz,and Sanchez-Marin,2015)。

或有的集体奖酬也是以绩效为基础的,但它们注重团队或小组层面的成就,为成员提供合作的刺激,以促进集体发展。像收益共享这样的或有集体奖励计划,通过奖励团队合作和承担风险,促进了组织创新和员工承诺(Park and Kruse,2013)。收益共享是指在一个业务单位里,当这个单位达到更高的生产效率或其他目标时,向所有雇员发放一笔奖金。少数美国公司更进一步,采取利润共享制,即员工拥有企业的一部分股份,或者以其他方式从公司利润中获得部分薪酬。员工拥有大量所有权的企业包括位于科罗拉多州的啤酒制造商新比利时酿造公司(New Belgium Brewing)和纽约的女装设计公司艾琳·费舍尔（Eileen Fisher）。利用综合社会调查，在一项全国代表性研究中，Joseph Blasi 和同事（2013）估计，在美国有 1/3 到 1/2 的私营部门全职员工通过分红、收益共享、员工持股或股票期权等方式持有所在公司的资本股份。

创始人仍然面临着这样一个问题：为了奖酬的目的，是否将小组、团队或整个组织视为集体。选择的单位越具有包容性，成员就越有可能关注组织绩效，而不是他们自己的小团体（Welbourne and Gomez-Mejia，1995）。更大的单位往往鼓励搭便车和逃避责任行为，这会抵消上述原则。有关搭便车和合作的研究发现，更大程度的团体合作是与小规模、个人努力的高度可见性和团队成员的高度个人责任感紧密相关的（Wagner，1995）。在新组织中，前两个条件通常是存在的。对于第三个条件，创始人利用任务的相互依赖性可以提升个人责任感。

非或有的个体奖酬是成员因其组织职位而非绩效获得的福利。在新组织中，创始人可能会给自己一间更大的办公室或配备一辆公司的汽车。他们有时会为早期雇员而非后期雇员提供所有权，以此激励人们更早加入。非或有的集体奖酬通常给予新组织的所有成员，如周五下午的聚会、周末休养以及组织身份的标志物（如棒球帽和 T 恤）。它们也可以是物质性的，例如每年增加的生活成本补助。美国的成熟企业为其员工提供各种福利，例如退休、医疗、人寿保险、残疾福利，甚至儿童看护。然而，依据工会、企业规模和行业的不同，是否获得这些福利与全职和兼职状态密切相关（美国劳工部，2004）。

纯粹的集体奖酬使所有成员在新组织中发挥的支持作用更为突出。Welbourne 和 Andrews（1996）对 1988 年首次公开募股的 136 家非金融企业所进行的研究发现，生存率最高的是那些重视人力资源并使用基于组织的员工奖酬的企业。事实上，与成熟企业的竞争给新企业带来了巨大压力，促使新企业实施这样的奖酬制度。根据我们在第 3 章中讨论的制度方法，我们可以认为，如果希望雇用和留住熟练工人，竞争性同构就迫使企业提供这样的激励。或者，如果企业不能确定竞争者成功的原因是什么，那么模仿性同构可能会导致企业提供这样的奖酬计划，以表明它们正在跟上当下的做法。如果在其他时期能将其复制到其他种群，他们的研究就有力地支持了基于初创企业投入人力资源管理问题的资源的选择论。人力资源管理学者正越来越多地转向大规模的纵向研究，探究人力资源管理实践与组织绩效间的关系，因此我们推测他们最终会将注意力转向初创企业（Saridakis，Lai，and Cooper，2017）。

1. 矛盾和复杂性

在实践中，组织将混合使用表 5-3 所列的四种工作奖酬方式。因此，在新组织的运作中，会涌现出一些相互矛盾的激励方式，产生复杂的、不一致的工作要求，而创建者和组织成员又必须（哪怕是以不完美的方式）满足这些要求（Boettger and Greer，1994）。例如，创建者可能会提供丰厚的个人层面的奖酬来诱使有抱负的人加入，同时也可能提供集体层面的奖酬以将这些人组成一个团队。正如 Wageman（1995）在对施乐公司技术服务人员的研究中所发现的那样，个人层面和集体层面的激励可能会以预料不到的方式相互作用。通过准实验设计，Wageman揭示了小组奖励对合作行为没有独立影响，但确实激励了高度任务依赖性小组中成员的良好表现。

矛盾的政策可能会给一些组织成员带来压力，正如Tracy（2004）针对监狱和看守所中的惩教人员所面临的模糊性而进行的研究所表明的那样。惩教人员必须尊重囚犯，但同时也要提防可疑的活动。他们必须努力帮助囚犯走上悔过自新的道路，但又不能与囚犯有纠缠不清的关系。惩教人员在行使职业自由裁量权时，还必须与惩教机构的规则保持一致的立场。最后，他们必须依靠同事的支持，但又不能过于依赖，以至于不能自主采取行动。Tracy认为，惩教人员处理上述情况产生的角色模糊性和紧张关系的能力取决于他们如何界定自己所面临的困境。特别是，如果惩教机构允许成员从这些矛盾境况中抽离并进行反思、认清这些困境究竟是怎么回事，就可能获得充分的理解，从而制定有效的应对策略。

因为几乎无法完全调和基于不同前提的奖酬所产生的困境，所以在存续下来的组织中，组织成员会制定策略来应对这种紧张关系。他们会按顺序处理冲突性的目标，缓冲根本上不一致的工作要求，或者仅仅是暂时忽略一些事情（Weick，1991）。不同观点的竞争，甚至可能会为组织面临的问题提供创造性的、非传统的解决方案。Wageman（1995，p.173）的研究表明，"在历时过程中，个体偏好与所经历的任务和奖励的种类会趋于一致"。在更大范围内，Baron和他的同事（2001）发现，那些起初未采用表5-2所列的理想类型成员关系模式而随后又采用其中一种模式的高科技新创企业，其营业额低于在理想类型模式之间转换的新创企业。因此，保留相互矛盾政策的组织可能会在不断变化的环境中获得适应性优势。

2. 奖酬和控制系统的正规化

创建者可能只花费有限的时间来制定组织的工作奖酬政策。若保持不变，早期实践将累积成一组隐含的优先事项，创建者会发现新涌现的系统已经牢固地建立起来了。与组织生活的其他大多数特征一样，稳定的内部选择标准的涌现给后来想要改变组织实践的创建者提出了一个难题（Baker and Aldrich，1994；Baron et al.，2001）。起初强调个人奖酬的组织可能很难转向集体奖酬，反之亦然。聚焦于个体的奖酬系统使员工将注意力转移到自己的职责和职业发展上，这可能会以牺牲小组或整体组织目标为代价。聚焦于集体的奖酬系统强调团队合作导向，但如果不能连续一致地施行，可能会导致推卸责任和个人主动性的丧失。

采用科层制成员关系模式的组织通常运用工作描述指引员工的业绩，然后根据员工与工作描述的符合程度来评判员工。然而，新组织和小型组织很少创造工作描述，除非需要制作广告来招募应聘者。在组织内部，所有者和管理者通常会忽视此类工作描述。正如我们已经提到的，在新组织中，角色结构的演化经常是非计划性的，因此它们的工作描述是不明确或模糊的，而且评估过程也十分开放。奖酬和控制系统的过早正规化，可能会限制新组织在面对不断变化的环境条件时的灵活性。

小结

本章开篇首先指出了演化理论关注组织边界建立的四个原因。第一，组织面临的选择压力与新手创业者不同，除非组织成为有界实体，否则无法判断选择过程的结果。第二，组织只有成为有界实体，才能充分促成组织种群的动态变化。在产业经济体系中，竞争与合作往往发生在组织之间而不是组织的创建者之间。第三，惯例和能力是在组织的边界内保持活力的。没有组织边界的庇护，惯例和能力束就无法聚合成组织化的行动。第四，组织不仅保持种群知识的活力，还对这些知识进行转化。新组织是创新性惯例和能力的试验场。

作为有界实体，许多组织未曾获得过协调一致性，一些组织只是短暂地实现过，然后又失去了。成功地建构起稳固的组织边界的创建者和组织成员仍面临许多障碍。组织的生存在一定程度上取决于组织成员成为支持者以及使用者的程度。组织边界得以形成，其显著程度取决于组织如何建构其成员关系模式，包括招聘、奖酬和控制系统。新组织从社会网络招募成员的活动中获益匪浅，因为它们吸引了一些人成为组织成员，这些人基本上已经能接受作为组织成员将面临的压力。通过这些实践，组织实现了相对同质性，从而使创建者可以专注于组织的其他问题。

研究问题

1. 请解释为什么少数实现了成长的新创企业往往是利用机会成长的。运用第 3 章中的一种或多种理论来支持你的答案。

2. 成长中的初创企业聘用固定员工的成本和收益分别是什么？对于成长中的初创企业来说，员工配置中依赖临时工的成本和收益分别是什么？请在你的回答中考虑使用者和支持者的矛盾角色。

3. 新组织可以运用哪些方法最小化与员工招聘和离职相关的成本？

4. 特异性工作的产生和消失，呼吁人们关注作为变异、选择和保留可能的单元的组织工作。与其他类型的惯例相比，将演化方法应用于工作角色分析，在理论上和方法论上会呈现什么优势？

第 6 章
CHAPTER 6

组织形式

组织创建者花费了大量时间来雇用员工和分配工作角色。通过频繁互动，成员们熟悉了自己的角色、掌握了与组织相关的知识，并学会了如何使用这些知识。最终，成员们形成了可以促进组织惯例和能力再生产的共享的理解。理解这一过程需要综合考虑社会认知、参照群体、归因理论以及相关领域的知识进展。这些领域都强调组织生存期间，在社会过程力量的作用下，不断生成新组织边界。若无边界，组织本身就不可能成为选择单元。

在本章中，我们提出了一种基于组织成员及其使用的认知图式之间的互动的组织知识观。以第 4 章建立的图式概念为基础，我们考察组织参与者之间如何建立共享图式。图式影响产生的变异的种类，创造了组织特有的选择性保留系统。创建者和成员可能从所属种群借用既有图式，也可能从自身经验中生成新元素。结果就是涌现出某种组织形式（organizational form）：一组使成员间社会互动模式化的规则，能够促进资源分配且为组织提供内外部均认可的身份。有些组织形式，诸如第 5 章描述的成员关系模式，有助于强化组织边界；另一些组织形式，例如组织的"网络"形式，则可能会挑战组织边界的标准概念。

6.1 组织形式观

在现代社会中，组织形式为结构化活动提供了广为接受的模式。尽管组织形式的常见标签（诸如"大学"或"医院"）蕴含着对这些构念（construct）的成熟和直觉性的理解，但就定义组织形式的理论基础来说，仍存在很大争论。在区分诸多组织形式观方面，有两个维度非常有助益，如表 6-1 所示。纵向维度关注感知的作用，考察某个理论视角将组织属性视作客观特征还是观察者的主观解释。横向维度关注组织边界，考察某个理论视角是强调组织的内部属性，还是强调组织与其更广泛的环境联系起来的外部属性（Scott，2003）。

表 6-1　定义组织形式的理论方法

关注感知的作用	关注组织边界	
	内　部	外　部
客观	蓝图	资源局部生态环境
主观	组织身份	文化规范

定义组织形式的传统方法通常强调发生在组织边界内的过程。如果我们将组织知识和惯例视作一种"客观性"的存在（也就是说，在某种程度上独立于观察者的感知），那么我们可以根据将输入转化为组织产品或响应的基本蓝图来定义组织形式（Hannan and Freeman，1977，p.935）。在这一点上，一些评论者呼吁关注"主导能力"的子集，因为这些能力对于特定的组织形式以及构成这些组织形式的特定活动来说十分重要（Aldrich and Yang，2012；McKelvey，1982）；而另一些评论者则对组织背景中采用的方方面面的惯例感兴趣（Pentland and Hærem，2015）。确切地说，形式的蓝图概念意味着组织的基本特征是事前规定的，而非随着组织与环境的互动而涌现的。

其他组织理论家将有关组织形式共识的相对水平视作一个经验性问题，即使是从组织内部成员的角度来看也是如此。这就促成了围绕着组织成员对"我们"是谁的认知，依据身份对组织形式下了一个主观性定义（Albert and Whetten，1985；Kreiner et al.，2015）。受组织文化分析者的引导（Martin，2002），这种方法认为，当组织边界逐渐形成时，大部分组织普便存在多样的意义构成。尽管强调身份看似强调了组织的独特性，但组织文化的研究者指出这种主张存在不合理性，因为身份概念通常以周遭社会中的标准化文化模板来表达（Martin et al.，1983）。组织"形式"的概念可以用来理解标准化文化模板的个性化再配置。

在本章中，我们将提出这些组织形式的主观定义，首先考虑维持组织活动的形式蓝图所需要的知识，然后分析经常饱受争议的于过程中演化的组织文化和身份问题。我们强调形式在结构化个体组织过程中的作用，揭示诸如"蓝图"和"组织身份"等抽象概念是如何转化为组织结构和组织过程的。值得注意的是，这里所强调的与其他组织形式研究采用的分析层次有显著不同，其他组织形式研究着眼于整个组织种群的特征（Fiol and Romanelli，2012）。

在后续章节中，我们呼吁读者关注那些侧重个体组织边界外的过程的有关组织形式的各种定义。其中一种可供选择的观点将感知对象从组织成员转移到外部受众，从文化规范的角度定义组织形式，受众可以运用文化符号对组织进行分类并惩罚偏离其分类图式的行为（Pólos，Hannan，and Carroll，2002；Smith，2011）。另一种外部视角强调组织的物质情境而非文化情境。相应地，它从资源局部生态环境的角度定义组织形式，资源局部生态环境由"社会、经济和政治条件组成，这些条件能够维持体现了特定形式的组织的运转"（DiMaggio，1986；Hannan and Carroll，1995，p.29）。例如，特许学校创始人必须满足所在州的法律规定的严格要求（Renzulli，2005）。由于这些定义需要读者对组织面临的环境有精确的理解，我们将在第9章中详细讨论这些问题。

组织形式和惯例

从内部视角看，随着成员活动更加深入地涉入共享惯例，一种组织形式就涌现出来了。正如 Blau（1955）对两个政府部门的经典研究所描述的，不仅仅是认知，行为和人际关系也加速了建构组织知识的过程。通过与他人互动所学到的程序性知识可能仍是默会知识而非表述出来的陈述性知识。在社会心理学领域，研究人员使用实验室试验来研究人们对于自己为何采取特定行动，表述自身理解的能力。这类研究表明，人们在响应各种情境时，不一定要弄清楚产生行动的心智或认知过程（Berry and Broadbent, 1984）。组织中的现实往往更加复杂，正如一系列关于组织学习、惯例和认知的研究所揭示的那样（Bingham and Kahl, 2012; Lant, 2017）。成员可能知道该做什么，但可能无法解释为何要这么做。不清楚大脑中处理多重评判流程的部分，也意味着人们往往对自己的决策过程缺乏洞见（Lichtenstein and Fischhoff, 1977）。尽管如此，他们仍可以充分地参与到有助于定义一种组织形式的惯例中。

研究示例 6-1

惯例，组织形式的基础

Brian Pentland 的田野研究表达了一种过程感，经由这种过程，成员合作共建一种组织形式，这里的组织形式可被视作将组织投入转化为响应的蓝图。Pentland（Pentland, 1992; 也可参见 Pentland and Rueter, 1994）对 DBI 和 AP 公司（均为化名）的两条软件支持热线进行了一项参与式观察研究，两者都是由技术支持专家对消费者的要求做出回应。通过收集技术支持专家所采用的惯例的详细信息，Pentland 试图去理解组织成员如何生成组织知识（Weick, 1995）、如何共同学习而非单独学习。他所研究的热线服务处很小，工作场所的复杂性与 Blau（1955）所研究的两个政府办公部门的复杂性相似，每个热线服务处约有 20 名员工。

遵循 Goffman（1967）的思想，Pentland 将"情境关联行动"确定为社会互动的一个分析单元，涉及参与者控制下的、对自身有意义的行动和反应。当消费者寻求帮助时，会触发情境关联行动。专家要么自己解决问题，要么寻求他人帮助，要么将问题交给他人解决。在 DBI，专家自己处理约 32% 的来电；在 AP，专家自己处理约 60% 的来电。剩余来电的问题则通过寻求帮助或交给他人的方式协同解决。随着他们所选取的情境关联行动的累积，这些行动构建起组织的角色和能力结构。随后，这些结构构成了 DBI 和 AP 的组织形式，不断地约束着成员可能采取的情境关联行动。

在随后的组织惯例研究中，Pentland 和同事研究了即使是在面临各种约束的情况下，组织过程和惯例是如何改变的。虽然惯例意味着自动的乃至习惯性的行为（Reynaud, 2005），但实际上它们是分散在组织成员中的，并且会发生变化。第一种方式是通过员工流动。在常规人员流动事件（包括退休、工作转换和离职）发生之后，新成员就必须学习组织惯例。他们会带着先前的经验来施行惯例。学习的过程以及这些新经验的引入，会给既定的组织惯例带来变化。在市场下行过程中，如果员工试图挽救那些受到破坏的旧惯例，破坏反而更为严重，因为此时组织已经解雇了许多熟知旧惯例的员工（Brauer and Laamanen，2014）。

尽管惯例是重复的、共享的和广为理解的行为，但惯例是变化的，这一事实促使Pentland 和 Hærem（2015）将它们理论化为两种存在形式。示例性惯例并非集体行为，而是分布于组织参与者中。当个人面对有待解决的问题时，就会参照这些惯例图式。然而，由于它们存在于个体头脑中，所以它们不能被完全共享，而且图式极有可能发生变化。施行性惯例是示例性惯例的行为表现，且在人们生成和执行惯例时产生。施行性惯例比示例性惯例更具集体属性，通常是经由多个行动者（有意或无意地）协商得来的。Pentland 的研究表明，组织惯例及其生成是解释成熟组织内部的长期变化的一种关键演化机制，因为"内生变化倾向是惯例的自然组成部分"（Pentland，Hærem，and Hillison，2011，p.1 381）。

其他学者基于 Pentland 的研究，来理解新创企业中惯例的涌现。新创企业为考察惯例提供了一个有趣的情境，因为在创业最初并没有任何可复制的内容。因此，创业团队必须从零开始建立有效的惯例。根据 Aldrich 和 Yang（2014）的观点，有效的创业者可以边做边学，并通过积累经验来发展经验，推断规则和惯例。在创业过程中，他们做得越多、借鉴得越多、试验得越多，就愈加容易建立有效的惯例。此外，初创企业创建结构以使角色和指挥链正规化的速度越快，就越容易生成成员共享的惯例（Sine，Mitsuhashi，and Kirsch，2006）。

6.2 组织形式与成员图式的相互依赖性

各种变异和选择过程形塑了新组织中的社会互动模式。这些过程包括：①信息搜索惯例；②成员认知图式的修改；③围绕共享信息的日益增长的相互依赖性；④成员间形成相同观点的压力。这些过程因素共同促进了协调一致的组织形式的生成，创造了相对同质的成员群体。随着时间流逝，这些过程也在所处情境中清晰地划定幸存组织的边界。

政治过程抵消了上述的发展，在政治过程中，同质性群体转变为利益团体和联盟。从作为使用者的成员的角度看，这些群体常常试图将自己的解释强加于组织中的其他群体。在争夺组织资源的过程中，利益团体和联盟可能会排斥群体外的人员，或者在外人中寻求盟友（Pfeffer and Salancik，1978）。此外，冲突、创造力和偏离会产生多种可能的意义，这些意义能够成为差异化和碎片化组织知识的基础。我们在讨论形塑成员图式的四种过程后，再探究组织文化中的多样性问题。

6.2.1 信息搜索惯例

人们不断地在组织内部搜寻信息。在不确定情形下，他们可能会在自身拥有的知识中感知到某种差距，从而寻求更多信息。如果他们已经找到了某个问题的初步解决方案，就可能会搜寻信息来验证自己的解释。组织成员在互动中获得有关彼此技能的知识。交互式记忆系统帮助成员知道向谁询问特定的信息（Miller，Choi，and Pentland，2014）。当这些信息被广泛共享时，成员们自己就可以依靠这些信息来完成工作。然后这些信息会成为他们的程序性记忆系统的一部分,存储的知识指导着特定情境下的行动(Miller, Pentland, and Choi, 2012)。除了执行任务所需的知识外,成员还出于自我提升的动机搜索信息,例如确认自己是否采取了正确行动,或他人是否积极评价他们(Ridgeway et al., 1998)。因此,各成员以强化相互依赖性的方式彼此吸引。当组织的人际关系网络得到了充分发展,就会加强合作行动,使成员能够更有效地应对危机(Krackhardt and Stern, 1988)。

6.2.2 认知图式的修改

随着成员在情境化的组织形式中互动,他们的参与形塑了其认知图式,并学到了组织所偏爱的应对世界的方式。图式——组织化知识的认知结构,源于早期的社会化经验以及一生中与他人的互动。随着人们着手对累积的经验进行概括、对人和事件进行初步分类,图式就建立起来了。图式最终演变成一种感知世界并对其进行分类的习惯性的、默认的方式。

习惯性行为或决策(不需要解释的)与其他需要解释的行为形成鲜明对比。Wood和同事(Wood, 2017; Wood and Rünger, 2016)称前者为"本能反应"行为,后者为"深思性"行为,以此强调"对情境线索的完全了解的响应"和"评估情境后即刻产生的响应"间的区别。众多研究表明,根深蒂固的习惯似乎不受意向变化的影响,如果人们遇到相似情境就会激发习惯性行为。除非引起某人注意的是特定的习惯,否则习惯的基本倾向是不容易改变的。尽管如此,习惯往往能战胜意向,正如Wood和同事在一系列巧妙的实验中所表明的那样(Wood and Quinn, 2004)。

源于成员参与的认知图式在组织知识中发挥重要作用(见表6-2中的定义和示例)。Howard(1994)根据图式的内容确定了三种图式:人的图式、角色图式和事件图式。人的图式包含个人和分类人群,包括自己。例如,有些人具有"创业者"和"男性"的身份(Thébaud, 2010)。角色图式是指人们对特定社会位置上的人所期望的行为。例如,Bingham和Kahl(2012)发现,在保险行业的发展过程中运用新计算机技术工作的人通过模拟将技术融入自身工作。他们最初认为计算机运用就是"机器"运转,但是后来,他们开始把计算机在组织中的作用视作"大脑"运转。

表6-2 组织知识和认知图式

概念	定义	示例
组织知识	专属于某种组织活动系统且嵌入其内部选择过程中的惯例和能力	处理客户报告的计算机软件问题的惯例
认知图式	表示有关人员、角色和事件的组织化知识的认知性结构	
人的图式	有关个人或一类人的知识	相信客户不熟悉技术
角色图式	对处于特定社会位置的人所期望的行为	期望管理者要求员工加班解决问题
事件图式	在某个情境中所期望的事件顺序	预期某个棘手问题在递送给主管前,先交由专家处理
认知性经验推断	将复杂情境化约为简单判断操作的问题——解决技术	"忽略六个月前的技术指南,请专业技术人员操作"的拇指法则

事件图式描述了熟悉情境中所预期的事件顺序，因此包括了人员的程序性知识的大部分内容。例如，在事物迅速变化的行业中，当组织在管理事件和流程时共享某种"战略灵活性"导向，组织就会成功；在事物变缓慢化的行业中，组织则从"战略持久性"中受益（Nadkarni and Narayanan，2007）。根据组织成员关于组织变革必要步调的共享图式不同，对时间和常规事件进程的管理也会有所不同。

6.2.3 基于共享信息的日益增长的相互依赖性

组织知识是具有情境依赖性的。其价值源于组织边界内的沟通，因为它在组织边界内才具有相关性。随着成员间的交流，他们的知识储备增加，并且开发出一组广泛的指导行动并解决问题的逻辑和分类（Ocasio，Loewenstein，and Nigam，2014）。认知性经验推断，即将复杂情况简化为简单判断操作的问题 - 解决技术，可以专属于某种组织形式，甚至可以专属于某个个体组织。组织专属的经验推断创造了一种异质性的世界观。Orlikowski 和 Yates（1994，p.542）创造了"沟通类型"这一术语，用于表示"诸如备忘录、会议、费用表和培训研讨会等社会公认的沟通活动，这些活动通常是某个共同体成员为实现特定社会目的而习惯性地生成的"。作为行动的模板，这些沟通类型以组织专属的方式形塑成员的行为（Ocasio et al.，2014）。

作为行动的指引，组织知识的价值通常取决于在场运用且确证知识有效的他者。同事的暗示形塑了员工对工作的感知，例如关于成员对其组织的道德责任范围的信念（Thomas and Griffin，1983；Trevino and Victor，1992）。成员使用角色图式作为一种线索了解谁能为自己提供有效知识，使用事件图式作为线索以指引下一步将要采取的措施。人员图式帮助成员选择同何人进行互动。与在职同事交谈，讨论他们正在从事的工作以及为什么做这些工作，在组织中产生了许多共享知识（Blau，1993；Boden，1994）。例如，Pentland（1992）的研究表明：当组织成员讨论如何解决问题时，成员会共同访问、共享和提炼信息，从而保持信息的活力。

大量的组织知识也在具有相同组织形式的组织之间共享。来自某个组织的成员会在其他组织中发现许多熟悉的能力和惯例。Argote 和同事对造船厂、卡车工厂、炼油厂和比萨店的组织学习曲线进行了研究（Argote，1993；Argote，Beckman，and Epple，1990；Argote and Epple，1990）。她们特别关注了跨组织边界的学习转移。例如，在一项对 10 家不同加盟商经营的 36 家比萨店的研究中，她们发现，有证据表明，通过实践所学的知识在同一加盟商旗下的各门店之间转移了（Darr，Argote，and Epple，1995），而没有在同一母公司的其他加盟商所拥有的门店之间转移。

一家比萨店发现了一种在烤箱旁摆放比萨饼盒的更好的方法，这样所需的步骤更少，掉在地上的比萨饼也更少。这种摆放盒子的创新很快通过电话、熟人和会议传播到同一加盟商所拥有的其他比萨店中。然而，尽管知识最终都归于一家全国性公司，但这种知识却未在不同加盟商所拥有的门店之间转移。不同加盟商之间的信息沟通和交流太少，以致无法实现有效的知识转移。因此，使组织保持一致的边界也可能会阻挡有用的外部知识。

6.2.4 趋同性压力

组织知识对成员来说有意义，因为在很大程度上成员的图式是共享的。但是，信念的内部趋同性压力也可能损害组织知识的价值。Campbell（1969）认为，组织内部活动的关联性会历时而提升，但降低了组织与其情境间的契合度。在小群体中，当成员间已有很多共识时，他们实现更大程度的信念同质性的可能性就会增加（Stasser, Taylor, and Hanna, 1989）。当成员都拥有相似信息时，"他们更有可能分享和讨论这些相似信息，而非专注于非共享信息"（Rosenwein and Campbell, 1992, p.131）。因此，成员偏爱选择共享信息，倾向于忽略非共享信息。根据组织内部的互动结构，多数人的观点可能会因这种频率依赖偏差而放大，可能会进一步抑制少数人的观点，从而减少组织内部的变异。

当选定的惯例和能力嵌入社会关系网络中时，组织知识的力量就会增强。因为社会关系网络不仅传达认知性知识，也传达情感性知识，如爱与恨、嫉妒与猜疑以及信任与不信任。Mumby 和 Putnam（1992, p.470）指出，管理者试图在组织中封闭情绪的表达，或引导情绪表达以适应组织的目的。然而，在他们引用的许多研究中，例如 Rafaeli 和 Sutton（1990，1991）对收银员、刑事审讯员和收账员的研究，情绪管理策略是由实践共同体中的员工而非管理者所建立和共享的。因此，这些策略是涌现出来的实践而非管理者强加的实践。实验研究还表明，管理者和成员可能暗中倾向于某些情绪的表现，诸如愤怒，即使这些情绪不是组织惯例的规范认可的特征（Tiedens, 2001）。

6.2.5 组织形式和知识的总结

在新组织中，创始人在采用某种组织形式时会与成员互动。新成员不断进入相对较小的组织，在某些情况下，他们的贡献在塑造组织其他成员所持的认知图式方面发挥了重要作用。组织偏爱的应对世界的方式，源于对地方知识与所在种群输入的惯例和能力的整合。随着劳动分工和组织角色结构从创始人的计划以及异质性工作的演化中涌现出来，随后的组织图式对经验进行组织并指导着行动。惯例一旦形成就不易改变，不只是由于组织方面的原因，也因为它们简化了成员的生活。

令人困惑的是，新成员对组织知识的快速学习会降低组织的适应性，这可能是因为过早地产生了僵化次优惯例（March, 1991）。僵化的惯例可能会使组织实践中未解决的问题深留在成员的记忆中从而使后续适应变得困难（Tyre and Orlikowski, 1994）。相反，如果新成员学习速度慢，他们的加入则可能会防止惯例过早僵化。在拥有强大的观点趋同化压力的组织中，或是那些新近创立的组织中，招聘新员工可成为从环境中获取新信息和惯例的渠道（Phillips, 2002）。这些新成员偏离现有实践惯例的时间越长，他们影响他人并引致新实践结果扩散的可能性就越大。相反，如果新成员迅速接受了大多数人的观点，新的外部信息将会在短时间内流失。因此，过早地一致认同一个令人满意的惯例，可能会妨碍组织将来转向更好的惯例。

尽管如此，不论外部影响以及组织形式中已编码的能力和惯例的同质化影响怎样，组织内部变异仍然存在许多组织中。组织学习无法完全根除个人基于性格倾向和从业经历的思维与行动模式。此外，组织内部的使用者导向和支持者导向间的张力永不会完全消失，甚至在公共机构中也是如此（Goffman，1961）。当一些组织成员围绕其他使用者的利益聚集在一起时，变异性就会增强。我们在本章和第 5 章中所讨论的选择压力，能创造出真正协调一致的组织，但很少有组织能如此。多样的意义构成滋养出对事物不同的理解，潜在地增强了组织的适应性，多样的意义构成还维持了对组织惯例和能力的模糊解释。接下来我们将进一步考察组织文化及其构成的问题。

6.3 建构的后果：组织文化

人们的组织生活取决于其意义建构能力。在新组织的早期，各种意义构成渗透并将各种活动链关联起来。意义构成的各部分相互交织，创造了一种融合了能力、惯例、成员的理解和身份的组织文化。许多理论家认为，强大的组织文化可以成为组织竞争优势的来源（Zheng，Yang，and McLean，2010）。关于组织文化的几种理论和研究流派都关注文化一致性以及文化统一组织成员的方式。例如，Chatman 和 O'Reilly（2016）认为，文化是"被广泛共享和坚定持有的"，组织文化是一种社会控制机制。Quinn 和 Rohrbaugh（1983）提出了一个分析文化的"竞争价值分析框架"，在这个框架中，组织的结构和导向（或当前语汇中的形式）决定了它的文化。尽管他们的模型考虑了组织文化的变异，但该模型仍将文化视作个体组织内的统一体（Hartnell，Ou，and Kinicki，2011）。当然，在现实中，许多组织未能建立起协调一致的文化，因而增加了组织解散的风险。对新组织来说，组织协调一致是一项重要成就。

我们应该采用什么样的组织文化模式来描述这一成就的特征？几乎所有关于组织文化的研究和概念性思考都是以成熟的、运营着的组织为基础的。这些组织实体在对组织形式的日常再生产方面做得很好。针对这些组织的研究通常会发现，围绕实际而构成意义的各部分是相互交织的。因此，大多数研究人员都花费大量时间和精力观察建构的后果而非建构过程本身。例如，Schein（1990）提供了一种组织文化的结构化和层级化定义：表层是各种人工物，底层基础是涵盖默认信念的各种基本假设，居于二者之间的是组织所信奉的价值观。然而，对于涌现中的组织而言，我们需要一种与变异和选择性保留的演化模型相适应的组织文化和组织身份视角（Hogan and Coote，2014）。

Martin 与其同事（Martin，2002；Martin and Frost，1999；Meyerson and Martin，1987）提出了一种视角，尝试理解所描述的组织文化模式的多样性。他们提出了三种不同的组织和文化变化观，分别贴上了一体化、差异化和碎片化的标签。第一种观点认为组织拥有单一文化，第二种观点假定组织具有多元文化，第三种观点则假设组织中不存在固定不变的文化。（我们可以将它们看作单一文化观、多元文化观和混杂文化观。）在表 6-3 中，我们展示了每种文化观的基本特征。

表 6-3　组织文化：三种构成的解释

	一体观	差异观	碎片观
共识	整个组织	仅限于各集群内部	随议题而变
一致性	高	低	变动
变化源	外部事件或管理指令	群组间冲突	个体和群组
焦点	叙事、仪式、人工物	行为、惯例	认知、行为
身份	主要、持久、独特的	竞争、多面的	不清晰、短暂、机会主义的

这三种文化观代表了对组织文化的不同的思考方式，因此应将它们置于观察者的主观观点中（Martin，2002，p.121）。Martin 还指出，组织成员通常将这三种文化观中更容易被理解和使用的某一种文化观作为自身的"主"视角。遵循这一观点，我们更愿意将它们看作遍及组织的、三种同时存在但又不同的对文化构成的解释。根据认知图式和情境线索，组织成员可以介入不止一种解释。他们可能按照先后次序甚或同时进行三种文化构成的解释，从而生成 Meyerson（1991）给出的可作多种解释的词语。因此，这三种理解可能出现在同一个组织中，特别是在组织的早期。Martin（2002，p.121）指出，"有时某种文化的大多数成员都共享一种主视角，有时并非如此。研究人员和文化成员的主视角可能会历时而发生变化"。甚至成熟组织也可能同时承载着这三种不同的理解，恰如 Hylmö 和 Buzzanell（2002）在分析联邦系统集成与管理中心的员工对远程办公的感受时所证明的那样。我们认为，Martin 的分析框架把握了新兴组织中的文化的动态变化，增进了我们的理解。我们强调，采用某种组织形式是演化的结果，并不一定意味着统一的组织文化观。

6.3.1　一体化文化观

一体化文化观强调一致性和整个组织范围内的共识。在这种文化观中，组织文化由共享的价值观和体会构成，而组织身份则描绘了这种文化的核心的、持久的和独特的属性（Albert and Whetten，1985）。该定义强调了那些可解释成彼此一致的且相互强化的文化表现形式。例如，Fine（1984，p.239）指出"组织结构"一词在解释性观点中有特殊的含义："是组织成员间的一种关系，其产生和创造的结果使组织生成组织成员意义域的架构。"一种新兴的组织形式可能与一组相容的有关如何响应特定组织问题的解释相关联。在强一体化文化观中，这意味着整个组织范围内的组织成员导向的一致性。趋向共识的压力可能源于强有力的领导者（Trice and Beyer，1991）、组织成员间广泛而包容的互动，以及组织成员利用特权性组织职位生成的强大的符号系统（Stevenson and Bartunek，1996）。

Meyerson 和 Martin（1987）将该观点贴上"一体化文化观"标签，因为它假设几乎所有组织成员都共享相同的默认解释且认知图式也几乎完全相同。因此，"文化"是一个意义清晰的活动场域，是无意义丛林中的一片澄明之境。该文化观假定文化要素具有单一的、主导性的解释。尽管不是必然的，但通常情况下解释往往由领导者或高层管理者提出（Clark，1972；Ouchi，1981）。一体化组织文化观聚焦统一组织中的神话、符号和典礼，关注它们对参与者和组织的影响。例如，McDonald（1991）对洛杉矶奥组委（LAOOC）的分析表明，该组织运用故事、笑话、仪式、庆典及其他典礼为成员创造某种集聚场合。一些组织模式看重领导者在集体价值目标方面的作用，认为是他们创造了共同体和组织的一致性（Selznick, 1957）。正如我们在第4章中所述，新组织创立初期，创始人的愿景在调动资源和招募成员的过程中至关重要（Baron, Hannan, and Burton, 1999）。

弱一体化文化观并未断言组织实现了完全统一，而是认为创建者和管理者在组织中涌现出的意义系统中都扮演着核心角色。它还假定这种文化中的嵌入性会影响组织成员的晋升机会。创建者和管理者的规则与指导方针引导着信息、资源和成员的自由裁量权。因此，组织领导者引导成员关注不同规范、价值观、信念和愿景间的冲突，强调某些问题的重要性，然后促使成员对此采取行动。弱一体化文化观可能描绘了许多新兴的和成熟的组织的动态变化。例如，它与 Goldberg 等学者（2016）所描绘的一家中型科技企业的图景相符，该企业拥有得到高管层强化的强大的企业文化。表现出文化契合度的员工（在他们的电子邮件中就可以证明这一点）被公司解雇的可能性较小，而且更可能得到管理者的好评。文化契合度对于那些未深嵌于企业社交网络的员工尤其有利，但对那些已嵌入公司社交网络的员工（即那些在文化契合度和社交网络上都是顺从者的人）来说，则适得其反。弱一体化文化观逐渐演变成 Meyerson 和 Martin（1987）提出的碎片化和差异化组织文化观。

6.3.2　差异化文化观

差异化组织文化观假定在各组织部门或集群间针对某些问题缺乏共识，但在亚文化内部又存在共识。当差异化影响组织文化的核心特征时，组织身份本身就被看作是多面且存在竞争的。遵循这种文化观的研究者强调各种文化表现彼此直接冲突，诸如研究部门与生产部门对时间所持有的不同感受。例如：研究部门进行长期项目研究，为意料之外的事件留有空间；生产部门则按日常定额生产，拒斥意料之外的事件。从某种程度上来说，在不同的子单位中能够发现不同的共享价值观和意义的集群，它们标志着存在离散的亚文化。无须跨越整个组织，在各自的单位内就可以找到拥有局部支持者导向的成员集群。当关注自身子单位的目标时，成员的使用者导向会加剧不同单位之间的争夺（Van Maanen and Kunda, 1989）。

这些差异何以产生？当组织规模较小时，选择性的招聘和雇用实践通常选聘与当前成员具有类似特征的成员。然而，随着组织规模的增大，简单的再生产就变得更加困难。早期雇员通常会成为高级通才，随后很少参与后期的招聘活动。后来的雇员承担的专业化任务以及异质性工作的演化，可能创造出不同的、很难与其他成员共享甚至解释的组织知识领域。组织中不同任务之间的技术差异取决于迥异的知识，这会导致组织子单位之间产生不同的信念。往后，如果创始人设立各种独立分支或部门，差异化可在组织的招聘、晋升和奖酬系统中得到体现。这些子群体内共同体涌现达到一定的程度，与较大组织之间的关系可能会出现问题。在这种条件下，组织的再生产维持着差异化而非一体化。

组织数量统计学的两个相关方面对组织内部文化的分化具有十分普遍的影响。

第一，新成员的社会化在其加入组织时对组织的优势状况很敏感。例如，Tilcsik（2014）认为，两家欧洲信息技术公司的新员工在被聘用时，公司当时的绩效在这些新员工心中留下了印记。结果就是：一些员工养成了偏好在资源丰富的环境中工作的习惯，在这些环境中公司拥有大量的客户合同和更多可安排的项目时间；而其他员工则养成了在资源贫乏的环境中工作的习惯。在随后几年里，当每一类员工的文化"印记"与企业目前整体的经济状况相匹配时，他们往往表现最好。

第二，组织内服务时长（LOS）的统计分布会影响文化传播。当LOS方差较低时（也就是说，当大多数员工作为组织成员的时间大致相同时），组织文化的分化程度往往低于LOS方差较高时。仿真模拟研究表明，这种联系在特定条件下可能会加强，特别是当存在充分的同行社会化以及组织内部的职位空缺是以高度选择性的方式来填补的时候（Harrison and Carroll，2006）。

在组织内部，多种观点共存产生的社会－心理影响意义深远，这会鼓励持有少数观点的成员表达观点，不断地增加内部变异。我们已经指出，组织内部存在观点趋同的强大压力，由此引起建构具有类似实践观的成员队伍。然而，与多数人观点不一致的亚单元或群组的存在可能会培育出一种氛围。在这种氛围中，观点分歧会鼓励一些成员提出自己的看法，去挑战当前的知识观。有关小群体内意见分歧的研究发现，少数观点的表达往往会刺激复杂的思考、问题的解决和对更多信息的积极搜寻（Nemeth，2018）。不管这些观点是否"正确"，听取少数人的观点都会为问题提供许多原创性解决方案。如果在支持和鼓励其成员的亚单元或群组内保护不同观点，则会增强内部组织的变异。相应地，变异的增加又会提升组织适应不断变化的选择标准的可能性。

6.3.3　碎片化文化观

碎片化文化观（第三种文化观）假设所有组织文化中都存在固有的和不可避免的模糊性。缺乏清晰度、存在多重意义和信念以及弱组织领导力，可能会导致复杂和混乱的情境。在这种情况下，文化现象取决于不同的解释，组织身份往往变得短暂易逝，遵从机会主义的释义。根据某人观点来解释与现象相符，而根据其他人的观点却不相符（Martin and Meyerson，1988）。一体化文化观假设共识是当前的秩序，而碎片化文化观将共识视作暂存的，随问题、个体和组织生命周期而变（Meyerson，2001）。分歧会深化成员对当前情境的理解，若子群体内部不能确定共同的意义，就无法达成共识。文化不是无意义丛林中的澄明之境——它就是丛林本身（Martin，2002）。

采用碎片化文化观的研究者关注更为普通的行为以及人们在惯例下相互作用所嵌入的意义（Boden，1994），然而，使用一体化文化隐喻的研究者倾向于关注民俗研究中固定的或正式的类别，考察各种叙事、仪式和人工物（Martin，1982）。碎片化文化观的研究者进行非结构化访谈，进行田野研究和参与者观察，收集文档信息（Kleinman and Copp，1993）。例如，Kolb（2014）在一家帮助家庭暴力受害者的机构中进行了为期一年的民族志田野调查。他发现：一系列的工作场所困境——预算削减、过度劳累和组织重组，创造了一种碎片化的文化，使员工难以专注于家暴受害者。Kolb 描述称，一些工人认为自己从工作中获得了"道德报酬"，然而并非所有人都对这种补偿形式感到满意。

对组织的依赖会使人们对组织产生矛盾的情感（Smelser，1998）。进入和退出某种关系的自由度越高，人们对它的情感就越呈线性一维——例如完全积极或完全消极。但是，当人们被锁定、受制于承诺而很难退出此关系时，就会对组织同时产生强烈的正面和负面的情感。忠诚使人们非常关心这个组织，但也因无法退出组织对它产生了强烈的负面情感。例如，那些建立了成功公司的创业者面临着一种困境。在创建了一家大企业之后，许多创业者发现兴奋感消失殆尽，他们渴望继续前进以投身于另一个创业项目（Dobrev and Barnett，2005）。然而，他们也可能对自己所倡导的愿景和招聘的雇员有强烈的责任感。这种矛盾情感可能使他们无法做出决定。

Smelser 的论证表明，模糊性或矛盾将成为具有高度成员承诺的组织文化的核心特征。正如 Reich（2014）在针对加利福尼亚州几家医院的研究中所发现的那样，在高承诺组织（这些组织最初创建于前几个历史时期，现在则必须应对不断变化的社会和市场条件）中这些矛盾可能尤为明显。例如，在观察天主教医院的从业人员时，他发现，一些人将医患关系描述为"神圣的邂逅"，而另一些人则将其视为对医院生存至关重要的商品化的医疗服务形式，两者之间一直存在某种张力。在附近的一家公立医院中，一方面社区将健康视为一种社会权利，另一方面组织内部资源的匮乏，又引发了另一种文化矛盾。

碎片化文化观可能过多地强调组织中成员作为使用者的身份，未重视他们作为支持者的角色。Martin（2002）的丛林隐喻描绘了低社会化的行动者在新组织混乱的状态下挣扎的图景。Fine（1984）在描述协商秩序观时提出一种削弱版的霍布斯形象。Fine 认为，变化是无法避免的，也是连续的，虽然这个过程通常比较缓慢。个人和团体不断地调整以适应新情境，一旦解释不一致，就不可能达成共识。Langley 等学者（2019）指出，成员在群体间巧妙运用各种分化和整合模式，构建行动边界，当取得成功时，此类边界工作可确保将某些活动集中在一起而将其他活动分隔开，从而使各单位能够同时具有协作性和竞争性。当意义分歧阻碍组织行动时，资源交换就失灵了，从而威胁到组织的生存。我们预计，当核心组织知识持续存在意义含糊时，这类新兴组织的解散率较高。

6.3.4 组织的可渗透性

组织文化不能脱离周边社会情境而发展，所以组织并非封闭的自我参照系统。因此，我们需要将上述三种组织文化观置于社会文化情境中。文化规范和价值观通过每一成员带入组织中的个人经历以及周遭社会中实践的再生产渗入组织边界。组织边界的可渗透性越高以及其他解释的可得性越大，组织内文化的碎片化和歧义出现的可能性就越大。

组织是文化规范和实践的再生产之场所，但它们也生成文化规范和实践。作为时尚和新奇想法的创造性发起者，组织可以是一个行动主体，成为创新的创造者和传播者

（Strang and Soule，1998）。组织往往也会成为创意的保存之所，这些创意有些已经过时，有些尚未实现但很快可能会实现。例如，学院和大学经常保留没有流行起来或未得到商业支持的难懂的语言和偏门的学术专业。同样，一种支持艺术博物馆公共支出的论点是，"它们有助于界定国家遗产，是一国国民对其文化成就、历史沿革和价值感的认识的组成部分"（Blau，1995，p.87）。而在拍卖行和一些风尚引领者那里，我们可以发现一种截然不同的艺术观念，他们为艺术品和其他创意品附加上额外的价值，来开发商业市场（Khaire，2017）。

上述两个组织文化的可渗透性示例，牵涉与年龄和性别相关的规范与实践的再生产。

第一，在年龄规范方面，大学是观察社会规范对适龄行为影响的特别好的场所。大学也是观察性别实践的有趣场所，因为在美国，大学是许多中产阶级年轻人与异性交往的主要场所，在这里，他们不受父母的监督或其他限制的约束（Armstrong, Hamilton, and England，2010）。与今日相比，19世纪和20世纪初的学院和大学更隔绝于流行文化发展趋势。当招生对象仅限于特定社会阶层、种族或性别的年轻人时，学院传统很容易在几代学生中进行复制（Horowitz，1987；Story，1980）。许多学院都有新生入学仪式和传统祝歌会。像男生联谊会和女生联谊会这样的学生社团也延续了当地的风俗。大学的子群体之间存在着极大的区域差异，例如常春藤学校和中西部大学之间的巨大差异（Karabel，2005）。

从20世纪60年代开始，一系列的变革打破了大学与社会间以及大学子群体间的壁垒。首先，弱化了"扮演父母监护人角色的大学管理者"这种规范。这样学院青年就可自由地参与校外同龄人所享受的任何行为了。其次，社会运动，如支持民权运动和反对越南战争的运动，开始在大学校园里招募学生，将学生卷入社会范围的冲突中。最后，国家资助型大学的激增和政府担保型学生贷款的普及极大地扩充了学生群体。学院和大学迅速发展，创造了更丰富的学生群体。

到20世纪80年代，学院文化不再反映出对校园内传统的继承，而是反映当代新青年文化对大学校园的投射（Moffatt，1989）。如今，大学和学院里聚集了一群有闲暇的聪慧青年和与青年人活动有关的极少数的成年人。在19世纪的大学中，成年人的监督在指导学生活动方面发挥了重要作用，而当今大学青年几乎可自由支配自己的时间。在这种环境下，学生花在学术追求上的时间少得惊人（Arum and Roska，2010）。取而代之的是学生花在社交和课外活动上的时间越来越多，因此大学往往会再生产阶级不平等而非促进代际文化传播（Armstrong and Hamilton，2013）。

第二，在性别规范方面，周边社会中的价值观和实践，往往表现在与工作相关的组织规范和实践中。Ridgeway（2011，p.7）认为，持续存在的性别不平等，很大程度上是因为"将性（即男性或女性的生理状态）和性别（与男性或女性相关的共同文化期望）一起作为人与人之间组织化关系的主要框架"。这种框架机制不仅用于在现有组织中管理不确定性及了解各种情况，还会在新的经济和社会安排涌现时不断地随之修改。性别类行为不仅有性骚扰这一个极端例子，还有其他例子，诸如带有性别刻板印象的工作任务安排，或针对母亲而非父亲的工资惩罚（Correll, Benard, and Paik，2007）。

一些组织鼓励刻板的性别角色分配和行为，而其他组织则不然。组织政策是"外部规范和价值观"以及"员工如何处理彼此间关系"的关键中介因素（Kanter，1977）。例如，一项对美国中西部地区的一家斯巴鲁汽车制造厂的参与式观察研究发现，尽管斯巴鲁公司试图消除等级制度，但它未能消除工厂车间中的性别差异。由于允许按生理性别分配工作任务以及男性在组内活动中占据主导地位，社会性别模式在工厂中再次涌现出来（Gottfried and Graham，1993）。在跨国分析层面上，Thébaud（2015）指出，在某些方面不鼓励性别平等的组织政策可能在其他方面鼓励性别平等。在对 24 个工业化国家的研究中，她发现：在设有"工作－家庭支持性机构"的国家中，女性不太可能成为创业者，但更有可能加入高成长型的新创企业。

正如 Charles 和 Grusky（2004）在其对 10 个国家的性别隔离情况的大规模研究中所记录的那样，有两种性别规范特别普遍。他们将第一种命名为性别本质主义，它承载的信念是"男性比女性更适合执行特定职业任务（尤其是体力任务）"，这导致职业的"横向"隔离。他们将第二种命名为男性至上主义，它承载的信念是"男性更有资格和能力或更适合执掌权力"，这导致职业的"纵向"隔离。不同组织和民族国家的性别隔离制度存在显著差异，Charles 和 Grusky（2004）认为评判这些规范的普遍性的参数可以解释大部分的差异。

尽管有些组织的规范和意识形态试图排除刻板的性别关系，但这种关系仍渗透到组织中。例如，Kleinman（1996）的研究表明，在某种组织形式中，男性专业人员和女性员工之间形成传统的性别关系，这种组织形式专门为了替代更广泛社会中的非平等、等级化社会关系而建构。康养中心的规范与现代医疗保健体系的非整体性惯常做法相对立，中心成员强调"关注彼此的个人福利和群体的整体福利"。尽管如此，男性专家始终获得最多的组织资源且可规避"琐碎的文职工作"。Turco（2010）在研究杠杆收购行业的投资者时，也注意到了类似的性别不平等现象。一些少数族裔群体（如非裔美国男性）报告说在所属行业的企业中工作很少有负面经历，与此相反，由于强调企业与体育运动的紧密关联以及对女性和母亲身份的刻板印象，所以女性投资者按惯例经常被排除在机会之外。

6.3.5　组织演化的含意

所有组织文化观都假定人们的组织生活取决于他们的意义建构能力。虽然 Martin 将组织文化视作由组织内部复杂多样的意义构成的，但是他提出的三种文化概念就组织演化的含意而言却各有不同。一体化文化观假定了一种集体秩序，此中的价值观和知觉意识被广泛共享。与之形成鲜明对比的是，差异化和碎片化文化观主张：互动中的组织群体和个体成员会对自身感知到的外部秩序，乃至外来秩序做出适应性调整。如果组织文化的一体化达到一定程度，那么变化将主要发生在整个组织层面，而不是在组织的子单元内部。一体化的程度越高，整个组织发生变化的可能性就越大。在稳定环境中，这种变化可能会破坏组织获取所需资源的能力。但是，一体化也能提高组织效率。因此，至于选择何种一体化、差异化和碎片化的文化构成部分的独特组合，最终取决于所选组合与特定环境条件的契合度。

随着个体改变对群体的忠诚度或联盟发生变化，种群间产生冲突，差异化范式关注这种冲突的变化的来源。从这种观点来看，变化可能是渐进式的，正如组织中的松散耦合概念所表达的那样。尽管与大多数解释学研究者采用的分析层面不同，但是制度理论和生态学理论一般都采用一体化文化观。这些理论将组织形式及其周围环境视为一个统一的对象，包含了对合法事物的统一看法。在这方面，极端的碎片化和差异化文化观对生态学和制度视角提出了重大挑战，因为如果组织中存在多元或模糊文化，组织何以能成为制度呢？如果组织不是一体化的实体，那么外部力量所选择的"对象"或"目标"就比较模糊了。

小结

新组织的创建者和组织成员共同建立或采纳某种组织形式。随着组织活动与周围环境间的反差加大，组织边界变得更加显著。随着奖酬系统成功强化以组织为中心的成员导向，组织边界也会变得更加清晰。通过实践共同体共享知识，进而提升了组织的一致性。只有当有界实体涌现后，选择压力才能改变种群的组织构成。

演化模型将内部组织过程的持续发生视为影响组织边界聚合的主要因素。组织边界不是封闭的，因为文化规范和实践、制度要求和人员流动都能渗透组织边界。因此，尽管我们在本章中强调了组织形式的内在发展和自我维持，但在余下章节中，我们也将强调组织在更大的社会系统中的嵌入性。

组织涌现以组织边界清晰明确为标志。有了明确的边界后，组织不再仅仅是个体的集合。依据组织所定义的角色，人们现在构建了一个实体，该实体与关注私利的个体的集合有着本质区别。在这一点上，成员对其在组织中的定位可能存在非对称性：他们的选择范围缩小了、职业变更了、新的身份建构起来了，他们也不需要每天重新协商与组织的关系了。组织成员学了很多东西，开始将所学的东西视作组织中默认的正确存在。我们描述了伴随着各种社会过程的支持性行为，组织身份的社会建构，在某些方面强调了对组织有利的结果。但是，我们并不是要暗示一种过度社会化的组织成员观，在这种观点中，人们只是角色接受者和角色填充者，而非有着自我意识的行动者。组织变化确实偶尔发生：观念想法可能发生变化，创造性的洞见可能会绽放，广为认同的世界也可能会被颠覆。

组织成员的创造性行动常常会产生意想不到的结果，包括组织转型。因此，采用某种组织形式并不意味着组织结构、知识、信念和惯例的绝对统一。多重意义构成通常贯穿于富有活力的组织。组织能否生存取决于组织自身惯例和能力日常能否充分再生产，至少要能保持资源交换的平衡。组织能否生存也取决于其是否有充分的内部变异性以应对不确定性。多大程度的变异性才是充分的，这是不确定的，组织、种群、共同体和历史时期的诸多内外部因素的变化决定了事物的不确定性。

研究问题

1. 组织身份如何影响组织处理争议和危机的方式?

2. 请解释组织知识(隐性和显性)与成员社会化之间的关系。

3. 组织对隐性知识进行编码为何如此困难?

4. 一些工人可能更喜欢灵活的兼职工作或是与多个雇主签订短期合同。这些兼职或临时的工作安排在多大程度上影响了组织的文化再生产?

第三部分

组织和种群层面的转型

第 7 章
CPAPTER 7

组织转型

几十年来，学者们围绕组织、种群和共同体内的适应和选择问题展开了激烈争论。争论的一方——组织生态学家认为，组织适应性改变是极罕见的，组织创建是种群内的多样性的主要来源。类似地，他们认为，如果种群很少发生适应性改变或只是发生小幅改变，那么新种群就是共同体内的多样性之源。争论的另一方——制度理论家认为，组织不仅可以而且经常发生变化以适应所处环境，尽管变化方式往往只是关系性的而非独立性的。在这场争论中，组织惰性的支持者对"组织不仅回应变化而且以适应性的方式改变自身结构"这种观点持怀疑态度。当前，在这两种极端观点构成的连续统上，大多数有关组织变化的研究更接近制度理论家的立场。

恰如终身固定人格理论已让位于社会心理学中的终身社会化理论（Elder and O'Rand, 1995），组织理论家采用了更具或然性且基于时间的组织变化观。在著成于20世纪70年代且反映了一种在当前已不流行的观点的书中，Aldrich（1979, p.160）认为："环境选择过程设定了在备选方案中进行理性选择的限度。对可得选择的先前限制和约束为大多数组织留下的回旋余地很小，战略选择可能是一种只有最强大的组织才可享用的奢侈品。"当今，我们建议考虑变化发生的条件，而非将转型设定为非此即彼的问题。以这种方式提出问题，需要定义转型且界定其发生的时期。

前几章已讨论了组织生成和实现实体内在一致性的过程。现在，我们将组织的存在视作给定的，然后探究其可能的转型。首先，我们将转型定义为"沿着目标、边界和活动三个可能维度发生的重大变化"。为满足三个转型条件，变化必须涉及对惯例进行质的改变以及转向挑战既有组织知识的新能力。接下来，我们从变异、选择和保留这几个方面给出转型研究的框架，然后用精选的经验性研究来说明这一论点。我们指出，演化框架要求我们关注转型过程的几个维度，诸如成员参与的程度。最后，我们考虑了转型破坏组织的条件和破坏性事件的悖论性。破坏可能以促进组织对变化环境的适应性来增加变异性，但也可能威胁组织的内在一致性和生存。

7.1 解释组织层面的转型

转型是一种变化，但并非所有变化都是转型。为获得一般性和一致性，转型理论需要关注一组可明确辨识的变化。然而，组织理论家很难为组织和组织变化找到一个通用的分类图式（Scott，2003）。鉴于可竞争的理论视角和研究设计的多样性，没有一个通用图式赢得学者共同体的认可。此外，过去寻求通用分类图式的努力产生了相当枯燥的抽象概念，难以与具体的组织实践联系起来（Fiss，2011）。例如，将企业划分为中/小企业（SME）和大企业的研究发现，这些类型间的转型过程中几乎没有一致的模式（Camuffo and Gerli，2016；Rosenbusch，Brinckmann，and Bausch，2011）。

使用包含三个维度（目标、边界和活动系统）的组织定义，使我们避免使用任何简单的一维图式对转型进行分类。通过考察这三个维度中每个维度的内容变化，我们揭示了选择力量施加影响的许多机会。我们并未预先判断哪个维度对组织一致性最为关键。使用这三个维度，将我们的图式与作为分析组织的更宽泛方法的一部分的概念联系在了一起。通过将转型与创建条件、组织知识的增长和组织形式的发展关联起来，演化方法具有将组织变化和稳定性的研究统一起来的潜在价值。

7.1.1 转型的三个维度

我们将转型定义为组织中的重大或实质性变化，根据定义组织的维度（目标、边界和活动系统）对转型进行分类。理论化转型涉及确定"实质性"和"重大"组织变化的含义。我们可以通过考察所牵涉的资源的价值以及是否涉及整个组织来对变化的重要性进行分类。例如，转型的其中一个指标可能是它颠覆了既有组织知识并生成了新的惯例和能力。判断转型是否产生新知识需要我们对组织进行历时性研究，这一要求又对研究者提出了严格的方法论要求。表 7-1 列出了这部分内容的定义和示例的概要。

表 7-1 组织转型：三个维度

定义	转型是发生在组织中的一种重大变化，关涉打破既有惯例、在变化中获得挑战组织知识的新能力。发生转型的三个维度如下所示
目标	市场导向、领域，或产品和服务的广度方面的重大变化 示例： 市场导向变化——例如，公有制医院转变为私有制医院（Scott et al.，2000） 组织目标的广度变化——例如，储蓄和贷款机构进入房地产直接投资市场（Haveman，1992）
边界	涉及成员或其他组织的扩张或收缩 示例： 边界扩张——例如，美国童子军允许女孩加入（Salam，2018） 边界收缩——例如，解雇或裁员（Datta et al.，2010）
活动	组织活动系统发生的对组织知识产生重大影响的变化 示例： 管理系统变化——例如，公司采用全面质量管理系统（Kennedy and Fiss，2009） 人力资源管理系统变化——例如，创业企业中的层级化的人际关系（Baron et al.，1999） 重大技术创新——例如，制药公司采用生物技术药物开发系统（Gerstner et al.，2013）

1. 目标

组织与其他社会单位不同，组织有明确目标，因为我们通常可以观察到成员为一个目标而采取集体行动。对所有组织而言，生存是一个一般性目标，因此我们不能使用它来对变化类型进行分类。同样，对于几乎所有商业组织来说，盈利是一个长期的一般性目标。由于具有普遍性，我们也无法据此区分变化结果。不以盈利为目的的组织通常用强调目的性的或具有共同目标、责任的结果的语言来界定其目标——例如，提高年轻人的身体素质，或为志同道合的人提供社交场合（Moore, 2000）。研究者一直在寻求一种足以涵盖这种组织多样性的通用分类图式，因此转向关注组织获取资源的局部生态环境或领域的性质和范围。三种类型的目标转型在研究中占有突出地位：①组织的市场导向变化——例如，营利性和公开交易的企业与非营利性或私人控股的企业的区别；②组织涉入领域的变化——例如，所服务的市场或目标群体；③组织目标广度的变化，特别是从专业性到一般性的变化。一些研究者主要对目标变化本身感兴趣，而其他研究者感兴趣的是目标变化对组织生存的影响。

2. 边界

组织边界可以通过两种方式进行转型：扩张或收缩。组织可能扩展其边界以接管其他组织，例如兼并和收购其他组织。它们还可能吸收其他类型的成员，诸如基督教青年会扩张接纳所有年龄和宗教的成员（Zald and Denton, 1963），或者童子军允许女孩加入（Salam, 2018）。在商业企业研究中，司空见惯的边界转型类型可能是兼并、收购和剥离，尽管它们只涉及美国所有组织中的很小一部分。我们将在第 8 章和第 10 章详细讨论这些问题。组织可能通过剥离组织单位来收缩边界（如在剥离过程中发生的那样），也可能通过驱逐部分成员来收缩边界，类似于偶尔发生的"清洗"成员的政治运动（Staggenborg, 1989）或大公司进行裁员（Datta et al., 2010; Kalev, 2014）。边界变化的影响取决于相对于一个组织的初始规模而扩张或收缩的范围及其发生的速度。根据其范围，组织的边界变化可能会影响其组织种群中的其他组织。

3. 活动系统

组织中的活动系统是成员完成工作的手段，其中包括处理原材料、信息或人员。活动系统由相互依赖的、取决于所使用的技术的角色行为的有界集合组成。大多数组织的活动系统每天都可能发生微小变化，既有惯例也能适应这种变化。因此，并非所有变化都是转型。例如，管理人员的继任代表了权力结构内的更替，而非组织接受的规则范围内发生的转型（Wasserman, 2003）。然而，非常规继任，如高管在达到退休年龄前被迫离职或外部人员取代原有继承人，则可能预示着重大的公司重组（Daspit et al., 2016）。

我们可以根据活动系统中的转型（诸如技术创新）的影响范围和深度对转型进行分类。在过去的几十年里，研究人员对三种类型的转型进行了广泛研究。第一，研究者探究了管理系统的变化，例如采用全面质量管理（TQM）系统（Kennedy and Fiss, 2009）和公司形式的变化（Fligstein, 1993; Schneiberg, 2013）。第二，研究分析了人力资源管理系统的变化，例如为了应对税法变化，雇主提供的托儿服务的增长（Kelly, 2003）

或创业企业中人际关系的层级化（Baron，Hannan，and Burton，1999）。第三，相关研究已关注产生组织影响的技术创新，诸如医药公司采用生物技术创新（Gerstner et al.，2013）。

7.1.2 转型发生的频率如何

正如当前所概念化的那样，只有当我们假设相对的惰性构成组织生活的常规状态时，转型才具有意义。如果在实际地再生产组织形式的总体活动模式中发生小的波动和轻微偏离既有惯例，使其与静态环境保持一致，则会呈现相对的惰性状态。正如我们在第3章中所指出的，Hannan和Freeman（1977）将这一假设作为其最初的种群生态方法的基石，在随后的研究工作中再次确认了这一假设（例如，Hannan and Freeman，1984，1989）。他们认为组织的可靠性和责任感往往受到社会青睐。这些特性最有可能出现在高惰性组织中。

我们在第3章中回顾的其他几个理论观点并不像种群生态学那么明确。尽管如此，它们也展示了面临强大的内部和外部惰性压力的组织形象。例如，在资源依赖观中，暗含着这样的定义，即将转型定义为对既有组织关系的实质性背离。从此观点来看，这种背离可能威胁到组织的资源流，甚至可能威胁到它的存在。一些理论家认为，观察到的年轻组织的解散率往往高于年长组织的解散率——在第4章中为其贴上了"新进入缺陷"的标签，反映了新组织未能生成稳定和有效的惯例。

研究表明惰性假设是有根据的。大多数组织在成立后并没有获得多少成长。因此，成长并非大多数组织生命历程中的自然结果。对美国营利性企业代表性样本的纵向研究发现，只有约15%的企业在成立后增加了大量员工（Aldrich and Ruef，2018）。其他国家的研究也显示了类似结果（Croce，Martí，and Murtinu，2013；Hessels and Parker，2013）。例如，Storey（1994）在英国对一类具有共同特点的新企业做了长达10年的跟踪研究，发现其中4%的企业贡献了这些新企业创造的净新增就业岗位的50%左右（Bridge and O'Neill，2012）。

在获得成长的企业中，少数大型的、上市的股份公司引起了组织和管理理论家的关注。这些较大的组织构成了关于适应和战略选择的激烈辩论的限定范围。先前关于组织变化的研究，样本不具有代表性且采用横截面的研究设计，这些缺陷进一步限制了我们对转型的理解。我们的有关转型过程的知识主要源自小规模的案例研究、民族志和田野研究。

7.1.3 转型频率的三个方面

转型频率的三个方面引起了学者的特别关注。第一，从历史角度来看，研究者已理论化了共同体内部不同种群间的重大转型的相对可能性。我们会在第9章和第10章中讨论这个问题。第二，在种群内部，研究者已经探究了转型的频率。第三，在相关调查中，研究者发出追问，即有些组织是否比其他组织更容易经历重复发生的事件。遵循规律性周期、阶段性或节奏性的变化是组织生命正常起伏的组成部分，一般来说，学者并不把这样的变化视作转型。

为计算组织转型的相对频率，我们需要有关变化次数及其发生时期的信息。有了这些数据，我们就可以研究组织种群内部变化率的两个重要的经验性问题。第一，哪些类型的转型可能发生的频率最低（或有最大的破坏性）。第二，种群的总体变化在多大程度上是由个体组织的转型与影响种群构成的生态事件（例如创建和解散）所决定的。

作为对第一个问题的理论回答，Hannan 和 Freeman（1984）按结构惰性排序，提出了一个组织属性层级。他们认为：组织目标比界定组织边界的正式结构更具惰性，依次地，与组织活动和技术相比，正式结构将不太适应转型。尽管提出的结构惰性层级具有重大的演化意义，但它只是一种假设而不是详尽的研究。可能是方法论方面的原因导致了这种忽视。尽管组织特征中不同惰性的论点看起来非常直白，但直接比较原始变化率却并不简单。分析人员的结论可能因选定的指标而异。例如，我们是否应该从成员关系或组织单位间的联系的角度来概念化组织边界？此外，我们可能观察到组织种群的总体变化率很高（即使是真正的惰性属性），因为新组织取代了旧组织而非既有组织发生了转型。

为突破这一困境，组织研究者已经将组织种群中的结构惰性概念化为组织转型解释的变化量与生态事件解释的变化量之间的关系。例如，在对旧金山湾区医院的纵向研究中，Scott 和同事（Scott et al., 2000, pp.106-109）发现，82%的门诊服务变化和51%的规模变化是由转型引起的。然而，转型只占所有权总体变化的40%。医院的创建和解散事件是决定所有权变化的主要因素。由转型所解释的变化的逐渐减少，为 Hannan 和 Freeman（1984）提出的在组织目标、边界和活动之间的结构惰性层级提供了经验性支持。

有些转型只发生一次，不可能重复。对于这些不可重复的事件，我们可以提出这样一个问题：与其他面临变革风险的组织相比，转型是更早还是更晚发生了？然而，针对唯一事件，无法计算出单个组织的变化频率的有意义的统计数字。这是有或无的问题。例如，在过去一个世纪里，转型成男女合校的女子学院并没有转回为单性别教育机构（Studer-Ellis, 1995）。尽管存在一些例外，但大多数可重复的转型不会经常发生，研究人员很少报告关于其在单个组织中的实际发生率的系统性信息。

频繁的转型可能会形成变化的势能，增加未来转型的可能性（Amburgey and Miner, 1992；Jansen, 2004；Kremser and Schreyögg, 2016）。例如，瑞典科技巨头爱立信公司实施了敏捷技术以促进变化，在历时过程中，软件开发者将搜索变异和变化融入自身惯例中（Lindkvist et al., 2017）。敏捷技术涉及自我组织和跨职能团队与客户的协作行动。美国一些公司采取了非常积极的边界扩张战略，在收购其他企业时似乎获得了动能。2010—2018 年期间，美国宣布的 110 629 起并购案中，大部分是一次性收购。然而，23 家公司在此期间发出了 20 起或更多起的并购要约，约占所有要约的 2%。一些公司非常激进：通用电气公司发出 242 起要约，世纪商业服务公司发出 94 起要约，联合租赁公司发出 74 起要约。我们将在第 10 章回到兼并这一主题。

战略管理学者认为，组织能够建立"动态能力"，使企业"整合、建立和重构内外部资源或能力，应对和形塑快速变化中的企业环境"（Teece，2012，p.1 395）。因为转型必然要求打破既有惯例，所以组织可以采用若干宽泛的战略建立变革能力。第一，建立了向环境投入保持开放的结构（诸如慎思性学习和知识保留系统）的组织，更可能辨识到变化的需求（Romme，Zollo，and Berends，2010）。第二，假定知识是可以获得的，工作团队结构能够促使组织以更有效的方式利用这些知识。例如，在对"四大"会计企业的研究中，Gardner、Gino 和 Staats（2012）发现，包含新加入某一内容领域的成员或加入一个新小组的团队有助于更有效地利用知识，这表明任务轮换和变化可能有助于建立动态能力。第三，为研发等职能提供充足资源，可以帮助组织在快速变化的环境中进行转型。

7.2 组织层面的演化解释

在日复一日地再生产组织惯例和能力的过程中，组织获得了一致性，同时也推动了转型过程。在前几章中，我们援引了变异、选择、保留和竞争机制，解释组织的创建以及组织形式的建立与发展。因此，我们现在只对该机制进行简单回顾，展示它们在转型研究中的应用。在对它们进行回顾后，我们探究转型过程在多大程度上涉及大部分成员。表 7-2 列出了本节的定义和示例的概要。我们没有将"竞争"放入表格，因为它隐含着有限资源条件下的所有组织生活的基础。

表 7-2 组织转型：组织层面的演化解释

变异	变异的频率越高，转型的机会越多： 偏爱惰性的内部选择标准抑制了变异水平； 制度化的试验、激励创新的措施、官方对无确定目标变异的容忍、创造性生成的组织实践（特别是团队行动）提升了变异水平
选择	选择标准的变化为新实践开辟出道路： 与环境契合度无关的内部选择标准可能需要重新调整； 诸如竞争条件的变化、政府法规的变化或技术突破等外部不连续性可能引发选择压力的变化
保留	当再生产实践所需的知识体现于组织形式中时，转型就完成了。通过以下对象得以保留： 个体和群体； 结构、政策和程序； 网络

7.2.1 变异

活动中产生的变异提供了选择过程的原材料，在给定一组一致的选择标准的情况下，可以从这些原材料中筛选出最适合的变异。变异的频率越高（不管是意向性的还是盲目的），变化的机会就越多。在组织内部，当组织成员积极尝试提出其他办法并寻求解决问题的方案时，发生的大多数有目的的变异都是意向性回应（Cyert and March，1963；Greve，2003）。因为它们利用了既有组织知识，所以这些行动通常会复制当前的组织形式。诚然，组织再生产取决于成员如何使用过去有效解决问题的行为惯例或认知惯例。当前实践之外的意向性变异大多被忽略、忽视或得到消极对待，独立于选择压力而发生的盲目变异也是如此。尽管如此，突破惯例的潜在变异来源始终存在（Aldrich，1979，pp.75-105）。

惯例中的变异非常重要，因为它们产生并维持了可能会因遵从压力而消失的变异。在第2章中，我们描述了组织中意向性和盲目变异的若干来源。组织内意向性变异的来源包括：①实验和模仿项目；②针对创新性行为的激励措施；③对无确定目标变异的容忍。

第一，管理人员可能有意地通过创建研发项目进行试验，例如，规定将一定比例的预算用于创新活动（Mezias and Glynn，1993）。组织可以将表彰作为一种象征性的奖励，在工作组之间创造竞争来促进创新。组织还可能通过外部顾问引入意向性变异，这些顾问往往在传播诸如全面质量管理等新管理实践方面发挥作用（Sitkin，Sutcliffe，and Schroeder，1994）。第二，组织可能会向员工提供各种激励措施，例如，允许管理者创建他们拥有股权的衍生公司（Garvin，1983）。管理者可以在员工的职务描述中说明创新活动的激励措施（Garud，Gehman，and Giuliani，2014）。第三，官方容忍无确定目标的变异或"闲趣"，使成员无须担心受到制裁而敢于略微偏离惯例（Burgelman，1984；March，1981）。

盲目变异的来源包括：①成员履行其组织参与者的角色所产生的日常变异，包括试错学习、误解和好奇心；②针对当前组织知识未涵盖的情境采取的集体行动。Roy（1953）描述了在计件工资制度下，机器操作员玩游戏打发时间，以此炫耀他们对管理层的蔑视。车间领班显然知道发生了什么，却容忍了这些游戏，因为它们有助于工人完成他们的生产配额。许多日常变异是由成员创造性地实施组织实践而产生的，包括模仿、错误、冲突、激情、误解和惊奇（Weick，1995）。当工作组、组织或种群的成员采取集体行动解决问题时，也经常会产生很强的变异。例如，当组织中的一个派别认定另一个派别偏离了该组织的最初目标，它们试图施展对抗力量时，就可能会引起集体行动（Walker and Willer，2014）。

组织间关系可作为了解他人实践的信息渠道（Gulati and Gargiulo，1999）。一些研究者认为这种关系只能让管理者学习和复制成功的实践（Davis，1991）。其他研究者认为模仿是对不确定性的社会条件性反应（Fligstein and Brantley，1992）。组织变化的权变理论认为网络十分重要，网络不仅为组织提供了可模仿的原料，而且将组织置于信息流中。这样的信息流非常重要，因为组织在网络中的位置影响其对新奇性和变化的开放程度（Burt，1992）。填补了"结构洞"的那些组织——或者说，在其他组织间建立本不存在的某种联系的那些组织，更可能接收到新信息和采纳以新信息为基础的变化。与之形成对比的是，嵌入网络中的高封闭性组织，此中的组织间关系是高度冗余的，进行转型以更好地适应环境的可能性很小。例如，在搜集建议时，与置身于同质化网络中的管理者相比，主动跨部门和组织边界的管理者更可能引入创新（Wong and Boh，2014）。

组织变异与年龄和规模相关吗？研究者对此并不确定。组织生态学家起初认为组织年龄与变化倾向呈负相关。他们假定选择力量偏爱于负责任性和可靠性，因此年长组织将比年轻组织具有更多的惰性（Hannan and Freeman，1984）。例如，Le Mens、Hannan和Pólos（2015）指出，随着组织年龄的增长，其成员浸淫于更多的熟悉的行动模式中，这使他们更可能选择这些行动模式，引发他们抵制改变现状。有些理论家认为，较大的组织比较小的组织更具惰性，因为较大组织的形式化和内部同质化水平更高，围绕当前安排的既得利益也越来越多。在其他情况下，年长组织抵制变化，因为它们在领域中占据主导地位，从规模经济而非创新中获益颇丰（Haveman，1993）。

为了反驳"年龄增长带来劣势"这种论点，一些组织学习理论家认为，年长和较大的组织更具流动性，有更多可用于变革的资源。资源依赖理论家主张，随着组织成长得越来越大，它们的市场力量随着可获得的资源而增加。有了更多的资源，它们与交易伙伴的关系就可以不那么密切，可以忽视那些可能会压垮较小的竞争对手的发展因素。尽管早期的研究结果各异，但最近的元分析指出，组织规模和变革能力之间存在着强关联。Camisón-Zornoza 和同事（2004）综述了 53 篇有关规模和创新的论文，他们发现组织规模的平均影响是正向且显著的，尽管不是特别大。为了理解组织成长与变异机制如何关联，他们建议研究者要密切关注作为一种多维构念的组织变化（例如，区分渐进变化和激进创新）。

7.2.2 选择

一般来说，一致的选择标准通过有区别地选择某些类型的变异，促进组织再生产。相应地，当选择标准发生变化时，先前证明更有益的一些变异不再被积极地选择。因此，这为新实践开辟了路径。在竞争环境中，那些资源可得的变化可能会创造出新的选择压力，进而引起内部传播、模仿、晋升和奖励系统发生变化。先前不重要的或者与环境契合度不紧密的内部选择系统可能会被重新调整。

转型的演化解释强调变化的外部催化因素，因为如第 4~6 章所述，演化过程创造了促进持久而非变化的内部选择系统。第一，成员之间的频繁互动导致正向强化人际行动，鼓励稳定和兼容。第二，当前的内部选择标准可能会继续替代不再相关的、过去的外部标准。日常再生产使成员更精通自己的实践，从而更有可能继续使用它们。因此，组织转型的解释通常从寻求某种非连续性入手，这种非连续性削弱了对既有选择标准的支持，诸如竞争条件的某种变化、新的政府法规、领导层的更替，甚或某种技术突破。

在一些情况下，监管条件或社会规范的模糊性而非明确的选择标准，产生了组织变化的外部推力。这为美国 2008 年大萧条之前的几年中出现的高风险金融创新提供了一种解释。自 1933 年始，《格拉斯－斯蒂格尔法案》对商业银行和投资银行进行了相对严格的分离，这种分离一直持续到 20 世纪 80 年代，尽管监管部门一再试图将它废除。然而，在日益增加的竞争压力下，银行引入了创新性金融工具——诸如利率和外汇互换，破坏了商业银行和投资银行之间的分离（Funk and Hirschman，2014）。这些新的金融衍生品变得普遍并非因它们得到监管机构的青睐，而是因它们的分类方式模糊不清，使它们能够逃避监管的审查。在下一章中，我们将更详细地探究组织环境的变化如何推动选择压力的变化。

7.2.3 保留

选定变异的保留机制体现了第三个演化过程。当保存、复制或以其他方式再生产选定的变异，以便选定的活动在将来获得重复或选定的结构在后代中能够再现时，就发生了保留。正如我们在前几章中所指出的，个体组织的结构和活动的稳定性一直是社会学理论以及组织分析的焦点。经典的社会理论将稳定性置于社会化的个体中（他们已经将作为社会系统居民所需要知道的一切内化），或者将稳定性置于严重限制个人自由裁量权的外部和约束结构中。组织理论家也采用了类似的二分法，有的人强调个体承诺和组织身份，有的人强调外部化和各种形式的微妙控制。Granovetter（1985）主张采取更具权变性的立场，认为地方社会关系将人们嵌入关系网中，人们的行为受到网络的约束，但并不完全由其决定。

个体可以携带保留下来的变异，以至于成员在参与组织活动时会放弃或丧失自己的个性。例如，研究人员发现，对组织的承诺、满意度和其他情感导向取决于工作、工作组、企业和行业特征（Lincoln and Kalleberg, 1990）。保留的变异可能嵌入组织结构中（Volberda et al., 2012）。文件和档案体现了过去的实践，角色的专业化和标准化限制了成员的自由裁量权，权力的集中化和职责的正式化不仅限制了自由裁量权而且使成员对上级负责。最后，当成员的角色责任和信任带来再生产组织知识的实践时，保留可能会嵌入社会关系网络中。与强大的机构行动者建立关系网络可为组织提供一块转型盾牌，使它们免受可能会诱发或引发变化的选择压力（Fischer and Pollock, 2004）。

在维持新形式所需的知识嵌入新惯例前，转型是不稳定的。当新形式成为组织日常生活中广为认同的部分时，它的合法性就得到了保证。正如我们在第6章中指出的那样，在一体化趋势占主导地位的组织文化中，无疑比在那些差异化或模糊压力更强的文化中完成转型更容易。然而，拥有差异化文化或模糊压力的组织可能会产生更多的变异。因此，它们增加了为变化创造机会的可能性。

7.3 考察转型的三个维度

为描绘转型过程，我们选择案例来说明目标、边界和活动这三个转型过程的维度。因为我们在本章中关注组织层面的分析，所以我们寻找了一些案例，这些案例提供了关于组织形式的丰富而详细的信息。相应地，大多数案例基于翔实的田野调查、观察或大量使用档案材料。表7-3列出了本部分讨论的维度及相应的案例。

表7-3 转型过程的案例研究

目标	目标广度中的变化：美国文理学院的招生管理实践的影响（Kraatz et al., 2010） 领域中的变化：单性别学院转变为男女同校的共同教育（Studer-Ellis, 1995）
边界	冲突导致的边界收敛：芝加哥女性解放联盟和芝加哥妇女组织（Staggenborg, 1989） 作为转型的另一种选择的解散："占领华尔街"运动（Conover et al., 2013）
活动	人力资源管理系统中的文化冲突：通用汽车公司停用土星汽车品牌（Kochan and Rubinstein, 2000） 技术创新和权力关系：信息技术的影响（Barley, 1990）

7.3.1 目标：示例

第二次世界大战后几十年，组织研究者出版了有关非商业组织、公共机构和社会运动的目标转型的卓越专著，诸如田纳西河流域管理局（Selznick，1949）、基督教妇女节制联盟（Gusfield，1963）和基督教青年会（Zald，1970）。因为作者通常以"陈述事实"的方式写作，所以他们经常将自己的故事定义为准悲剧，在这种准悲剧中，组织的最初目标被背叛了（Perrow，1991）。这些研究不仅记录了目标的重大变化，而且对组织转型过程进行了丰富多彩的描述。作者很少写未成功转型的组织的案例，尽管一些比较案例研究将"成功"与"不成功"的转型进行了对比。由于在选择案例时可能存在偏差，我们从这些研究工作中得出强有力的推断时必须谨慎。尽管没有对过程本身的丰富多彩的描述，但在组织种群层面的研究中记录了大多数未成功转型的情况。

两种目标变化引起了研究人员的极大关注：目标广度的变化和领域的变化。在有关目标广度变化的研究中，一致的研究主题是组织在寻找新资源方面面临的竞争压力。专注于有限范围的产品或服务的组织偶尔会碰到无法获得足够资源的情况。在压力之下，许多组织通过从专业性转型为一般性来适应这种情况（Zald and Denton，1963）。通过提供更广泛的产品和服务，一般性的组织吸引了异质种群中的不同部分，弥补了原初局部生态环境支持不足的缺陷。在20世纪40年代，通过开展一组更广泛的项目，计划生育联合会由生育控制基金会演变而成；美国国家红十字会通过开展极为成功的全国献血项目，在政府对救灾的干预增加的危机中幸存下来。

我们选择了两个有关目标广度和领域变化的案例，以说明三个关键主题：①变化中的外部环境往往引发最初的变异；②保留的力量抑制了许多组织转型的努力；③组织形式在转型实施中发挥重要作用。第一个案例是Kraatz、Ventresca和Deng（2010）对美国文理学院的研究，第二个案例是Studer-Ellis（1995）对女子学院转型为男女同校的共同教育的研究。

1. 文理学院中的管理改革

Kraatz等学者（2010）描述了美国文理学院引入的招生管理程序和管理者如何对承载价值的学院的活动和目标产生深远的变革性影响。尽管这只是一项"普通"的管理创新，起初并未得到师生的关注，但是，招生管理的实情表明，组织转型往往是组织目标、边界和活动系统的其他微小变化的非意向性后果。在文理学院中，一组传统的价值观和结构持续了几十年，这些价值观和结构将它们同较大的研究型大学区分开来：教师共治，分隔且强调其"规范系统"（例如，文理学院的内在价值观和课堂教学）和"运作系统"（例如，招生和财务援助）。尽管财务问题和可持续性是这些学院生存策略的重要组成部分，但是它们更看重教育任务，从而淡化了财务问题和可持续性问题。

然而，在20世纪末，这些学院（以及一般意义上的高等教育机构）的环境开始发生变化。竞争的加剧、学费增长的限制以及人口结构的变化，给文理学院的生存带来了新挑战。许多学院的反应是创建了一个称作"招生管理"（EM）的职能机构，来改造若干关键的活动系统，使招生和学费收入最大化。EM是学院或大学的招生和财务援助职能的整合。通常来说，它由一个校级的"招生管理副校长"领导（Russo and Coomes，2000）。表面上来看，这似乎是平淡无奇的程序变化，在深植于管理层级内部执行这些职能的机构中尤为如此。然而，Kraatz 等学者（2010）认为组织活动的变化导致了文理学院的价值观和所支持的目标的转变。

Selznick（1949，1957）的卓越工作建立了这方面的研究基础，他们的研究认为，随着采用 EM，文理学院的一些关键特征发生了转变，因为 EM 损害了关键的学院精英的自主权，削弱了他们捍卫学院传统价值的能力。此外，他们还认为，"EM 隐含地将市场价值渗透到学院中，并在组织内部为这些市场价值及其倡导者提供了结构上和政治上稳固的基础"（Kraatz et al., 2010, p.1 523）。EM 对市场价值的倡导引起了学院和大学的组织变革浪潮，包括为学生提供他们喜欢常去的娱乐场所（Delbanco, 2012），直接借鉴营利性公司的交际方式、操作程序和扩张方式（Washburn, 2008）以及将整个大学建立在风险资本基金模式的基础之上（Sorkin, 2018）。Kraatz 等学者的研究表明，看似平常的管理创新转变了美国文理学院的其他重要属性，甚至转变了它的整个意识形态。

2. 单一性别学院的竞争压力

文理学院能够适应新的市场条件，而美国的女子学院——另一种在历史上十分重要的组织形式，其故事则带有更多的忧郁色彩。19 世纪末，美国的女子学院就已成熟，在 20 世纪 60 年代之前一直持续成长，彼时有近 300 所女子学院。然而，20 世纪 60 年代的环境变化给女子学院带来了越来越大的压力，迫使它们招收男生，使许多女子学院转型为男女同校的学院（Studer-Ellis, 1995）。公共资助的学院和大学的大规模扩张与女子学院产生了激烈的生源竞争。从规范方面来说，民权运动和女性运动并不赞同男女分离的教育领域。此外，男子学院越来越多地采用男女同校教育形式，又为单性别女子学院增添了竞争压力。

到 1990 年，108 所女子学院已经改变了招生领域，将男生包括在内，成为男女同校的学院，剩下 66 所四年制女子学院仍在美国运转。截至 2018 年，女子学院联盟成员名单（www.womenscolleges.org/）中只有 37 所女子学院在列，有几所女子学院还陷入了财务困境。较大的和校史悠久的私立女子学院最能够抵御目标变化的选择压力，而公立女子学院则无法抵御这种压力（Studer-Ellis, 1995）。我们可以将单一性别学院转型为男女同校的学院视作一种领域的变化，而且是从专业性转向一般性。当然，这些转型并非总是以线性方式展开的。在 2016 年唐纳德·特朗普赢得总统大选后，一些顶尖的女子学院报告说，由于更多的年轻女子想拥有单性别教育空间，女子学院在申请人数和产出方面出现了"特朗普式的爆炸效应"（Jaschik, 2018）。

Studer-Ellis（1995）研究了两所女子学院对保持单性别教育和转为男女同校教育的选择。他的研究表明，瓦萨学院和史密斯学院经历了漫长的斗争，包括与校友和其他利益相关方进行激烈的商谈和讨价还价，然后才做出了是否转变为男女同校的教育机构的决定。这两所学院为比较案例方法的应用提供了极好的机会，因为它们在许多方面都很相似，但它们的决策结果却是不同的。两所学院创立的时间间隔不足 10 年（瓦萨学院创立于 1865 年，史密斯学院创立于 1875 年），它们的招生数量和学生类型也类似。这两所都是七姐妹学院（与过去招收男子的常春藤联盟学院旗鼓相当）成员，它们也都坐落于美国东北部。

那些倡导男女同校教育的人面临着怎样的选择和保留力量？Studer-Ellis 指出了两所学院在转型方面的三个制约因素。第一，史密斯学院的章程十分明确地做出约束，要求它遵循创始人的意愿行事，促进"年轻女性的高等教育"，马萨诸塞州的州立法机构可以使用该章程中的条款来阻止转型。相比之下，瓦萨学院的章程的限制性要少得多，其董事会更愿意冒险，创造性地解释创始人的意愿。第二，史密斯学院的学生、教职员工和校友敬重其单一性别学院地位，而瓦萨学院则更加务实。随着其传统地位上升到近乎神话般的位置，史密斯学院保留了与过去非常紧密的联系。第三，史密斯学院位于马萨诸塞州西部的先锋谷地区，这里有另外四所主要的学院和大学，因此，有很多结盟与合作的机会，这削弱了招收男生来增加多样性和提高收入的战略紧迫性。与之相比，瓦萨学院位于纽约的波基普西市，靠近三个行业地位较低的男女同校学院和大学，难以与这些学院和大学结成联盟或伙伴关系。因此，瓦萨学院在应对单一性别学院面临的选择压力方面的选择较少。1969 年，瓦萨学院将男女同校作为一项官方政策，1970 年开始招收男生入学；与之相对的是，1973 年，史密斯学院明确重申了保持女子学院的政策，今天它仍然是女子学院。

我们回顾了几个内容丰富的案例研究，以说明目标转型的演化解释中的两个主题。第一，目标转型通常是对不断变化的外部选择压力的反应，不仅包括恶化的资源基础和不断缩小的局部生态环境，还包括组织当前目标的合法性日趋下降。内部也会产生更新或复兴的行动，这些行动并非响应外部压力，但是我们相信这些行动发生的频率要低得多。第二，转型的能动主体必须克服复制组织当前形式的选择性保留的因素影响，这是一个漫长且耗时的过程。我们描述的案例都是历时多年依次发生的，在这些组织的生命中似乎不可能再次发生同样的事。正如我们在讨论转型的定义时指出的那样，要确定是否发生转型，有时需要我们对组织进行长期跟踪。从某种程度上来说，变化破坏了对组织知识的现有理解，目标转型使组织面临进一步的变化，这种变化可能会威胁到一些组织的生存，但也可能促使一些组织适应不断变化的环境。招生管理系统"拯救"了文理学院，但是，以前的单性别学院中的男女同校教育运动最终导致了大多数单性别学院的消亡。

7.3.2 边界：示例

边界转型可能涉及扩张或收缩。管理和战略研究者特别关注兼并和收购，经常从交易成本经济学视角进行研究（Williamson，1994）。他们也研究兼并的后果，诸如兼并以后的高管变动情况（Walsh，1988）。社会学家也研究兼并，特别是从历史视角在种群层面进行研究（Davis, Diekmann, and Tinsley, 1994; Stearns and Allan, 1996）。组织偶尔会放弃整个单位，就如大企业的剥离一样，但最常见的边界收缩形式涉及成员的解雇或开除。成员离职在企业和非营利组织中最为常见，组织通常会建立相应的惯例来处理这种跨边界活动。

然而，一些大规模的离职超出了惯例。与工厂关闭或搬迁有关的大规模裁员（Fernandez，1997）和大规模开除员工，通常与组织的意识形态或有目的的变革相关，其后果足以称作转型。例如，20世纪70年代末，美国汽车工业经历了严重的经济问题，到1980年底，企业裁员超过30万人——约占所有汽车工人的1/3。接管政党、工会和社会运动的新派别有时会对反对派进行大规模清洗（Michels，1962）。在选择本部分的示例时，我们选择了几个与边界收缩有关的例子，因为它们清楚地描述了外部选择压力和组织转型间的联系。

1. 冲突和收缩

边界收缩有时是相当剧烈的事件，特别是在社会运动中。冲突往往导致成员被开除，因为竞争派别为了控制组织的目标和边界而斗争。同一年在芝加哥成立的两个社会运动组织生动地描述了这种冲突。Staggenborg（1989）研究了芝加哥女性解放联盟（CWLU）和芝加哥妇女组织（Chicago NOW），这两个女性运动组织于1969年在相同的政治环境中成立，但拥有着不同的边界维持过程。CWLU是一个自治的、崇尚社会主义的女权组织，致力于女性解放和更广泛的"解放准则体系"，其中包括许多时代的激进问题，包括反对帝国主义、资本主义和种族主义。芝加哥妇女组织是全国妇女组织的分会，致力于解决就业中的性别歧视问题。芝加哥妇女组织关注的议程范围比CWLU小，聚焦于妇女的平等权利和机会，而非更广泛的政治目标。

犹如2017年涌现的"我也是"运动（#MeToo movement），CWLU吸引了极为不同的支持者群体，它的去中心化结构和非正式程序使得统一且一致的行动极为困难。虽然由此产生的结构使CWLU恪守其参与式民主意识形态，但也使得决策成为问题以及后续工作无法进行。CWLU从未实现财务稳定或正式的劳动分工。与之形成鲜明对比的是，Chicago Now遵循了国家指导方针。它拥有正式章程以及正规化和中心化结构。因此，Chicago Now"在创建稳定的组织方面显然比CWLU更成功，这种稳定的组织能够为特定项目调动大量的财务资源和活动家"（Staggenborg，1989，p.79）。起初，Chicago Now追求的是愿意成立委员会的活动成员的利益，但它逐渐对委员会的构建进行了集中控制。只有那些被整个分会投票表决为高度优先的议题才被分配给委员会，采取进一步行动。相比之下，CWLU追求的许多议题仅仅是因为一群坚定的成员对它们感兴趣。

对成员标准的严格控制使Chicago Now成为一个排他性组织，拥有付酬员工以及成员委员会负责边界维护。Chicago Now的员工努力让成员参与分会活动，每周都召开工作会议，会议中成员们写信、打电话以及开展其他支持性的活动。相反，对成员标准的松散控制使CWLU成为具有高度包容性的组织，它拥有模糊的边界和异质性的成员。CWLU的开放性和包容性使其容易受到"左派团体企图接管控制的终极毁灭性问题"的影响（Staggenborg，1989，p.84）。目标激进的团体将CWLU视为一种可加以利用、服务自身目的的组织资源。外部团体的渗透难以避免，因为可渗透的组织边界允许几乎任何人参与组织活动。1975年，"十月联盟"（一个左派团体）成功地在CWLU内组成了分会，它们反对将"女权主义"作为其中一个目标，支持更明显的政治目标，从而抨击CWLU的根本性目标。然而，该组织中剩余的独立女性仍占指导委员会的大多数。她们投票决定将宗派分子从CWLU中清除出去，这一投票后来得到了会员的支持。在1975年的最后几个月里，激烈的冲突肆起。该组织因冲突而受到极大削弱，此后不久就解散了。与之不同的是，Chicago Now 现在仍在积极地开展活动。

2. 解散：转型的另一种选择

另一个社会运动案例研究描述了一个组织对于改变自身及活动的转型过程的强烈抵制。在最近一次全球金融危机结束后的一个时期，2011 年，反消费主义者和其他抗议者集聚纽约市祖克提公园，抗议金融服务业的贪婪、渎职以及美国日益加剧的收入不平等。抗议者以"占领华尔街"（OWS）而名声大噪，他们刻意形成了一场高度去中心化的运动，其特点是共同治理、根据多数人意见制定决策过程，而且缺乏正式的领导。祖克提公园区域狭小、周边分布大量警力、缺乏先进技术（例如，没有电子扩音系统）和永久性办公场所，多因素催生了这种结构（Pickerill and Krinsky, 2012）。两个月后，当 OWS 成员搬离公园时，这场运动面临影响其目标、边界和活动的关键决策问题。在没有持续的见面集会的情况下维持该组织，需要将角色正规化、确定目标、建立成员名册——简言之，就是将该运动转变为一个正式组织。在祖克提公园集会中涌现出的"领导者"积极地抵制这些变化，运动的参与者四处散去，回归正常生活，他们也丧失了参与运动的兴趣（Conover et al., 2013）。结果，作为一场一致的运动的 OWS 就此衰落且逐渐解散了。

从这些边界转型的案例研究中，涌现出一个核心主题。在创建过程中，如果建立正式的招聘和选拔程序，那么激进的边界转型的可能性就会降低。组织不断地与外部选择压力做斗争，这些压力限制了组织获得所需的资源（包括成员）。对成员的进入和退出保持选择性的结构和实践是反对激进变革的另一个转型盾牌的例子。与商业企业相比，这种力量在政党和社会运动等会员制组织中更有可能被赋予象征意义。然而，任何边界模糊或对边界控制程度较低的组织都容易发生转型，这一类组织不仅包括初露头角的社会运动组织，也包括许多年轻的小企业。

7.3.3 活动：示例

第三类转型或许是异质性程度最高的转型，因为"活动"涵盖了广泛的可能性。在本节中，我们回顾两种类型的转型：组织文化的变化和对组织产生影响的技术创新。在我们选择的研究中，转型主要影响了组织的活动系统而非其目标或边界。

1. 文化冲突

丰富且详细的民族志研究解释了我们所知的组织活动中转型过程的速度变化的大部分原因，这些活动尚未实现目标或引起边界变化。Kochan 和 Rubinstein（2000）描述了有关通用汽车公司（GM）的土星汽车品牌的案例，这次尝试试图从根本上转变美国汽车制造部门的劳动关系、生产流程和产品质量。土星汽车品牌创立于 1985 年，通过引入日本管理技术、提升员工参与、强调质量和创新，试图重振 GM 的雄风。土星汽车品牌承诺对一套高度制度化的组织实践进行巨大的转变。起初，这个想法受到了极大的欢迎。然而，到 2010 年，GM 停产了土星品牌汽车，结束了多年的功能紊乱和销量下滑的局面。

分析者一致认为，尽管"日式"管理技术在日本很成功，但是在美国汽车产业遭到了多个层面的抵制。工会合同规定了一定的员工义务，在许多情况下，这些义务与日体系的参与性更强的性质不兼容。员工的激励措施和惯例，都是历经几十年演化而来的，难以快速转变。它们暴露了管理活动与员工偏好之间的裂痕，而且这种裂痕最终也无法调和（Minchin，2012）。

2. 新技术

引入从根本上改变组织实践的新技术来引发组织知识的变化，活动系统中的转型有时涉及这类变化。Henderson 和 Clark（1990）考察了美国的以技术为基础的产业的结构创新的影响。他们考虑了创新如何改变产品组件连接方式，却保持核心设计理念不变。因此，支持产品的基本组织知识依然有效，但产品架构已被改变。这些变化提升了一些能力，也摧毁了另一些能力。例如，喷气式发动机的发展"最初似乎对机身技术有重要且直接的影响。行业的既有企业明白自身需要发展喷气式发动机的专业技术，但却不了解它的引入将以复杂而微妙的方式改变发动机和飞机其他部分之间的互动方式"（Henderson and Clark，1990，p.17）。不知何故，波音公司的工程师抓住了这个难题，而道格拉斯和其他既有的飞机架构制造商的工程师却没有抓住。随着这一变化和随后在其他方面取得的成功，波音公司最终主导了这一行业。

3. 权力和地位关系的变化

另外一项关于新技术如何影响组织结构的田野纵向研究，揭示了权力和地位关系变化的速度。Barley（1990）观察到了因采用一种潜在的能力提升的技术（CT 扫描仪）而导致的角色关系变化。根据 1982—1983 年对两个放射科开展的为期一年的观察研究，他将"技术上引起的社会变化描述为蔓延在诸分析层面的一系列回响，犹如池塘中的波纹"（Barley，1990，p.70）。在实施新技术的年份里，年长的放射科医生依靠的是老的技术，他们根本不了解具有更先进的知识的年轻放射科医生。而那些在旧系统中地位较低的技术人员，由于他们的技术专长以及与使用新技术的放射科医生更密切的工作关系，更好地融入了新的角色系统。

在回顾的有关活动变化的案例中，我们强调了三个主题。第一，分析人员在转型研究中应该密切关注分析层次。在通用汽车公司和波音公司的案例中，转型代表了一种重大变化，因为企业内部的整个角色关系都受到影响。然而，在关于放射科的案例研究中，变化使这些单位本身面临风险，但不危及它们所在的医院组织。第二，变化的步幅和速度在很大程度上取决于变异的来源和反对力量的强度。如果是强有力的领导者引入变异，那么转型可能迅速进行。如果存在一个有抵抗力的组织形式阻碍了变异，那么转型就会减慢甚至完全受阻。第三，活动系统的转型可能修改角色关系，改变组织内权力和影响力的分布。若干研究表明，通过授权强制执行的技术变革，组织的角色关系可在几个月内发生转变。

7.3.4 三个维度的总结

根据变化的内容，我们确定了三种转型：目标、边界以及活动的变化。我们利用聚焦变化过程的详尽的案例研究，强调了一些值得更多关注的问题。

第一，案例表明：目标、边界和活动的转型通常是重叠的。为了便于分析和阐述，我们将这三个维度分开，但它们显然是相互依存的。例如，当瓦萨学院于1969年将男女同校作为一项官方政策而开始接纳男生时，它必须改变许多实践做法来适应。CWLU无法控制自身边界也影响了其可能追求的目标。因此，为应对目标或边界上的选择压力而开始的组织转型，很可能会扩展到组织的所有方面。

第二，有些转型展开的时期长度对研究设计提出了严格要求。我们回顾的案例，涉及的不仅仅是简单地计算事件的发生。相反，要了解这些活动对参与者意味着什么，就需要进行归档数据研究和田野研究。

第三，由于研究者刻意选择"已经发生了什么"的案例，我们无法用它们来估计其种群中其他地方发生类似转型的可能性。这些案例说明：有必要研究组织中的日常变异的频率和强度。没有关于组织形式内部的普通变异的基准信息，那么我们在判断组织中的惰性因素的真正强度时会面临很大困难。正如组织研究者现在意识到需要更加关注创业和组织涌现一样，我们也应该设计相关的研究以系统地监测组织中常规背景的变异。

第四，许多案例表明转型伴随着冲突。一些成员和团体努力保留自身现有的实践，而另一些成员和团体则拥抱变化。强大的优秀人物在一些情况下发挥了重要作用，像制度创业者一样展开行动，推广他们的立场（DiMaggio，1988，1991）。他们的意图往往与其他利益团体的意图发生冲突。团体和集团也参与其中，说明了Martin（2002）提出的组织文化观的重要性。我们建议在组织中使用三种交织在一起的意义的因素构成的概念，来作为一种评估组织冲突倾向的方式。与边界薄弱且存在差异化文化观的组织相比，有着一体化组织文化且边界性很强的组织，转型的道路更平坦。

7.4 成员参与转型活动的程度

根据定义，组织再生产涉及大多数成员，但是转型会涉及多少成员呢？转型是由自上而下的过程驱动的还是由自下而上的过程驱动的，是否有许多成员参与决策，是否只有内部人士参与？组织变革的战略选择和高管团队理论，通常认为组织内的精英群体做出导致转型的决策（Eisenhardt，1989；Helfat and Martin，2015）。有限参与的假设是如此之强，以至于研究者很少寻找广泛参与的证据。有计划的变异引发组织变化，这方面的理论同样也假设管理者通常控制转型过程（Miller and Cardinal，1994）。在讨论企业资源基础观的缺点时，Montgomery（1995，p.264）指出，"对战略内容的研究……过于强调了管理特权的力量"。

与之形成对比的是，社会运动理论家则呼吁关注可能会挑战和转变组织形式的低级成员和局外人（Zald and Berger，1978）。如果有退出的选择，即使所有者或管理者剥夺了成员的权利，组织内的运动也可以是有效的。例如，以前的奴隶挑战了美国内战（即美国南北战争）后出现的工资制种植园形式，迫使土地所有者提供其他形式的农业租赁（Ruef，2004）。因此，对于这种自下而上的组织转型过程的可行性来说，组织形式的参与程度至关重要，法律和监管情境的变化是否能够为组织成员赋能也十分重要。

7.4.1 所有权以及转型的法律和监管情境

成员的广泛参与是否发生，根本上取决于组织资产的所有权和控制权的结构。对企业而言，法律和监管框架决定谁有权使用组织资产以及谁有权将这些决策委与他人（Edelman and Suchman, 1997）。在美国，企业可以采用三种基本的法律形式之一：独资企业、合伙制企业和公司制。公司可以是私有的或公开控股的，有董事会、首席执行官和其他高级职员。公司制形式存在于所有工业化经济体中，尽管各国在管理企业组织形式的法律规定方面有所不同。在美国的独资企业、合伙制企业和私人控股公司中，企业主几乎拥有绝对的自由裁量权，雇员对转型的参与将取决于企业主的授权、委托和权力分享（Russell, 1985）。作为部分所有者的家庭成员经常参与重大决策。正如我们在第5章和第6章中所讨论的，在新企业和小型企业中，员工也可能对组织形式的建立与发展产生重大影响。

董事会负责管理上市公司，对组织的股东负有信托责任。各种规则限制了高管对资产使用的自由裁量权（Mizruchi, 1982）。在法律上，董事有义务防止他人随意使用公司的资产，例如不明智的兼并、收购以及资产配置行为。在以前的实践中，董事往往忽视了这些责任。尽管美国和全球监管机构在限制银行发生金融风险方面都付出了努力，要求诸银行自身任命一位"首席风险官"（Pernell, Jung, and Dobbin, 2017），但是，银行和其他金融企业仍继续投资于高杠杆、高风险的抵押贷款证券，这导致了2008年全球经济近乎崩溃（Fligstein and Roehrkasse, 2016）。

在大多数美国上市公司中，员工在重大决策方面发挥的作用非常有限（Cole, 1985）。自第二次世界大战结束以来，经常出现新的人事和劳动关系模式，但没有从根本上改变雇员和高管之间的权力平衡。试图通过大幅提高员工的参与度来改造组织的计划，在过去几十年中效果时好时坏（Osterman, 1994）。有些员工参与项目，包括通过提高生产力使工人分享收益的计划，似乎可以提高企业绩效。例如，Wang、Zhao和Thornhill（2015）使用加拿大企业的代表性数据，研究发现员工参与同较低的薪酬差距和离职相关，而且促进了组织创新。尽管这些研究报告了收益或利润分享计划的积极影响，但只有不到一半的全职私营部门员工在其工作的企业中拥有资本权益（Blasi, Freeman, and Kruse, 2013）。

另一项人力资源创新也遭遇了类似命运：小团体活动。在美国，管理者大多忽视小团体活动，而它们在瑞典和日本却大受欢迎。Cole（1985）分析了为何美国的工业企业在20世纪60年代和70年代不可以像日本和瑞典那样采用小团体活动。他识别出三个因素。第一，在美国，全国劳动力市场条件产生了大量失业人员，使雇主很容易替换持不同意见的员工。第二，缺乏全国性的组织倡导者（如行业协会）来推动创新，使倡导者没有组织资源基础。第三，工会给予新项目计划的支持不温不火。收益分享计划和小团体活动未能在企业种群中广泛传播，这提醒我们，其他组织不会自发模仿有效的变异（Moreland and Levine, 2000）。

正如McCaffrey、Faerman和Hart（1995, p.619; original emphasis）所指出的，"有

损参与性系统的行动准则深深植根于社会之中,比这种系统的预期效益受到更高的重视"。在过去几十年里,人们提出了许多争取员工更高参与度的举措,包括工作生活质量(QWL)和团队管理,但几乎所有这类方案仍严格限定了授予员工的权力,或假定员工将要承担额外的工作任务。例如,Appelbaum 和同事(2000)指出,"高绩效工作系统"往往要求工人承担协调责任,发展新的人际关系技能。在综述高绩效工作实践的文献时,Baker(1999)得出的结论是:大多数高绩效工作实践很少破坏组织,有时还有利于组织,同时能够帮助成员。Vallas 对 1999—2001 年期间的美国造纸行业展开研究,以实例说明了此类项目的局限性(Vallas, 2003)。他发现,当以集中控制禁止自主地进行局部适应时,以及当管理的严格的工具逻辑压倒了更多员工参与的规范逻辑时,涉及团队活动和持续改进的新工作实践就会失败。

在考虑防止员工和管理者对其所在组织和行业产生过大影响的一系列制度约束(法律的、规范的和认知的)时,制度学者越来越多地指出嵌入式能动性的悖论(Battilana and D'Aunno, 2009)。出现这一悖论的原因在于,那些有经验和资源来改变现有组织实践的个体往往也是那些浸染于现有实践的人,他们在深刻的转型中会遭受很大损失。当对组织实践中产生冲突或争论,而且某些群体有动机改变实践和/或限定其合法范围的边界时,就会出现一种可能的解决方案。例如,Zietsma 和 Lawrence(2010)发现,加拿大的林业实践在"森林之战"中发生了巨大变化,在这场战争中,环保和原住民团体对砍伐森林提出了挑战。从 20 世纪 80 年代早期开始反对清砍森林,一直到 90 年代中期,不列颠哥伦比亚省的林业公司几乎没有改变清砍方式。然而,1998 年后,当时主要的伐木公司 MacMillan Bloedel 接受了清砍的替代方案,认为这是最佳的竞争和可持续的实践,所以很快就放弃了清砍这种实践方式。

7.4.2 会员制组织

在志愿协会和非营利组织中,成员参与转型的程度取决于组织的章程或法规以及它在多大程度上规避了寡头政治的铁律。Michels(1962)认为,所有以民众为基础的组织(政党、工会、志愿者协会)都容易受到寡头政治铁律的影响,也就是指领导人对其成员的专制和漠视的倾向。Michels 是德国社会学家,在第一次世界大战前的十年里笔耕不辍,他观察到德国社会民主党和法国、意大利以及某些其他地方的社会主义政党存在强烈的寡头政治倾向。这些党派在意识形态上致力于将民主延伸至工人阶级中,但在自己的内部结构中,他们极度不民主。

领导层不是完全将其行动和资源用于实现其组织宣称的目的,而是关注如何捍卫自己的职位,并抵御内部挑战者以维护其地位。Michels 对寡头政治的分析激发了 Lipset、Trow 和 Coleman(1956)对国际印刷联盟(ITU)的工会民主展开研究,这似乎是 Michels 定律并不适用的一个特例。《工会民主》作为组织社会学的经典作品引人注目,正是因为它所描述的成员高度参与的组织结构十分罕见。然而,根据 20 世纪 80 年代进行的一项后续研究(Stratton, 1989),ITU 未能维持 Lipset 等人观察到的结构。对当代工会样本的分析表明,诸如组织边界和管理惯例等偶然因素只能解释民主目标形成中的有限变异

（Jarley、Fiorito，and Delaney，1997）。

尽管领导者和成员做出了很大努力，但 Michels 定律似乎对当今的组织和近一个世纪前的组织一样重要，因为许多会员制组织是由一小部分高度忠诚的领导人管理的（Knoke，1990）。尽管如此，Voss 和 Sherman（2000）认为，科层制结构并非总是使工会走向寡头政治。在对三个国际工会的北加州分会的复兴潜力的研究中，他们发现，一些分会克服了寡头政治的铁律，采取了新的组织化策略。当全国性工会领导人发起和支持地方变革、地方分会经历政治危机以及地方领导人在工会运动之外有激进主义活动的经历时，复兴是最有可能实现的。然而，他们的分析没有说明的问题是，在更广泛的工会和其他志愿者协会共同体中，这种条件出现的频率有多高。我们怀疑这种情况十分少见。

7.5 转型的后果

转型是引人注目的事件，给组织生活带来了不连续性，但除了对目标、边界和活动产生影响外，它们是否也必然具有破坏性？Weick（1995）认为，组织惯例中出现的各种干扰——由意料之外的、令人不安的以及无法解释的事件产生的冲击，扰乱了作为组织命脉的交流活动，引发了强化意义建构的努力。如果转型能让组织获得有效的新惯例和能力或者复兴旧的惯例和能力，它可能提高组织绩效吗？组织生态学家明确关注转型对组织生存的影响，而其他研究者通常不对所研究的转型和任何同时发生的事件或后续的干扰结果进行区分。理想情况是，为了确定转型的影响效果，我们应该在分析上区分变革"过程"本身造成的混乱和变革的"内容"所产生的后果（Barnett and Carroll，1995）。

在不同类别的组织和不同种类的结果中，转型的影响效果可能并不一致。例如，Haveman（1992）的研究表明，有些转型负向影响生存机会，而其他转型则不会产生这种影响。她在对加州储蓄和贷款机构（S&L）的研究中，明显是在寻找转型对组织产生的干扰性影响。

1978—1982 年，立法机构通过了三项联邦法律和一项州法律，改变了加州的 S&L 的规则，引发了一连串转型。新法律大大放松了监管限制，开放了新市场，为 S&L 提供了超越原有领域的扩张机会。Haveman 认为，从 S&L 的传统市场（住宅抵押贷款）向新领域的转型，可以根据为新市场提供服务耗费 S&L 的初始能力进而可能降低其生存机会的程度进行分类。她从客户、产品和技术三个维度，研究了七个新市场与 S&L 所服务的原初领域之间的相似之处。她发现，新领域与旧领域的关系越密切，S&L 取得高绩效和生存的机会就越大。

除了致命的后果外，转型可能带来的其他扰乱效应包括组织中的一些成员和团体失去权力和地位、职业生涯中断，以及从一种转型到另一种转型的外溢效应。有些关于美国公司生活的解释，描绘了充满政治阴谋和内部勾心斗角的图景，所涉及的人、物众多，包罗万象，以至于在这样的混乱中，转型似乎不可能产生重大影响（Kunda，1992）。毫无疑问的是，这样的研究偏爱选择的企业，正是因为它们是有趣的案例而受到关注。尽管如此，我们先前回顾的案例研究仍支持了他们的一些研究发现，即转型通常会扰乱组织内的关系。

转型给组织带来的扰乱在一定程度上取决于其速度和规模，因此这三个维度显然是相互依存的。田野研究通常强调转型破坏规则的诸多方面，但研究者之所以选择这类案例，可能因为它们是研究受干扰的组织的良好对象。对企业来说，尽管成员的参与程度影响到计划中的变革是否能成功实施，但是所有权和控制权模式限制了成员在引发转型过程中的广泛参与。会员制的志愿协会和非营利组织似乎更有可能成为广泛参与重大活动的候选者，但研究并没有发现很多成员参与这种重大决策的证据。

小结

转型涉及组织历时中的重大变化，代表着一个被选择和保留的实质性的变异，不管是有计划的还是无计划的变异。通过制度化的试验、向成员提供激励措施、组织对计划外变异的宽容以及许多其他来源，变异可能会发生。选择力量可以是内部的（例如管理者和成员），也可能是外部的（例如市场力量和政府法规）。选定的变异表征组织生活中的一种非连续性，以及对组织惯例和能力的常态再生产的偏离。变化的保留涉及更改组织的惯例，以便在历时过程中再生产新转型的组织。

目标、边界和活动的转型是在日常再生产惯例和能力的背景下进行的，这种再生产使组织形式长期存在而不被改变。从这个角度来看，大样本研究中报告的转型发生率相当低，甚至是罕见的。鉴于大样本研究的匮乏，转型一旦开始，其完成的速度也不清楚。然而，案例研究表明，我们也许可以用几个月和几年而不是几天或几周来衡量大多数转型的变化速度。转型过程的速度和步幅很重要，因为漫长的过程可能会危及组织资源，若没有充沛的资源，组织可能就无法在转型过程中存活下来。

转型对组织演化具有重要意义，原因有三。第一，无法从根本上转型的组织，若跟不上环境演变的步调就会不断地遭受风险。第二，如果一个种群中的大多数组织都受到限制而无法进行重大转型，那么只有通过建立更适合变化环境的新组织，这个种群才能在演化的环境中继续存在。然而，如果一些组织转型并得以存活，它们的惯例和能力就代表了被选定和保留的变异。如果新的惯例和能力能够得到模仿、借用或其他形式的传播，种群中采用这些惯例和能力的其他组织也将生存下来。因此，现有组织将维持这个种群。我们将在第10章回到这个问题。第三，如果种群中相当一部分组织无法进行必要的转型以与环境协同发展，而新的组织又不能取代它们，那么这个种群就可能被淘汰。诚然，正如我们将在第9章中讨论的那样，新种群经常挑战现有种群。从某种程度上来说，在遭受挑战的种群中，如果组织仍保持惰性，新种群就会有充分的时间来取代原种群位置。

此外，关于是新组织的创建还是既有组织的变化驱动种群的发展，转型过程提供了线索。伴随边界扩张的转型可能会产生特定的种群分布，种群中少量的组织控制着越来越多的可用资源。对比之下，大规模的边界收缩可能会增加种群的竞争强度，随着种群规模变得更小，组织之间的相互竞争更激烈，因为规模较小、更聚焦的组织之间会相互竞争。种群中转型发生的频率、是否可逆以及一些组织是否比其他组织更有可能经历反复发生的转型，这些情况告诉我们组织是否有可能跟上不断变化的环境条件。如果转型很少发生，任何组织经历转型的概率都很低，则组织和环境的共同演化就变得越来越不可能。相反，长期演化将是整个组织种群兴衰的结果。

研究问题

1. 我们已经指出，选择标准通常偏爱可信赖且负责任的组织，产生混乱可能会损害组织。请解释，目标转型为何比边界转型更容易产生混乱，边界转型为何又比活动转型更容易产生混乱。

2. Albert Hirschman（1970）将"退出"和"发声"描述为成员和外部利益相关者可用于转变非响应性组织的两种策略：

（1）成员和利益相关者何时最可能采用"退出"策略，抛弃组织（或其产品）而做其他选择？

（2）成员何时最可能依赖"发声"策略，表达他们对管理或其他权威的不满？

3. 为什么年轻的小型组织可能更容易发生转型？为什么年长的大型组织可能更容易发生转型？

4. 在一体化文化、差异化文化以及碎片化文化的组织中，转型的障碍在多大程度上会有所不同？

5. 请辨识和解释用于构建重复变革的能力的两种策略。

6. 模糊或高可渗透性的边界为何会抑制转型？

第 8 章
CPAPTER 8

组织和社会变化

组织转型发生于历史和地理情境中。有些转型是戏剧性的、独一无二的历史事件，产生翻天覆地的影响，诸如伴随着灾难性战争和革命。例如，1868年日本明治维新以后建立了新政治秩序，谋求发展的官员向西欧寻找制度模式（Westney，1987）。结果，日本的公共部门——金融系统、警察、邮政系统以及军队等，都按照法国、英国和德国的模式进行了转型。其他转型的个体影响不大，但累积性意义重大。在最近几十年中，计算能力的指数式增长和人工智能的出现，转变了组织收集和分析数据的方式。因此，转型涉及重大的社会、经济和政治变化，当它们席卷整个种群时尤为如此。

所有转型都是时间依赖过程。因此，为充分鉴赏其意义，必须将组织转型置于所处的历史情境中（Suddaby and Foster，2017）。尽管近来在历史和组织研究的交叉点上出现了大量的理论和研究，但是在历史对组织的影响方式方面，学者们存有分歧（Godfrey et al.，2016）。我们坚信学者可用演化视角调和以下两者间的差异：一方是置身社会科学领域的组织研究共同体，另一方是根植于人文学科的历史视角（Lippmann and Aldrich，2014）。演化过程由情境、时间和地点所形塑，若不进行历史性思考，就无法理解这些过程本身。

在本章中，我们提出一个用于对历史性转型过程进行分类和解释的分析框架。首先，我们从演化视角来综述生命周期模型、目的论模型和辩证论模型。我们建议用"生命历程"概念代替"生命周期"概念，以此规避后者表示的决定论含义。接下来，我们认为研究种群层面的转型需要将解释嵌入其历史情境中。我们借用种群统计学家提出的历史概念，即历史由年龄、时期和队列效应所构成。我们提出一个简单的分析框架，使"历史"而非"时间"成为演化解释的关键特征。

8.1 生命周期隐喻：发展和阶段模型

许多有关转型的解释都暗含着以生命周期模型为基础。它们不仅将组织作为观察单元，而且在组织层面建构解释。有两个转型模型运用纯粹的生命周期隐喻：发展模型和阶段模型。因为生命周期隐喻在组织研究中一直都是一个非常有力的形象，特别是在战略、营销和产品开发相关的文献中，所以我们首先综述这两个模型。在这些模型中，从焦点组织的视角看待"时间"，"年龄"表示累积的经验。

生命周期模型并非只限于将组织作为分析单元。在组织生态学中，密度依赖模型是将种群而非组织作为分析单元的生命周期理论（Carroll and Hannan, 2000）。在年轻种群中，密度的增加将大幅度地提升合法性以及小幅度地提升竞争程度。在年长种群中，密度的增加将小幅度地提升合法性和大幅度地提升竞争程度。恰如我们将在下一章中所讨论的，理论家预计这些过程导致了创建率和解散率变化的独特模式。

在大多数的发展和阶段模型中，理论家假定组织随着年龄增加会面临一些一般性问题。例如，如何生产和营销商品或服务以及如何计算生产成本。然后，管理者和成员使用通用的解决方案做出响应，例如提升组织的复杂性、正规化程度以及授权（Pugh et al., 1968）。在纯粹的形式中，这些模型主要关注内部过程，将所有组织视为由共同动力驱动。跨领域的借用可能会产生洞见，然而，若不加批判地借用这些模型可能会误导理论家，使他们过于草率地得出某种有关人类和组织发展的方程式。因此，我们敦促将生命周期模型用于组织研究时需慎之又慎。

Levie 和 Lichtenstein（2010）对辨识出的发表于 1962—2006 年的 104 个独立的组织成长阶段模型进行系统性综述，他们得出结论，在基础构念方面这些模型缺乏共识。他们认为，尽管在经验上确证它们一再失败，但阶段模型依然存在。在评述发展和阶段模型的特点和缺陷时，我们讨论了如何通过考虑演化方法之洞见来取代它们。我们总结了各种历史性模型（见表 8-1）。

表 8-1 组织变化的历史性模型

Ⅰ 生命周期隐喻	从焦点组织角度看待"时间"。"年龄"表示累积的经验。假设：随着年龄增长，组织面临一般性问题
发展模型	在生命周期模型中，组织变化以组织创建过程中的内在潜力为基础
阶段模型	在生命周期模型中，组织变化以阶段式进行，成员在此过程中必须解决新问题
形变模型	阶段模型的变种，在这种模型中，变化发生于非连续性阶段，由与情境不匹配引发
Ⅱ 非生命周期模型	从问题-解决序列的时长角度看待"时间"。"年龄"表示一系列循环。假设：组织能够实现"进步"
目的论模型	在此模型中，组织的"目的"驱动组织行动
辩证论模型	在此模型中，变化是在冲突对抗与暂时调和之间的永无止境的转换
Ⅲ. 演化模型	从组织情境角度看待"时间"。"年龄"表示历史性具体环境中累积的经验。假设：以先前的模型为基础，增添了模糊性和不确定性要素

8.1.1 发展模型

大多数组织创建和成长的理论都是发展而非演化模型。发展方法假定变化发生在涌现、成长、成熟和衰退的周期中。在此过程中，成熟表示组织创建时的内在潜力的实现（Greiner，1972；Van de Ven and Poole，1995）。诸阶段的具体内容"总是以支配实体发展的内在逻辑、规则或程序为中介"（Van de Ven and Poole，1995，p.515）。组织结构和过程的自然展开，源于影响所有组织的力量。事件的时机和幅度有着自然的节奏，成员创造和约束了它们（Gersick，1991，1994）。从此视角来看，所有组织的组织涌现和成长的原则都是相似的（Gupta，Guha，and Krishnaswami，2013）。支持者认为可以通过考察既有组织的自然史来学习这些原则。

包括"承诺升级""路径依赖"以及"历史性锁定"在内的各种概念都假设，随着组织的年龄增长，各种组织过程和个体态度与行为产生相同特征。随着时间流逝，经验以沉积的形式累积，限制了个体和组织的变革能力。组织印记（Marquis and Tilcsik，2013；Stinchcombe，1965）和结构惰性（Le Mens，Hannan，and Pólos，2015），这些社会学理论提出了类似的假设。

演化方法具有更多的或然性，因为它假定组织并非遵循固定的发展路径。相反，外部事件与组织自身的行动交互作用共同驱动变化的步幅、模式以及方向。组织问题随情境的变化而发生，而非按照预先确定的顺序发生。这一概念与现代制度论者对组织历史的理解相吻合，后者认为既有制度路径包含了转型和偏离路径的组织的诸多可能性和资源（Schneiberg，2007）。

尽管所有组织都面临相似的组织化的基本问题，但它们的历史（变化的时机、顺序和强度）都植根于各自所经验的选择力量。例如，Ruef（2005）对532家初创企业的研究发现，一些活动的时机，诸如新产品或服务的发布和交付，受到各企业面临的竞争环境的强烈影响。类似地，Fisher、Kotha和Lahiri（2015）认为，随着组织在不同的生命周期中的发展，它们面临着不同的合法性挑战。满足这些要求的组织在获得资源方面更加成功，也更有可能存活下来。

从演化视角来看，组织变革必须与特定的环境条件相联系，诸如地理情境和国家边界。演化解释并未将每一种条件和情境都视作独特的，而是关注事件的类别和事件序列，从而进行跨案例比较（Lippmann and Aldrich，2014）。一般化是以历史为基础的，且仅限于所抽样的组织形式领域。演化理论并没有不顾环境条件而假定固定的发展序列，而是包含了诸多假设式陈述。组织变化是算法性而非发展性的。论证采取的是或然形式，即"如果组织遇到特定的环境条件，那么会产生特定的后果"。

8.1.2 阶段和形变模型

阶段和形变模型是发展和演化模型的变种。阶段模型假设了某种发展序列，然而，阶段模型认为，组织在不同阶段都会暂停，创始人、管理者和成员在此期间可能会采取适应性行动，从而修改了发展模型（Bartunek and Betters-Reed，1987；Kamm and Nurick，1993）。尽管这一假设存在问题，但有些学者认为阶段理论在组织理论中拥有一定的位置。Levie和Lichtenstein（2010）认为"动态状态"理论是一种更好的方法。他们的视角强调了发展式成长，但是包含了诸如战略和组织设计等变量，从而将动态活力融入组织成长中。McKelvie 和 Wiklund（2010）为理解组织成长和发展提出了一种"成长模型"而非"成长率"模型。他们并未主张所有组织拥有某种相同的发展路径，而是认为，在有机成长的，或通过收购成长的，抑或二者结合而成长的组织中，会出现不同的过程。

形变模型可能使用了发展模型或演化模型的基础，然后假设当结构与环境不匹配时会引发变化，从而建立形变模型（Starbuck，1965）。在发展式阐述中，生存的关键在于成功的内部重构。形变模型假定变化是突然发生的，而且是不连续爆发而非渐进和平稳式爆发的。

一些错误的解释认为演化模型只假设组织中存在平稳、渐进式变化。相反，所有演化模型都有一个共同点，即都未包含一个关于变化发生的固定速度的强有力的先验观念。演化阐述强调外部选择与内部变异的相互作用，变化在组织和外部力量的交叉作用下以一定的速度进行着。因此，可以将形变模型视作更具一般性的演化模型的一种特例。然而，正如我们在第7章中提到的，从长期来看，组织中的大多数变化可能是微小的渐进式变化，而非大规模的里程碑式变化。

8.2 非生命周期模型：目的论模型和辩证论模型

Van de Ven 和同事（Van de Ven and Poole，1995；Van de Ven and Sun，2011）辨识出两种与生命周期和演化模型形成对比的变化模型：目的论模型和辩证论模型。目的论模型将变化视为一种基于实体所学的"目标制定、实施、评估和修改"循环。变化经由实体内部个体间的有目的的社会建构而涌现出来。目的论模型假设变化是有计划的且通过建立共识和协调行动来实施。变化的辩证论模型提出，"信奉正论点和反论点的实体间出现冲突，产生某种综合性论点，这种综合性论点随即成为下一轮辩证循环的正论点"（Van de Ven and Poole，1995，pp.520-521）。对立实体间的对抗和冲突模式促使辩证循环的运转。调和总是暂时的而非永久性的。

目的论模型和辩证论模型在一定程度上可以纳入演化分析框架，而不是作为相互竞争的替代品单独对待。目的论模型提出，个体和组织的目标设定导致有目的的变异以及建构新的选择标准。接下来，演化方法提醒我们，行动者的目标反映了时空中的特定社会位置的影响。辩证论模型认为，组织存在于一个多元世界中，在此，为了获得主导地位和控制权，相互冲突的事件、力量和矛盾的价值观相互竞争（Van de Ven and Poole，1995，p.517）。演化方法探索了这种对立的历史性根源。

将演化思想融入生命周期和非生命周期模型

演化方法以生命周期模型为基础，为人类能动性、模糊性和不确定性留有空间（March and Olsen，1976）。相反，发展模型认为内部力量支配着企业，这意味着管理者和成员几乎没有选择空间。阶段发展模型为选择留有更多空间，但只是在一个不断发展的自然历史的范围内留有空间。在评述生命周期理论时，March（1994，p.49）认为生命周期理论的语言意味着一组近乎不可避免的结果和终点。相比之下,演化模型留有更多的选择和机会。

从演化视角来看,组织的发展轨迹是组织自身行动与环境资源和约束条件交互作用的结果。尽管成员可能打算走某条确定的道路,但与环境的互动可能使他们踏上不同的旅程。正如我们在上一章中讨论的,对美国高等教育领域中的组织转型的案例研究表明,特定的意图仅仅是产生学院和大学转型的若干力量之一。例如,大学校长和受托人只狭隘地关注吸引付费学生,为他们提供学费折扣和其他择优录取的财务援助措施。他们的行动产生了重要的、意料之外的后果。从长远来看,他们所偏爱的转型引入了一种影响大学预算、营销和师生的意识形态的市场逻辑。

我们希望规避"生命周期"这一术语的决定论和线性发展含义。相反,我们从人类发展和家庭研究领域中借用了"生命历程"这一术语。此概念明确地将演化方法同使用社会心理学和学习变化模型的研究领域关联在一起。

以生命历程为框架,我们不再仅仅从焦点组织的角度来看待演化模型中的"时间"。演化理论家意识到,时间是非同步性的,在不同时代和不同组织中时间会有不同的变化(Lippmann and Aldrich,2016b)。组织从先于组织的,也将比组织存活更久的不断演变的环境中涌现。出现模糊性和不确定性的原因是组织在种群情境中度过自身的生命历程,在其中,它们的存活和转型依赖于其他组织的行动。组织努力保持并扩张自身在种群中的位置,而种群也努力在共同体中保持和扩张自身的位置。组织成员努力对所处的演变中的世界进行意义建构,但是他们必须使用所处历史时期中可得的意义建构图式(Schultz and Hernes,2013)。理解世界如何以及为何变化是演化理论的一项重要任务,现在我们转向讨论由三个部分构成的历史性分析框架。

8.3 历史性分析框架的三个组成部分

Max Weber 明确地将自己关于组织和科层制的著作纳入历史范畴。此后,许多作者呼吁采用强调诸多组织现象之历史基础的组织分析方法(Bucheli and Wadhwani,2014)。然而,在调查公开的历史分析结果时,Abbott(1992,p.429)认为,到20世纪晚期,Weber 所关注的行动和过程已基本从经验社会学中消失了。他宣称叙事实证主义已成为处理时间和时间性的主导方法。尽管 Abbott 对建构历史解释的努力持批评态度,但他也承认社会科学各子领域的方法的多样性。在本章中,我们从历史性种群统计学家和生命历程理论家那里借用一些思想观点,他们已经建立了一个分析框架,明确地将历史融入社会变化分析中(Isaac and Griffin,1989)。牢记 Abbott 的批判,我们也指出了这种借用的一些潜在缺点。

历史性影响可能分为三类效应:队列效应、时期效应以及成熟或年龄(增长)效应,如表 8-2 所示。如种群统计学家所定义的,年龄(增长)或成熟效应描述了老化或衰退的世俗过程(可能以非线性的形式老化或衰退)。例如,随着年龄增长,组织可能变得不那么灵活。为了规避"成熟"这一术语的拟人化的、发展式的含义,我们将使用"年龄"

和"年龄增长"来指称组织变得越来越老。当历史性事件对年轻组织和年长组织产生不同影响时,就产生了队列效应。例如,基本资源的战时短缺可能严重弱化年轻组织而对年长组织的影响不大。当历史性事件对不同的年龄队列产生相似影响时,就产生了时期效应。例如,战时对组织合理化生产过程的要求可能同等影响所有企业。

表 8-2 理解组织变化的演化:历史性分析框架的三个组成部分

年龄效应	由存在期限相关的内在过程引发的变化。例如,创始人对某个项目的初始热情的衰减
时期效应	由对所有组织(不管其年龄如何)产生相似影响的历史性事件和力量引起的变化。例如,放松对金融市场的监管影响所有的储蓄和贷款金融机构
队列效应	由对不同年龄的组织产生不同影响的历史性事件和力量引发的变化。例如,基本资源的战时短缺可能弱化年轻组织而对年长组织的影响较小

在图 8-1 中,我们以图形展示了三种效应,纵轴表示组织年龄,横轴表示创建年份。标记 A~H 的依次排开的组织队列显示为平行线,从横轴开始斜向延伸至图形右上角。顶部带箭头的虚线表示每个队列。创建于同一年的组织(例如,1975 年的 A 队列)构成一个小组,它们的年龄是相同的,共同经历风雨、经历历史性时期。例如,A 队列中的存活组织共同经历了 20 世纪 90 年代末期的互联网泡沫时期,彼时 IPO、风险投资交易、对互联网公司的兴趣等均处于高峰(Aldrich and Ruef, 2018)。其他队列——例如队列 B 和 C,也同样经历了炒作科技公司的时期,但它们中的组织分别比队列 A 中的组织年轻 5 岁和 10 岁。

通过对种群历史的详细考察,研究者尝试辨识出选择力量发生重大变化的时期。在图 8-1 中,出于描述概念的目的,我们辨识出两个时期(Ⅰ和Ⅱ)。我们用两个市场事件来划分时期Ⅰ,始于 1995 年网景公司的 IPO,终于 2000 年互联网泡沫破裂,彼时纳斯达克股票指数急剧下跌。许多互联网公司都倒闭了。该时期的显著特点是围绕科技企业的投资热潮以及创业学者迷恋高成长、高资本化的创业企业。尽管从 2001 年开始,大量的风险资本交易和公开募股逐渐消失,但许多观察者对"硅谷"创业模式的关注却有增无减(Aldrich and Ruef, 2018)。我们将时期Ⅱ划定为大萧条时期,经济学家和社会学家宣称该时代导致了就业实践的实质性变化,尽管在各国的影响有所不同(Barth et al., 2017)。这一时期涵盖的年份是从各种经济行为指标中推断出来的,而不是从任何单一的社会政治或经济事件中得出的。

在图 8-1 中,任何一年的组织的年龄都可以从纵轴上读出。例如,用一条虚线表示历经 10 年发展的组织,从年龄刻度"10"开始作一条平行于横轴且与所有队列相交的虚线。与虚线相交的队列中存活的组织都历经了 10 年中的种种事件,我们可以将所有的队列叠加到一条线上,强调它们的经验在这一时期的等同性。然而,不同队列中的组织在不同的历史时期存活了 10 年,因此,在组织生命历程中的可比年龄可能仍然涉及相当不同的累积经验。在接下来的部分中,我们进一步发展这些思想观点。

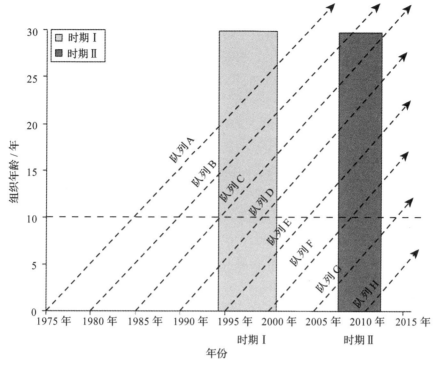

图 8-1　历史和组织转型：年龄、时期和队列效应

8.3.1 年龄效应

根据定义，转型与组织年龄相关，因为如果组织不老化，它们就不变化。但是，如果反过来说组织不变化就不老化，这是真的吗？在转型和老化方面，已经确立了三种立场。

第一，我们先前评述的组织生命周期的阶段和形变模型暗含着这样的假设，即当老化组织遇到和解决一般性问题时，会自然发生变化（Selznick，1949）。从这种意义上说，转型是老化过程的不可分割的组成部分。在这种分析层面中，"时间"是普遍的钟表时间而非历史情境化时间。例如，这意味着阶段和形变模型暗含着将 19 世纪的一年等同于 20 世纪的一年。不管是在哪个世纪遇到的问题，问题就是问题。

第二，战略选择理论、组织学习理论和其他假设适应性组织行为的模型都假定，随着个体和组织年龄的增长，转型是可能的，但并非不可避免。随着将转型视作偶然的而非老化过程所内在固有的，选择和学习理论提出了若干促进或阻碍转型的组织特征。相应地，老化本身并非转型的关键因素。相反，老化为组织成员创造了学习机会，他们可以做出选择，继续沿用过去的实践或探索新实践（March，1994；Phelps，Adams，and Bessant，2007）。

第三，组织社会学的一些经典著作以及早期的生态学模型认为组织随着年龄增长而变得僵化。Merton（1957）认为，长期占据组织角色的人具有"官僚主义特质"，这使其成为更关注手段而非目的的成员，顽固地抵制变化。组织生态学的最初的陈述，假定老化取决于组织惰性，因为环境选择偏爱具有可信赖的、负责任的结构的组织（Hannan and Freeman，1984）。因此，随着组织年龄的增长以及经历外部选择过程，存活的组织是那些保持最稳定结构的组织。结果，相较于年轻组织而言，年长组织更少地经历重大转型。当然，在这种情境下，"惰性"并不意味着完全无变化，而是指组织对其环境保持一致的行动过程和可预测的方向。

尽管结构惰性模型具有理论上的合理性，但是对它的经验性支持好坏参半。Baum（1996）综述了近20多项关于组织变革的研究，发现在引入适当的控制措施后，特别是对于当代组织规模而言，没有出现明确的模式。即使按照Hannan和Freeman（1984）的建议，将变化分为"核心"变化和"边缘"变化两种类型，也无法阐明研究结果。随后，Péli（2017）以及Le Mens等学者（2015）更新了惰性模型，帮助解释老化引发惰性的过程和条件。在资源分区理论的基础上，他们的模型都关注组织所占据的竞争空间。惰性并非普遍存在于组织之间，也并非普遍对其不利，相反，惰性的影响取决于焦点组织的战略及其与关联组织之关系的性质。

Péli（2017）认为，在不同类型的环境变化下，以广泛的资源局部生态环境为目标的一般性组织和以狭窄的资源局部生态环境为目标的专业性组织受到青睐。当偏好发生转变时，一般性组织更可能存活下来。然而，当总体的资源可得性下降时，专业性组织应该受到青睐。结果，在不同的环境条件下，追寻不同战略的组织可能经验到惰性。例如，Le Mens等学者（2015）认为，随着组织的年龄增长，成员愈加可能隔绝源自竞争对手的信息和想法。与之形成对比的是，较新的组织进入者招聘的成员从其他地方带来的经验是比较新的。由于其成员越来越与外界隔绝，年长组织更可能抵制变化。这些机制可能产生新颖性和青春期劣势以及过时和衰老等各种劣势（Barron，West，and Hannan，1994；Fichman and Levinthal，1991；Ruef，2002b；Stinchcombe，1965）。

如果不包括我们所辨识出的关键的组织和情境因素，就会限制研究发现老化影响的能力。例如，在一项关于加州非联邦医院适应不断变化的市场条件的研究中，Ruef（1997）纳入了对组织规模、种群密度以及时期效应的控制。这项研究避免了一些困扰早期分析的问题，但它只涵盖了1980—1990年这段时期。Ruef的分析表明，相对的结构惰性随组织年龄的增长而增加。然而，由于1980年之前解散的组织不包括在内，而且研究只涵盖了10年，他不得不谨慎地对老化的影响做出推论。相比之下，当McEvily、Jaffee和Tortoriello（2012）研究20世纪30年代至70年代末田纳西州纳什维尔的律师行业时，他们发现职业关系的影响因职业年龄的不同而存在很大差异。当处于职业生涯早期的律师同富有经验的导师合作时，更可能产生有价值的印记效应，因为前者乐于学习，后者又掌握有用的知识。然而，当这些条件都不存在时（即合伙人处于职业生涯晚期和（或）导师的经验太少），后续也不会得到多少益处。因此，职业年龄在很大程度上调节了纳什维尔的律师们的指导价值。

老化的种群和共同体情境

演化模型不仅将老化视为组织层面的过程，而且还认为其发生在另外两种情境中：

种群和共同体。第一，组织在也处于老化过程中的种群内老化。第二，种群在也处于老化过程中的共同体内老化。因此，理解转型的历史性方法不仅要考虑组织的累积的经验，还必须考虑种群老化对组织生存机会的影响程度。例如，作为新兴种群中的年轻组织意味着与成熟种群中的年轻组织截然不同（Ingram and Baum，1997；Péli，2009）。成熟种群中的新组织与已经受过竞争风暴的组织竞争，从而获得新组织所缺乏的组织知识。

如果老化是组织转型中最重要的因素，那么图 8-1 中斜向的平行虚线就可能会叠加在一起。因此，我们可以简单地描绘出一个一般性的老化过程。然而，这种方法忽略了时期和队列的历史重要性，诸如经历 20 世纪 90 年代的老化与经历十年后的大萧条的老化对转型的影响可能有所不同。现在我们来考虑老化发生的历史情境。

8.3.2 时期效应

时期效应是一种历史上的非连续性，它对所有组织或种群中的组织成员（不管它们的年龄如何）有着类似的影响。通过明确辨识历史性时期，分析人员暗含着这样的观点，认为潜在的因果规律性在不同的时间情境下可能存在很大差异（Griffin，1992，p.407）。研究者通过观察一个社会中的社会、政治、经济和规范趋势的连续性的突然中断来辨识时期效应。许多"时期"对组织分析者来说变得尤为突出，因为历史学家和新闻工作者们有着后见之明的优势，给这些时期贴上了相应的标签。例如，在美国，将 20 世纪 30 年代归为"大萧条年代"（Elder，1999），将 20 世纪 80 年代早期归为市场导向的"监管改革年代"（Scott et al.，2000），将 21 世纪的前 10 年归为"非理性繁荣时代"（Goldfarb and Kirsch，2019）。

时期效应为组织演化的叙事性分析提供了方向，按发生年月顺序排列事件（Aminzade，1992）。辨识周期为观察者提供了一种使一次性事件或一系列事件概念化的方法（Sewell，1996），同时强调种群内所有组织的共同特征。对演化分析而言，我们专注于辨识影响组织种群而非特定组织生命历程的历史性事件的时期。例如，Kim、Croidieu 和 Lippmann（2016）认为广播电台的技术和节目在 1927 年的联邦《广播法》（FRA）通过前后存在巨大差异。在 FRA 法案通过前，业余爱好者在电波方面有相当大的回旋余地，对政策制定也有影响，使他们能够自由地广播各种节目。在 FRA 法案通过后，国家广播网络巩固了以商业为导向的广播系统，而业余爱好者及其电台大多被排除在频道调节之外（Lippmann，2005）。

选择哪些年份构成一个"时期"，揭示了开展历史性分析的一个潜在问题，因为叙事分析不仅取决于按时间顺序连续发生的事件，而且往往强调独特事件（Lippmann and Aldrich，2014）。因此，将历史上的离散部分标记为"时期"充斥着潜在的任意性。不同的观察者从不同的视角看待同一事件且对其意义做出不同的推断。在实践中，分析者根据各自的研究目标和工作假设创造时期标签。例如，在对 1958—1990 年高等教育出版业的分析中，Thornton（2004）使用了三种技术来辨识时期。她采访了行业参与者以获取口述历史，阅读报纸和杂志中有关那个时代的解释，并研究了各种行业统计数据的趋势图。根据调查，Thornton 辨识出两个时期（编辑时期和市场时期），在此期间行业控制模式存在差异，从而导致不同的收购和领导者继任模式。

类似地，Scott 和同事（Scott et al.，2000）在对第二次世界大战后医疗保健领域的研究中，采用了档案研究、历史指标的因素分析和敏感性分析，用独特的制度逻辑辨识出三个重要时期。他们发现，在 20 世纪 60 年代，早期的专业主导时代（以自主的医生和社区医院为特征）被联邦政府参与时代（以国家政府越来越多地参与资助和监管为特征）所取代。接下来，在 20 世纪 80 年代，这一时期又让位于当前的市场导向时代（强调管理式医疗和竞争）。

其他研究者利用叙事策略以实现历史时期化。Haydu（1998）认为，于历史社会学家而言，将一个时期同另一个时期并置起来研究是一种十分宝贵的工具。然而，他指出，通过故事、路径依赖和问题（而不是通过历史变量的比较或对特定时期细节的细微解释）将诸时期联系起来，可能更具说服力。例如，在对 20 世纪初美国业余无线电操作员运动的研究中，Croidieu 和 Kim（2018）比较了两个时期：第一个时期是年轻的业余爱好者在无线电广播领域建立立足点的时期，第二个时期是他们克服了对其非专业身份的挑战并最终被视为合法专家的时期。

在下面的研究案例中，我们考虑另一个反映制度和技术转型的时期效应的例子。我们考察了 Raffaelli（2019）对 1970—2008 年瑞士制表业的技术变化的研究。

研究示例 8-1
瑞士制表业的技术变化

Raffaelli（2019）指出，尽管在 20 世纪的后几十年中，石英和电池驱动的手表无处不在，但瑞士的机械表行业在 21 世纪也经历了惊人的复苏。该模式与技术变革的路径依赖的解释相悖。后者通常认为，随着技术进步，旧技术和继续依赖它们的企业会消失。瑞士手表和类似的"老式"技术的案例，强调了历史的非连续性与时期效应在组织和产业演化中的重要性。Raffaelli 的案例研究观察起始于 1970 年，彼时正是市场向消费者提供石英表的第一年。这开启了机械表技术的中断和衰退时期。

Raffaelli（2019）利用档案、访谈和民族志数据，试图解释机械表技术是如何历经几十年的衰落后重获新生的。尽管机械表技术的效率相对较低，走时不精确且成本高，但瑞士机械表行业占所有手表出口总量的 50% 以上，这一份额可与石英表技术存在前的时期相媲美。为了分析瑞士机械表业的历史性演化，Raffaelli（2019）根据销售和广告内容将他所研究的历史分为以下三个时期：技术中断期（1970—1980 年），在此期间石英表的需求量持续上升，但许多瑞士机械表制造商并未意识到石英表对其主导技术的威胁；技术紧缩期（1982—1990 年），卡西欧和精工等日本品牌的石英表支配了全球手表市场；技术复兴期（1992—2008 年），在此期间瑞士机械表的需求回升，稳步增长。

第三个时期代表了对技术变革的路径依赖模型的偏离，强调了历史性时期在定义竞争动态过程、制度结构和支撑组织动态发展的文化意义方面的重要性。瑞士机械表公司没有简单地解散，而是在重振其贸易方面发挥了积极作用。时间流逝为机械表制造商创造了条件，使它们能够以三种方式提出新的价值主张。第一，20世纪80年代，大规模生产的石英表无处不在，这使得机械表制造商在复兴时期可以对制造工艺提出不同的主张。第二，在紧缩时期，大量机械表制造商的衰落使那些存活的制造商能够强调其独特性和稀有性。因此，瑞士机械表变成了一种奢华的身份象征。第三，时间流逝使这些制表商能够挖掘瑞士机械表的丰富历史遗产，为自身产品做出引人注目的、怀旧式叙事。

Raffaelli的研究说明了演化分析中时期效应的重要性，以及它们可能带来的一些方法论上的难点。变异、选择和保留机制并非静止的，它们往往根据组织所面临的社会、文化、经济和政治环境的要求而变化。时期效应十分适合捕捉这些时间上的变异，但使用者可能会用历史上的"后见之明"进行操作，也有可能武断地给出定义。为了消除这种倾向，研究者可以通过敏感性分析来判断不同时期解释的稳健性。例如，Raffaelli（2019）发现，与其他时期相比，复兴时期的广告包含了更多强调奢华、制作工艺和历史主题的价值主张。

8.3.3 时期效应的类型

在组织研究中我们已考察了四类时期效应：①政治事件；②法律和监管政策的变化；③社会规范和价值观的转变；④其他催化事件和触发事件。接下来我们对每一类事件进行回顾并介绍几个简单的例子。需要注意以下几点。对时期效应的解释必须考虑被当前行动者和观察者视作理所当然的大量历史产品的累积，诸如民族国家、政治制度和文化模式。将国家和政治制度视作自利行动者的理论，在解释当代事件时特别容易忽视过去所铺设的历史性约束。

1. 政治事件

在对交易成本理论的批判中，Robins（1987）认为，分析者需要区分特定时间和地点的社会与政治条件以及在此社会政治框架内展开的经济或组织过程。因此，在批判Williamson（1981）赋予交易成本经济学以优先性时，Robins认为19世纪的历史并不是一个科层制度取代市场的故事。相反，社会和政治的集中化创造了使大规模商业和制造业成为可能的条件。

类似地，Fligstein和McAdam（2012）断言，组织嵌入于"战略行动领域"，包括影响组织结构和行动的政治制度与相关安排。在其意义深远的理论中，他们认为，组织对其终端用户的依赖程度往往低于对所嵌入的资源领域的依赖程度。因此，公开交易的企业对其董事会和股东的响应比对客户的响应更强烈。在政府组织中，具体的部门对其所服务的公民的忠诚度的依赖程度要比对它们上面提供资源的人的依赖程度低。

因此，政治领导人或执政党的变化有时会带来组织环境的实质性变化。在美国，政治上的两极分化越来越严重，这使得游说组织更容易吸引人们的注意力、成员以及资金（Bail，Brown，and Mann，2017；Fetner and King，2014）。1991年明尼苏达州特许学校立法后，特许学校的数量激增（Renzulli and Roscigno，2006）。在土耳其，高中系统通过开设一系列混合学校来应对该国在全球经济中日益突出（和独特）的地位，这些混合学校既反映了西方现代主义,也反映了当地的伊斯兰传统。对不同国家的报社进行的一系列丰富的社会学研究已经表明,新闻组织是如何对政治变化特别敏感的。在爱尔兰和阿根廷,政治事件在报社的创建和解散中发挥了重要作用(Delacroix and Carroll, 1983)。同样,Amburgey、Kelly 和 Barnett(1993)认为,芬兰报纸的内容变化是值得研究的,因为它们反映了政治合法性和其他资源的调动方式(也可参见 Dacin, 1997)。Barnett 和 Woywode(2004)发现,在 1918—1938 年的奥地利战时时期,当政治左翼和右翼出现增长时,意识形态相近的报社进行的竞争最为激烈。

2. 法律和监管政策的变化

第二类时期效应是法律和监管政策的变化,它们通常会改变种群的制度框架(Leblebici et al., 1991)。它们可能会创造出新的法律类别,提出要求或提供激励措施,改变组织实践。官员们很少以直截了当的方式运用法律和监管(Suchman and Edelman, 1996, p.932)。相反,模糊的态度、忽视以及监管者和被监管者之间的互动造成了一种"合规的集体性建构"。相应地,结果往往以不可预见的方式演化(Vaughan, 1996)。监管者和被监管者之间的互惠关系混淆了将法律和监管行动作为时期效应的处理方式,因为这种效应的性质和程度在最初是不确定的。此外,这种互动意味着法律环境是持续演化而非离散的。出于这个原因,Suchman 和 Edelman 隐晦地针对用简单的前后虚拟变量来对法律效应进行建模提出了批评。

有些监管变化不仅影响到单个种群,也会影响整个种群共同体。2010 年,美国通过的《多德-弗兰克华尔街改革和消费者保护法》(Dodd-Frank)改变了所有银行的经营方式,试图遏制商业和投资银行中导致 2008 年金融危机的一些做法。由于该法案的作用,大型银行中还产生了确保合规的新的部门和职能。规模较小的社区银行发现更加难以实现合规要求,其失败率也因此增加了(Baily, Klein, and Schardin, 2017; Ziegler and Woolley, 2016)。

美国的联邦立法大大加强了 20 世纪的长期趋势,即扩大员工的正当程序权利,以消除由种族、肤色、宗教、性别或民族出身界定的群体间的不平等。1964 年的《民权法案》和 1972 年的《平等就业机会法案》创建了国家立法体系和相关机构,管理和执行法律规定,确保法律保护的群体获得雇主平等对待的权利。大约在同一时间,在员工安全和福利方面,工人的权利也在扩大,这反映在 1970 年的《职业安全与健康法案》(OSHA)和 1974 年的《雇员退休收入保障法》(ERISA)中。除了 OSHA 之外,Dobbin 和 Sutton(1998)发现,法律的时期效应对组织内新的办公部门的创建发挥了很大的刺激作用。

除了刺激现有组织形式发生变化,法律和监管政策的变化也可能导致新形式的涌现。例如,中国的市场化改革使中国的大部分经济部门向西方开放,同时国家依然对计划和生产保持有效管理。20 世纪 70 年代末,中国政府尝试将市场机制引入沿海农业生产领域(Kupchan, 2013)。20 世纪 80 年代,一种新的混合组织形式(称之为市场化的再分配企业)在中国农业中变得十分普遍,在整个 20 世纪 80 年代,农村工业经历了飞速增长(Nee, 1992)。

市场化的再分配企业是国有和市场形式的混合体，结合了两者的要素。混合形式一开始主要集中在沿海农业产业，到了 20 世纪 90 年代和 21 世纪初，私营企业在中国各个部门中涌现出来，混合形式发挥了重要作用。Xu、Lu 和 Gu（2014）的研究表明，尽管中央计划经济的某些因素持续存在，但是，1978 年后中国的市场转型，使得市场结构和私营企业从以前不可能出现的制度中涌现出来。在这个案例中，时期效应是通过一个新形式涌现的演化过程来运作的，混合形式缓解了从国家集权到私营企业快速增长的过渡。到 2001 年，私营企业的数量超过了国有企业或混合制组织，到 2005 年，私营企业在中国的组织数量超过了其他形式的总和（Xu et al., 2014）。此外，准私营部门的涌现，增加了从国有企业到私营企业的劳动力流动，也增加了每个部门的能动主体间的网络关系密度。紧接着，部门间的劳动力流动和不断增长的社会密度提升了中国的创业投资和新创企业的创建率（Zhou，2013）。

3. 社会规范和价值观的转变

文化潮流的转变代表第三类时期效应。依次地，这类效应又可区分为：①变化的能动主体十分明显，涉及社会运动的时期效应；②发挥作用的文化力量较为微妙，难以发现变化的具体能动主体的时期效应。

社会运动和道德运动有时会引起社会规范和价值观的突然转变，改变整个组织种群（Gusfield，1963）。例如，Clemens（1993，p.791）认为，在 20 世纪早期的几十年里，妇女团体帮助社会创造了一个新的政治制度体系。单性别学院和股东权利运动是两个重要社会运动的例子。1960—1990 年期间，民权运动和妇女运动的强大的规范性压力（反对分隔教育机构）加速了女子学院的衰落（Karabel，2005；Studer-Ellis，1995）。到 1996 年，仅存的几所由国家资助的单性别男子学院（Citadel 和 VMI）面临着变化的巨大压力，因为对单性别教育的规范性支持在美国几乎消失殆尽。类似地，股东权利团体在 1984—1994 年期间改变了许多美国企业的行为。来自主张股东权利的社会运动积极分子的压力迫使许多美国大公司创建了投资者关系部（Rao and Sivakumar，1999）。

即使社会运动未能实现其主要目的，它们也可能产生更微妙的文化变化。在 1929—1934 年，美国的南方纺织工人通过涌现出来的新媒体（诸如广播和音乐流派）被动员起来，例如工厂音乐家制作了民间抗议歌曲（Roscigno and Danaher，2004）。劳工动员的高潮是 1934 年的劳动节罢工，这是美国历史上最大规模的一次罢工。尽管纺织业罢工只持续了三周就被工厂主镇压了，但罢工期间创作的工人阶级歌曲在之后的社会运动中一直存在，比如 20 世纪 60 年代的抗议音乐。类似地，2011 年夏天，一篇敦促人们"占领华尔街"的博文导致曼哈顿下城和其他大都市地区发生了一场混乱的、渐进的、最终流产的社会运动（Gerbaudo，2012）。尽管如此，这场运动为文化和政治的转变奠定了基础，因为它增加了关于经济不平等和财富集中在 1% 的家庭手中所带来的风险的公共讨论。

在没有明确的社会运动的情况下，社会规范和价值观也可能发生转变。随着法律和监管事件的发生，有关适当的公司行为规范的不断变化影响了美国过去 40 年的并购模式。20世纪60年代,"企业即投资组合"的公司成长模式兴起,认可公司通过多元化发展与公司核心业务无关的产品进行扩张(Fligstein,1993),鼓励首席执行官们将企业视作资产束,类似于投资者在其投资组合中持有的股票。高管的工作就是在企业的各个战略业务单位间分配公司资源,挑选赢家和输家,而不考虑这些单位的产品或服务。投资回报最重要,而不是企业生产的东西(Espeland and Hirsch,1990)。在整个20世纪70年代,美国最大的公司采用了投资组合规划,进行了大量不相关的收购,公司的多元化水平也大幅提高。到了20世纪80年代初,同样的公司观,使公司掠夺者、投资银行家和管理顾问有可能主导收购行动,将企业集团分解为各个组成部分进行出售(Davis,2016)。

20世纪80年代,一种新的、更狭窄的适当公司边界概念取代了旧的、更广泛的观点(Davis,Diekmann,and Tinsley,1994,pp.563-564)。诚然,组织边界和组织本身的定义是20世纪80年代公司兼并性质变化的核心,它使美国管理者对公司的传统概念产生了质疑。"组织即有机体"这种自然化的类比取代了"组织即投资组合"的类比,而且支持"组织边界标志着真正实体彼此间的关系"这样的观念。企业集团的兼并不再受到青睐(被去制度化了),而在变化了的监管环境中,横向兼并再次兴起。新的观念建议管理者将自身活动集中在核心业务上,专门从事他们最熟悉的工作,将不相关的活动承包给其他企业。"网络化组织"和"虚拟公司"这样的短语,把握到了改变后的适当边界概念(DiMaggio,2001)。

与之相比,20世纪80年代,企业集团的扩张在泰国仍是常态,因为金融企业集团支持其工业企业集团客户的行动,政府的政策也有利于那些参与进口替代和农村发展活动的企业。与美国的大企业和政府之间的敌对关系相比,泰国政府非常积极地争取公司参与其经济发展计划(Suehiro,1992)。在为促进出口和发展而选择的行业中,政府的政策倾向于大企业而不是小企业。在美国,"组织即有机体"这种类比似乎十分自然,而在泰国(和其他亚洲国家一样),企业更依赖于家庭网络,强调家庭内部关系纽带的重要性(Pananond,1995)。例如,五家最大的企业集团的领导人共属同一个宗族或方言群体。因此,在美国,使企业集团形式去合法性的规范趋势具有文化上的特殊性,这种规范趋势在泰国没有任何影响。

4. 其他催化事件和触发事件

第四类时期效应涉及催化事件和触发事件,它们可以在资源可得性方面产生戏剧性转变。资源可得性的突然波动可能使种群环境产生快速变化,从而开辟成长的途径或被迫厉行节约措施。政治、法律—监管、技术以及规范的转变可能会引发这样的时期,但它们也可能因为种群自身的行动以及外生事件而产生。我们重点讨论两个能极大地改变组织资源环境的事件:移民和技术变化。

移民时期可以通过引入新的社会和经济资源,为共同体和区域的新组织与产业的涌现创造条件。Lippmann 和 Aldrich(2016a)描述了移民(特别是在经济因素的推动下)可能引发组织创建浪潮的方式。在美国,西进移民(西进运动)激发了几波创业浪潮,最著名的是第二次世界大战后硅谷的崛起。随着越来越多的人涌入硅谷为先锋性的电子企业工作，对零件和服务的新需求推动了整个高科技生态系统的创建。对既有组织不满的创业者开始创办新的组织，以创造更具创新性和人性化的工作场所。这些早期的移民创造了一个以技术中心而闻名世界的区域，该区域仍继续吸引着大量的移民。

进一步回顾历史，Ruef（2018）发现，在1800年前后的几十年里，从欧洲移民到纽约市的契约仆人为以家庭为基础的创业者创造了一个受约束的劳动力来源。1820年之后，随着学徒模式在美国的衰落，付酬劳动力取而代之，主要依赖家庭劳动的小规模创业组织急剧减少。19世纪，经济和法律制度的兴起结束了简单控制和小型组织占主导地位的时期，使劳动力的流动更加自由，大型科层制组织也随之兴起。

技术上的巨大变化也会改变组织的资源环境。Tushman和Anderson（1986）提出假设，在一个产品类别中，技术变化的特点是长时期的渐进变化，偶尔被非连续性（事件）打断。对于创建于19世纪70年代初的美国水泥行业，Anderson和Tushman（1990，p.610）指出，在接下来的90年里，有两次能力增强型和三次能力破坏型的技术创新。对于1893—1956年的玻璃器皿产业，他们辨识出每种非连续性的两个实例；对于平板玻璃，从1900年左右到20世纪60年代初，有一种能力增强型创新和三种能力破坏型创新。最后，对于创建于1956年的微型计算机行业，在24年的观察期中，他们辨识出两种能力破坏型创新和一种能力增强型创新。

他们预计，能力增强型的非连续性将与更少的进入和更多的退出有关，而能力破坏型创新则会出现相反的模式。在能力增强型创新中，他们的预期得到了支持；但在能力破坏型创新中，没有得到支持。能力增强型创新巩固了既有企业的地位，因此明显阻碍了水泥和航空业中的创业活动。

尽管Tushman和Anderson谨慎地指出了他们特意选择的样本的局限性，但有三点非常突出。第一，他们研究的三个行业都经历了两种非连续性——能力增强和能力破坏。所有行业都受到影响。第二，在一个典型年份（typical year）里，技术变化是渐进的而不是非连续性的。渐进式的变化有利于组织既有惯例和能力的复制，但可能会为以后的重大意外埋下伏笔。第三，要更全面地理解为什么新进入者在引入激进创新方面通常比既有企业做得更好，不仅需要考虑新的组织知识的影响，还需要考虑其中的战略问题。Henderson（1993）指出，新古典经济学理论预测，行业的新进入者会做得好，是因为它们比既有企业有更强烈的战略动机来投资于激进式创新。与之形成鲜明对比，组织学习理论预测，新进入者会做得好，是因为它们没有既有企业所背负的过时的惯例和能力。分离这两种效应需要复杂的研究设计，如Henderson（1993）在研究光刻校准设备行业和Tripsas（1997）在研究排字机行业时所使用的那种设计。

在分离有助于技术成功的历史因素方面，经典的市场锁定理论指出了另一种复杂性：在采用技术的回报增加的情况下，即使是无关紧要的历史事件也能使一种技术对另一种技术具有持久的优势（Arthur，1989）。尽管这些技术轨迹的观察者可能想把预测作用归于时期效应，但这些"效应"可能只有在事后才得以彰显。随机的历史事件，连同印记效应、收益递增以及自我强化的过程，可能导致单一技术占据主导地位（Marquis and Tilcsik，2013）。

8.3.4 队列效应

当某个时期的事件对该时期内创立的组织产生不同影响时，就发生了队列效应。与纯粹的时期效应不同，时期效应影响种群中的所有组织（不管其年龄大小），队列效应取决于事件在一个组织的生命历程中发生的时间。在生态学分析中，队列效应的一个经典例子是密度延迟，当组织创建时的种群密度随后影响其生存机会时，就产生了密度延迟（Carroll and Hannan, 1989）。在高种群密度和激烈竞争时期创建的组织，可能会被推到其局部生态环境的边缘，争夺资源。若这些条件持续存在，组织就会被迫做出妥协，可能会雇用经验不足的工人或购买劣质设备。因此，它们可能面临终身的劣势，这使其成为弱小的竞争者。当遭遇严酷的条件时，这些被削弱的组织可能无法幸存，而成立于不同时期的更年轻或更年长的组织则会渡过难关。尽管 Carroll 和 Hannan（1989）以及后续的研究者（Amezcua et al., 2013; Dobrev, Kim, and Carroll, 2002; Ruef, 2006）发现了对密度延迟的支持证据，但并非所有研究都复制出了这些研究结果（Aldrich et al., 1994; Lomi and Larsen, 1998）。

组织的年龄与时期效应相互作用产生队列效应的频率如何？由于许多研究者没有在这些方面进行研究，我们只能猜测队列效应在组织演化中的作用。然而，再次审视上述四类时期效应，为将来开展队列分析提供了一些提示。在讨论了队列效应如何与时期效应相互作用之后，我们描述了一个案例，单一组织队列的变化最终蔓延到所有队列：多部门组织形式。

第一，治理结构和政治制度的变化可能会通过削弱年长组织和政治精英之间的联系，而有利于年轻的、不太完善的组织（Stinchcombe, 1965）。战争和政治革命往往会推举出新的政治领导人，他们并不忠诚于现有的精英阶层（Carroll, Delacroix, and Goldstein, 1988）。

第二，法律和监管的变化通常对年轻组织和年长组织产生选择性的影响。例如，在第二次世界大战期间，美国战时生产委员会极大地改变了对机车生产商的监管环境。20世纪初，当柴油机车首次出现在人们的视野中时，两家蒸汽机车生产商（Baldwin 和 Lima）的管理者们非常强烈地反对柴油动力将取代蒸汽动力的观点（Marx, 1976）。即使通用汽车公司在1934年就推出了第一台柴电动力客车发动机，在五年后又推出了柴油货运机车，这两家公司仍然坚守"蒸汽动力"战略。若非第二次世界大战的突然爆发，也许追随者或继任者的战略最终会成功。当战时生产委员会发布命令，为机车行业分配生产配额时，这两家落伍的公司遭受了致命打击。通用汽车公司被授予生产柴油货运发动机的独家权利，因为它拥有唯一经过验证的设计。Baldwin 和 Lima 再也没有恢复过来。

第三，规范和价值观的转变对组织种群的影响更加分散，除非道德运动或社会运动组织设法通过政治或法律行动来巩固它们的成果（Clemens, 1997; Wuthnow, 1987）。这类事件是否对特定年龄的组织产生影响是很难预见的。若干研究表明，时运逆转而非特定年龄导致的种群衰落是普遍存在的。例如，在"冷战"时期结束时，美国和平运动组织的数量减少了（Edwards and Marullo, 1995），在20世纪70年代末，另一些组织运动也逐渐消失了（Rothschild and Russell，1986）。尽管如此，如果某个队列中选定的成员在动荡时期幸存下来，它们就会成为十分珍贵之物（早期的规范和价值观）的承载者，同情它们的选民可能会做出英勇的斗争，使它们继续生存下去。全国有色人种促进会（NAACP）在 1995—1996 年的领导层和资金危机中似乎就受益于这样的支持，因为它正努力从近 20 年的不活跃和反复出现的危机中恢复过来（Smith，1996）。

第四，资源可得性的突然波动可能会导致种群承载能力的快速变化，对不同年龄的组织产生不同的影响，密度延迟就是其中一个例子（Amezcua et al.，2013）。能力增强型技术创新也可能产生特定的队列效应，因为年轻企业可能比年长企业更容易采用这种创新。相比之下，能力破坏型创新有利于全新的企业队列，而不是既有企业队列。例如，在光刻校准设备行业，在每一轮能力破坏型创新产生后，一波又一波的新进入者取代了领先企业（Henderson and Clark，1990）。Tushman 和 Anderson（1986）在对航空公司、水泥制造商和微型计算机行业的研究中发现，既有企业几乎发起了所有的能力增强型创新，而新进入该行业的企业则发起了能力破坏型创新。

然而，能力破坏型技术变革并非必然导致既有企业的毁灭。在对排字机行业一个多世纪变化的分析中，Tripsas（1997）辨识出三波能力破坏型技术创新，分别发生于 1949 年、1965 年和 1976 年。她发现，既有企业在每一波技术创新中都对新技术进行了大量投资，但它们的产品始终不如那些新进入该行业的企业。尽管如此，在其中两波技术创新浪潮中，既有企业在技术冲击中幸存下来，因为它们拥有宝贵的专业互补性资产（Mitchell，1992；Teece，1986）。一些既有企业拥有专业制造能力，有的企业控制着强大的销售和服务网络，还有一些企业拥有专有的字体库。根据创新的特点，有些资产仍具有价值，使既有企业在新技术浪潮中幸存下来。

1. 扩散的队列效应

美国大型企业形式的变化是一个转型的例子，它产生于单一的组织队列，但随后迅速蔓延到所有企业队列。在对大企业采用的部门结构的经典研究中，Chandler（1962）认为，领地扩张和产品多样化给大公司原有的单一结构（U 型）带来了难以承受的压力。作为回应，杜邦公司、通用汽车公司、泽西标准公司和西尔斯 – 罗巴克公司，在 20 世纪 20 年代采用了部门结构（M 型）。根据 Chandler（1962，p.2）的观点，部门形式是对大企业面临的竞争压力的一种战略反应：总办公室计划、协调和评估若干运营部门的工作，向它们分配必要的人员、设施、资金和其他资源（对于这一观点的批评，参见 Freeland，2001）。各部门主管对其财务绩效和市场绩效负责。

起初，多部门形式（MDF）并未被其他大企业广泛效仿，但它现在已成为主导形式。1929 年，美国 100 家最大的非金融企业中只有 1.5% 的企业采用了 MDF，然而到 1979 年，100 家最大的企业中有 84.2% 的企业采用了这种形式（Fligstein，1985）。1929 年之后的几十年里，既有的和新涌现的大企业都愿意采用 MDF，而且公司规模和年龄显然都没有影响到这种转型。Fligstein（1985，p.388）指出了影响企业转型的三个条件：追求多产品战略；所处行业的竞争对手已经采用了 MDF；拥有一位具有销售或财务背景的

CEO（Fligstein，1993）。

Fligstein的发现可以有几种解释，这取决于人们采用何种理论视角。人们可以将同一行业的其他企业的复制视作不确定性条件下的一种模仿同构（DiMaggio and Powell，1983），也可以将其视作种群层面的学习过程。种群层面的学习是指种群经验所产生的惯例和能力的实质与组合的系统性变化（Miner and Haunschild，1995）。模仿同构意味着企业会采用这种实践（不考虑其效果如何），而种群层面的学习则意味着企业会关注这种实践是否有效。Amburgey和Dacin（1994）对1949—1977年美国262家最大的矿业和制造业公司的分析有力地证实，追求多产品战略增加了企业采用MDF的可能性。Palmer、Jennings和Zhou（1993）对1963—1968年活跃的105家大企业进行分析，得出了类似结果。因此，这种始于20世纪20年代的转型——彼时只有两家大企业采用了这种转型，到了80年代成为大企业结构的一个标准特征。MDF从一个特定的企业队列的实践，演变成了共同体范围的组织知识。

2. 方法论警示

如果时期因组织年龄不同而对组织转型产生不同影响，那么演化模型就必须包括这样的效应。在图8-1的年龄、时期和队列效应图式中，除非包含非线性因素，否则这三个概念之间的定义依赖性将使我们无法理解它们各自的效应（Yang and Land，2013）。如果这三类历史性效应仅仅是线性的和可相加的，那么了解其中任何两类历史性效应就会自动得出第三类历史性效应。例如，假设年龄效应是单调线性的（每一年的年龄增长都产生相同的结果）以及时期Ⅰ的效应对所有组织都是相同的。在这种情形中，队列A、B和C之间的差异仅仅是其创建年份的差异（它们的年龄差异）。知晓"年龄"效应和"时期"效应，将会得出"队列"效应。类似地，在时期Ⅱ开始时，因年龄而幸存下来的组织，它们之间的差异将是创建年份和它们所经历的时期的差异。

然而，当更深入地研究组织转型理论时，我们几乎找不到简单线性关系假设。例如，组织解散和年龄增长模型通常假定，年龄的保护效应以不断增加的速率（非恒定速率）而增加。此外，研究者在研究历史过程时，往往没有意识到必须对年龄、时期和队列效应做出理论假设。生态学分析是一个特例，因为它更明确地考虑上述问题。使问题变得更复杂的是，年龄、时期和队列效应往往与其他因素相互作用，很难对它们进行一般化处理（Yang and Land，2013）。

另一个方法论上的复杂问题是，组织学者经常将多种历史机制与年龄、时期或队列效应联系起来。例如，组织印记原则与队列效应的关联最为紧密。它假定初创期的组织更容易受外部影响。环境因素会给年轻组织打下烙印，以至于即使那些因素在环境中已经消失，组织仍会反映它们（Marquis and Tilcsik，2013）。但是，印记的变体可能发生于不同的分析层面——个体成员或创业者、组织的子单元、组织和组织种群或共同体。有些学者认为，这些分析层面展现了不同的印记过程，需要一些新概念才能充分地把握它们。例如，学者提出"制度遗产"概念来标示整个组织共同体的队列效应（Greve and Rao，2014）。如果历史效应是双向的相互影响（历时过程中，组织与环境相互影响，而非环境单向地、一次性地影响组织），那么这种观点似乎特别有说服力。

小结

组织嵌入同类组织形成的种群中,也嵌入不同种群构成的共同体中。演化意义上的转型是那些在种群内的许多组织中发生的转型,这些转型在一个种群队列中传播并使其分裂或催生出新种群。因此,在演化视角中,广泛的转型比孤立的组织内发生的变化更重要,无论后者看起来有多大、有多重要。在种群层面,转型浪潮显然很少出现,但具有潜在的重大影响,如果它们是能力破坏型的或改变种群多样性的话,尤为如此。例如,单性别学院的转型浪潮使美国的大多数女子学院消失,以及多部门形式取代了老旧的公司形式。

从演化视角来看,种群和共同体的多样性来自种群的持续变异,这些变异是通过年龄、时期和队列效应的相互作用而引入种群的。在任何特定时刻,种群都包括经历过不同时期的组织,因为它们是在不同的年份创建的。如果随着年龄的增长,组织在其结构和活动中经历可预测的过程,那么相同年龄的组织将彼此相似,而不受时期影响。组织在经历历史性时期时,如果那些时代的事件给组织打下烙印,那么积累了相同时期经验的组织会越来越像彼此,而不分年龄。

有些时期对所有组织产生类似影响,而其他时期对特定年龄的组织产生影响。如果一个历史时期的影响取决于受影响组织的年龄,那么年龄和时期本身都不足以帮助我们理解相似之处。相反,种群中的每一个队列都会积累独特的经验,将自身与其他队列区分开来。在极限情况下,它们的异质性历史轨迹,使得组织知识不能在各个队列中转移。

转型发生于历史情境中,有些力量共同驱使组织分裂,而另一些力量将组织推向一组共同的惯例和能力。在选择压力下,种群中的组织是否会趋向于某种主导性设计而将变异控制在一个狭窄的范围内?或者,当时期效应和队列效应都有利于创新、竞争、合作联盟和其他因素产生的变异时,会保持高水平的多样性吗?从演化的角度来看,种群适应不断变化的环境的能力取决于组织多样性。因此,演化分析在面对历史力量时,将大量精力用于理解转型在提升或降低多样性方面的作用。

研究问题

1. 队列效应在多大程度上扭曲了我们理解组织年龄效应的能力?

2. 在什么条件下研究者应该融入种群和共同体层面的情境,以理解年龄效应?

3. 为什么研究法律和监管变化可能比简单的事前–事后分析更复杂?

4. 在本章中,我们强调了社会情境对组织变化的影响,通过历史性时间"时钟"对其进行评估。另一种可与组织结果关联在一起的"时钟"是关键成员(诸如创始人或高管)的个人史。请试着建立一组假设,将创始人或管理者的生活史中的年龄、时期和队列效应与他们经营的组织联系起来。

5. 为什么能力增强型创新和能力破坏型创新对创建率和解散率产生不同的影响?请给出理由。

第四部分

种群层面的动态

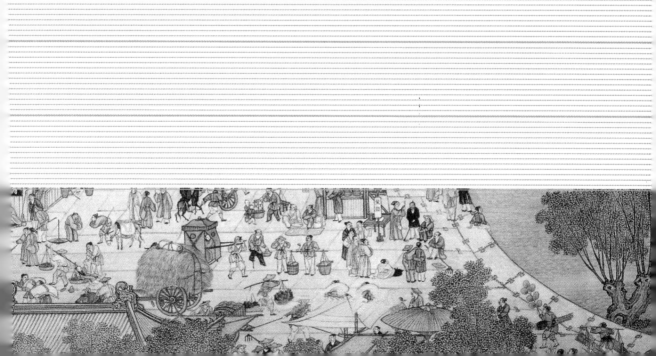

第 9 章
CHAPTER 9

新组织种群的涌现

组织共同体由不同的种群组成,这些种群各自占据不同的局部生态环境,它们混合使用一系列普遍且基于特定种群的惯例和能力。从短期看,我们观察到一组稳定的种群,这取决于新组织取代解散组织的速率。但是,这种平静的画面可能会蒙蔽我们。种群的出现和消失都有一定规律。在足够长的观察期中,几乎所有种群都呈现倒 U 形成长模式,组织数量随种群成长而起落。在本章中,我们考察新种群涌现的社会过程,从种群中先锋性新创企业的创建到种群成长的早期阶段。此外,我们还考察形式增殖和种群建立时所处的时期条件。

新种群经由何种过程涌现?正如第 6 章和第 8 章所讨论的,我们知道:组织形式反映了特定时期内新手创业者可获得的知识和资源。组织化过程中使用的能力和惯例同样嵌入特定文化和特定历史时期内。因此,不同时代建立的种群体现了不同的组织形式(Stinchcombe, 1965)。分析性地来说,组织种群和形式反映了一种简单的定义方面的二重性。种群由具有相似关键属性的组织构成;组织形式体现了一些关键特征,这些关键特征使观察者能够辨识一个组织是否属于特定种群。如第 6 章所述,从用主观性方法定义组织形式的视角来看,种群涌现研究绝非简单地对发现了有效新能力和惯例的组织的初始面貌进行"统计"描述。它还包括对社会文化规则的理解,这些社会文化规则使观察者能够将一个组织的形式与其他同期组织的形式区分开(Pólos, Hannan, and Carroll, 2002)。

在本章中,我们关注的是新种群的成长而非新市场的开放。新市场可能在既有市场内涌现,由所谓的既有进入者开拓——已服务相似市场的既有组织,抑或既有组织资助的新创企业(Goldfarb and Kirsch, 2019; McKendrick et al., 2003)。或者,新市场可能经由新手创业者(通过构建独立的组织开辟了某种局部生态环境)形成的全新种群而涌现。例如,亚马逊公司是在线图书销售领域的先驱之一,它在 1994 年创建之时就是一个全新的实体。这种独立的新创企业不能依赖既有制度和种群提供的外部支持，因此面临一系列尖锐问题，特别是学习和合法性问题。

9.1 定义：种群、学习和合法性

组织种群吸引了许多社会科学家的广泛关注，这也造成了术语和分析方法方面的巨大差异。经济学家通常想理解哪些组织在提供产品或服务方面相互竞争。政策分析家可能会考察哪种组织集群可能以相似的方式受到法规或其他政策的影响。社会学家可能会考察哪些组织可以借鉴共同的身份、规范和惯例集。更广泛地说，研究者分析新组织种群的涌现，是因为这些种群（及其体现的形式）常常能为社会需求和问题提供一些解决方案。

在这一部分中，我们思考了组织种群涌现分析中必须解决的诸多议题。在过去20年中，研究者给予形式的涌现以极大关注。然而，在如何更好地理解这一过程方面缺乏共识，甚至对基本术语也缺乏共识。有些学者使用高度形式化的数学模型来处理形式涌现问题，而其他学者则认为它是一个混乱的社会和政治过程。还有一些学者认为这是一个利益相关者的理解问题，分析单元应该是认知过程和图式。学者们经常将"组织形式"这一短语同类别、种群、产业和领域互换使用，使这一问题变得更加复杂。在本章中，我们的目的是为这一新兴的组织研究领域阐明这些不同的定义和方法。

我们通过以下方式来实现上述目的。第一，我们思考并辨识组织种群及其涌现时机的经验性议题。第二，我们定义影响组织种群发展的资源约束。第三，我们认为，在一个新种群中，首批新创企业的创始人是在几乎没有先例可循的情境中行动的。因此，他们必须学习新市场的相关内容，建立组织知识来开发新市场。此外，他们的合法性经常遭到潜在成员和资源提供者的质疑。尽管学习和合法性只是影响种群成功生存的若干因素中的两个，但是在演化论所涵盖的时间范围内，它们是主要的约束条件，因此值得研究者们关注。

9.1.1 辨识组织种群

组织形式和种群的二重性引出了一个经验性问题，即如何在任何给定的组织和某种形式之间建立映射关系。在研究实践中，形式的定义通常具有指涉性，研究者倾向于参照行业普查、贸易目录、报纸、网站和其他档案资料中标识组织的通用标签对形式加以定义。然而，正如Ruef和Nag（2015）在有关美国高等教育的分析中所说，特定形式的理想型定义（通常是先验性描述的）与常识性定义（既有组织呈现出的可观察特征）之间存在某种张力。前一种方法可能会创造出将诸多组织形式结合起来的分类，而这些组织形式应该划分至更细致的分类中。例如，现在"研究型大学"这一分类就不那么有用了，因为许多（包括那些几乎没有其他共同特征的）学院和大学至少要有一些教师的研究成果。使用常识上可观察的分类，为混合型组织（从理论上说，混合型组织可与多重组织形式建立映射关系）留下的空间很小。例如，文科院校中商业和专业项目的扩展，使我们很难将这些项目完全归入一个类别。

此外，观察者可能会给"准形式"贴上共同的标签，这些组织安排被认为具有独立的身份，但它们并不是真正独立的。此类准形式通常出现在市场早于组织形式涌现的情形中。例如，尽管 20 世纪 70 年代电子乐器行业取得重大技术进展，合成音乐在一些小众音乐中也十分重要，但是新生的合成器行业在其最初几年仍面临两大障碍。第一，最早的进入者必须找到新技术的用武之地。Donald Buchla 和 Robert Moog 的原创技术（发布于 1966 年），看起来更像一台电脑而非乐器，亦无名称，发出的声音在彼时的流行音乐中是前所未闻的（Pinch and Trocco，2002）。多年来，在少数先锋派音乐家和学术实验室之外，它仍是一项几乎不为人知的技术（Nelson，2015）。第二，一旦它对于流行音乐的适用性变得明朗起来，新兴的合成器行业中的组织就需要阐明这种乐器是一种全新的声音来源还是既有声学乐器与合奏形式（例如，管弦乐队的乐器组）的替代品。直到既有的管风琴制造商（如 Korg 和 Yamaha）生产出类似钢琴的合成器以及全美音乐商人协会开始跟踪调查它的销售数据时，这种乐器才成为流行音乐管弦乐的公认组成部分（Anthony，Nelson，and Tripsas，2016）。更一般地来说，缺乏焦点身份会给尝试辨识组织种群的研究者带来困难，在某种形式涌现的初期尤为如此。

种群辨识中的其他议题是语义而非操作方面的议题。我们有时会交替使用组织"种群"和"产业"这两个术语。产业经济学家通常将"产业"同消费模式联系在一起，而组织生态学家将"种群"同生产系统中的一组潜在竞争者联系在一起（Hannan and Carroll，1995，pp.29-30）。在研究实践中，生态学家和经济学家利用相同的数据源进行分析，只是改变了标签而已。尽管如此，似乎有若干理由来使用"种群"这一术语。我们很难将许多志愿组织和公共部门组织置于"产业"这一标签下，也很难将任何产业化以前的组织形式置于"产业"标签下。与之形成鲜明对比的是，我们很容易将学院、杂货店和手工业协会确认为组织种群的组成部分。从这个角度来讲，我们在本书中更多使用"种群"这个术语，但在某些情况下也使用"产业"这一术语，例如"汽车产业"。

9.1.2 种群涌现的时机

在研究促进或抑制新组织种群涌现的社会条件前，我们必须先关注"何时可说某个种群（及其相应的形式）存在了"这个议题。因为种群涌现是一个过程，但研究者通常难以确定具体的起源时间。例如，美国健康维护组织（HMO）的概念可追溯至美国海事医务署从 1798 年开始提供的预付费医疗服务（Freeborn and Pope，1994）。从 20 世纪 20 年代末到 40 年代，少数预付费的群体实践活动激增，其中包括洛杉矶的 Ross-Loos 诊所、纽约的医疗保险计划和奥克兰的 Kaiser Permanente 健康医疗机构。尽管如此，"美国健康维护组织"一词在 1970 年才出现，直到 1973 年随着美国《健康维护组织法》的通过才得到明确的监管认可（Scott et al.，2000）。因此，根据大多数解释，HMO 形式历经几十年才得以涌现。

确定种群起源的具体时间，很大程度上取决于学者如何将组织形式概念化。正如我们在第 6 章讨论的，有些视角强调了组织边界内发生的过程，而其他视角强调组织层面之外发生的过程。呼吁关注内部过程的视角，典型地依赖"先锋性"组织范例来辨识种群的涌现。很多分析家将 HMO 种群的起源追溯至 1945 年，彼时 Kaiser Permanente 健康医疗机构向公众开放注册。组织形式的客观定义强调的是惯例，诸如 Kaiser Permanente 依据人均付款安排招募特定地理区域的个人；主观定义则强调 Kaiser Permanente 的组织身份感，因为它反抗"正统"医学的约束（Caronna and Scott，1999）。因此，只要观察者认为先锋性组织内的文化或物质实践足够新颖并导致与先前形式的决裂，新的组织群体就开始了。

有关形式涌现的外部视角关注个体组织之外的过程，诸如监管措施、技术突破或专利、社会运动以及公共媒体报道中组织形式标签的建立与发展（Ruef，2000）。是否使用特定的标签可能取决于新兴种群面临的技术和制度压力（Meyer and Scott，1983）。对承受强大的制度和技术压力的组织共同体而言（如医疗、公用事业和银行），监管标记是新种群涌现的非常重要的标志。只有技术压力占主导地位时（例如，在许多大规模的制造业中），才可以将创新或专利视作新种群涌现的最有用的时间标签。相反，当种群遭受强大的制度压力和较弱的技术压力时，例如学校和教堂，可以追溯到倡导某种形式的社会运动的兴起，从而辨识这类种群的起源时间。对于既不承受强大的制度压力也不承受技术压力的形式而言，则可以将公共媒体报道中对新组织形式的初始界定和命名视作种群涌现时间点的最佳标志。

9.1.3 资源约束

Klepper 和 Graddy（1990）的研究表明，从首家新创企业到种群稳定，不同种群之间在时间上存在质的差异。他们研究了产业成长，发现一些产业从起源到稳定（定义为企业数量达到峰值并在几年内大致相同的年份）仅需要 2 年，而有些产业可能需要 50 年左右。其中，从起源到稳定的时间均值为 29 年，标准差为 15 年，说明建立各行业所需的时间存在巨大差异。新种群中的什么条件会产生这种差异呢？

可得资源决定了环境承载力，也限制了种群密度（在有限空间中竞争相同资源的组织数量）。对一个新种群来说，环境承载力（指其可以支撑的组织数量）是不可预知的。相反，只有当新形式的组织面对既有形式、制度约束以及其他影响可得资源的竞争，开拓出自己的局部生态环境时，才可能揭示出环境承载力（Brittain，1994）。在实践中，这意味着我们只有在达到环境承载力水平且新种群数量已经稳定或开始收缩后，方能知晓环境承载力水平。

正如我们在第 6 章所讨论的，关于组织形式的一个共识是，通过考虑其资源局部生态环境来刻画它们，也就是足以支撑一个种群的资源和其他约束因素的独特组合。新种群必须在种群共同体内为自己开拓一片空间，不管是通过开辟新的局部生态环境还是侵占既有局部生态环境。"基础性"的局部生态环境和"现实化"的局部生态环境之间的区分，把握到了争夺相同空间的种群间的竞争。基础性局部生态环境表示种群维续所需的所有条件。然而，如果其他组织也竞争相同的资源，那么种群可能就被限于"现实化"的局部生态环境中。现实化的局部生态环境是指"受限的环境空间，即使有相互竞争的组织种群存在，也能维持一个种群的生存"（Hannan and Carroll，1995，p.34）。在大多数情况下，由于种群间的竞争性互动，种群的现实化的局部生态环境要小于其基础性的局部生态环境。

新种群通过同其他组织群体的竞争与合作，最终获得的平衡决定了其边界。成员在致力于构建种群边界的过程中，学习并响应各种约束和机会。尽管并非必然是合作行为，但他们的行动是一种集体性行动。诚然，正如我们后文将讨论的那样，在初期，创始人可能会相互斗争以决定新种群的方向。因此，我们不认为明确的战略意图会推动所有有益于种群发展的集体行动。但是，一旦种群建立，合法性和种群知识就成为种群内所有组织创建时的资源，不管这些组织的个体性特征如何（Rao，1994）。

9.2 学习与合法性约束

当组织种群年轻且规模小时，其创建率较低且解散率较高（Carroll and Hannan，2000）。随着种群的成长，上述情形逐渐改善，代之以逐渐提高的创建率和降低的解散率。哪些情境因素使潜在创始人望而却步且破坏了新组织的生存？有两个因素看起来特别重要：①缺乏有效的组织知识；②新活动缺乏外部合法性。我们在第4章中讨论了新手创业者的组织知识的来源和使用，我们在本章中继续讨论这一问题。由于前几章未重点关注种群层面的合法性问题，所以在给出我们的主要观点前，先对其进行界定并给出若干示例。

关于合法性，Hannan 和 Freeman（1989）综合了制度和生态学理论观点。他们认为，之所以存在低创建率和高解散率模式，盖因组织身处起初缺乏外部合法性的新种群中。随着种群的成长，其合法性也将提升。随着新种群中可观察组织的数量增长，受众（包括客户、评论家、金融家和其他利益相关者）更容易理解身处其中的组织之目的和性质（Kennedy，2008）。

9.2.1 学习与合法性的形式

新种群中的新手创业者面临两大难题。第一，他们必须在未知和不确定的情境中，发现或创造有效的惯例和能力。新种群的组织数量少，组织成员必须在无角色榜样可效仿的情况下学习新角色的相关内容。第二，新组织必须和环境建立联系，尽管其所处的环境可能不理解或不认可该组织的存在（Stinchcombe，1965）。在刚开始对这些问题进行研究时，Aldrich 和 Fiol（1994）使用"合法性"这一术语来涵盖这两个问题。然而，出于本章的分析目的，我们将其分为学习与合法性问题。尽管这两个概念显然是相互交织的，但将它们分开强调了本章的原则是建立在前几章的概念之上的。

在概述这两个问题之后，我们来考察创始人在应对学习和合法性问题及机会时所采取的各种策略。我们既强调创建新组织所涉及的知识，也强调涉及的能动主体：创业者、行业协会和其他集体行动者。我们主要将学习视作认知问题，将其与认知合法性放在一起进行研究。因此，在表9-1和随后的讨论中，我们将学习和认知合法性置于"认知性策略"标题之下。我们将合法性的第二个维度（社会政治性策略）分为道德合法性和监管合法性这两个子类（见表9-1）。

表 9-1　促进新种群成长的策略

分析层面	认知性策略		社会政治性策略	
	学习	认知合法性	道德合法性	监管合法性
组织	通过试验创造知识库	通过叙事和创建身份将新创企业同过去联系起来	以地方性的信任网络为基础	尽可能地规避与政府机构的纠缠
种群内	通过鼓励趋同于主导性设计,而深化知识库	合作共创公认的和标准化的组织形式	通过动员,采取集体行动,培育可靠感	与政府和政府官员建立统一战线
种群间	通过推动联盟和第三方活动推广知识库	利用具有相似身份的既有种群的理所当然性	通过与其他行业的谈判或妥协,营造出新活动已经成为现实的舆论环境	联合政府机构对抗竞争性种群
共同体	通过与既有教育体系建立联系,巩固知识库	符合独立认证机构的分类要求	通过组织集团的集体性营销和游说活动嵌入合法性	通过政治行动委员会和雇用前政府官员,将种群嵌入政治体系

9.2.2　学习：组织知识的扩散

新种群运用的一些知识以科学规律和规则的形式存在,我们可以通过组织试验来发现这些知识。例如,在技术产业中,应用研究和开发活动关注于将基础科学知识转化为商业产品或服务(Murmann,2003)。在非技术性种群内,所使用的一些知识可以通过对既有知识进行随意而有创造性的重组生成出来。因此,文化产业中的时尚和潮流(如音乐、戏剧、艺术等)都源自看待既有知识的新方式(Khaire,2017)。一些有益的知识,甚至可能已经以广为人知且具有合法性的模型的形式存在,人们可以简单地复制这些模型。创始人越是偏离既有形式,他们开发新知识的任务就越具有挑战性。

在第4章中我们指出,新手创业者通过经验发展自身的组织化的知识结构,将这些结构作为模板(图式),赋予信息以形式和意义。在既有种群中,创业者受益于从既有模板中拣选最适合自己的模板。但是,在新种群中有益的模板是罕见的。因此,先锋性创业者必须学习新图式。例如,主导性设计方面的共同协议推动技术性种群的扩张,而分歧会让潜在创业者望而却步。如果不为种群建立广泛的知识基础,那么低创建率和高解散率将阻碍种群成长。

新种群的成长也依赖于潜在受众对其了解的程度。对于受其影响的各种拥护者来说,新种群可以给他们带来何种预期价值(Suchman,1995)？客户、供应商、债权人、员工和其他人在做出是否加入其中的判断之前,先要学习、了解新种群。例如,20世纪70年代和80年代,向潜在客户传播个人电脑知识,推动了个人电脑在家庭和商业中的运用,催生了许多创业企业。因此,关于新种群的知识不仅必须扩散到新手创业者那里,而且必须扩散到它们的目标受众或市场。

9.2.3　合法性：认知合法性和社会政治合法性

我们采纳 Suchman(1995,p.574)给出的具有包容性的合法性定义："在某些社会建构的规范、价值观、信念和定义的体系中,普遍地认为或假设某个实体的行为是可取的、适当的或适宜的。"Suchman 提出了一个由实用、道德以及认知三部分组成的合法性分类,但我们修改了他的建议,也就是将"实用"归入我们提出的组织学习概念中,将"道德"归入社会政治合法性中(也可参见:Aldrich and Fiol,1994;Scott,2008)。正如 Suchman 指出的,社会政治合法性概念指的是所有的文化监管过程,而"道德"仅限于做出有意识的是非评价。因此,我们采用由认知合法性和社会政治合法性两部分构成的分类图谱。在此之后,我们又将后者分为道德和监管这两个要素。

认知合法性指的是接纳新创企业且将其视作环境的一个理所当然的特征。如果新产品、流程或服务被接受,成为社会文化或组织景观的一部分,就认为其获得了最高认知合法性。当人们对活动十分熟悉且习以为常时,当创业者试图创造复制品时,就会节约组织的时间和其他组织化资源,而且这种复制的成功率很高(Hannan and Freeman,1986,p.63)。从生产者的角度看,认知合法性意味着种群的新进入者很有可能复制既有组织形式而非试验一种新形式。从消费者角度看,认知合法性意味着人们是其认可的产品或服务的忠实用户。

社会政治合法性指的是关键利益相关者、公众、关键的意见领袖和政府官员接纳新创企业,认为它是适宜且正确的。这种接纳包含两个部分:道德接纳——符合文化规范及价值观;监管接纳——符合政府法规和规章。Clemens(1993,p.771)指出,"采用特定的组织形式会影响一个有组织的团体与其他组织形成的联系"。符合文化规范和价值观的指标包括:①新组织形式未引起宗教和民间领袖的攻击;②提升了其领导人的公众声望。一个未能获得道德接纳的例子是,在 19 世纪,人寿保险产业总是遭受神职人员和教会的诽谤,指责其亵渎了生命的神圣性(Zelizer,1978)。符合政府法规和规章的指标包括:旨在保护或监管种群的法律得以通过;政府对种群提供补贴扶持。例如,1935 年通过的《瓦格纳法案》使符合联邦准则的工会在联邦法律下获得特殊地位。政府的批准是争取监管合法性的长期斗争的象征,这场斗争首先由手工业工会发起,然后由产业工会引领。

9.3 认知策略

认知问题(缺乏组织知识和低水平的合法性)而非社会政治问题,可能是全新活动的创始人面临的最紧迫的问题。如 Delacroix、Swaminathan 和 Solt(1989,p.247)所指出的,在资本主义国家,企业受益于一种普遍信念,即"所有追求利润的活动均是有效的,除非有特别禁止"。尽管它可能以法律章程的形式获得法律上的批准,但一项全新的活动往往是在低知识水平、低认知合法性或两者兼有的情况下开始的。这些问题中的任何一个都可能成为种群成长的障碍,除非能够克服它们,否则种群不会有什么进展。如果没有对其活动的广泛了解和理解,创业者可能难以维持关键拥护者的支持。潜在客户、供应商和投资者可能无法充分了解新创企业的性质,潜在员工可能对新种群中的工作充满怀疑和不信任。要取得成功,创始人必须找到一些策略来提升公众对新活动的认识,使之达到人们视其为理所当然的程度(见表 9-1)。

鉴于缺乏信息和先前行为，先锋性创始人需要从组织层面开始，在自己的组织中创建知识库。在早期，他们可能也会与其他组织的创始人在所处的新兴种群中进行斗争。在认知合法性方面，他们无法将最初的信任构建策略建立在客观的外部证据之上。相反，他们必须专注于将未知的形塑为可信的。鉴于新种群中学习和合法性存在一定重合，接下来我们将两者结合在一起进行讨论。

9.3.1 组织层面的认知策略

组织化过程的基本规则几乎遍及现代社会。从这些基本模板入手，新种群内的新创企业创始人从试验性的行动中获得反馈来指导行动。如果他们只是简单地再生产所熟悉的种群内的最常见形式，那么他们会发现广泛存在且可得的知识。然而，过于依赖传统来源会使他们原有的能力得到不断提升而非遭到破坏（Tushman and Anderson，1986）。相反，创造性的创始人会引发变异，打破传统。

Lawless 和 Anderson（1996）创造了"代际技术变革"这一术语，用于描述代表某个技术领域内重大进步的创新，这种创新发生在渐进式变革时期，因此可被既有企业采纳。能力提升型创新使有雄心的员工更容易离开雇主，从而去复制既有的组织形式。但是，他们必须同既有组织竞争，或者寻找方法来打破他们可能签署的非竞争协议，这种可能性无疑会挫伤创业者的积极性（Marx，2011）。与之形成对比的是，能力破坏型创新会给成熟种群内的既有企业带来难题，因为僵化的惯例和能力会阻碍适应性变革。若干研究表明，新进入者比既有企业更可能利用能力破坏型创新所引致的中断。诚然，Anderson 和 Tushman（1990）认为，既有企业很难采纳能力破坏型创新。

能力破坏型的非连续性通常要求新的组织形式生产新产品、服务或实施新流程。例如，恰似我们在上一章中所述，光刻校准设备行业在每一次能力破坏型创新后，一波又一波的新进入者取代了领先企业（Henderson and Clark，1990）。Kulicke 和 Soffa 于 1965 年推出了首台在商业上获得成功的校准器，且在很小的市场中占据主导地位，直到 1974 年 Cobilt 和 Kasper 取代了它们。PerkinElmer、GCA 以及 Nikon 相继快速跟进。"几乎在每个案例中，既有企业都会将大量资金投入下一代设备上，但收效甚微"（Henderson and Clark，1990，p.24）。

鉴于它们起源于新的且未经检验的组织知识，先锋性新创企业面临认知合法性的关键问题。先锋性创业者应如何获得合法性？尽管他们从事冒险性事业，但还是必须找到说服他人信任自己的方式。信任是创业者获得成功关键的第一层决定因素，因为根据定义，几乎没有证据可支持他们的新活动。在第 4 章中，我们描述了创业者如何利用其社会网络来调动资源。强关系和网络掮客对于先锋性新创企业的创始人特别重要。创始人可利用第三方的关系来证明自身的可靠性和声誉，利用社交技能来确保基于人际关系的合作（Baron and Markman，2003；Kramer and Cook，2004）。

创业者可利用解释新行为时内在的模糊性，同信任方面对面，巧妙地形塑和修改其行为和意向。Lounsbury 和 Glynn（2019）强调，创业者不仅要利用有形的人力、社会和金融资本，也要依据其组织形式的认知合法性，采用强调或淡化新创企业的独特性的各种叙事方式。创始人可以强调其新创企业和自身背景中可唤起他人认同感的诸多方面，使他人将其理解为一项风险导向但负责任的事业。Parhankangas 和 Renko（2017）研究发现，相较于既有种群中的创业者而言，新种群中的创业者在众筹平台筹集资金时，必须以独特的方式形塑其宣讲内容。他们的分析表明，与既有种群中的宣讲相比（在此，可以接受一般的创新主张），新生种群中的成功宣讲包括更多的具体实例和准确的语言。类似地，在一项对创业者向潜在投资者宣讲时的修辞的研究中，学者发现创业者通过专注于时间性和产品开发，旨在获取叙事的合理性和引发共鸣（Van Werven, Bouwmeester, and Cornelissen, 2019）。新生种群中的创业者也从集体性语言中获益颇丰。一般地来说，当试图解释其筹资活动及其新创企业时，新生种群中的创业者会面临巨大挑战。

9.3.2 种群内的认知策略

种群内部过程通过使新组织的直接环境结构化，约束新种群的涌现。新种群内的先锋性创业企业面临两大难题。第一，创始人必须创造并传播有用的组织知识。在有些情况下，创始人可以模仿他人建立的有效惯例和能力。趋同于主导性设计可为新进入者铺平道路。第二，创始人必须以某种方式获得关于标准和设计方式的集体协议，从而使拥护者将种群视作理所当然的现实。若标准和设计方式未得到拥护者的认可，种群的边界会变得模糊，协调将变得十分困难，组织知识也将转瞬即逝。创建活动将会受阻，解散也将频繁发生。

新种群获得某种稳定性后，新创建的组织可以效仿早期成功的创建经验，从中获益（Delacroix and Rao, 1994）。当创业活动集中于某个地理区域时，这一点是正确的，因为创业者可利用朋友和熟人的地方性网络（Sorenson and Audia, 2000）。在这种情况下，组织知识十分广泛且更容易获取。新手创业者可以充任既有企业主的学徒、阅读当地媒体关于成功组织的报道、在社区大学学习以及参加交易会等。例如，在21世纪初的几十年里，美国南部一座大城市的食品卡车经营者帮助新企业进入该行业，在资源匮乏期与其他经营者合作（Sonenshein, Nault, and Obodaru, 2017）。此外，2008~2012年期间在美国11座城市进行的研究发现，食品卡车经营者通过他们的行业组织采取集体行动，向成员提供信息，进行自我监管，并抵御餐饮业的挑战（Esparza, Walker, and Rossman, 2013）。它们构成了一个可辨识的认知共同体，以相似的方式对所感知的市场做出响应。与之形成对比的是，新种群中的最早的创业者不具备这种优势。

在早期，种群中的创始人暗中竞争，努力使自己的方法被视作理所当然的方法，呼吁潜在客户、投资者和其他人接受他们的观点。人们难以看见"想象中的未来"，因此，创业者必须努力建构有关它的故事（Beckert, 2016）。正如 Goldfarb 和 Kirsch（2019）所指出的，叙事为种群的存在提供辩护，当新产品和服务涉及只侧重于一种易识别的产品或服务的"纯单一业务"企业而非提供多种产品和服务的既有企业时，预想中的有前景的未来是最容易建构的。潜在客户和投资者可以合理地将叙事与特定的新兴实体（而非将产品或服务深埋于内部的多元化公司）联系起来。

试图复制新活动的组织，在启动阶段就会陷入困境，因为对新活动缺乏了解，复制只能是不完美的模仿（Barney，1986；Reed and DeFillippi，1990）。新种群的大部分知识是隐性的，以未编码的形式掌握在创始人和员工手中。这种隐性知识通常很复杂，其他人难以识别因果关系（Nelson and Winter，1982）。与特定组织关联在一起的知识创造了一种其他组织难以复制的关系。因此，在创业者就其接受的一组简化的标准或设计达成一致前，先锋性的创始人将不可避免地频繁犯错。

1. 模仿和主导性设计

在新种群内，缺乏达成一致的主导性设计（公认的架构和构成产品或服务的一组要素），关于应该遵循何种标准的困惑感日益增加，约束了新创企业的知觉上的可靠性。创始人不仅要说服怀疑者相信组织的持久力，还必须防御那些提供略有不同的产品和服务的组织引发拥护者的认知困惑。在激进式创新后，激烈竞争的诸多设计可能会引发争霸时代的降临。当核心子系统的主导性设计出现后，这个纷争时代才会结束。然后，进入渐进变化的时代（Anderson and Tushman，1990）。如果新创企业发现模仿先锋性企业比寻求进一步的创新更容易，并且当使用者看到需求端回报增加的证据时，则设计的价值会随着其他使用者数量的增加而增加，从而趋同于获得认可的设计（Arthur，1989；Saloner，Shepard，and Podolny，2001）。例如，当其他使用者倾向于依赖相同标准时，智能手机、办公软件和共享汽车都变得更加有用了。

在新技术显示出需求方收益增加的情况下，偶然事件以及一小群企业的进取行动可能在种群演化中发挥关键作用。如果采用一项技术可以使采用者获得经验并可能加以改进，那么看似微不足道的事件可能会赋予新技术一种其他竞争性技术无法克服的初始优势。幸运的技术抢先于其他与之竞争的技术一步，改进更快，因此吸引更多的潜在使用者，继而又享有更多的改进机会。"因此，在采用方面偶然获得早期领先优势的技术可能最终'占领'潜在采用者市场，而其他技术则被排除在外"（Arthur，1989，p.116）。这个过程是具有路径依赖性的，因为种群成长依赖一系列独特的历史事件。路径不可逆转，不可回退，后续事件也难以改变其方向。

路径依赖可以用两个有据可查的历史案例来说明，这些案例说明了早期建立的技术是如何获得压倒性优势，以至于后续潜在更高级的技术也被排除出局的：打字机键盘设计以及交流电与直流电之争。现在美国已普遍使用QWERTY键盘布局，克服了早期打字机的机械故障。QWERTY键盘布局不如后期的Dvorak的版本，但在早期它被迅速采用，这使它具有其他键盘布局无法克服的锁定优势（David，1985）。此外，发电网络以更复杂的方式发展，因为既有网络已经获得其他网络无法超越的协调经济，因此获得了锁定优势。Hughes（1983）提供了一项有关该过程的跨国比较研究（比较了芝加哥、柏林和伦敦三座城市），记录了政治和技术是如何交织在一起的。追随Hughes的洞见，一些社会学家认为早期推动种群的主导性设计（采用交流电的中央站电力系统），主要是由于诸如托马斯·爱迪生、J. P. 摩根以及塞缪尔·英萨尔等关键行业参与者间的个人友谊和冲突而引发的（Granovetter and McGuire，1998）。

在主导性设计、共同标准和企业间人员的流动方面的隐含共识提升了共享能力。在汽车产业初期，电力、蒸汽和天然气制造商之间出现了激烈竞争。早期的汽车制造商总是从轻资产型企业起步，因为成熟的金融机构不会在市场不明确的情况下冒险投资未经检验的产品（Rao，1994）。因此，创业者进入和退出汽车产业的比率都很高。直到1902年竞争结束后，汽油汽车成为主导性设计，部分原因是在汽车比赛中汽油车显示出了优势性能。自此之后，大多数创办的汽车企业都是以汽油为动力，而不是其他动力源。随着这种形式的日益流行，人们逐渐认为使用汽油车是理所应当的。

2. 模仿和组织间关系

新创企业的模仿能力取决于知识是否受到法律工具（专利、版权和商业机密）的保护以及创新是否被编码化（Teece，1992）。如果一项创新没有受到法律保护以及所涉及的产品或流程的本质对局外人而言是显而易见的，那么他人就可能会自由地复制这项创新。相反，如果该创新得到保护且其本质令人难以理解（除非通过干中学），那么他人就不太可能模仿它。这种情况会加剧主导性设计方面的不一致。

开创者（生产原创设计的企业）可能会紧握技术或设计的所有权，也可能会允许技术或设计自由传播。当有效知识广泛传播时，会减少不完美的模仿并降低解散率。即使新种群确立了某种主导性设计，设计中的技术变革也仍可能发生（Iansiti and Khanna，1995）。主导性设计的选择和保留可能只是将竞争转移到设计中的其他可供选择的技术轨迹上，而不是终结竞争性设计间竞争的"发酵期"和"试验期"。

在技术产业中，依赖于一组共同的技术先决条件将一种很强的惰性元素引入了组织战略中（Podolny，Stuart，and Hannan，1996）。Cooper和Schendel（1976）研究了七个技术替代案例，他们发现，使用新技术需花费5~14年方能超越既有技术的销售额。近来，Cohen和Tripsas（2018）发现既有企业很难引入新技术。成功的企业利用作为技术"桥梁"的、建立在原有知识基础上的专利向新技术转化。它们引入使自身能够克服惰性的各种变异，否则就会阻碍既有企业从旧技术（如模拟技术）过渡到新技术（如数字技术）。

相较于拥有难以模仿的创新的种群而言，拥有可模仿的创新的种群更可能产生集体行动。如果拥有可模仿的产品或服务的创始人意识到自己的创新会泄露给竞争对手和潜在新进入者，他们就会产生强烈的动机，在稳定种群的条件方面进行合作。相反，在不可模仿的情形下，以企业为中心的行动可能会增加，因为创始人能够保护自己的核心能力，防止它被广泛传播。这种激烈竞争的个体策略阻碍了种群建立统一战线。

3. 信任和组织间关系

种群内的信任可能源于长期的集体互动模式，这种模式在组织之间建立强关系（Uzzi，1997）。在这种情形下，包含信任的关系之数量并非取决于严格的二元互动，但是它反映了一种对情境的集体性理解。例如，Swärd（2016）研究了建筑产业的合作问题，他发现既有产业规范形塑了合作的具体性质。历时过程中，随着互惠关系和义务将它们联系在一起，企业间就会涌现出信任。未偿还的债务和义务并未对受信任与互惠规范支配的合作关系造成威胁。

Uzzi（1997）在前人研究的基础上研究了信任的作用。他对纽约市服装业的23家女装企业进行了田野调查和民族志分析。尽管这些企业经常进行直接的经济交换关系，但它们也十分依赖嵌入式关系。信任（而非交易成本经济学所青睐的"可计算风险"）使企业间的交易更加顺畅。精细的信息传递使隐性知识得以在企业间传播。基于彼此间的基础性社会关系，它们还能够使用联合的问题解决方案。

4. 类别和集体身份

类别是多层面的分类系统，帮助生产者和受众理解文化与物质性对象，赋予生产、消费和互动系统以意义。人们普遍认为，在大多数情况下，在定义明确的类别中，强成员关系对组织的成功有着积极影响（Hsu，2006；Zuckerman，1999）。通常来说，可简单明了地划入某种单一类别的组织和产品，受众和评论家更容易理解它们，因此，比起那些跨边界或融合各种类别的不同元素的组织和产品来说，前者表现得更好。

类别是社会建构的，其涌现的原因从本质上说是社会认知性的（Vergne and Wry，2014）。它们通常不是根植于某种外部秩序，而是经由社会化过程学习到的协商意义之结果，因其使生活更易于管理而得以延续（Glynn and Navis，2013；Hsu，2006）。大多数关于类别的经验性研究关注类别的再生产（Carnabuci，Operti，and Kovács，2015）、既有类别如何变化（Rao，Monin，and Durand，2005），抑或背离公认的类别边界的产品和企业遭受怎样的制裁（Hsu，Hannan，and Koçak，2009）。有关类别涌现的研究，考察新兴类别中的个体企业面临的诸多挑战（Aldrich and Fiol，1994；Navis and Glynn，2010），或者研究新市场类别的参与者之间协商意义之方式（Koçak，Hannan，and Hsu，2014；White，1981）。

战略类别领域的研究，强调创业者和其他战略能动主体围绕遭受既有分类图式贬低的"符号"和"属性"，进行理论化和生成新类别的行动（Vergne and Wry，2014，p.78）。这种观点也被称作"类别创造观"（Durand and Khaire，2017）。它认为类别不只是组织及其产品可简单明了地划入的潜在社会文化结构。相反，创业者、管理者和组织积极行动，形塑与新市场的产品相关的意义和解读。例如，在20世纪90年代，纽约市涌现出一个新种群，为媒体组织生产文化内容，人们将其贴上了"硅谷"这一标签。这个新种群未能实现预期的炒作效果，到2000年就遭到了淘汰。最终该行业在一定程度上得到了恢复，但必须努力重新获得认知合法性（Garud，Lant，and Schildt，2019）。

新兴类别可能会改变组织的领导者所做出的战略决策，这包括以下几个缘由。第一，随着类别边界确立，企业更可能将资源投入开发、生产或营销方面。例如，随着媒体和公众理解其产品的有用性，新兴的微型计算机行业的企业将资源投入公共关系和市场活动中（Kennedy，2008）。第二，随着类别边界的确立，类别本身变得更易于理解，技术进步或其他知识累积过程可能会改变组织思考自身类别的方式。例如，在Windows 95操作系统发布之前，微软公司意识到自己也需要进军网络浏览器市场，因为竞争性的网络浏览器软件已经开发出来且进行销售了（Kennedy and Fiss，2013）。第三，随着客户和其他利益相关者更清晰地理解某个类别意味着什么甚或贡献自身力量改变其意义，接下来，组织必须对其做出响应（Hsu and Grodal，2015）。

对于变化中的类别边界，适宜的战略响应因受众而异。例如，Pontikes（2012）研究了1990—2002年期间的软件企业的分类，他发现消费者不可能对公司发布会中反映出的模糊性做出有利的响应，但风险资本家却倾向于投资这些企业。Pontikes提出假设，认为市场影响是造成这种差异的一个关键原因：一方面，风险资本家在形塑高科技市场和辨识可超越其初始意图的产品的过程中有着既得利益；另一方面，消费者更喜欢符合既有分类且在这些约束中表现良好的产品。

5. 集体行动和商业利益协会

种群层面的集体行动既有助于学习也有助于合法化（Rajwani，Lawton，and Phillips，2015）。组织间的最初合作始于非正式的、企业间的关系网络，但有些后来发展为更正式的战略联盟、联合企业和行业协会（Powell，1990）。全新的创新往往由少数并行且独立的行动者开发。例如，最早的微型酿酒商和酿酒爱好者分散于美国各地，在供应商和大型酿酒商主导的行业大会上会面。不久之后，他们创立了自己的酿酒协会，以举办大型聚会之名组织了"美国大啤酒节"，啤酒厂商给他们送来一箱箱免费的啤酒（Brewers Association，2012）。这个例子表明少数行动者可能会建立社会网络，在总体上引发种群层面的集体行动。

行业协会由同一种群中的组织构成，它们通过行业委员会制定产品或工艺标准，出版行业期刊。它们举办营销活动来提升种群在公众心目中的地位，同时举办交易大会，使客户和供应商能够感知到种群的稳定性。行业协会是极简型组织。它们能够以较低的管理成本运作，能迅速适应不断变化的环境，比生产组织更易于创立（Halliday，Powell，and Granfors，1987）。行业冠军是协会形成的主要推动者，因为它们往往自愿承担协会的运营费用，直到协会能够招募足够多的会员来获得稳定的会费基数。通常来说，行业中的最大的企业都会这样做，而且它们在协会的董事会中有很好的代表性。许多行业协会效仿州律师协会和其他志愿协会的做法，在早期也独立于成员企业运作。代表行业中最大的企业的律师事务所管理着许多较小的行业协会。

行业协会和其他企业间实体通过将种群的标准提升至理所当然的程度，在帮助创始人提升种群的认知合法性方面发挥关键作用。在美国，它们与国家标准和技术研究所（商务部技术管理局的一个机构）合作制定标准。例如，酿酒商协会和美国酿酒商协会于2005年合并在一起，代表手工酿酒商和家庭酿酒爱好者的利益。为了界定种群和保护其完整性（防止大型酿酒商的入侵式收购），该协会为"手工"酿酒商制定了可操作性的定义。一家酿酒商想要被认作"手工"酿酒商，每年生产的啤酒就不能超过600万桶，并且非手工酿酒商不能拥有超过25%的股份。

正如若干历史案例所描绘的，行业协会也可能提升种群层面的学习率。酿酒商协会针对不同的业内细分市场（针对家庭酿酒商的 *Zymurgy* 以及针对微型酿酒商的 *The New Brewer*）发行了不同的出版物。它们的网站还持续更新企业运营、原料采购和质量控制方面的"最佳实践"清单。在 20 世纪 80 年代的美国，随着独立发电商种群的涌现，其行业协会召开会议讨论最佳实践（Sine，Haveman，and Tolbert，2005）。它们还发行有关创业者在创建新工厂前咨询过的技术问题的报告。在日本，协会发挥着积极作用，将协会成员聚集起来共同发展海外业务。它们创建了外语图书馆，建立了专利数据库和科学参考手册。日本的行业协会还会派代表团到海外考察，学习企业、实验室以及公共机构中的各种研究项目（Lynn and McKeown，1988）。与之形成对比的是，彼时的美国行业协会（钢铁等少数行业除外）在海外的研发方面十分被动。

当试图维持现状、防止新种群威胁其资源时，行业和职业协会可能会约束新种群的成长。例如，教师工会（如，全国教育协会和美国教师联合会）反对创建特许学校，通过挑战新种群的效能来破坏其合法性。它们设法延缓或阻挠许多州通过特许学校立法。但是，在州立法者通过允许创建特许学校的法律后，这些协会对随后的创建活动几乎没有影响（Renzulli，2005）。

由于集体行动有利于所有组织，所以新种群面临搭便车这一经典问题，即搭便车者并未对集体活动做出贡献（Olson，1965）。搭便车者从其同行的行动中获益，但自己却很少或没有做任何事情来推动这些行动。行业协会和其他幸存下来的组织团体，通常以两种方式来维护组织纪律，反对搭便车者：创建强激励系统；构建有效的遵从和监控系统。

第一，组织团体向做出贡献且未背叛团体的成员提供强激励。正如我们在第 5 章中讨论的那样，类似于个体组织向成员提供奖酬的情形，激励可以分为三类：物质性激励，诸如向成员提供可在产品或广告中展示的认证贴纸或徽标；团结性激励，例如在交易会和其他社交场合与他人交往而产生的无形奖励，这些奖励是廉价且容易提供的；目的性激励，是指通过实现一项有价值的事业（如意识形态导向的社会运动）而产生的无形奖励。例如，Snow 等学者（1986，p.477）指出，随着一场社会运动的发展，它会产生解释性框架，这种解释性框架不仅能激励集体行动并证明它的合理性，也会赋予演化中的策略以意义和合法性。

第二，组织团体创建了一个监控、检测和制裁背叛行为的合规机制。种群内部的分歧通常会阻碍行业冠军（往往是一家较大的企业）组建联盟来促进整个种群发展的能力。最有效的合规结构通常包括要求种群中所有组织遵守相同标准和实践的政府规章。例如，美国国家公路交通安全管理局要求，所有在美出售的汽车要符合一定的排量和乘客安全标准。因此，联邦政府扮演着标准的监管者和执行者的角色，这样汽车制造商就可以腾出资源干其他事情。

除了搭便车问题，代表不同标准或利益的多个协会的存在，也会对种群内的集体行动造成威胁。利益团体之间竞争组织成员、象征性资源以及组织领域的主导地位，可能会加速种群的分化。在美国大学生体育运动领域，1938 年成立的全国大学校际体育协会（NAIA）同排斥低等级学校的国家大学体育协会（NCAA）相对抗（Washington and Ventresca，2004）。作为回应，NCAA 慢慢地在小型学院中扩大其成员数量，在 1952 年成立了第二个体育分部，在 1957 年设立了小型学院联赛，并在 20 世纪 60 年代给予历史上的"黑人学院"以成员资格。通过重新定义自身的目标和成员标准，像NCAA这样的利益团体可能会为种群中的认知合法性和学习提供共同基础，同时也抵御竞争性利益团体的威胁。

9.3.3 种群间的认知策略

种群间过程（种群间关系的性质，竞争抑或合作）影响环境中的资源分布以及创业者的可得资源条件。从某种意义上说，新种群被既有种群包围，所以很容易遭到攻击。既有种群中的组织感受到威胁时，会通过质疑其有效性或是否符合既有秩序，来改变新兴种群的可得资源条件。即使新种群成长为一个公认的实体后，其他种群中的组织也可能拒绝承认或接受它。正如Ruef（2000）在美国医疗保健领域的研究中所发现的，当新组织形式与具有高种群密度的既有形式的身份相似时，就会产生最高风险。然而，如果类似形式处在低密度或中等密度阶段时，认知合法性可能会得到增强，使新种群中的创业者可以在前人的基础上建立自己的声誉和认可度。

跨种群边界的商业利益团体和政治行动组织有助于使种群层面的学习和认知合法化。例如，在战时生产委员会（WPA）宣布削减授予西海岸公司的国防合同后，20家加利福尼亚电子制造商组成的多元化团体于1943年创立了西海岸电子制造商协会（WCEMA）。WCEMA（后来更名为西部电子制造商协会（WEMA））游说WPA以获得更大份额的国防合同。它们认为大部分国防合同流向了诸如雷神公司和通用电气等东部企业。在20世纪60年代，WEMA将其工作集中于硅谷地区的较小的创业企业，"赞助研讨会和教育活动，鼓励思想和信息交流，包括创办管理培训班，主题涵盖金融、营销技术、生产和出口援助"（Saxenian，1994，p.47）。WEMA最终扩展至加利福尼亚州以外的地区，于1978年更名为美国电子协会（AEA）。WCEMA向WEMA和AEA的转型，说明了跨种群的组织化行动的优势以及极简型组织的灵活性。

既有种群中的组织如果感受到其他种群中的新进入者的威胁，那么可能会通过谣言、压制信息或歪曲信息传播来破坏新来者的认知合法性。有的时候，低水平的认知合法性可能是新创企业的优势，例如，当既有组织未将该活动视作一种严重威胁时。然而，当年长的竞争性企业散播谣言说某产品或技术不安全、成本高或质量差时，就是一种不利因素。例如，美国早期的邮购和电话订购的计算机供应店是高度专业化的，面向十分了解电子产品的人进行销售，后者买入电子产品用于完善或修改自己的电子设备。20世纪80年代，种群开始迅速成长时，面向"业余爱好者"的传统实体商店认为邮购和电话订购企业不能提供售后服务，因此它们是一种低劣的形式。

类似地，健康维护组织（HMO）也遭到传统医生的强烈抵制，后者认为HMO违背了人们对有效医患关系的传统期望，由此将导致向患者提供较差的服务。医生通过全国性组织，如美国医学协会（AMA）以及州协会来反对HMO。他们在美国退休人员协会（AARP）中找到了一个强大的盟友，该协会认为HMO欺骗老年人。HMO发展十分缓慢，直到其他组织（如大型保险公司）代表它们介入纠纷，以及医疗保健的制度情境倾向于削减成本之时（Scott et al.，2000）。HMO也为自己组织起强大的协会，例如美国健康计划协会以及包括美国大多数 HMO 的美国团体健康协会。从方法论上讲，如果 HMO 在发展的早期阶段就被成功压制，那么这个例子可能永远不会引起我们的注意。在本章的小结中，我们再讨论这类成功偏差问题。

9.3.4 共同体层面的认知策略

共同体层面的条件通过影响新活动的知识传播以及它被公众或官方认可的程度来影响种群的成长速度。如果新兴种群中的创始人施行了有效构建信任和提升可靠性的策略，已经建立了超过其他种群的声誉，那么他们就为获得共同体层面的合法性奠定了基础。如若不然，种群的生存就会面临更多问题。在这个层面上，创始人不再是孤军奋战的独立个体。相反，有很多投身于集体行动的"工具"：行业委员会、合作联盟以及行业协会等（见表 9-1）。

既有种群通过对其活动知识的制度化传播而获得巨大利益。种群在社会中所获得的"社会空间"在一定程度上是经由对其何以匹配共同体的广泛理解而得以维系的（Delacroix and Rao, 1994）。起初，新种群中的组织太少了，无法达到必要的临界数量来提升公众对新种群的理解水平。记者、报纸和杂志编辑以及有影响力的社交媒体对描述活动所需的术语并不熟悉，他们的描述可能不准确。因此，如果潜在创业者依赖这种报告，可能就会被严重误导，那么在模仿新活动的过程中犯错将是在所难免的。

1. 学院和大学在知识传播中的作用

教育机构创造并传播有关主导性能力的知识，从而将资源送至潜在创始人手中。从某种程度上说，特定能力是种群的基础，教育机构的活动可能会提升组织共同体的多样性。大学、研究机构和相关项目组织不仅开展研究，还培训那些能够开发最新研究产品的人员。有些活动关注新手创业者引入市场中的技术。例如，斯坦福大学工程学院院长 Frederick Terman 在 20 世纪 40 年代促进斯坦福大学与当地产业建立紧密的互惠关系，在第二次世界大战后，又协助建立了一个相互依赖的技术学者网络。教育机构"构建培训学生基本能力的课程体系和学位项目，从而对信息进行形式化和集中化。一旦技术得到理解，在种群中出现稳定且可辨识的工作（例如计算机工程师）时，学院和大学就会接手大部分技术人员的培训工作"（Romanelli, 1989, p.230）。在 21 世纪，美国大学中与创业相关的课程、认证以及专业的增长，拥有激发创业活动的潜力（Lippmann and Aldrich, 2016a）。历史性地来看，国家教育体系的成长，传播了通用能力，教授新手创业者获得成功所需的必要技能，从而提升了创建率（Nelson, 1994）。

在美国，新组织应当地经济发展机构的要求（这些机构渴望新创企业创造就业机会），通常与社区和技术学院建立合作伙伴关系。教育机构，特别是职业化、专业化导向的教育机构，其培训以面向大众市场的出版社编写的课程材料为基础。由于没有公认的词汇或概念框架，作者和编辑在设计手册和教科书时面临严重困难。教育机构在课程开发方面比较保守，因此在为它们编写课程材料前，新种群必须实现相当高的自组织程度（David, Sine, and Haveman, 2013）。

在大学开始将科学或工业领域的陶瓷结构序列纳入应用科学与工程课程前，美国的超导体研究就已经开始了。在20世纪初,化学和航空航天工程作为学科在大学中兴起,使化学加工和飞机产业受益匪浅,因为这些学科"既是未来工程师的研究基地,亦是未来工程师的培训基地"(Rosenkopf and Tushman, 1994, p.414)。在美国生物技术产业史的早期阶段,很少有科学家拥有新的生物技术企业所需的博士学位和其他专业化培训经历。最终,随着产业中的职业前景逐渐明朗,吸引了更多的新生,科学家的供给数量也得以提升。

如今,在开发新技术以及将新技术引入市场时,大学发挥着巨大作用。20世纪80年代,首次出现了技术转移和大学技术许可办公室,帮助科学家和大学开发利用实践性创新。在过去的20年中,它们遍及数百所大学(Owen-Smith, 2011)。这些办公室努力为大学实验室和研究中心开发的技术创造出某种清晰的商业化路径。由于大学中的科学家和大学本身都可从商业化中获益,因此他们为具有商业潜力的研究投入了新的资源,这在一定程度上模糊了公共科学和私人科学的边界(Colyvas and Powell, 2006)。著名的谷歌搜索引擎技术由斯坦福大学的研究生于1996年发明,在斯坦福大学技术许可办公室的协助下实现了商业化。在生物技术、计算机科学和其他产业中,数以千计的不太出名的创新皆源自大学研究。

2. 通过认证机构获得合法性

在美国工业革命的前几十年中,由于缺乏能够证明其合法性的独立机构,很多刚起步的产业处于不利地位。在行业协会、不断发展的消费者运动、偶尔的政府委托以及独立评估公司和产品的商业市场兴起的刺激下,可以认证信用和声誉的组织种群缓慢成长。那些对如何保护消费者免受劣质产品侵害拥有不同文化观念的组织创业者互相争斗,使得独立的消费者监管组织(如消费者联盟)成长。消费者监管组织的一些创始人将自身视为公正的科学检测机构,而另一些创始人则希望通过进取性的消费者运动来挑战不负责任的公司(Rao, 1998)。在批评者的攻击下,面对战时发展带来的经济变化,消费者联盟"慢慢地不再作为政治、社会或道德活动的引擎,将自身重塑为公正的检测机构"(Rao, 1998, p.944)。除了像消费者联盟这样的非营利团体,评估产品和服务的商业企业也在蓬勃发展。

在消费者联盟的引领下,当前存在许多带有特殊目的的组织为既有种群中的企业提供独立的评级服务。这样的例子包括餐饮业的米其林指南和Zagat、保险业的贝氏评级公司和穆迪评级公司、汽车业的J. D. Powers、对企业信誉进行评级的Dun & Bradstreet、为影片评分的Rotten Tomatoes以及适用于一般注册公司的注册会计师事务所(Han, 1994; Hsu and Podolny, 2005; Rao, Monin, and Durand, 2003; Ruef and Patterson, 2009a)。当然,正如Rao(1994)在研究美国早期汽车行业时所发现的那样,当种群合法性提升时,一些组织比其他组织获益更多。随着汽车产业为赢得认可而奋斗,那些在可靠性和速度竞争中获胜的企业,通常比那些没有获胜的企业更有可能生存下去。因此,这些企业自身合法性得到迅速提升,超越了此类竞争赋予整个汽车产业的一般合法性。

认证过程的分析有时会面临将合法性的认知维度(组织或形式的辨识度如何)与社会政治维度(第三方是否认为组织或企业是合法且适当的)混为一谈的风险。在对证券分析师的研究中，Zukerman（2004）试图通过评估与传统产业分类不匹配的企业的股票价值和波动来分离认知维度。未能始终包含在同一组分析师的评估分析中的企业不被看好，被视作"非合法企业"，从而导致股票市场收益的下降和高波动性。因此，证券分析师是上市公司是否符合文化法规分类的有力仲裁者。

9.3.5　认知策略总结

新种群中的创业者通常面临着一对孪生问题：缺乏有效的组织知识和低水平的认知合法性。同所有新创企业一样，它们从组织层面开始在组织内部构建知识库和身份。相较于组织的再生产者而言，它们要进行更多的试验。当它们应对潜在员工、客户、供应商、债权人以及其他人的质询和压力时，不仅必须围绕自己的新创企业而且还需要置身新兴种群内形塑自身的活动。组织在种群中开辟自己的局部生态环境时，还要通过行业协会、行业委员会和其他群体的集体行动使种群边界成为受人瞩目的焦点。

当种群的边界与其他种群的边界相交时，冲突就凸显了种群间的差异。与关键拥护者的互动也有助于界定种群的边界。公共机构和职业培训计划的认可以及私营和非营利组织的认证，为新种群披上合法性和可靠性的光环。在时间长河中，如果种群幸存下来，它将在组织共同体中获得理所当然的地位。然而，对于许多种群而言，道德接纳和监管批准的问题也会阻碍其成长。我们现在就来讨论这些问题。

9.4　社会政治合法性策略

社会政治合法性是指关键利益相关者、公众、意见领袖以及政府官员接纳新创企业，将其视作适宜且正确的。社会政治合法性包括两个组成部分：一项活动在文化规范内的道德价值；政治和监管机构对活动的接受度。创始人必须找到适应或改变既有规范和法律的方式。在此过程中，他们可能必须抵御宗教和公民领袖的攻击，找寻提升种群公共形象的方法。创业者通过策略性的社会行动，试图建构最终可能会改变共同体规范和价值观的新意义。从这个角度来看，社会情境不仅代表理所当然的意义模式，而且代表进行新意义建构的场所。通过创建创新型企业（这是创造新种群的第一步），创业者开启了重构过程。

9.4.1　组织层面的社会政治合法性策略

从组织层面来说，在既有资本主义社会中，很少有创始人会遭遇严重的道德合法性问题，因为创始人拥有创建新企业的推定权利。尽管如此，一些新的组织形式还是引起了公众的不满甚或谴责。例如，美国的人寿保险业最初遭受谴责，指责其粗俗地商业化了生命的神圣性（Zelizer，1978）。在过去的几十年中，美国的有毒废物处理行业、核电行业、生物技术行业、在线色情制品行业和计划生育诊所均遭到攻击，人们指责它们的活动是不道德的，威胁到了某些珍贵的价值观。就其本身而言，个体创始人在克服对其道德缺陷的指摘方面，几乎无能为力。如以下各节所述，我们认为获得道德合法性需要采取集体行动而非个人行动。

寻求道德合法性的组织必须警惕避免表现出愤世嫉俗或自私自利的行为，因为道德计算以公共价值而非利益为基础。尽管如此，Suchman（1995，pp.580-582）提出的四种形式的道德合法性分类，确实为新种群的策略提供了大致轮廓。后果合法性建立在"组织产生公共利益"（例如，更好的医疗条件或更清洁的环境）这一主张的基础上。对于这个维度，创始人需要将自己的组织与普遍的公共偏好关联起来。由于有关公共利益的规范处于抽象层面，所以也可以用同样抽象的语言来形塑组织目标。程序合法性取决于组织使用社会认可的技术来提供产品或服务。在难以评估产出的情况下，程序可能是仅有的可观察性活动。例如，特许学校可能宣称自己具备程序合法性，因为它们"遵循了必修课程的要求"，即使学生的考试成绩仍然低得可怜。

结构合法性源于组织展现其种群中所期望的适当形式。例如，学校是否雇用指导顾问和社会工作者？显然，对于新种群而言，形式本身仍处于变化中。因此，模仿同构（复制种群中最常见或最有价值的结构）是不可行的。相反，创始人有机会创造出之后将被感知为具有合法性的结构。最后，个人合法性取决于组织领导者的魅力。由于魅力不稳定且难以制度化，因此它对组织的长期价值往往令人怀疑。然而，对于新创企业而言，在缺乏个人资产或经验的情况下，魅力在调动资源方面发挥了重要作用。

根植于地方社区的信任网络中的新组织形式，起初就会拥有其他组织所不具备的道德合法性基础。在 20 世纪 90 年代和 21 世纪初，随着大型的全国性银行开始收购较小的社区银行，它们为银行创业者提供了创建新型社区银行的新机会，因为客户并不信任进入其市场的全国性银行。在银行合并的时代背景下，社区所嵌入的地方网络和规范以及信任为社区银行形式重新注入了活力（Marquis and Lounsbury，2007）。

与之形成对比的是，在 19 世纪 80 年代，当创业者试图通过建立分支机构，聘请代理人来招募彼此陌生的成员，从而建立全国性的互助储蓄和贷款机构时，他们就遭遇失败了。然而，到了世纪之交，不断变化的规范和价值观已经破坏了储蓄机构的旧形式。"流动人口和异质性人口的增加（在加利福尼亚地区）、主张进步的科层制精神，加速了基于互助和强制性的储蓄所的衰落，促进了颂扬进步的科层制精神和自愿性的储蓄所的兴起"（Haveman and Rao，1997，p.1 644）。

监管合法性和政府的作用

美国既有种群中的企业主最常抱怨的一个问题就是：政府过度干涉企业内部事务。然而，从历史上看，美国政府和经济间的关系比其他工业化国家弱得多。与西欧和日本相比，美国企业在国家和工会面前享有相当多的自主权。与欧洲大陆的情况相反，尽管有诸如《谢尔曼法》（1890）之类的立法，一直到 20 世纪初，美国政府在很大程度上仍是工业发展的代理人（Schakenbach Regele，2019）。有三个因素抑制了国家集中制的发展：快速的经济增长、小企业数量众多，以及西进运动下不断发现新的国内市场。然而，国家权力和干涉最终都会增加，政府成为企业既不能完全支配也不能完全忽视的力量。

自 20 世纪 60 年代以来，美国出现了独立的消费者和环境利益组织，挑战私营企业部门。无论哪个政党执政，这些新组织都有更多机会参与政治进程。此外，在 20 世纪

70年代，企业认为自身受到许多日益复杂的政府机构的挑战，后者的工作人员往往对非商业利益团体的需求极为敏感。在这种政治冲突和争论加剧的氛围下，监管过程变得更加政治化。自此以后，为了回应中央和地方政府对经济和社会事务的高度参与，利益集团的活动明显地扩大了（Gray and Lowery，2001）。

新手创业者在创建组织时，只有很少甚或没有任何先例可循，在获得监管部门批准方面处于不利地位。研究表明，大多数新企业的创始人尽可能地避免与政府机构和官员纠缠不清。他们在为员工办理社保和失业保险方面拖延，还推迟申报所得税和申请营业执照，直至非做不可之时（Aldrich，Kalleberg et al.，1989）。这种拖延通常持续数年，反映了创始人并不确定有界实体是否真实存在。尽管存在一些合法创建企业的模板，但创立的时机仍难以预计（Ruef，2005）。拖延也反映了创始人意识到政府机构对新企业的了解也十分模糊。我们猜想，除了诸如生物技术或特许学校等受到严格监管的种群，大多数新组织形式的创始人都会依循这种拖延策略。

9.4.2 种群内的社会政治合法性

集体行动构成了种群层面行动的社会政治策略的基础。正如我们在讨论认知策略时所认为的，影响新种群涌现、成为稳定实体的关键事件包含其他类型组织的形成（Delacroix and Rao，1994）。新种群获得道德合法性需要改变或适应既有的规范和价值观，而个体组织则缺乏完成此任务的资源。同样，要获得法律和法规的认可，一般需要竞选捐款、政治行动委员会、游说以及其他代价高昂的活动，这些活动并非个体组织所能完成的。因此，在新种群成长的早期，必须通过组织间的行动来解决社会政治问题。

如果集体行动失败，那么社会政治批准（特别是政府机构的监管批准）可能会遭受损害。如果未能就共同标准达成共识，新群体就容易遭受某些成员的非法和不道德行为的影响。这种行为可能使整个种群在道德方面声名狼藉，危及其合法性。相反，围绕集体目标的动员可能使新种群能够形塑政府监管进程，甚至可能获得有利的待遇。正如Edelman和Suchman（1997）所指出的，组织和协会不仅是法律的适用对象，而且它们还有助于形塑法律。如果早期的创始人成功地创造出一个将新种群与既有规范和价值观联系起来的解释框架，那么后来的创始人将很容易获得支持。

成功创建一个强大的组织来代表自身利益的种群，可以利用自身地位来阻碍其他组织形式的形成。有些种群十分幸运，它们不仅能从政府那儿争取到有利待遇，还能为自身披上道德合法性外衣。例如，美国的殡仪馆业主，在控制政府对该行业的监管方面取得了巨大成功（Torres，1988）。地方性殡仪馆通过专注于企业的地方性控制以及尊重其实践的神圣性这两个主题，控制了大多数州的行业监管委员会。

近一个世纪以来，州委员会禁止了各种非传统的死者处理方式，反对火葬场、殡葬协会以及连锁经营的殡仪馆。依照地方性殡仪馆的意愿，州委员会提出了旨在排除其他形式的要求，例如，禁止公司所有权，要求所有设施配备齐全，禁止机构共享设备，要求所有机构雇用全职防腐师。它们的行动使技术上更优越的替代方式的创建率非常低，几乎完全抑制了竞争种群的涌现。只有当20世纪80年代不断变化的政治潮流开始支持放松监管时，区域性和全国性的连锁式殡仪馆才占据上风。

9.4.3 种群间的社会政治合法性

新种群容易遭受其他种群的攻击，可能会危及它们的社会政治合法性。受影响种群中的既有组织往往强烈反对寻求开发类似资源的新创企业的崛起，试图处处阻挠，包括质疑它们是否符合既有规范和价值观。它们通常不会挑战创业者创造商业或非营利组织的一般权利（在大多数西方政治民主国家，这种权利是有保障的），而是抵制创建威胁到自身局部生态环境的组织。正如我们在前文中所讨论的，除了质疑新种群的认知合法性外，既有种群还可能对有威胁的新进入者设置法律和监管障碍，来进行有效的反制。

出租车公司对 Uber 和 Lyft 等乘车应用程序的涌现做出的反应，为我们提供了一个说明社会政治合法性如何遭受挑战以维持组织垄断的示例。Uber 的前身是 UberCab，于 2010 年 7 月在旧金山湾区推出其在线应用程序。到该年的 9 月，当地出租车行业对 UberCab 是否合法表示担忧，UberCab 在次月就收到了旧金山市交通局和加州公用事业委员会的停止令（Kolodny，2010）。在随后的几年里，类似的斗争在美国一些城市上演，直到各州建立法律框架，规范市政部门监管共享汽车的能力后，这些斗争才得以平息（Graves，Rizer，and Kane，2018）。到 2018 年底，除俄勒冈州之外，所有州都有了关于共享汽车服务的运营和保险的法律。

因此，新种群的涌现和成长，部分取决于可能抵制入侵的既有种群的攻击的严重程度。在讨论认知策略时，我们注意到，既有组织可能会对新活动的效能产生怀疑。此外，它们还可能质疑其是否符合社会规范和价值观，从而改变向新种群提供资源的条件。除了获得认可外，新种群还需要与其他既有种群建立可靠的关系。如果它们获得了合法性，那么默许经济交易的可能性就更大。

如果新种群与既有种群发生公然性的社会政治冲突，就可能需要行业协会或行业委员会来调动新来者的力量。在新来者和既有种群的零和冲突中，妥协可能是不现实的。然而，许多涉及道德和监管接纳的种群间关系，包含教育和谈判问题，而非零和冲突问题。例如，新的生物医学和医疗保健行业只有说服第三方（保险公司和政府）支付患者无法承担的费用（如 CAT 扫描或人工耳蜗植入费用），才能生存下去。因此，种群中的企业必须进行合作，教育和影响这些第三方，将产品或服务纳入其支付报销系统。技术密集型病人护理的道德论点强调医疗保健系统有义务为人类的生命质量竭尽所能，而监管方的论点则强调政府和私人保险公司对承保公民的公平待遇。

跨种群边界的合作赋予协会和其他集体机构更强大的权力基础，使其能够在政治上运作。通过聚合它们的资源，伞状协会拥有了更大的社会政治影响力，尽管其代价是增加内部的异质性。在这种影响力策略与成员资格策略的冲突中，伞状协会更注重成员资格。因此，它们只注册了所有潜在的合格成员中的一小部分。在美国，只有最大的企业才归属商业圆桌会议、世界大企业联合会和经济发展委员会。中小型企业则加入美国商会、全国独立企业联合会和全国制造商协会，等等。

这种异质性的商业利益集团的合作行动改变了组织景观。在 20 世纪 60 年代末和 70

年代初，劳工和消费者利益集团获得了巨大成功，产生了几项具有里程碑意义的立法：《平等就业机会法案》《职业安全与健康法案》《环境保护法案》。20 世纪 70 年代，商业利益集团通过建立新的团体和振兴既有协会进行反击。在 1974—1981 年期间，统一的商业共同体的集体行动，导致了诸如《劳动法改革法案》和拟议中的联邦消费者保护局的流产（Akard，1992）。

我们再次看到了个体利益与集体利益的悖论：寻求或接受与既有种群的合作关系的先锋性新创企业可能会成功，而这恰恰使得追随者（所谓的"后进者"）以较低的成本进入新生种群，进而将先锋性企业赶出局。例如，奥斯本电脑公司是将其他制造商的软件与其产品捆绑在一起的先驱企业，但没有在一些代价高昂的营销失误中幸存下来，而这些失误给了其他公司超越它的机会。然而，从种群层面来说，这种合作往往是生存所必需的。我们的论点是演化论的而非功能主义的。合作的努力并不能保证合作的实现。演化模型只是说，如果种群中出现合作，那么种群将获得克服内部协调和外部合法性问题方面的选择优势。

9.4.4 共同体层面的社会政治合法性

如果新种群缺乏共同体层面的支持，那么它们争取社会政治批准的努力会被削弱。大多数新形式的商业企业至少在道德和监管方面得到了一定程度的包容。尽管如此，许多没有得到支持或失去支持的情况抵消了这种看似轻而易举的成功。例如，美国第一位报纸编辑被判入狱，许多企业间的联盟在 19 世纪被裁定为非法组织（Staber and Aldrich，1983）。在英国和法国工业革命期间，对技术创新的抵制来自以道德和哲学为由反对创新的知识分子以及对既有技术有着既得利益的人。Mokyr（1992）将英国在工业发展方面的更大成功归因于政府对创新的支持比法国更强。

当前，低社会政治合法性仍是许多潜在商业活动的一大障碍。例如，焚烧或掩埋有毒废物的新方案往往与美国社区对土地使用决策的地方性控制规范相冲突。公民抗议说，程序合法性遭到了侵犯，因为官员在做出有关废物处理的重要决定时未征求他们的意见。20 世纪 40 年代和 50 年代，当生产氟化物的化工企业试图说服地方社区官员为其公共事业购买氟化系统时，类似的公众争议也困扰着这些企业（Coleman，1957）。企业试图通过雇用有当地关系的游说者组成"公民团体"来支持拟议中的计划。在 20 世纪的最后几十年中，烟草业特别善于掩饰对反对控烟立法的当地社区团体的赞助。

20 世纪 60 年代和 70 年代，非主流组织面临着合法性障碍，阻碍了它们招募成员与主流企业竞争的能力。同样地，希望转换为员工所有制的组织，最初人们也将其视作对美国社会的基本经济价值观的挑战（Rothschild and Russell，1986）。人们认为它们在结构上不合法，因为它们拒绝层级制、正规化以及基于专业技能和培训的劳动分工。尽管如此，非主流组织在一个短暂的时期内仍享有一定的道德合法性，因为支持者创建了诸如免费学校、医疗诊所和报社等组织。然而，随着在国会的历届会议上，促进合作银行和员工所有制的各种立法举措均告失败，那段时期也就结束了。

文化规范和价值观的跨国差异，意味着有些活动在某个社会中遭受道德上的怀疑，但在另一个社会中则不然。在德国，新兴的生物技术产业面临着比美国同行更严重的社会政治合法性问题。20世纪90年代中期，德国一家大银行的分析师指出，"生物技术在德国国内几乎不存在……公众仍然强烈反对它，所以德国公司发现它们不得不去美国或日本等国外发展"（Nash，1994）。除了联邦的监管障碍外，德国当地的民选官员也对社区内的生物技术实验室持反对态度。环保主义者，诸如政治势头强大的环保运动，带领公众反对基因技术研究和生产。社会政治上的反对、德国商业界的传统保守主义，导致德国在1994年只有17家生物技术公司，而彼时的美国大约有1200家。由于公众对该行业持怀疑态度，许多欧洲的化学和制药企业将其研究实验室迁往美国，或与美国企业建立伙伴关系。

即使不存在道德合法性问题，但是如果新种群的活动和长期后果不为人所了解，它们可能也难以赢得谨慎的监管机构的批准。在20世纪，美国新兴的生物技术行业企业（其技术以操纵DNA为基础），在赢得食品和药物管理局（FDA）对其测试程序的批准方面面临着巨大障碍，我们在第11章中会讨论这个案例。生产技术可能置员工于危险之地的新种群必须赢得州和联邦《职业安全与健康法案》（OSHA）办公室的批准，尽管此类办公室历来资金不足，以至于其监管工作不可能威胁到大多数不遵守规定的企业。

9.4.5　社会政治合法性策略总结

除了组织知识不足和低水平的认知合法性的问题外，新种群中的组织创业者还面临着道德和监管合法性问题。我们已经强调过，在新种群的早期，认知问题对大多数新组织来说是最为重要的，但是只要新活动打破了文化框架或触犯了政府的法律法规，就会出现社会政治性问题。在既有的规范和法律框架下，创始人试图说服关键的拥护者认同新创企业是适宜且正当的。他们试图拉拢宗教和公民领袖，提升种群的公众形象。单独行动的新组织很少会赢得社会政治合法性。相反，创始人会在所处的新兴种群中与其他组织联合起来共同做事。通过行业协会、行业委员会和其他团体的集体行动，种群能够使用同一种声音发声。集体行动也使种群的边界更加清晰明了。

小结

鉴于新种群中的先锋性创始人面临的组织、种群内、种群间以及共同体层面的各种条件，他们所需要的策略往往与既有种群中的创始人使用的策略存在差异。生成和维持新组织知识和合法性的各种策略与产生它们的层级化情境一样，都是相互关联在一起的。赢得组织内部和周围利益相关者的信任，能够为与其他类似组织合作交流建立知识库奠定基础。接下来，这些策略又使成员组织更容易组织在一起，使它们的种群建立起广泛的声誉，成为一个持久的现实实在（reality）。在种群确立主导性设计和标准后，其边界就变成更清晰的参照焦点，因为新进入者会根据是否符合制度化的秩序做出判断。良好的声誉有助于促进制度行动者的合作，最终提升种群实现有效的集体行动和赢得合法性的概率。

新种群涌现的时期值得更多的理论关注，因为开拓局部生态环境涉及各种强大的力量，各时期中的事件会给持续存在的组织打上永久烙印（Stinchcombe，1965）。诚然，表 9-1 中的种群成长模型隐含地指向一种新的活动模式，这种模式最终与它的组织间环境和共同体环境相协调。作为共同体中的一员，新种群作为现状的维护者而占有一席之地。然而，根据所举出的例子，很多有前景的新活动显然从未实现其潜力，因为创始人未能与利益相关者建立信任关系，他们屈服于反对的人群，也从未赢得外部支持。

我们列出了本章中使用的一些例子，以提醒读者注意，种群的生存和成长通常都会存在很多问题（见表 9-2）。汽车产业遭受有关动力源的各种竞争性设计的困扰，而汽油动力车在认证赛中的胜利有助于推动该产业向单一的主导性设计方向发展。生物技术产业起初面临着政府机构漫长且费用高昂的审查，但是在 20 世纪 90 年代，其政治权力的增强缩短了这种审查过程。与之形成对比的是，按次付费的信息产业因其可疑的做法和缺乏统一标准，引致政府越来越多的监管。最近，共享汽车公司遭受来自关注公共安全的市政部门和维护其垄断地位的出租车公司的大量的法律挑战。理解新创企业创始人所面临的学习和合法性方面的约束，有助于我们理解促进和约束组织共同体中的种群多样性的各种力量。

表 9-2　遭遇集体行动和合法性问题的新种群示例

种　群	问　题	结　果
19 世纪 90 年代的汽车产业	动力源的竞争性设计	公路拉力赛中的胜利使汽油动力车获得优势
20 世纪 70 年代至 90 年代的生物技术产业	公众焦虑和严格的政府监管	20 世纪 90 年代早期的政治行动缩短了极为漫长的 FDA 批准过程
20 世纪 80 年代和 90 年代的按次付费的电话信息产业	缺乏统一标准和自我监控	政府对种群进行监管
21 世纪 10 年代的共享汽车产业	源于市政部门和出租车产业的法律挑战	共享汽车运营的州级法律框架

本章阐述的模型强调了三个问题。

第一，正如我们在第 4 章中指出的，研究者经常试图区分新组织（复制所处种群中的众所周知的实践）与真正的创新性组织（没有先例的开创性实践）。然而，这种区分几乎总是发生于研究既有种群的情境中。研究者对新种群的可能起源的关注有限。因此，研究者将两种极不相同的创新实践混为一谈，而这种创新事件给创业者带来了迥异的问题：一个是在制度化情境下开展创新活动，另一个是在种群边界尚未确立的未知领域进行创新。未来研究需要将这两种形式的创新区分开。在下一章中，我们将重点讨论既有种群中的创建和解散过程。

第二，生态 – 制度文献中关于"合法性"的争论，部分集中于种群历史的左截尾问题（没有关于种群历史的早期数据）。是否可以获取种群最早期的数据，也就是说，是否可以在刚刚能够观察到组织创建的时候就获取相关数据？数据的左截尾问题可能会导致模型的误用以及得出有关种群成长模式的有偏差的结论。然而，这种争论忽视了一种更严重的选择偏差。在某种程度上，我们只研究了那些存活时间足够长、能够在通常的档案信息源中留下痕迹的种群,我们忽略了那些失败的种群。那些在创建新种群过程中努力奋斗但最终失败的组织群体,为检验我们有关种群形成的社会情境的思想观点提供了最佳的历史记录。

我们怎样才能避免对历史遭到截尾的种群的偏见呢?正如演化理论家使我们意识到将研究重点放在幸存组织的横截面研究上十分危险(Aldrich,1979,pp.56-61),我们也必须意识到我们关注幸存种群的倾向。研究者必须更多地关注经济史和商业史——不是书写在个体企业的案例研究层面的历史,而是书写在时代与时期层面的历史。产业创造的经济学理论狭隘地关注影响新产业进入决策的风险和经济权衡问题,很少关注那些决策所处的社会情境。哪些活动吸引了创业者、投机者、投资者和其他人,却在未获得关键利益相关者、相关的种群和其他力量的支持的情况下落败了?商业媒体是一个很好的信息源,我们可以从中了解那些因挑战传统种群,或以令人惊愕的方式落败,抑或以其他方式成为短期新闻而引起关注的新活动。

第三,当我们辨识新种群的起源时,研究需要密切关注新种群的早期阶段。研究者现在经常收集许多种群的完整生活史的信息,但是,只收集诸如创建和解散这样的一般性事件。除了这些关键事件,我们还需要收集有关那些早期创业者之间的联系模式的信息,特别是有关他们为创建集体行动工具所做的所有努力的信息。我们还需要关于其他组织群体(可能的竞争者、监管机构以及地方政府等)如何对新兴种群中的首批新创企业做出反应的信息。同样,社会历史学家、文化人类学家、商业历史学家以及其他人,都可以丰富我们对新种群早期阶段的理解。

研究问题

1. 为什么对新兴组织、种群和共同体的认知和社会政治合法性策略研究可能会遭遇非意向性偏差?

2. 为什么我们不能事前知晓某种环境的承载能力?

3. 请解释资源约束经由何种过程影响种群达到环境承载力的速度。

4. 请辨识并解释在种群稳定后,在新种群中创建组织的优势与劣势。

5. 支持新种群建立和发展的机制(诸如学习、认知合法性和社会政治合法性)通常难以进行实证测量:

(1)组织理论家在多大程度上可以(以及应该)使用更直观的指标(组织间模仿、种群密度以及与强大利益集团的联系)来近似替代这些机制?

(2)还可以使用哪些近似替代指标?

第 10 章
CHAPTER 10

种群再生：创建和解散

为什么我们应关注种群内的组织创建率和解散率？从演化视角看，我们给出两个理由。第一，在给定的、有代表性的解散率下，除非有新组织加入，否则种群（特别是在其早期阶段）将会缓慢成长或根本不成长。正如组织生态学家和经济史学家的研究所载，以前的许多种群已经从组织景观上消失了（Ruef，2004）。第二，解散可能是认识影响种群的选择力量的一条线索。通过观察哪种组织被选择淘汰以及哪种组织能够生存下来，后续进入者能够辨识出获得青睐的形式，并确定哪种选择标准发挥了作用。相对于前几代而言，后续进入者可能会利用这样的信息来提升其适配度，不断地更新种群。

尽管大多数新建立的商业组织规模小、寿命短，但它们是成熟种群内活力和创新的一个主要来源。例如，Tian（2018）分析美国商业动态统计数据库，发现1976—2013年，新企业进入率是经济增长的一个领先指标。新企业对就业的贡献超过了企业倒闭造成的就业损失。使用类似数据库对葡萄牙新企业进行的研究也显示，初创企业在减少工资不平等和为刚失业的工人提供再就业机会方面发挥了重要作用（Rocha，Carneiro，and Varum，2018）。通过取代解散和退出的组织，组织创建活动使一个种群保持了活力并维持其在社会中的位置。

在第9章中，我们重点关注新种群的涌现。组织共同体的长期成长和多样性取决于新组织进入新的种群。然而，大多数的创建和解散是既有种群而非新种群中司空见惯的事件，也就是说，在既有种群中增加或去除组织。因此，我们在本章中将种群的初始涌现视为给定的，关注既有种群内常见的创建和解散。我们强调影响新组织涌现率和解散率的两个因素：①创业知识和意图；②获取创业资源的通路。我们专注于种群层面的分析和影响种群的社会层面的力量。在第11章中，我们将在共同体情境中考察多种组织种群的共同演化问题。

10.1 定义：组织创建率和解散率

我们把组织创建（founding）定义为：创业者调动充足的资源，创建具有一致性的有界实体。就像我们使用"创建"而不是"诞生"来表达组织创造的过程驱动的、涌现性的本质，我们也用"解散"（disbanding）一词来规避使用暗示终结性含义的"死亡"一词。导致组织解散的原因有很多。在志愿者协会中，成员和领导人可能会因为不喜欢自己得不到承认，对寡头领导人或不合作的成员感到失望，或者发现了其他更好地利用自己时间的方式等而退出。在商业中，则可能因企业主退休、实现了期望、耗尽耐心或资金或者找到更有趣的事情而终止组织。从金融方面的"破产"定义来看，组织解散似乎较少给债权人带来损失。20世纪，美国的研究人员根据小企业管理局的数据估计，破产导致的企业终止所占的比例很小。然而，Lawless和Warren（2005）认为，官方统计数据大大低估了企业破产，因为小企业主经常将个人和企业资产混在一起。这个问题源于美国法院行政办公室报告的做法，这种做法显然鼓励企业主和律师将许多企业破产归为个人破产。虽然破产可以为希望重新创业的企业家提供一个"新的开始"，但破产和破产法也可能对未来的创业活动产生负面影响（Mathur，2011）。

不管原因是什么，解散是常见的事件。当组织解散时，其边界消解，资源重归于环境中。被释放的资源（成员、设备、固定场地、存货和其他资产）随后就可以被其他组织获得并利用，虽然对员工进行再培训的高成本会造成员工失业，对旧场地改造的高成本也会导致场地空置荒废。"解散"这一术语切中了组织的意向、资源和边界分崩离析的最后一段岁月。从一致性角度说，组织的解散意味着组织沉陷于不一致和无序状态，一个演化的实体自此消失了。组织解散的概率和组织规模密切相关，也和组织年龄有一定的关系（第8章中已讨论）。

创建率（rate of founding）是在给定的时间单元内，加入种群的组织数量与种群内既有组织数量的比值。计算这一比率要求我们辨识出可能发生此类事件的种群，进而促使我们搞清楚种群的边界。例如，如果在12个月内创建了10个组织，而年初时种群内组织数目已经达到100，那么该年的创建率为10%。在美国和欧盟，过去的10年里，企业的创建率实际上是每年10%左右。当然，高创建率并不能保证种群会成长。种群成长取决于种群内的创建和解散活动之间的平衡以及其他进入和退出种群的活动。例如，种群成员偶尔会转型（例如通过兼并和收购）成其他样子。其他种群的既有组织的进入，也会刺激种群的成长（McKendrick et al.，2003）。

解散率（rate of disbanding）是指在给定的时间单元内，解散的组织数量和已有组织数量之比。如果组织创建率和组织解散率大致相等，那么种群将保持稳定状态。如果创建率高于解散率和其他退出率，那么种群将会成长。有时候，组织解散率会远高于创建率，引致种群衰落（规模收缩），就像20世纪90年代中期日本制造业的情况。高创建率有时伴随着高解散率，如同周边的餐饮组织种群那样，从而种群保持稳定状态。诚然，餐饮组织代表了一种随组织年龄增长其解散率仅略微下降的企业组织。

在第4章中，我们关注的是潜在创业者所处的直接情境，在创业层面上考察了新组织的涌现。在前一章中，我们探究了新种群的涌现。现在我们要将演化方法用于种群层面，思考三个有关既有种群中的创建率和解散率变化的问题：第一，什么因素影响新手创业者了解机会和获取资源的通路？第二，哪些因素阻碍了创业者创业以及降低了可获得资源的水平？第三，其他组织的行动会对创建率和解散率产生什么影响？

其他重要事件：兼并与收购

在过去40年中，组织研究和战略学者对兼并、收购和剥离给予了大量关注。从Pfeffer（1972）对资源依赖和兼并的开创性研究开始，学者们主要调查这些组织间事件的原因，有时也调查这些事件的结果。相关例子参见Drees（2014）。这些事件无疑是戏剧性的，往往涉及对数百万美元公司资产控制权的争夺。例如，发生于美国的几波兼并和收购浪潮（20世纪90年代、2005年前后以及2014年和2015年）极大地改变了若干部门的组织景观，包括银行、医疗保健和能源部门。但是与创建和解散的数量相比，并购事件的数量就比较少了。鉴于美国政府机构和金融数据公司报告经济信息的方式，难以估计并购的经济影响。因此，我们简要回顾一下是如何记录那些并购事件的。

就像创建和解散一样，我们通过辨识可能会发生并购事件的种群，来计算该种群的并购率。并购率指的是在一定时期内，以独立实体身份消失（因为被其他组织兼并或收购）的组织数量与该时期活跃的组织数量之比。对企业来说，在计算这个比率时适恰的分母并不总是很清楚。为了和其他比率保持一致，我们仅涵盖了那些可能会被并购的组织。因此，我们在计算中可能会排除那些独资或合伙制企业，因为这些企业通常规模小，资产少。即使是在股份有限公司中，很多企业也不是并购的候选对象，因为它们成长潜力小，缺少对其他企业来说有价值的资产。然而，并非所有独资企业或合伙制企业规模都很小。此外，一些有前景的年轻企业（虽然目前来看，营业收入很低，资产很少）也会因自身发展潜力被收购，特别是当它们开发了一项有前景的创新之时。因此，把这些企业剔除，会过度缩小可能发生并购事件的种群。

在小型和大型企业中，并购活动有多广泛？鉴于我们所注意到的问题，这个疑问很难准确地回答。20世纪90年代，美国统计调查局使用新创企业和既有企业的纵向微数据文件（LEEM）建立了一个新的数据库，但它后来被废弃了（Acs, 2015, p.308）。几家私营企业和贸易协会也收集并购数据，包括在线市场（MarketLine）、汤森路透（Thompson Reuters）、兼并研究所（the Institute for Mergers）、收购和联盟（Acquisitions and Alliances）。然而，这些数据收集工作大多聚焦知名组织的交易或高价值的交易。这些数据库通常并未涵盖平常无奇的并购活动。

考虑到这一点，我们可以勾勒出一幅并购景观。总体而言，具有重大经济意义的并购交易数量在最近几十年稳步上升，从1985年的2 309笔交易增至2018年的14 865笔。然而，尽管有如此巨大的增长，在美国，即使在并购高峰期也只有不到1%的企业参与并购（Lim, 2019）。2000—2018年，超过一半的并购活动（以交易价值衡量）集中在四个行业：医疗保健、能源和电力、高科技、金融。最近，跨国并购活动的数量和规模都有所增加。2015年，大约15%的并购交易涉及外国企业收购美国企业，另外，还有15%

是美国企业收购外国企业。

尽管存在这些趋势,我们在本章中还是会淡化并购活动,因为它主要影响大型企业(尤其是上市公司)而非种群内的所有组织。在过去的几十年里,并购对一些特定行业的竞争条件产生了重大影响,特别是银行、金融和医疗保健行业。由于如此多的创业者和组织依赖于金融服务行业,该行业并购的影响已经蔓延到了其他种群。然而,在大多数种群的生命历程中,创建和解散对种群成长和衰退的影响要比并购的影响大得多。我们所提出的保守计算表明,相对于创建和解散,并购率是非常低的。21世纪初,只有不到0.5%的企业被其他企业收购。在中国等其他国家的研究也得出了类似的结论(Greve and Zhang, 2017)。然而,并购对经济的影响是毋庸置疑的,显然这值得组织研究给予更多关注。

从演化视角来开展并购研究,需要我们将这些事件的数据与种群内竞争动态的变化联系起来。不幸的是,公开的数据往往不符合研究人员确定的种群界限。许多大型企业拥有数百个甚至数千个机构,其中许多机构分属不同行业,而不是企业本身所归属的行业。将源于政府和商界的数据,与贸易协会、行业理事会和其他可能的种群边界所标记的信息相匹配,是一种可能的研究策略。

10.2 种群内条件

组织创建率和解散率,部分取决于种群的内生条件。因此,我们首先考虑的是种群动态变化和种群密度。种群动态变化(population dynamic)包括种群内先前创建和解散的组织数量。先前的创建和解散改变了资源可用性,因此可能会影响创始人或管理者的意向。这些变化反过来又影响到后来的创建和解散。尽管种群密度似乎意味着对种群的规模与支持种群的可得资源水平进行比较,但通常将种群密度定义为一个种群内组织的数量。在组织生态学中,比率依赖(rate dependence)指的是一个过程对先前过程比率的依赖,如创建率和解散率。与之相关的一个术语是密度依赖(density dependence),指的是种群规模对后续事件的影响,比如创建和解散。表10-1列举了涵盖种群动态过程的基础术语的定义。

表 10-1 种群动态过程:基本定义

创建率	在给定的时间单元内,相对于种群中已有的组织数量,新增加的组织数量
解散率	在给定的时间单元内,相对于种群中已有的组织数量,解散的组织数量
密度	种群内组织的总数
承载力 K	某一环境所能承受的最大密度
种群规模	种群中所有组织的总规模
密度依赖	种群过程(如创建)对种群密度水平的依赖
内在成长率 r	在没有外部竞争和资源约束的情况下的种群成长率

种群成长即密度的增加,来自两种因素——创建率和解散率之间不断变化的平衡。

而这两种因素又是关于两个基本约束因素——环境承载力 K 和种群自然或内在成长率 r 的函数。r 是假设性的成长率，指的是种群在不因其他资源使用者竞争而受到约束的情况下的成长率。种群的成长率取决于创建率和解散率之间的平衡关系，并且在历时过程中随种群合法性上升而变化。正如我们在第 9 章中指出的，种群的承载力 K 是无法事先知晓的。相反，只有当种群内部的组织在组织共同体内开拓出自身的局部生态环境时，方能揭示出 K。

如果我们对种群内在成长率以及承载力如何影响种群内的竞争做出简单假设，我们就能够得出一个所期望的种群成长模式（Aldrich，1979，pp.63-66），如图 10-1 所示。通常，标准的生态模型假设种群起初呈指数级快速成长，但随着接近其相应承载力，种群增长速度逐渐下降。上一章中讨论的 Hannan 和 Freeman（1989）提出的种群成长所牵涉的竞争和制度过程理论，进一步增加了模型的复杂性。他们假设创建率和解散率随种群生命历程而变化，建立了一个有关种群成长的密度依赖模型。我们将在下一节中回顾密度依赖模型。

图 10-1 所示的 S 形成长模式可以用一个 logistic 成长函数表示：
$$dN/dt = rN[(K-N)/K]$$
式中，N 是种群密度，抑或是任何给定时间种群内的组织数量；r 是种群内在成长率；K 是种群的承载力；dN/dt 是给定时间单元内组织数量的变化。

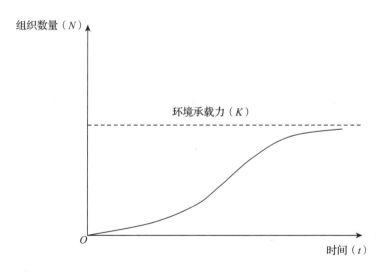

图 10-1　组织种群的成长模式（假设组织规模固定和资源有限）

一开始密度低，环境资源可供开发利用。种群迅速成长是因为成长项 r 在方程中占主导地位。创建率比解散率上升得快，种群随着开发所处局部生态环境的资源得以扩张。随着种群成长，N 增加，由于更多的组织在竞争固定的资源池，承载力项 K 开始在方程中占主导地位。解散率开始抵消创建率。当达到某一高密度水平后，随着种群密度接近其环境的承载力，净增加量不断下降。当密度达到 K 时，N 趋于稳定。

我们对种群内部过程的简单分析可以针对以下方面进行深化和扩展。第一，在

logistic 模型中，仅同一时期的种群密度驱动种群成长。模型不考虑先前的创建、解散和密度依赖以及这些过程的滞后效应。第二，种群内所有组织的局部生态环境和竞争强度，都被视为相同的。然而，大多数处理种群演化的方式已经可以对组织进行区隔划分，比如按照局部生态环境、地理位置或规模来划分（Carroll and Hannan, 2000）。第三，该模型假设种群的环境承载力是一个恒定的常数。实际上，一些外生因素（如消费者人口结构变化）和内生因素（如企业家集体行动）都会在历时过程中影响环境承载力。对种群成长的全面解释还需要考虑到组织共同体内与被研究种群有合作或竞争关系的其他种群。例如，如果两个种群在同一个休闲娱乐局部生态环境中竞争，那么越来越多的保龄球馆可能就会降低电影院的承载力。或者，随着与医院合作的保险公司和医生数量的增加，医院的承载力可能会增加。然而，为了便于解释，我们将把种群之间的关系放在第 11 章中讲述，本章仅关注单一种群。

10.3 密度依赖

在讨论种群发展模型的若干扩展内容前，我们先详细评述种群发展模型的关键性组织意义。模型中的密度依赖指的是种群成长过程和种群规模的关系。对于密度依赖的一般性的经验概括已较为成熟，但是对它们的解释仍存在争议。正如我们之前所讨论的，Hannan 和 Freeman（1989）提出了密度依赖模型，认为种群规模反映了两种基础性过程：合法化和竞争。在新的组织形式的初始阶段，不断增加的组织密度会提升认知合法性，从而导致创建率的上升。到了后期阶段，在高密度的环境下，阻碍创建的因素开始占据主导地位，例如对资源的激烈竞争。综合来看，这些过程使 Hannan 和 Freeman（1989）得出预测，认为组织密度和创建率之间呈非单调的倒 U 形关系。

但对组织解散来说，不断增加的密度对其有着不同的影响，使它呈现出 U 形而非倒 U 形模式。当种群密度很低时，组织之间的竞争程度处于中等水平，但解散率依旧很高，这是因为合法性很低。恰如我们在讨论新种群涌现时所指出的，债权人、供应商、雇员和消费者都对新兴种群中的新组织保持谨慎的态度，这就降低了新组织的存活率。在种群成长的早期阶段，创业学习过程也同样面临困境。因为创始人没有成功的模型可以仿照，他们在这个过程中将犯很多错误。随着新种群被大众所接受，创始人逐渐可以通过模仿成功的组织完成学习过程，解散率才会下降。然而，如果有新的组织加入种群，引起更激烈的竞争，那么组织生存会变得更加困难，最终导致解散率回升。

在早期的生态学研究中，只用种群内的组织数量这一个指标来衡量密度，并用一个线性的二次项模型来表示密度。Hannan 和 Freeman（1989）特别指出了工会的数量（而非规模）在美国工人运动史上产生了关键影响。在后期的研究中，生态学家拓宽了密度的研究视角。有些学者推测，所有组织的总规模（即种群规模）和种群内组织的规模分布影响了种群的动态变化（Barnett and Amburgey, 1990）。大量研究衡量了种群规模，包括 Barnett 和 Amburgey（1990）、Baum 和 Mezias（1992）、Barron（1999）、Ruef（2000）。例如，Wang、Butler 和 Ren（2012）研究了在线群组生态学，使用样本中的所有群组的群组成员总数来衡量规模。Haveman（1994）引入了储蓄和贷款公司的战略多样化过程，扩展了密度依赖模型。她揭示了竞争压力和合法性的存在，因而进入新市场依赖于新市场中已有的成员数量。

但是总的来说，对组织种群内规模依赖的研究尚未有经验性的定论（Barron，1999；Barron，West，and Hannan，1994）。规模依赖解释的弱点使得 Barnett（1997）在他的竞争强度模型中提出了两个先决条件。他假设组织往往会形成和自身年龄与规模成比例的竞争程度。成熟的种群由大型的、年长的组织构成，所以与演化早期的种群相比，总体上竞争更激烈。Barnett 的模型还说明，就竞争强度来说，那些大型的、年长的组织并不是激烈竞争的主体。那些弱小的幸存者之所以成长起来，是因为遵从了制度规范和期望（Scott，2008），而不是因为它们高效或善于创新。在一些成熟产业的密度方面，弱小的幸存者的存在可以产生一种复兴的模式。

还有一个针对简单的密度依赖解释的批判：密度对于所有种群的影响是不一样的。如果一个种群内的组织，无法将自己同其他组织区别开来，那么来自大型组织的竞争压力就会在种群内蔓延，最终形成少数组织占据主导地位的局面（Baum and Shipilov，2006）。相反，如果组织找到将自身同其他组织相区别的方法，那么小型组织或专业化组织和其他战略团体就可以和种群内更大的组织共存（Caves and Porter，1997）。例如，Carroll（1985）提出的局部生态环境细分的资源分隔模型（resource-partitioning model of niche segmentation）暗示了：如果某些形式关注自身专属的局部生态环境和环境的拟合程度，那么种群内的竞争可能是碎片化的。我们将在本章的后文中对此进行讨论。

10.4 密度增加的促进效应

在这一章中，我们重点关注的是种群密度的增加对组织创建率和解散率有什么影响，而不是前一章所讲的合法化过程。我们注意到，一些研究报告了种群密度的曲线效应。例如，Land、Davis 和 Blau（1994）在他们对美国小联盟棒球队的研究中发现了密度效应，一开始创建率随着密度的增加而增长，但随后随着密度的增加而减小。同样，Minkoff（1997）发现了种群密度对 1955—1985 年美国女权组织成立的曲线效应。其他研究也对密度依赖模型提供了诸多支持（Lander and Heugens，2017）。否证的结果也曾出现，但这些结果似乎往往是由于研究设计的问题，尤其基于左侧删失的观测结果导致分析人员忽略了种群的早期历史。看起来，模型预测的基本经验概括是合理的，但 Baum（1996）也指出了对密度依赖理论的一些批评。

还有另外两种关于上述创建率和解散率与种群密度关系的解释。第一，可能只是新种群面临着合法性问题，而既有种群则不用担心该问题。因此，当许多组织缺乏一个集中的身份时，密度可能对种群没有益处。第二，除了合法化过程外，密度可能是其他影响因素的一个代理指标。密度增加的过程包括：①组织知识的增长、机会的增加，这有助于初始创业者学到更多的有效惯例和能力；②社会网络的增加。这两个解释可以看成对 Hannan 和 Freeman 模型的补充，而不是挑战。下面我们回顾这些解释。

10.4.1 合法化的必要和充分条件

并非所有理论家都赞同种群密度的增加是种群合法性的必要条件。相反，Delacroix、Swaminathan 和 Solt（1989）认为，在现代资本主义社会中，大多数组织并没有合法性问题的困扰，当私有财产权被制度化的时候，这个问题就解决了。Zuker（1989）推断，对很多新形式的组织来说，认知合法性是一个"是或否"而非程度"多或少"的问题，合法性问题在种群历史的早期就得到了解决。在一定程度上说，生态理论的后续完善也面临着这样的批评。Carroll 和 Hannan（2000，p.224）强调，密度的有利影响是有"上限"的，超过这个上限以后，新的组织加入就对提升合法性作用很小或没有作用了。

另一些争论则质疑种群密度自身是否足以增加种群合法性。McKendrick 和同事（2003）发现，密度的有利影响主要是对具有集中身份（focused identity）的组织的聚集来说成立。在地理上聚集的自主创立企业（新进入者，de novo entry），对于种群的认知合法性贡献很大。相反，既有企业资助的创业企业（既有进入者，de alio entry）并且在地理上彼此分散的话，则对种群合法性的贡献不大。

10.4.2 密度是其他过程的代理指标

Hannan 和 Carroll（1992，p.69）认为，不断增长的密度，决定（并非仅仅反映）了合法化。但也有学者，比如 Zuker（1989）、Miner（1993）、Delacroix 和 Rao（1994），以及 Baum 和 Powell（1995）认为，密度的改变，是其他过程的一种代理，比如种群和环境相互依赖的演化。Baum 和 Oliver（1992）认为，关系密度是"密度效应"的一种替代解释，关系密度（relational density）是指组织和制度环境的直接联系，这种联系赋予组织合法性、资源和缓冲环境波动影响的优势。最近，学者们强调，横向的组织间关系，即那些由空间上有一定距离和多样化知识来源连接的关系，最有可能促进组织种群的增长。Bae、Wezel 和 Koo（2011）在一项关于 20 世纪 90 年代美国生物技术公司创立的研究中发现，一个州新成立的公司数量的增加，是当地公司与其他州公司之间研发协议的函数。同时，这些关系在很大程度上调节了种群密度对创建率的影响。

更普遍的情况是，伴随着密度上升的过程可能包括：①组织知识的增长；②外部社会网络的延伸。

1. 密度增加为学习有效的创业知识创造了机会

密度增加，意味着工作场地数量和具有专业知识的种群成员的增加。当缺乏知识以及有关组织形式的经证实的"配方"时，潜在创业者就会犹豫是否要建立一个组织。"在这种情形下，现有组织是创业者唯一的培训基地"（Hannan and Freeman，1987，p.918）。从工作中得来的能力和惯例知识可以增强创业信心，并增加资源获取机会。此外，不断增加的密度有助于从现有组织中形成裂变或衍生创业。

"裂变"（spin-off）可以作为一个通用术语使用，不仅包括那些受母公司支持（资金和资源）的新事业，还包括由具有既有产业工作经验的创业者建立的新事业（Garvin，1983；Romanelli，1989，p.217）。例如，纽约有很多这样的企业，其创业者的创业想法也是在给别人打工时萌生的，并且他们与原有企业还保持着密切的联系（Young and Francis，1991）。在加拿大温尼伯，Dyck（1997）研究的四个行业中，大约20%的公司是由两名或两名以上以前在其他组织工作过的人创立的。Phillips（2002）在他对律师事务所的研究中，发展了一种内部人口统计学的谱系学方法（genealogical approach），试图理解核心人员从一个已有的组织到一个新组织的流动如何促进技能和惯例的转移。

员工在组织内的流动性会影响种群的创建率。在企业内，组织内部人员向上流动的"天花板"取决于上层规模的大小，这种人员流动的天花板会导致有创业动机的人员离开，从而使种群创建率增加，尤其是在种群扩张的早期。由于企业早期规模扩大，因此会雇用更多员工。结果就是年轻员工的规模迅速膨胀，最年轻的员工群体其上级也非常年轻。对于年轻员工来说，他们希望组织经验和职业生涯规划有意义，但处在一个具有年轻年龄结构的小公司中，几乎没有机会迅速升迁。因此，在这种组织背景下的员工们有着很强的离职动机，可能会辞职并自己创业（Dobrev and Barnett，2005），或者加入一个新成立的公司。相反，大型企业为内部创业提供更多机会，因为它们包含的职业道路更加多样化，提供可以投资于新想法的资源，以及帮助开发创新能力。例如，Kacperczyk（2012）研究了1979—2005年美国共同基金的数据，追踪了新基金的创建及其从现有公司的独立。规模更大和更老的共同基金公司的内部创业率更高，而由这些既有公司产生的创业率往往很低。

硅谷提供了一个很好的例子，说明了裂变创业对一个地区经济发展的强大影响。晶体管的发明者之一威廉·肖克利（William Shockley）于1954年离开贝尔实验室，在雷神公司的帮助下，首次尝试在马萨诸塞州创建一家公司。然后，他放弃了马萨诸塞州，搬到了帕洛阿托，这里靠近他攻读研究生的斯坦福大学，他在这里成立了肖克利晶体管公司。"肖克利聘用了一支由顶尖工程师组成的团队，但事实证明，他是个无能的管理者。该公司成立两年后，八名主要工程师（后来被称为'叛逆八人'）决定离开，并成立了一家有竞争力的企业"（Saxenian，1994，p.25）。他们创立的仙童半导体公司在巨额军事合同的刺激下迅速发展。

创立仙童半导体的团队中，没有一个人在仙童工作了10年以上，有些人离开了仙童并创立了英特尔等在半导体行业中家喻户晓的公司。20世纪60年代，在硅谷创立的31家半导体公司中，大多数都起源于仙童半导体公司。还有一些创始人离开了硅谷，成为风险投资家，为硅谷的初创企业提供资金。与马萨诸塞州128号公路地区的大型计算机公司的员工不同，硅谷公司的离职员工通常与他们的前雇主保持良好的关系。通过保持与前公司的弱联系，他们建立了一个信息共享网络，加强了该地区的创业基础。在意大利博洛尼亚市周围的地区也观察到从老牌公司分拆出来的类似模式，该地区被称为"包装谷"，因为那里集中了专门提供特殊用途包装机器的公司（Lorenzoni and Lipparini，1999）。

组织裂变的另一个来源是员工和创新型用户之间的关系，这种关系提醒员工意识到企业的瓶颈、缺陷或其他在客户使用产品或服务的过程中产生的问题。员工可能向企业反映这些问题，也可能利用这些信息自己创业。因此，Garvin（1983）认为，在产业发展的早期,因为种群规模的制约程度较低,此时,既有公司的裂变更为常见。员工学习了如何获取资源和知识,并从既有模式中获得了组建新公司的一手经验。在日本,这种公司裂变,是产业生命历程内大企业中常见的现象。大公司在小公司中占有股份,并且给创业公司管理团队很大的自由度来发展新事业(Gerlach, 1992)。

2. 密度增加有助于扩展社会网络

种群密度越大,使用新形式的组织和外部的联系就越频繁。正如第4章中讨论的,相比嵌入同质性网络中的初始创业者,嵌入多样化网络中的初始创业者将获得更多的机会。不断提升的种群密度为初始创业者提供机会,以建立新的联系,并增加联系的多样性。例如,那些深度参与和环境的跨界交易的部门里的员工,他们有许多识别未来潜在机遇的机会。

大型组织建立的关系网络可能会深入当地社区。比如,那些与被监管的组织有广泛的实地接触的政府监管机构人员,比那些被困在中心办公室办公桌后面的主管有更多的机会了解商业机会。20世纪90年代早期,Baker和Aldrich(1994)发现北卡罗来纳州研究三角研究园的环境保护局(EPA)雇员中存在这类创业活动。前EPA雇员利用他们对空气和水污染的政府监管知识,开办咨询公司,帮助顾客遵守这些监管规则。如果外来者在这样的接触中获得足够的知识,从而能够构建一种可行的模仿策略,那么由不在种群内就业的人创办的组织数量就会随着种群密度的增加而增加。

增加组织间联系可以产生集体行动,通过诸如价格领导和设计标准之类的策略,来稳定或在一程度上抑制竞争力量。如果商业利益协会能设法解决动员不同公司的问题,它们就能在政治和法律行动中实现规模经济。在上一章中,我们注意到,贸易协会和其他形式的集体行动在为新的种群取得合法性的过程中至关重要。反过来,贸易协会象征着特定种群是可行的。例如,20世纪70年代和80年代,大规模生产者及其协会——葡萄酒协会主导了加州的葡萄酒行业。当加州农场酿酒厂的种群增长到足以挑战大规模生产者时,这些酿酒厂创建了一个独立的贸易协会,叫作美国优质酿酒师协会。如果潜在的企业家认为这些条件提高了他们成功复制有效形式的机会,他们就可能会受鼓舞而进入这个行业。

Gianni Lorenzoni 在国际观察员中第一个注意到,网络有时是由特定公司之间的互动而涌现出的(Lorenzoni and Lipparini, 1999; Lorenzoni and Ornati, 1988)。Lorenzoni和他的同事研究了意大利普拉托纺织制造业地区企业间的相互作用,这些公司专门生产羊毛织物制成的服装。他发现,经济活动已从个体公司之间的交易,转型到一种可称为网络或"星群"的模式。这种模式的涌现,是因为随着时间的推移,公司之间产生了一系列的关系,在这些关系中,纯粹的经济交换不再支配交易。相反,短期利益被淡化,取而代之的是长期关系,或者公司之间以减少行业分裂的方式进行合作。领军企业在最初组织公司时扮演了带头的角色。但随着各个企业与领军企业的二元关系转变为与"星群"中大多数其他企业的相互关系,领军企业逐步退居幕后。联盟从轮辐式模式,过渡为齿轮模式,最后成为一个完全连接的网络模式。

组织网络和相关的集体行动可能不仅会产生更多的组织创建，而且可以减少解散。会员通常在行业协会和行业委员会内分享专业知识。这些组织经常出版期刊和举办交易会，在会上广泛传播有价值的信息。有时，共享有用信息代表了某种集体学习的形式——一种区别于单个组织直接从经验中学习的模式（Jeong and Shin, 2019; Miner and Raghavan, 1999）。通过这种由集体行动形成的组织单位，组织成员观察新惯例和能力对其他组织命运的影响后，再采取新的实践，从而降低了解散风险。

10.5 密度增加的抑制效应

种群规模扩大到一定程度时，就会加剧竞争程度，使得创建率降低，而解散率却迅速上升。当种群的规模接近环境承载力时，很多负面效应就会变得明显，比如投资者的投资热情降低，不愿意为新组织提供资金，潜在组织者、客户和供货商的供给减少等。初始创业者会发现，他们试图要进入的种群已经饱和了，于是他们会重新考虑自己的意图，这就抑制了创业的热情。资源被既有企业所占用，对于新进入组织来说，获得资源的难度较之前大了很多。组织边界变得极不稳定，随着竞争程度加剧，创业者很难留住有价值的员工和企业的黄金区位。因此，种群密度进一步增加，导致了创建率下降和解散率上升。

许多研究表明，组织密度增加至一定程度后，会降低创建率并提高解散率。事实上，Baum（1996）以及 Carroll 和 Hannan（2000）所回顾的大多数密度依赖的研究都支持这个模式。例如，1855—1968 年，位于马萨诸塞州、纽约和宾夕法尼亚的四年制女子学院的种群增加了，在控制制度影响后，研究发现创建率下降了（Studer-Ellis, 1995）。没有学院解散，因此种群继续增长，但增速放缓了。另外，Ranger-Moore、Banaszak-Holl 和 Hannan（1991）发现，超过一定阈值后，密度增长使 1791—1980 年曼哈顿银行和 1759—1937 年美国人寿保险公司的创建率降低了。

为了捕捉种群密度对增长的抑制作用，组织生态学家指出，竞争程度遵循种群密度的几何函数而增长（Hannan and Carroll, 1992）。通过想象一组竞争者之间可能的双边互动，可以很容易地推导出这种函数关系。假设只有两个竞争对手（A 和 B），那么只有两种基本竞争互动（A 发起针对 B 的竞争策略，或者 B 发起针对 A 的竞争策略）。添加第三个竞争对手 C，可能的竞争互动扩大至 6 种（A→B, B→A, A→C, B→C, C→A, C→B）。更一般的规律是，给定种群密度为 N，将有 $N(N-1)$ 种可能的竞争互动。因此，组织生态学家认为，种群中的扩散竞争近似表示为 N^2 的函数。

10.6 细分过程

种群内组织常常通过资源局部生态环境和地理位置以及其他维度细分。对这些细分过程的研究已经产生了资源分割（resource partitioning）和空间集聚（spatial agglomeration）等理论。

10.6.1 资源分割

种群内部的分割在一定程度上取决于单个组织是将其活动扩展到种群局部生态环境的一个较宽还是较窄的部分（Hannan and Freeman, 1977）。专业组织（specialist）将它们的适应性集中在一个狭窄和同质的范围中，当环境条件有利于这个范围时，它们表现得特别好。相比之下，通用型组织（generalist）会将它们的适应性扩展到更广的、异质的范围中，当环境因各种条件而异，并且存在不确定性时，它们会比专业组织做得更好。由于环境条件的差异对组织提出了非常不同的要求，因此专业组织将输给通用型组织。

但是，在给定程度的环境变异性下，存在单一的最优局部生态环境策略吗？还是组织可以采取不同的战略共存？Carroll（1985）认为，通用型策略和专业化策略不仅是可以共存的，而且本质上是相互关联的。他指出，通用型组织对多个细分市场的广泛吸引力可能会留下许多小型的、专业化的利基市场，这种吸引力的程度取决于市场集中度。在分散化市场中，专业组织和通用型组织为相同的资源而竞争，这有利于通用型组织。而随着市场集中度的提高，通用型组织为了核心市场而激烈竞争，但专业组织则另辟外围次要市场，以防止和通用型组织正面交锋。所以，这个局部生态环境被划分为专业组织和通用型组织各自占有的部分，从而创造了资源分割的条件。专业组织的成功取决于：存在重视主流之外身份的用户，并且组织以可信的方式承担了这些身份（Liu and Wezel, 2015）。

具体例子如图 10-2 所示。沿着 Carroll（1985）的思路，让我们讨论都市报纸的组织种群。在图 10-2a 中，三个多元化通用型组织瞄准了市场中心，这是最大限度地接近最大数量的客户（读者）的位置。它们被迫使自己差异化，因为市场不会支持三家报纸占据完全相同的局部生态环境。因此，如果它们想要生存，就必须向空间的各个角落移动——尽管它们仍然存在一定的重叠，也因此争夺一些相同的客户。这三个通用型组织在占据资源空间方面做得非常好，它们只给专业组织留下了极小的空间。

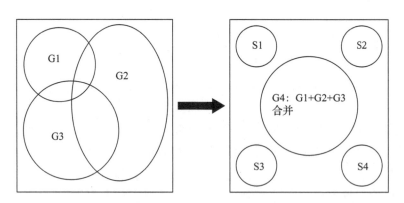

a）时间1：不集中的市场　　b）时间2：集中的市场，通用型组织合并

注：G1~G4 为通用型组织，S1~S4 为专业组织。

资料来源：Carroll (1985).

图 10-2　Carroll 的通用型组织和专业组织之间的资源分割模型

现在我们假设，随着时间的推移，市场变得更加集中。一种通用型组织的报纸统治了市场，占据了中心，如图 10-2b 所示。它占据中心的原因可能是它兼并了其他中心组织，也可能是因为其优越的竞争策略而使其他中心组织解散。通用型组织的主导地位为专业组织留下了运营空间，四种专业组织的报纸占据了可利用的边缘空间。专业组织的扩张似乎被限制在资源空间分布不均匀的情况下，而大众市场是通用型组织的理想位置。然而，研究人员发现，即使在快速增长的大众市场中，通用型组织也可能会为高度集中的专业和"边缘"组织留下一点空间。

随着时间的推移，图 10-2 呈现的结果会稳定吗？Carroll 指出，通用型组织和专业组织的混合取决于以下几个条件：市场的异质性程度，是否存在规模经济，组织是否可以灵活调整策略。市场异质性程度越大，通用型组织就越不可能产出一种适合所有群体口味的报纸。如果硬是要生产这一种产品，就要付出很高的成本，甚至还会失去一部分的顾客——那些寻求更专业化信息的客户。通用型组织可以尝试着生产多种报纸，但随着不同细分市场客户差异增加，这意味着成本不断提高。通用型组织受益于规模经济，生产多种产品而不是单一产品使它们丧失了优势。

这一理论的悖论是，从长期来看，即使市场同质化，也会对通用型组织不利。从对电视节目生存机会的研究中，我们可以看到对市场同质化效应的演化论洞见。Barroso 等（2016）研究了 1946—2003 年美国电视上不同类型节目的数量，如喜剧、戏剧和新闻。他们发现，特定局部生态环境的密度不仅以一种非单调的方式影响当前既有组织的生存机会，还会影响未来进入者的生存机会。随着某类电视节目饱和，观众观看这种类型的新节目的可能性减小，因为他们的喜好已经得到了满足。

在啤酒业、合作银行、审计业、微处理器的生产业、汽车制造业等诸多行业中，都有资源分割的记录文献（Carroll and Hannan，2000；Negro，Kocak，and Hsu，2010）。这些行业都具有规模经济的特点，而且随着时间的推移，伴随着通用型组织获得规模经济，这些行业都经历了专业组织的复兴。例如，1975—1990 年，美国酿酒业集中化程度加剧，小酿酒商的解散率降低了，但大规模酿酒企业的解散率维持不变。在美国微处理器行业，随着集中度的增加，产业中的新进入者都是专业组织而非通用型组织（Wade，1995）。它们服务于微处理器市场的特定细分市场，这些细分市场非常重视高性能。

另一个关于资源分割的案例，来自美国银行业。Negro、Visentin 和 Swaminathan（2014）发现，外围的"边缘银行"组织在 20 世纪末和 21 世纪初不断壮大。尽管人们对个人信贷和其他金融服务的需求不断增长，而且已有的通用型组织为满足这些需求而开展的活动也在不断增加，但这些边缘组织仍然蓬勃发展。他们的研究结果表明，传统的资源分割模型只关注通用型组织和专业组织，可能会错过许多的边缘组织，而这些组织服务的市场与那些由更中心的组织服务的市场相邻。

10.6.2 地理范围和集聚

通常用来细分种群的第二个维度是组织或机构的物理位置。一个重要问题是测量种群密度时应该测量的地理范围。演化理论认为，我们聚焦于变异和选择力量最强的层面。有些组织在地方一级竞争，有些在区域一级竞争，还有一些在国家或国际一级竞争。比如，Ranger-Moore 等（1991）发现，密度的增加对城市层面的银行创建的抑制作用强于对国家层面的保险公司创立的抑制作用。同样，Greve（2002）在研究1894—1936年东京的银行分支机构和总部时发现，创建率取决于当地社区密度。

更普遍地说，Hannan及其同事（1995）认为，竞争发生的地理范围往往比合法化过程发生的地理范围更具有地方性。定义组织形式的文化模板往往比在竞争互动中调用的物质资源更能自由地跨越空间边界。Lippmann（2008a）发现了对多层次密度依赖模型的一些支持，因为国家层面的无线电台密度导致独立广播公司的创建率更高，而地方层面更高的网络密度则降低了创建率。

影响创建的力量也可能以不同于影响解散的范围运作。Carroll和Wade（1991）在对美国酿酒业的研究中发现，当地层面的密度对酿酒业的创建影响最大，而非当地密度对解散的影响最大。他们推测，创业者可能会根据对当地竞争条件的评估做出决策，即使非当地条件提供了关于生存率的最相关的信息。看似良性的本地环境嵌入可能相当严酷的更大的竞争环境中。这种不对称性，值得与创业者感知环境丰富度的直接数据结合进行进一步分析，如Bacq等（2017）对21世纪初纽约市企业孵化器内潜在创业者感知的研究。

除了地理范围的问题外，研究者还提出了一个问题：是应该以离散和不连续（discrete and discontinuous）的边界来看待空间细分，还是以不同区域之间的连续距离来看待空间细分？当政治或文化边界为组织种群产生有意义的约束或利益时，离散边界方法似乎最有用。如，Saxenian（1994）认为，加利福尼亚的硅谷和波士顿的128公路具有独特的身份，这是不能简化为当地的自然地理或人文地理属性的。在类似的研究中，Molotch、Freudenburg和Paulsen（2000）比较了加利福尼亚的圣塔芭芭拉市和文图拉县，他们发现，尽管这两个城市的气候、地形，以及早期畜牧业和柑橘种植农业历史几乎相同，但志愿组织和商业组织的种群数量却迥然不同。McKendrick等（2003，pp.69-70）扩展了这一逻辑，强调多重身份可能附属于不同位置："虽然每个地方都有一个实际的物理环境和空间维度，但它们并非由精确的地理边界来定义的；相反，它们在不同的社会活动领域中为人所知，因此可能具有多重身份——政治的、文化的、社会的和经济的。"

与这种离散空间视角相反，经济地理学家通常以连续的物理距离来看待空间细分（Appold，1995；Ellison and Glaeser，1997；Sorenson and Audia，2000）。按照经典区位理论，地理学家认为，物理距离对组织从其物流网络获取输入信息以及与用户或支持者联系的能力造成了实际的限制。例如，根据病人就医途中能够达到的实际距离，急诊医院的空间市场通常被划分为不同的"可服务区"（catchment area）（Ruef，1997）。在卫生保健领域，离散的政治或文化管辖范围意义不大，因为患者会跨越这些边界就医。但是，在小学和初中教育中，这种离散管辖就会对学生产生巨大影响，因为学生上学的路程通常不会超过5英里⊖。因此，当学校校区关闭或重新安置公立学校时，它们就限制了居民在入学边界内的选择，而且这种决定可能会加剧社会经济和种族的不平等（Persons，2019）。

⊖ 1英里≈1 609米。

10.6.3　解释组织种群的空间集聚

假设空间差异的范围问题和概念化问题已经解决，现在组织理论要考虑的是：地理细分如何影响组织种群的分布。考虑到区域在成员、用户和投入上的竞争，人们可能认为组织将彼此疏远，朝着在地理空间上相对均匀分布的方向发展。但事实相反：大多数种群呈现出空间聚集的景象，在某些地理区域比在其他区域聚集得更多。我们识别出四种视角来解释这种现象。

第一，一些地理位置可能恰好提供了其他地方缺乏的地理优势，比如某种组织形式所需投入资源获取的便利性，或者对当地产品或服务的强烈需求。在Hotelling经典的空间竞争模型（1929）中，企业完全基于地理位置进行竞争和定价。假设消费者和投入的分布是均匀的，企业就会重新选址，聚集在市场的"中心"，从而减少人员和货物的运输距离。然而从每个公司的角度来看，这种方法是短视的，它导致了总体上次优的结果，因为企业之间的竞争将比它们在地理上分开和差异化时更强。聚集往往会抬高本地要素投入的成本，降低消费者愿意支付的价格。

战略理论家对这种观点所宣扬的经济效益提出了批评，指出它们不具有可持续性。用演化观点来解释，Porter和Wayland（1995）认为，持续的区位优势通常是由那些表面上并非很吸引人的地理环境培育出来的，因为它可以促进有利的组织特征的选择和保留。因此，如果组织成员能够从经验中学习，那么组织选择定位在一个拥有成熟且苛刻的本地用户的区域，而不是定位在用户被动且容易接触到的区域，可能会更有优势。

第二，经济地理学家认为，规模经济通常源自空间集聚。相似的组织可以通过接近共同的供应商和客户而受益，这不仅体现在减少运输费用方面，而且体现在允许更大规模地分配投入和管理交易费用方面。此外，这些组织可能比地理上孤立的组织更能获得大量训练有素的劳动力。不幸的是，关于这些规模经济假设的经验证据尚无定论。例如，在对美国制鞋产业的调查中，Sorensn和Aaudia（2000）发现，在空间聚集内的厂家，比单独存在的厂家，遭遇了更高的失败率。当我们关注解散事件时，会发现本地竞争造成的负面影响往往能压倒区域规模经济的益处。

第三，社会网络视角则强调了创建事件。这一视角假设初始创业者希望和其他相似的组织建立联系，以学习隐性知识，寻求资金和人力资本，并建立自信。由于这种网络会受制于地理空间距离，因此创业者努力在特定的地理区域内集聚。即使地方政策（比如那些影响税收的政策）看起来并不诱人，富有的创业者和企业主也不愿离开，因为他们已嵌入社会网络中（Young，2017）。对大型企业解体后的裂变或新进入者发展的研究，提供了一种补充解释：许多的组织"苹果"并没有落在离众所周知的"树"很远的地方，这就形成了地理上聚集的产业区（Scott，1988）。

第四，文化视角提出了一种基于身份的空间集聚解释。如果组织形式（以及种群）常常与特定的地理区域联系在一起，那么空间集聚有助于这些形式发展成一个集中的身份（Romanelli and Khessina，2005）。如，在美国，对音乐剧场的文化认知，总是与百老汇和密苏里州的布兰森联系在一起（Uzzi and Spiro，2005）。音乐剧场的空间集聚，促进了当地记者、零售商和政客的宣传，结果，相比在地理上分散，这些组织的认知和社会政治合法性更高。

自然，空间距离也可以和其他细分维度相结合，产生更复杂的组织集群模式。对曼哈顿酒店的研究发现，新酒店往往选址在规模不同但价格相近的酒店附近，从而避免了规模的本地化竞争，但受益于价格相近的酒店集聚（Baum and Haveman，1997）。而本地化竞争可能会导致各种特征在种群分布上出现差距：规模、地理位置、局部生态环境或这些维度的组合。因此，选择压力使不同的地点产生了组织集群，而非组织的连续分布。

10.7 承载力

伴随广泛的社会变迁，环境承载力也会变化，这就是密度依赖模型讨论的最后一个延伸内容。虽然创业者和种群内既有组织的活动也会对外部因素产生影响，进而给资源的可获得性带来相当大的内生性（Lomi，Larsen，and Freeman，2005），但在这一节中，我们关注的是一些影响特定组织种群的外生因素。我们识别出对种群环境产生影响的两个社会因素：①文化规范和价值观；②政府和政治的活动与政策。规范和价值观的改变会影响创业意图和资源供应者对新企业的支持意愿。政府行动和政治事件为创业行动创造了新的制度结构，鼓励某些活动，同时会约束其他活动。

10.7.1 改变文化规范和价值观

我们主要基于制度视角，解释文化变化如何影响种群的承载力。自诞生以来，制度方法就把社会文化规范和价值观作为重要的分析内容。例如，Meyer、Boli 和 Thomas（1987，p.15）认为，"更广泛的环境包含关于社会上组织角色的可能类型，以及它们是如何被结构化的"。从制度视角看，引起规范和价值观改变的原因有时很模糊。相比之下，我们重点关注那些利益受到威胁的组织的集体行动，这些组织通常会留下这些活动的可见记录。

政治领袖、创业者和被剥夺政治权利的公民可能会发起变革运动，为的是改变大众对组织行为的理解和感知，日本和苏格兰的游行运动就是很好的例子。在日本，在追求利润的世俗活动在公众眼中成为合法行为之前，15—16 世纪的经济活动的本质必须被重新定义。虽然中世纪僧侣创业或寺庙的创业被广泛接受，被看作佛教经济的一部分（Collins，1997），但是在室町时代（1336—1573 年）之前，世俗资本主义（secular capitalism）基本上是不为人知的。有组织的农民阶层的起义，被称作蒙托（Monto），14 世纪 70 年代开始剥夺了最传统的寺庙的地租，并使公众舆论转向支持市场导向的寺庙。在国家统一战争期间，这种向世俗经济的转向最终得以完成，军队领导促进了这一规范——反对积累寺庙财产，支持创业商人和工匠的自主权。

在苏格兰，20 世纪 90 年代早期的一项民意调查显示，当要求人们评价他们最钦佩的职业时，他们对企业家的评价低于水管工和公交车司机等体力劳动者（Buxton，1994）。即使很多人们对创业表示出兴趣，但占据压倒性的反创业规范还是使潜在的创业者望而却步。20 世纪 90 年代中期，四家银行为了反对这种反创业的社会规范，成立了一个名为"苏格兰企业"（Scottish Enterprise）的联盟。这种小规模的商业信贷计划是为了鼓励更多人去实现自己的兴趣。1997年工党在全国大选中获胜后，英国其他地区也建立了类似的计划，主要目的是引导人们不再依赖社会福利，开启自谋职业之路。

尽管19世纪的美国企业所面对的抵制程度与日本商人或苏格兰企业家所面对的抵制不尽相同，但也不得不克服商业活动与传统社会价值观相冲突的观念。例如，我们在上一章中指出，在美国，早期的人寿保险公司试图以经济价值来衡量人的生命，这种做法被认为亵渎了死亡的神圣性而遭到拒绝（Zelizer，1978）。生命被定义为神圣的，宗教领袖反对神圣事件的商业化。然而，一系列社会和经济变化，特别是经济风险和投机观念的传播，促使人们日益认识到生与死的经济价值。人寿保险行业重新调整了营销策略，强调一个顾家的好男人要购买保险来为他所爱的人提供保障，消费者逐渐接受了这个行业。当然，死亡的商业化并没有彻底消除相关的仪式，因为殡葬行业营造了符合生命神圣性的形象，并以此确保自己的利基市场。

与商业利益协会经常发起运动来改变公众对其所代表行业的看法一样，志愿者和非营利机构也会采取类似的做法。在美国，"天主教女子学院领导了一场运动，培训妇女从事教学和社会工作等职业，从而打破了女子学院内以博雅教育为主的垄断"（Studer-Ellis，1995，p.1 054）。随着天主教女子学院的建立，天主教女子学院成了其他潜在女子学院创建者的榜样，从而提高了所有女子学院的建校率。女子学院种群的扩大重塑了美国社会，形成了受过良好教育的女性所适合的职业的规范。

在美国和其他地方，许多组织通过将资源和权力的不平等分配合法化、认可白种人优先于少数族裔、将对公平的正式承诺与实际实践脱钩等途径，在传统上助长了种族不平等和等级制度的复生（Ray，2019）。但是，从民权运动和"黑人权力"运动开始，到后续"黑人的命也是命"的运动，外部规范和价值观的转变挑战了那些被明显种族化的组织和种群（例如，种族细分学校）。关于种族或族裔分类的规范也与组织一道演化。例如，Mora（2014）指出，在美国，泛拉美裔群体的涌现是由少数族裔企业家和国家之间的互动推动的。通过三个旗舰组织（美国人口普查局、拉美裔全国委员会和Univision媒体集团）之间的合作，它进一步被制度化。

规范和价值观影响着初始创业者对当下条件的理解，帮助塑造他们表达抱负的方式，例如，是遵循传统的行动路线还是迈向挑战现状的行动方向。有雄心的人，会成为政府官员还是自主创业者？职位升迁，会被看成裙带关系、偏见、运气还是能力的结果？革新者会通过诉诸激烈抗议、和平静坐还是大众媒体来推进他们的事业？我们上面举的例子，包括日本、苏格兰和美国的变化，表明文化规范应该得到组织学者更多的关注。

10.7.2 政府和政治活动

主权独立的国家，通过建立必要的先决条件（如政治稳定和可靠法律），以及支持资源配置的制度安排（如国家支持的企业或银行），来影响组织的创建。Scott（2003，p.210）指出，"国家是现代社会的主要主权，是合法性秩序的主要来源，是界定、管理和监督社会法律框架的代理人"。国家实力会影响政治稳定和意识形态的合法性，但即使弱小的国家也会促进并保护新组织形成。教育制度的改善、交通和通信网络的改善、国家经济规划和其他国家投资会影响向创业者提供资源的条件，因此可能提高创建率和降低解散率。相反，政治压迫会增加组织成本，甚至阻碍组织形成，因此降低创建率。Aldrich 在回顾国家角色时强调说，"20 世纪，国家肯定是影响组织形成的主要力量"（Aldrich, 1979, p.164）。21 世纪的前 20 年已经证明，国家仍是塑造组织环境的持续力量，如全球贸易战、经济抵制和军事力量，都会深刻影响组织所在的环境。

政治 – 制度因素比起其他过程更广泛、更具扩散性地影响着组织活动，因为它们可以塑造价值观、改变期望、改变公共政策。初始创业者利用他们在地方一级调动的资源来建立组织，因此许多影响创建率的过程是特定于邻里或社区环境的（Kwon, Heflin, and Ruef, 2013）。然而，在地区或社会层面上的政治力量，会影响各种资源的可得性和某些组织过程的合法性。在本章的其余部分，我们将重点讨论地区和国家力量。

创建和解散对四种政治进程尤其敏感：①竞争和冲突加剧引起的政治波动；②政府管制的改变；③政府通过增强组织合法性或补贴进行直接刺激；④整体宏观经济政策的制定。表 10-2 提供了这四种进程的定义。下面，我们介绍一些来自欧洲、亚洲以及美国的例子。

表 10-2　影响种群再生的政治进程

政治波动	破坏组织及其资源基础之间联系的政治事件，如罢工和抗议运动
政府管制	对种群设置壁垒的政府活动，或以其他方式监管组织行为，如对航空和铁路的放松监管
直接的政府支持	提高合法性，刺激需求，或者向种群提供直接补贴的政策
宏观经济政策的制定	制定影响经济增长和衰退的政策，如利用预算盈余和赤字

1. 政治波动

政治波动会打乱组织和资源已建立起来的关系，改变组织边界并为新进入组织释放出更多资源。例如，自 1958 年以来，欧洲联盟（欧共体）在经济统一方面采取的渐进步骤对各组织的生存机会产生了重大影响，消除了跨欧洲销售商品和服务的许多障碍。已有组织可以在国内，甚至跨国进行商业活动。然而，它们并不一定准备好应对更大的多国空间。因此，随着国际贸易和立法的增加，新的游说团体激增（Fligstein and Sweet, 2002）。曾属于社会主义阵营的东欧国家加入欧盟后产生了更大的影响，包括促使许多新种群出现。正如 Stark（2001）强调的，政治波动时期的特征不仅在于将财富从公共转向私人，而且出现了模糊公私界限的新产权形式，在这个过程中，传统的组织边界逐渐受到侵蚀。

19 世纪阿根廷和伊朗的政治动荡促进了报纸的创建，这不仅是因为更具政治导向的报纸形成了，还因为各种各样的新闻增加了，既定的社会关系破裂了。在对旧金山湾区报纸创建的研究中，Carroll 和 Huo（1986, pp.851-853）证实了这一发现，并发现政治波动对所有类型的新闻报纸的创建都有影响，而不仅仅是政治报纸。相比之下，地区性的劳工骚乱降低了创建率，这可能是因为提高了新雇主的进入门槛。Amburgey、

Lehtisalo 和 Kelly（1988）对 1771—1963 年运营的芬兰报纸进行了研究，发现一些州政府试图比其他政府对社会施加更严格的控制，从而提高了报纸的失败率。他们还指出，除了右翼报纸外，政治类报纸更容易受到政府的压制。

2. 政府管制

在第 8 章中，我们注意到，政治和法律事件通常标志着一个新的历史时期的开端，这个历史时期显著地改变了种群的环境。政府法律和管制可以在两个方面影响创建率和解散率：①制定保护性法律；②改变监管种群的规则。

首先，政府经常设置准入壁垒，以保护受青睐的行业，或设定严格的准入标准，由此抑制了创建率。例如，从 1936 年开始，美国国家信用合作社管理局制定并实施了一项政策，即只特许与现有信用合作社不冲突的新信用合作社成立（Amburgey and Dacin，1994）。1936 年，《意大利银行法》为意大利的农村合作银行创造了同样的安全港（Lomi，1995）。在日本，数十年来，《大型零售商店法》规定，小商店所有者有权阻止在其区域内建造超过一定规模的任何商店。这项法律直到 1990 年才被修订（Miyashita and Russell，1994）。

保护主义政策经常用管制俘获（regulatory capture）理论来解释。该理论认为，"一个行业内的公司可以操纵政府官员，利用国家，通过竞选捐款、提供工作机会、隐瞒信息和行贿来达到寻租的目的"（Schneiberg and Bartley，2001，p.105）。然而，俘获理论的实证研究结果与这一观点并不一致。例如，Schneiberg 和 Bartley（2001）研究了 1906—1930 年的美国火灾保险监管案例，相较保险行业卡特尔，利率监管似乎对小制造商和农民更有利。类似地，在一项对 21 世纪前 20 年中国航空业放松监管的研究中，研究人员发现，监管机构真的关心消费者的选择，而不仅仅保护航空公司（Li，Long，and Wan，2019）。

对于其他组织种群，管制俘获的证据同样是不一致的。1825—1897 年，对于马萨诸塞州的铁路行业，立法机构颁布了支持卡特尔的州政策，以稳定运费和保护公共资本。支持卡特尔的政策抑制了既有企业之间的竞争，并确保了所有公司的收入。Dobbin 和 Dowd（1997）假设初始创业者被鼓励进入这个行业，因为支持卡特尔的政策创造了一个稳定的环境。然而，他们还引用了一项研究，该研究表明，当卡特尔瓦解时，美国西部的铁路建设最为活跃，这一结果似乎与管制俘获理论更加一致。

根据 Lippmann（2005），美国无线电广播行业是一个"意识形态俘获"的案例，而不是"管制俘获"的案例。他分析了 1920—1934 年商业广播公司对全国广播联合会和《广播法》（FRA）的影响过程，后者成为第一个管理广播行业的监管立法。私营企业有效地影响了 FRA，以及随后成立的联邦通信委员会（Federal Communications Commission），商业利益群体作为主要受益者，将广播公司排除在非营利性部门之外。Lippmann 概述了一套可能实现私人对国家影响的条件，认为在以下条件下，私人利益群体可以成功实现意识形态捕获：①高度动员；②以与重要的政府行动者的主流意识形态相似的方式，构建他们的意图、目的和愿景，以及他们在行业中的角色。其结果是，州政府政策被固定在有利于一系列私人利益的意识形态原则中。

其次，政府在监管公共产品（如健康、教育和安全等）种群方面发挥核心作用。在美国，有两个组织种群的命运和政府监管休戚相关——啤酒行业和葡萄酒行业。Swaminathan（1995）对美国葡萄酒行业的研究发现，州酿酒法对专业化酿酒企业创建的影响要远大于消费刺激的影响。1844—1919 年，美国有 34 个州通过了禁止出售酒精饮料的法律，尽管有些只持续了几年。1913 年，联邦的《韦伯－凯尼恩法案》禁止途经颁布了禁酒令的州来运输酒精。在随后的几年里，创建率大幅减少。毗邻那些通过了禁酒令的州的啤酒厂最初受益，因为它们的创建率提高了，以满足来自无酒州的需求。然而，随着"非禁酒"州附近越来越多的州通过了禁酒令，创建率有所下降。

潜在创业者显然对他们所在州未来的立法感到担忧。Wade、Swaminathan 和 Saxon（1998）指出，一个州的立法成功很明显鼓励了其他州的积极分子去碰碰运气，而且他们经常成功。在啤酒行业，啤酒厂数量的不断增加影响了关于禁酒令的政治竞争，随着啤酒厂密度的增加，禁酒令立法通过的可能性越来越小。1978 年，美国立法允许在家里生产啤酒，啤酒酿造的国家环境再次发生了重大变化。随后，在州一级，随着家庭酿酒业的发展，酿酒业也得到了发展（McCullough，Berning，and Hanson，2019）。

政府管制可能会推动新组织的创建，因为既有公司为了规避针对它们的管制，有时会故意创建新的业务（Smyth，2017）。在德国和其他欧盟国家，工人人数超过一定数量的企业必须遵守政府有关工人参与的规定，因此一些公司通过设立新公司来避免这种情况。Meyerhoefer（1982）发现，在他研究的西德 263 家大公司中，有近 1/3 在 1975—1980 年创办了另一家公司。在意大利，许多政府法规适用于超过 22 名员工的手工艺品制造企业，这导致一些所有者会限制企业成长，从而为新企业进入市场腾出空间（Lazerson，1988）。在美国，规模门槛也影响到许多联邦法规的适用性，如《就业年龄歧视法》禁止对 20 人以上规模的私营企业中年龄在 40 岁以上的雇员以及政府部门的所有雇员进行年龄歧视（Pasternak，2018）。

3. 直接的政府支持

政府政策可能会通过以下方式鼓励组织的创建和降低解散率：①通过政府行动的象征性后果提高合法性；②直接补贴。Minkoff（1994，p.141）认为，20 世纪 60 年代和 70 年代美国联邦政府的行动，"向活动人士发出了一个信号，即外部参与者或多或少地支持他们的议程，组织者和外部赞助人也做出了相应的反应"。她以林登·约翰逊（Lyndon Johnson）总统在 20 世纪 60 年代中期提出的"伟大社会计划"（Great Society Programs）为例，该计划凸显了贫困阶层的困境，并鼓励公共部门以外的个人和团体参与社会活动。随着社会工作者、地方机构官员和非营利组织参与到旨在减轻贫困的工作中，改革出现了专业化（Moynihan，1970）。在挪威，政府对区域经济发展的支持，反映出对改善处于社会边缘的人的生活条件的承诺。例如，研究人员发现，挪威政府对公共援助项目的采用，对居住在特定农村地区的创业者来说是一个重要的激励因素（Spilling and Bolkesjô，1998）。同样，在 21 世纪初，瑞典的政府官员也试图通过颁布更优惠的区域政策来鼓励边远地区的创业活动（Karlsson，Silander，and Silander，2016）。

立法举动也提高了美国许多种群的创建率。例如，美国颁布的《国家工业复兴法》在短期内大大提高了商业利益协会的创建率（Aldrich and Staber，1988）。1920年，美国宪法第19条修正案的通过承认了女性的投票权，在此后的20年里，女子学院的创建率大幅提高。

政府政策不仅提供象征性的合法性，而且提供财政支持，这些政策往往针对服务于特定人群的组织。加拿大的三项研究考察了政府向志愿组织、儿童组织、消费者和工人合作组织提供的服务。首先，1970—1982年，多伦多地区成立的社会志愿服务组织在省政府向该部门提供额外资金期间有所增加（Tucker，Singh，and Meinhard，1990）。其次，1971—1989年，由于政府提高了多伦多社会服务部的预算，日托中心的创建率也有所提高（Baum and Oliver，1992）。最后，1920—1987年，加拿大政府的税收优惠政策降低了加拿大大西洋地区工人合作社的解散率（Staber，1993）。

从20世纪90年代开始，欧盟各国政府增加了对中小型企业的政策支持。这种支持一直持续到21世纪初（Johansson，Karlsson，and Stough，2009）。欧盟领导人已经批准了有利于中小企业的政策倡议，并努力为初创企业创造有利的商业环境。例如，2000年6月欧盟领导人批准的《欧洲小企业宪章》，强调了小企业和创业对国家经济发展的重要性（ENSR，2004）。许多国家为中小型企业设立了专门的政府部门，而另一些国家则在现有的部门内设立了专门的子部门。例如，比利时和卢森堡成立了中产阶级部，代表手工业、贸易公司和餐饮行业。德国和荷兰在其经济事务部内设立了中小企业司，法国在工业部和贸易、工艺和服务部内设立了中小企业局。在英国，政府设立了服务小企业的国务大臣，并在贸易和工业部内设立了小企业局。

西欧各国政府也推动了以科学为基础的工业。在德国，从20世纪80年代开始，政府对高科技企业的支持鼓励了企业的创立。20世纪80年代，社区、政府等公共机构以及私人投资者创建的科技园增加了。政府以特别低的利率向高科技公司提供贷款，研究和技术部则提供研究资助，促进新企业创立。在20世纪的最后25年里，在法国、意大利、英国和日本，政府机构和投资者做出了类似的尝试——创建科技园。美国和其他国家的研究表明，大部分科技园都是令人失望的，不能偿还投资于它们的公共资源（Luger，1991；Massey，Quintas，and Weld，1992）。尽管如此，政府官员、区域经济学家、规划者和其他人对集群、经济增长和高科技公司的兴趣仍然很浓厚（Puig and Urzelai，2019）。

10.7.3 承载力原理总结

当新的种群涌现时，社会层面的文化和政治力量可能会产生最大的影响，以独特的方式约束和影响新的组织（Stinchcombe，1965）。我们在前面论证过，制度过程使组织形式成形，将偶然出现的最初差异转化为具有重大社会后果的差异。种群一旦建立，创建和解散对内生性的种群内和种群间过程的反应比对外生的制度力量的反应更大。然而，随着种群的成长和种群内组织采取集体行动，种群过程和制度力量就会纠缠在一起。所以，除了要关注种群动态，我们还要关注共演化的社会力量，它们为组织创建和解散设定了环境。研究示例10-1是Ingram和Rao（2004）对美国支持和反对连锁店立法的研究，研究探讨了组织种群的人口统计构成如何影响其制度环境的性质。

研究示例10-1
种群过程和立法结果

Ingram和Rao（2004）考察了组织形式之间的竞争如何体现在立法争论中。根据美国零售商监管档案数据，他们追踪了从1923年（尝试通过第一个反连锁商店法案）到1970年各州所有支持和反对连锁商店立法的实例。在同一时期，他们还收集了各州零售商的数据，区分了处在竞争中的独立商店、连锁商店和其他所有商店的零售部门。他们的演化理论试图解释由于不同种类的零售商的密度和细分水平不同而导致的支持和反对连锁商店法案（pro-and anti-chainlaw）的变化。

20世纪20年代，在马里兰州、北卡罗来纳州和佐治亚州通过的反连锁商店法案的早期实例是基于这样的主张：应该禁止连锁商店在有限的区域内经营5家以上的连锁店。在早期立法遭遇司法挫折之后，印第安纳州和北卡罗来纳州的法律引入了一种新的变体，只区分单一单位和多单位组织。在印第安纳州的法律得到美国最高法院的支持后，出现了一波反连锁商店立法的浪潮，超过一半的州在第二次世界大战前颁布了这样的法规。与此同时，由全国连锁商店协会（NCSA）牵头，连锁商店自身也动员起来反对这些限制措施，以废除反连锁商店法案。

Ingram和Rao认为，种群内过程所涉及的密度依赖和细分力量也会影响组织种群的法律环境。例如，我们认为密度反映了与组织形式相关的认知合法性和动员能力。因此，各州独立零售商的密度增加，应提高各州通过反连锁商店法案的倾向，反之，连锁零售商的密度应提高通过支持连锁商店法案的倾向。然而，就像密度依赖本身一样，这种简单明了的解释必须通过对细分过程和承载力的注意加以限定。特别是，Ingram和Rao预测，独立商店的有效组织能力可能会因其异质性而减弱，这反映在它们占据不同的零售局部生态环境的倾向上。

Ingram和Rao在分析反连锁商店立法的过程中发现了广泛的实证证据，独立商店的密度和集中度增加，提高了反连锁商店立法倾向，而连锁商店的密度增加则降低了该倾向。即使在控制了支持或反对该立法的盟友这一变量之后，这些结果仍然有效。但是，Ingram和Rao在废除反连锁商店法案的研究方面未获得成功。是什么导致了这种不对称性？从演化的角度来看，我们认为影响监管环境的变异和选择机制与影响它们的保留机制截然不同。虽然变异和选择可能受到强大的种群内过程的影响，但法律（以及它们所支持的组织形式）的保护可能会在更广泛的社会环境中发挥作用。一旦被制度化并嵌入商业文化中，有关"公平竞争"的规范和价值观就会改变得很慢。

同样的道理也适用于对连锁商店和大型商店的抗议。一旦一家大型卖场试图进入当地市场，其他潜在进入者就会从信息溢出中受益，从当地抗议者之前的活动中了解社区偏好（Yue，Rao，and Ingram，2013）。因此，不管是否有连续的抗议活动，一些地区都保留下了反对连锁商店的名声。这可能会对这些地区未来建立大型零售店产生限制。

小结

从演化角度看，创建允许组织保留和传播组织形式、复制能力和惯例，并可能为种群赢得更大的空间。如果没有创建活动，没有对组织的不断补充，高解散率将导致大多数种群消失。此外，资源约束着增长，特别是在种群的早期，如果种群参与者不采取集体行动来增加新组织形式的承载力，就可能会使新组织形式变得无足轻重。

在本章中，我们集中讨论了种群水平上的创建率和解散率。我们研究了影响组织加入或退出现有种群的速度的因素。虽然并购对某些种群来说是重要且具有经济意义的事件，但它们也是相对罕见的事件。研究表明，新组织的建立和既有组织的解散，在很大程度上取决于种群中现有组织所经历的事件。

种群内过程（intrapopulation process，指先前的创建、解散、密度和其他与种群增长相关的因素）构成了新企业诞生的环境。

种群间过程（interpopulation process，指种群之间的关系的性质，不论是竞争还是合作，以及主导组织的行动）影响环境中资源的分布以及创业者获得资源的条件。

在下一章讨论共同体演化时，我们将更深入地讨论这些力量。社会层面的因素——文化规范、政府政策和政治事件，塑造了其他过程发生的宏观环境。因此，我们必须明确我们的解释在什么社会历史时期是有效的，并将解释嵌入它们的社会情境中。

研究问题

1. 请考虑合法化和竞争如何影响组织种群的增长。
（1）合法化力量在哪个阶段占主导地位？
（2）竞争力量在哪个阶段占主导地位？

2. 组织内工作流动性在多大程度上影响创业率？

3. 许多关于组织种群衰落的解释依赖于承载力的外生变化（如用户需求的下降）。
（1）密度依赖模型的哪些扩展有助于解释这种衰落，即使在存在稳定的承载力的情况下？
（2）请具体地想想那些经历过衰退的种群，是否有些机制比其他机制更合理。

4. 通用型组织的资源需求与专业组织的资源需求相比有何差异？
（1）哪种组织在稳定的环境中更可能成功？
（2）哪种组织在动荡的环境中更可能成功？

5. 假设你是资源依赖理论学者，请对组织如何应对政治动荡和不断变化的政府管制提出建议。

第五部分
共同体的形成与演变

第 11 章
CHAPTER 11

共同体演化

组织共同体（community）就是一个在空间上或功能上的有界种群，它们通过共生或共栖关系联系在一起。共栖（commensalism）指的是相似单元之间的**竞争与合作**，共生（symbiosis）指的是不同单元之间的**相互依赖**[⊖]。在一个共同体内，竞争和合作的过程将种群划分到不同的局部生态环境中，占主导地位的种群使其他种群只能处于低级或从属地位，从而导致共同体层面上的分化和整合。我们主要关注共同体的时间方面的内容，研究新共同体的成长和其内部种群之间的相互依赖关系。

组织共同体为何如此重要？第一，它的涌现形塑了社会环境，影响着社会演化的过程。例如，在 21 世纪头 10 年，贷款人、投资者和房地产开发商之间的相互依赖最终导致了房地产泡沫，随之而来的是金融危机。相互依赖变得如此复杂，以至于监管机构、公众以及银行在某些情况下，并没有意识到许多抵押贷款和所出售投资产品的有害性（Brown and Spencer，2014；Lounsbury and Hirsch，2010）。第二，组织共同体为新种群的涌现设定了情境。在第 9 章中，我们注意到，新种群必须要为自己的生存找到空间，在这个环境中存在着相互竞争和相互支持的其他种群。

在这一章中，我们从 Hawley（1950）关于共同体层面的概念分析开始，回顾其他概念，然后提出我们自己的概念。种群之间的关系构成了共同体分析的基本主题，因此我们在类型学上提出了种群互赖性（population interdependence）的八种形式。相互依赖源于将新组织和种群划分到共同体局部生态环境中的分化和整合过程。我们研究了这些过程的两个方面：①创业者在利用技术的不连续性、规范和价值观，以及法律和管制来建立新种群方面的作用；②利益集团和相关团体的集体行动，特别是当集体行动针对州政

[⊖] 生物学中，共生是指两种密切接触的不同生物之间形成的互利关系。共栖是指两种生物生活在一起，对一方有利，对另一方也无害，或者对双方都有利，两者分开后都能独立生活。——译者注

府时，便形成了共同体的合法性。在提出我们的论点时，我们使用了最近几个组织共同体的例子，特别侧重于生物技术共同体。

11.1 定义：共同体概念的演变

早期的人类生态学家提出了强调空间层面的"共同体"定义（Park et al., 1925），但Hawley（1950）指出，人类生态学家还要关注关系层面：种群内共生和共栖的模式。基于一般生态学（人类生态学的母领域）中的共同体概念，Hawley（1950，p.67）提出，"共同体……在本质上是对栖息地的集体回应"。他明确地将个体对环境的适应性研究排除在人类生态学之外，认为其他学科能更好地处理与个体有关的问题。Hawley强调了共同体的两个方面，它们后来成为辩论的焦点：共同体内种群之间的关系，以及共同体与其环境之间的边界。

20世纪70年代，Hannan和Freeman（1977）明确地提出了一个共同体层面的问题，强调种群之间的相似性和差异性。但是随后的几年，生态学理论家更多地关注选择过程如何在现有种群中创造一致性和稳定性，而不是新种群和共同体如何发展。因此在对这一现象的回应中，Astley（1985）主张：组织生态学的研究应该关注共同体生态学的动态演变过程，特别是共同体的演化，来解释新的组织形式是如何产生的。他认为，代表剧烈技术变化的基础创新会刺激新组织形式的创造。新形式产生了新的种群，并可能产生新的组织共同体。

20世纪80年代及90年代，共同体演化是一个令人困惑的概念，因为作者针对如何概念化"共同体"存在细微的分歧。不同的概念（labels），包括"组织场域"（DiMaggio and Powell, 1983）、"社会部门"（Scott and Mayer, 1983）以及"组织共同体"（Astley, 1985）都被广泛使用。这些标签之下是对创建共同体的联系的不同概念。共同体是空间上的。对一些人来说，这是关系性的；对其他人来说，这是结构性的。其中，DiMaggio（1994）就批判性地指出，共同体缺乏统一的定义。学者经常把组织共同体等同于共同体中的种群、子共同体、组织间网络或行业。一些理论家专注于特定的分析单元，而另一些理论家则关注单元之间不同类型的关系。当代关于组织共同体的观点往往是关系性的，关注组织种群之间的结构性联系，以及同一共同体内成员之间的"集体行动策略"的共享身份和内容（Fligstein and McAdam, 2012）。

当代对共同体演化的研究采用了两种经验性策略。

第一，一些研究试图直接衡量成员、物质或符号在种群之间的流动。McPherson（McPherson, 1983；Popielarz and McPherson, 1995）等学者率先根据组织成员的共同社会人口学特征来描绘志愿者组织种群之间的局部生态环境重叠的特征。Shi等（2017）最近扩展了这一方法，以研究可能提高现有成员留存率的组织特征如何使新成员的招募更具挑战性。当成员的社会关系跨越组织边界时，招聘和留任就变成了零和博弈，组织的命运交织在一起。

在分析产品市场竞争时，有一种相同的策略，即把所有组织种群看成结构上等同的局部生态环境，只要它们有着相似的物质投入，以及输出互相可替代的产出（Burt，1992；Liu and Wu，2016）。这一分析逻辑随后又运用到很多对于无形的、文化上的分类过程的调查研究中。比如，Ruef（2000）研究了美国医疗保健界专业人士的规范和监管话语如何将组织形式联系起来，并促使它们呈现出符号方面的共性。

第二，从种群成长和衰落过程推断共演化（co-evolutionary）的动力。根据经典的组织生态学理论（Hannan and Freeman，1977），假设存在两个种群，当其中一个种群的密度影响了另外一个种群的生存能力时，这两个种群便被认为是相互依赖的（反之亦然）。这种方式仍然被用来检验物质文化、象征文化、地理和时间的影响。例如，Haveman和Rider（2014）展示了18世纪和19世纪邮局在美国的分布如何改变了杂志的竞争动态。到1860年，超过24万英里的道路连接着30 000个邮局，因此杂志面临更加分散的竞争。随着媒体市场变成区域性甚至全国性的，新杂志的创建也受到了压制。以英国为例，Clifford（2018）发现，社区的贫困和落后的基础设施降低了慈善组织的创建率，提高了慈善组织的失败率。这些例子表明，组织基础设施是种群动态的一个关键影响因素，而共同体、康乐和商业组织调节了贫困、基础设施发展和社区慈善组织密度之间的关系。

以上两种将组织共同体概念化的经验性方法各有利弊。直接衡量共同体中局部生态环境的重叠度需要收集大量的数据，还要求分析人员能够确定可同时支持多个不同种群的局部生态环境维度。在任何包含许多种组织形式的共同体中，都不可能从其生态过程中间接估计种群的相互依赖关系。事实上，在共同体矩阵中，估计出的关系数量要大于对种群成长或衰落的观测数量，除非研究者对相互依赖性另作假设（Sorensen，2004）。此外，有时难以确定共同体效应运作的合适分析水平（Brashears，2019）。而且这种方法也无法区分共栖和共生关系，因为缺乏判断组织形式相似性的独立数据。

考虑到组织共同体观点的多样性，我们在Hawley最初形成的概念的基础上，提出了自己的定义。他的观点仍然对该领域后来的理论和研究产生重大影响，因此后续的定义要保留其观点中的核心部分。因此，概念必须包括单元之间的功能上的相互依赖性（共栖和共生关系）。同时，定义还需要保留演化理论的重点——未来是建构的而非设计的。共同体的涌现，源自单元之间的竞争、合作、主导和共生依存的关系，而不是按照计划设计的结果。

我们把定义限制在种群和组织内，这些种群和组织有着共同的技术、规范和法律监管的核心。共同体的地理范围是一个经验性问题。一个共同体可以囊括整个地区、国家或全球经济体系，这取决于研究者所选择的核心。社会行为主体之间相互依赖的程度最终也是一个经验性问题，研究者必须正确界定相互依赖的活动边界。因此，我们给出以下定义：

> 组织共同体就是一系列共同演化的组织种群，它们将共同技术、规范秩序或法律监管制度作为方向，通过共栖和共生关系连接在一起。

研究者应基于特定的历史时期来给出定义。

11.2 种群之间的关系

在一个演化着的共同体中，种群之间的关系同时围绕着两个轴旋转（即共生轴和共栖轴）。共生轴指的是不同形式之间的相互依存关系，即具有不同功能的单元；共栖轴指的是同类形式之间的相互依存关系，即具有相似功能的单元（Hawley，1950，p.39）。在一个已形成的共同体内，围绕两个轴的不同种群同时行动，最终形成聚集并融合。相似种群之间的竞争和不同类种群之间的冲突可能会阻碍新兴共同体的进一步发展。就像许多新兴种群无法在共同体立足一样，发展中的共同体也面临着分裂和解体的可能性。接下来，我们首先概括地描绘不同类型的关系，然后给出具体的例子。我们的定义遵循Hawley（1950），尽管我们也认识到生物生态学家和一些种群生态学家采用了不同的定义（Liu and Emirbayer，2016；Roughgarden，1983）。

共生是指不同单元之间的相互依赖，而共栖是指单元对环境的要求相似。共栖，从字面上理解，就是大家在一个桌子上吃饭（Hawley，1950，p.39）。虽然大家通常用"共栖"这个词来形容合作或互利共生，实际上，它的范围涵盖从完全的二元互利共生到完全的二元竞争。比如，Hawley注意到，共栖最常见的表现形式是竞争，即种群寻找相同的资源。种群之间的竞争程度取决于各种群的相对规模和相似程度，或者局部生态环境之间的重合度。正如我们在第9章中所指出的，由于来自其他种群的竞争，一个种群现实的局部生态环境（realized niche），要远远小于基础的局部生态环境（fundamental niche）。

如果对环境提出类似要求的种群有意无意地联合起来，共栖也会带来互利共生。在第9章中，我们给出了种群内部合作的例子，由于采取了集体行动，因而改善了新兴种群的地位，例如形成交易联盟，或产业咨询协会。正如我们接下来所展示的那样，以类似的方式，跨种群间的互利行为也会改善相关种群的整体实力。例如，美国注册会计师协会在1998年和电子商务企业合作，建立了一个网站，这不仅标志着网站的合法性，也强调了会计师事务所的商业价值。

根据共栖关系和共生关系的区别，我们可以划分出种群之间的8种关系类型，如表11-1所示（参见Brittain and Wholey，1988）。在表11-1中，括号中的符号放在每种相互作用形式之前，表示某一种群对另一种群的影响。其中前6种是各种形式的共栖（竞争与合作）。第7种是共生。我们将主导（dominance）关系作为种群之间的第8种关系。主导关系是种群之间基于共生和共栖互动作用的结果而形成的一种科层关系。

"合作"是一种带有刻意目的的、有意图的行为，而种群之间积极的相互依赖关系可能是偶然的和无意图的，因此我们在表11-1中使用"互利"一词而不是"合作"。通常，传统的生态学研究倾向于强调组织和种群之间的竞争行为，而制度理论则强调共生和互利关系。然而，调查人员现在很少将竞争和互利视为相互排斥的。制度理论家关注能够管理一系列种群间关系的协调机制（Fligstein and McAdam，2012；Scott，2008），而战略管理学者则引入了"最优区分"的概念来解释新型组织如何在与已知的种群保持一致的同时，充分区别自己的产品或服务以帮助自己脱颖而出，并在两者之间取得平衡（Zhao et al.，2017）。正如我们在第3章中所指出的，资源依赖观同样有助于我们对相互依赖关系的理解,尽管它们倾向于将组织而不是将种群作为它们的分析单元。

表 11-1 组织种群之间的 8 种可能的关系

1. 共栖

(-,-) 完全竞争:某一种群的增长会拖累另一方的增长。例如,来自相同社会人口种群的志愿协会之间的竞争 (McPherson, 1983)

(-,0) 部分竞争:关系是不对称的,只有一方对另一方有负面影响。例如,在两次世界大战之间的维也纳,右翼报纸的发展提高了中间派报纸的失败率 (Barnett and Woywode, 2004)

(+,-) 掠夺性竞争:一个种群以另一个种群的消亡为代价进行扩张。例如,以美国南北战争后南方的种植园为代价而发展的分租和共有安排 (Ruef, 2004)

(0,0) 中性:种群之间没有影响。

(+,0) 部分互利:关系是不对称的,只有一个种群从另一个种群的存在中受益。

(+,+) 完全互利:两个种群在重叠的局部生态环境中受益于对方的存在。例如,大大小小的铁路和电话公司都受益于对方的存在 (Barnett, 1995; Dobbin, 1994)

2. 共生

(+,+) 共生:两个种群处于不同的局部生态环境,受益于对方的存在。例如,风险资本家通过投资于高科技公司来获取利润,从而使两方都得以增长 (Brittain, 1994)

3. 主导

占主导地位的种群控制着向其他种群的资源流动 (Hawley, 1950),效果取决于共栖或共生关系的结果

注:括号中的符号表示一个种群 A 对另一个种群 B 的影响:+ 表示正向影响;0 表示没有影响;- 表示负向影响。

11.2.1 共栖关系

我们已经确定了 6 种类型的共栖关系,涵盖了从完全竞争到完全互利。

1. 完全竞争

完全竞争是指一个种群成长通常有损其他种群成长,因为它们之间总是存在着基本局部生态环境的重叠。McPherson(1983)在其关于竞争性局部生态环境重叠的研究中,检验了 Omaha 志愿协会之间争夺会员的竞争——测量它们竞争具有相似特征的人员的程度。他检验了组织成员在不同年龄、职业、性别和受教育程度这四个维度上的实际分布,将 K(承载力)定义为共同体中具有这些特征的潜在成员数量。McPherson 假设系统是均衡的,然后估计了这些志愿者协会之间为了同类成员相互竞争的程度。Ruef(2000)在关于卫生保健领域的研究中提出了相关的论点。他注意到:那些占据相似又非完全相同的话语局部生态环境(在政策制定者、行政管理、内科医生和健康专家等方面)的组织形式之间有完全竞争的倾向。

社会和经济变革的演化方式持续关注组织种群之间的竞争——对成员、消费者和重要盟友支持上的争夺。Lazzeretti 和 Capone(2017)分析了中国企业和意大利企业之间的竞争动态,以解释近年来意大利北部普拉托工业区的变化。许多研究人员将其用于种群动态的实证研究。意大利纺织公司在该地区的衰落在一定程度上可以用中国成衣("ready-to-wear")服装公司的增长来解释。在关于完全竞争的另一个研究示例中,

Habinek 和 Haveman（2019）将美国内战前医疗专业人员权威的下降追溯到挑战者职业群体的成功，包括五花八门的非专业人士。这些组织鼓励立法者和政策制定者放宽关于谁有资格行医和从事所谓的"治疗艺术"工作的规定。

2. 部分竞争

在部分竞争关系中，种群之间的关系是非对称的，只有一方的行动会对另一方产生负面影响（Barnett and Woywode，2004）。在两次世界大战期间（1918—1938年）的维也纳，当右翼报纸大量涌现时，它就导致了中间派报纸失败率的上升（Barnett and Woywode，2004）。右翼报纸吸引了很多传统上属于资产阶级或牧师群体的读者，从而通过意识形态的"邻接"产生了竞争。与此同时，右翼读者的极端主义倾向意味着很少有人会被资产阶级或牧师所影响。因此，中间派报纸的流行对右翼出版物并无不利影响。

3. 掠夺性竞争

掠夺性竞争是指一个种群的扩张是以另一个种群的消亡为代价的。Ruef（2004）研究了1865—1880年南北战争后南方种植园被佃农以分租和共享租赁形式取代的事例。佃农制的盛行刺激土地所有者想要把工资种植园分割成更小的农业租约，这是对土地资源掠夺性竞争的直接表现。然而，有趣的是，在美国内战之后的几年里，中等规模的农场和种植园之间的竞争是有限的，这两个种群甚至表现出了某种程度的互惠关系。因此，Ruef 认为，一些掠夺性竞争中的佃农分租和共享租赁被视为象征性的，而不是实质性的条款。事实上，新兴农业形式的密度增加标志着基于帮派劳动的大规模农业的合法性即将结束。

4. 中性共栖

中性共栖是指共同体内的两个种群不对彼此产生任何影响，但它们可能对共同体内的其他种群产生影响。

我们需要注意的是："中性共栖"是在所有种群中最有可能存在的关系，但是，如果作者们把所有微不足道或毫无影响的种群间的关系都加以分类，他们自己和读者都会精疲力尽。我们观察到的社会系统大多是松散耦合的，因为演化选择的力量对它们更有力（Aldrich，1979，pp.80-86）。例如，Simon（1996）指出，正是松散耦合的层级结构在自然界中占主导地位。尽管如此，我们用来检测和描述共同体结构的方法可能遗漏了许多中性的种群间关系。结果是，大多数分析中描述的共同体似乎比如果调查人员追踪并列出所有可能的种群间关系的情况，更加紧密地耦合在一起。这种选择偏差来自研究人员在讲述有关受试者的连贯故事时必须做出的选择，是不可避免的。

5. 部分互利

在部分互利关系中，种群间关系是不对称的，只有一方能从另一方的活动中受益。在20世纪30年代之前，产业工会的激增促进了手工业工会的增加，反之则不然（Hannan and Freeman，1987）。手工业工会的密度对工业工会的创建没有影响。

6. 完全互利

完全互利是指，两个有着重叠局部生态环境的种群都可以从对方的存在中受益。Dobbin（1994）指出，就像铁路和电话公司一样（Barnett，1990），在企业生命周期的早期，往往以大公司和小公司的互利为特征。大型铁路和电话公司的庞大网络增加了与其相连的小公司的生存机会，而小公司通过扩大其服务的市场区域使大公司受益。当一条连接几个主要城市的主要铁路干线建成后，较小的支线可以建到较小的城市。同样，1879—1934年，宾夕法尼亚州的单一交换和多交换系统电话公司之间也存在着完全的互惠关系。在采用相同的通用电池电力传输系统的公司中，较小的单交换系统补充了较大的多交换系统。它们提高了彼此的增长率，同时降低了"运行平稳、能够大规模运行的可行网络"的失败率（Barnett，1995，p.285）。在不同的背景下，Bertoni、Colombo和Quas（2017）发现，政府风险投资（GVC）的参与有助于促进私人风险投资（PVC），反之亦然。

11.2.2 共生关系

在共生关系中，两个拥有不同局部生态环境的种群，彼此互利。成长期需要资金的企业和愿意提供资金的企业之间的关系往往是有争议的，但是两者仍是一个良好共生关系的例子。在美国，风险投资和律师事务所在新兴技术共同体的出现中发挥了重要的共生作用（Ferrary and Granovetter，2017）。律师事务所促进了大学创新向市场的转化（Clayton，Feldman，and Lowe，2018）。风险投资公司为成长中的公司提供资金，这些公司年限较短且不为人知，无法从银行等传统渠道获得资金。风险投资公司还可以为其他更保守的投资者合法化风险投资。它们在交易中的早期介入常常让犹豫不决的投资者放心。另外，风险投资公司在商业联盟的形成过程中也起着促进者和催化剂的作用，充当了使互补组织聚集在一起的经纪人的角色（Podolny，2001）。

Saxenian（1994）完整、详细的案例研究着重比较了两个地区种群间的共生模式：硅谷和波士顿128号公路地区。从20世纪30年代末开始，随着惠普公司的成立，硅谷的创业者、教育家、风险投资公司和其他当地居民共同发展了一套系统，该系统促进了"一系列相关技术的专业生产者之间的集体学习和灵活调整"（Saxenian，1994，p.2）。早期，开放的劳动力市场和技术创新精神鼓励企业之间建立紧密的社会网络，这在高科技工程师和管理者之间形成了一种互惠互利的感觉。企业集群在一个严格限制的地理区域内发展，这促成了研讨会和工作坊以及下班后的面对面交流。

正如我们在第8章中所指出的，律师事务所在硅谷组织共同体的崛起中扮演了一个特别重要的共生角色。随着律师事务所1976—1990年在风险投资公司和初创企业之间签订融资协议方面所获经验的累积，这类协议变得更加标准化了（Suchman，Steward，and Westfall，2001）。在硅谷以外，律师事务所和主要投资者的合同中，比如那些旧金山地区的合同，标准化的可能性最小。此外，硅谷与其他公司在标准化方面的差距在20世纪80年代初最大，当时风险投资公司、律师事务所和高科技公司之间互利共生关系的增长速度正处于顶峰。Nelson和Winter（1982）指出，客户、供应商和其他机构之间的反复互动往往会创造出一种对外界几乎不透明的当地种群语言。

因此，律师事务所在通过风险投资公司塑造高科技初创企业融资市场方面发挥着重要的作用。它们通过促进市场发展、抑制商业纠纷来帮助共同体建立复杂的金融交易框架（Suchman and Cahill, 1996, pp.690-691）。首先，律师事务所作为第三方缓冲机构介入，吸收了交易过程中的不确定因素。其次，它们有助于建立并传播共同体的规范和标准，从而降低投机行为的风险。最后，随着硅谷以外的律师事务所和监管机构纷纷效仿，硅谷本地建立起的规范逐步推广至全国。

与硅谷普遍存在的共生和互利关系不同，波士顿128号公路地区的公司延续了一种竞争体系，大型独立公司从自己的内部资源中寻找所需的资源，而不是与该地区的其他公司发展联系。波士顿的地区文化鼓励这些企业独立稳定、自力更生，促进基于保密和企业忠诚度的竞争（Saxenian, 1994, p.3）。在波士顿地区，麻省理工学院以及哈佛大学几乎和小企业没有联系，它们更愿意和大企业保持亲密关系，来为学校自身的研究重点提供资金。随着小型计算机市场跌入谷底，美国DEC和其他大型公司在20世纪80年代遭受了财务困境。128号公路缺乏以网络为基础的协作共同体文化，这给了它沉重的打击，使它很难恢复过来，这与硅谷在经历了20世纪80年代的困境后恢复过来形成了鲜明的对比。

11.2.3 主导关系

随着共栖和共生关系在新兴共同体中的发展，影响力和权力的等级出现了。Hawley（1950, p.221）认为，由于"各个组织功能定位不同，可能一些组织的功能天生就比其他组织更重要一些，在劳动力的战略分配上，难免会对其他功能的组织产生冲击影响，所以不可避免地导致了'不平等'现象"。从演化观点来看，占据核心部门的单位，处于发挥协调功能的有利位置（Aldrich, 1979, pp.327-340）。由于对其服务的强烈需求，能够更快地与他人交流或联系的新组织形式占据了最初具有压倒性优势的局部生态环境市场。扮演这种中介角色的例子包括多式联运、国际航运公司以及将实体店与消费者连接起来的本地送货系统（Obstfeld, 2017; Okhuysen and Bechky, 2009）。

因此，位于共同体中心的种群也就占据了主导地位，因为它们控制着资源的流动。"这种影响可以是直接的，也可以是间接的，通过控制给不同活动分配的空间，决定谁该被雇用、制定信贷规则、审查关于共同体的新闻和信息，等等"（Hawley, 1950, p.221）。当种群适应共同体内的资源流动结构时，主导自然产生，但组织和种群也可能采取战略行动来增强其主导地位。Hawley观察到，一些组织经常联合起来采取集体活动来影响其他组织的生存条件，例如操纵价格的卡特尔和造成贸易限制的勾结。

从历史上看，政府一度占据着最重要的主导地位，因为"政府具有治安权，保证其实施监管权力"（Hawley, 1950, p.221）。例如，当时的美国商务部部长赫伯特·胡佛（Herbert Hoover）提出法规，支持以"公共利益、便利或必需品"为运营目的的广播电台，他以牺牲教堂、学校和其他公共服务组织拥有的地方性非营利小电台为代价，为国家商业广播公司创造了巨大优势（Lippmann, 2007）。然而，全国广播网络的普及带来了一个意外结果：本地商业电台数量增加。这些站台通过互补节目与国家网络形成了互惠关系（Lippmann，2008a）。

各级政府，从乡村到国家，其权力都受到政治边界的严重限制。Hawley 认为，政府在美国的城市和地区的共同体的资源流入方面发挥着主要的激活作用。大多数州政府都设立了经济发展办公室，试图通过提供税收补贴、廉价土地和劳动力再培训资金来吸引大公司进驻。正如 Jensen 和 Malesky（2018）所指出的，企业可以操纵这些激励措施，特别是如果雇主在与州政府的谈判中将搬迁作为讨价还价的筹码。因此，大型商业单位的权力可以将其他单位（如地区政府）置于从属地位。

资本主义经济的一些理论，包括资产阶级整合、上流阶层凝聚和银行中心地位理论，已经超越了 Hawley 的生态学分析（Mizruchi，1996）。在这些理论中，主导地位是因自我意识或至少是自利行动者的战略行为而产生的。大多数解释都认为：强大的行为者利用"连锁董事"策略，改变资源在组织和所有者或高管之间的流动局面。他们不需要知道自己的行动对于集体产生的系统性影响。即使个别企业的行为是出于自身利益，但只要有其他企业跟着采取相似行为，行动的聚集效应就可能会很大（Mizruchi，1992，pp.42-47）。然而，Mizruchi（1996，p.273）指出，"事实上，目前还没有关于企业连锁动机的系统数据"。研究人员通过检验连锁模式来推断连锁动机，他们观察到，连锁似乎遵循了资源依赖的流程。

很多理论家认为，连锁策略只是高管们为了自己的职业升迁而造成的偶然产物，而非出于公司进步而制定的战略（Zajac，1988）。Mizruchi（1996，p.278）认为，这些理论是互补的，而不是相互取代的，因为一种联系（tie）可以反映出多重结构状态：企业之间的业务交易；企业领导之间的私人社交关系；有些人因为已经与其他企业建立了联系，而在进入特定企业时受限。最终形成的网络协议是高度稳健的，可以从个人关系的意外解体中或外部战略威胁下快速恢复。它们在跨组织共同体中的生存能力部分取决于其作为小世界（small-world）网络所具有的特性。这可以在德国公司之间的所有权关联研究（Kogut and Walker，2001）以及美国的连锁董事中找到证据（Davis，Yoo，and Baker，2003）。小世界网络的特点是组织之间存在相对较少的中间连带，高度集群化，其中集群通常围绕强大的经纪人（broker）形成（Kogut and Walker，2001）。

11.2.4 对种群间关系的总结

共同体层面的分析假定许多种群的命运通过它们对共同技术、规范秩序或法律监管制度的取向而变得密切相关。随着共同体的发展，共同体内种群之间的关系采用多种形式，间接和直接在种群中产生影响。在过去 10 年中，对生态系统（ecosystems）的研究——尤其是与企业家和创业相关的研究，得到了极大的发展，引起了人们对支持创新和新创企业创立的系统特征的关注（Lippmann and Aldrich，2016a；Pitelis，2012）。与共同体生态学研究相比，这些文献以更抽象的术语对生态系统进行了概念化，但它本着同样的精神，继续强调种群间关系的重要性以及利益相关者所发挥的作用，包括国家、社会运动等（Acs et al.，2017）。尽管共同体生态学的正式预测可能难以进行实证检验，但有关组织种群如何从同一共同体中的其他种群中受益并与之竞争的研究正在慢慢出现（Liu and Wu，2016）。

11.3 组织共同体是如何形成的

共同体不仅仅来源于产生新组织或新种群的力量，也从种群间新的共生或共栖关系演变而来。前面的几章中，我们探寻了新组织、新种群的发展。在接下来的讨论中，我们将引入一个新概念：跨种群的活动。我们从创业者利用不同的技术、规范和管理创新导致的现存种群和共同体的不连续性着手，这种不连续性引发了现有种群的转变或新种群的产生。竞争、互利以及共生的过程，将受影响的种群划分到不同的局部生态环境中，具有不同的层级和支配地位。因为各个种群自身优势不同，所以这些过程可能将种群绑定在面对共同命运的共同体中。

我们的示例主要来自一种组织共同体——可再生能源，但我们也使用其他组织的示例，特别是无线电广播（Kim，Croidieu，and Lippmann，2016；Leblebici et al.，1991）。在可再生能源领域，组织共同体由利用可再生能源（包括风能、太阳能、水力发电、生物质能和地热能）来创造能源的公司组成。除了这些直接生产者之外，共同体还包括其他更传统的专注于化石能源的能源公司，以及专注于环境、国家、消费者和农民的社会运动组织。在工业社会中，自20世纪70年代开始，可再生能源便已被开发利用了（Huybrechts and Mertens，2014）。

我们的解释框架包含三个部分。首先，我们关注新组织共同体的三种催化剂：规范和价值观念的转型、新的监管制度以及技术创新。其次，我们研究了推动组织涌现的动力、创业者和资金来源，以及组织连续加入的条件。最后，我们认为，新兴共同体依赖超组织（supra-organizational）的合法化力量，如财团和其他形式的集体行动。

11.3.1 新兴种群和转变后的种群

正如我们在第 8 和第 9 章中指出的，技术创新，是形成新种群或促进种群转变的催化剂。有三种形式的变化可能在形成全新的共同体时起到重要的催化作用：①社会规范和价值观的转变；②法规的变化；③技术创新。前面两种形式已经在之前的章节中讨论过，因此在这里我们仅仅简要地回顾一下。我们主要关注技术创新。

1. 社会规范和价值观

社会规范和价值观的变化可能会创造条件，促进新种群的发展。如果一部分种群之间有着互利或共生的关系，那么它们很有可能成为新组织共同体的核心。美国的非主流机构运动在 20 世纪 60 年代末和 70 年代初获得了短暂的规范合法性，大企业的反对者在某些地区赢得了立足点（Rothschild-Whitt，1979）。例如，就太阳能行业而言，这一运动，加上能源消费规范的不断变化，促进了创业活动，最终催生了一批新的太阳能技术生产商。20 世纪 70 年代初的能源危机引起了美国许多人的担忧，因为汽油变得昂贵且难以获得。这些不便，再加上对石油政治经济和化石燃料有限性的认识日益提高，开始改变大多数消费者对燃料消耗的看法。替代机构青睐的去中心化组织为消费者和生产者提供了一个模板，让他们根据这些新规范采取行动。太阳能创业更有可能出现在替代机构主导的地区，例如能源合作社主导的区域，而创业者在家庭相互联系和公民参与精神强烈的区域更容易成功（Huybrechts and Mertens，2014；Meek，Pacheco，and York，2010）。

2. 法律和法规

法律法规的变化也可能导致新的组织共同体生成，因为可以催生政府机构、非营利组织、律师事务所、顾问、研究机构和学术项目之间的共生网络（Galaskiewicz，1979）。在美国，可再生能源组合标准（RPS）和强制性绿色电力选项（MGPO）是鼓励可再生能源的生产和使用的州级举措。RPS要求电力公司销售的能源中有一部分来自可再生资源，MGPO要求企业向消费者提供使用绿色电力的选项（United States Environmental Protection Agency，2019）。这两项政策的激励和要求导致了可再生能源生产的增加，尤其是在投资者（而不是公共）拥有的公用事业上（Delmas and Montes-Sancho，2011；Dowell and Muthulingam，2017）。这些政策促进了可再生能源技术领域的额外增长（Migendt，2017）。

除了促进新部门的兴起以外，法律结构（legal structure）还可以成为制度遗产的重要来源，对组织共同体产生持久影响。Greve 和 Rao（2014）用英国普通法和财产权作为法律结构的例子，这些法律结构对曾沦为殖民地国家的组织和居民具有积极或消极的长期影响。一方面，以普通法为基础的法律体系允许更完善的股东保护、更有效的债务执行，以及减少政府对殖民地时期之后的金融部门的参与。另一方面，英国在印度等国家的统治也支持以地主为中心的土地所有权结构（如柴明达尔制），这种结构与当地社区的不平等遗毒和农民抗议有关，一直延续到20世纪。

3. 技术

技术创新是建立新组织共同体的主要催化剂，因为它促进了新组织形式的产生。基于技术突破，很少有单个关键事件会产生新的组织种群。相反，从演化的角度来看，技术创新来自一系列相互关联的变异、选择和保留行为的累积，最终在商业应用中达到顶峰（Van de Ven，2017）。20世纪科学发现的长期变化不断催生了具有商业潜力的技术创新（Shane，2004）。许多创业者抓住了这些创新，并进行了积极的努力，才推动了新种群的建立。例如20世纪20年代的无线电广播行业（Lippmann，2005；Starr，2004）。虽然很多新种群最后难逃失败的厄运，但是一些成为现存共同体中的一部分，还有一些成为新组织共同体的核心。

由于一个种群的产品或服务通常是更大的共生系统的组件，因此其演化路径取决于其他种群的变化。许多创新与技术系统的某些方面有关，我们可以认为它是由核心和边缘子系统组成的（Tushman and Murmann，1998）。例如，与生物技术产品不同，大多数微电子设备都是作为更复杂系统的组件出售的（Barleyy，Freeman and Hybels，1992，p.316），而生物技术产品则直接出售给最终用户。如果从核心的子系统来看，技术在一段时期内的渐进变化是一个稳定的过程；但是如果从边缘子系统的创新来看，它就是一个动态过程。个体和组织为了完善核心技术，总是要创造核心技术的边缘子系统，这就不免引起暂时的不确定性。这些边缘的创新成了这些种群与产生核心子系统的种群共生的基础。

在可再生能源领域，光伏效应的发现和基于该发现的太阳能光伏（PV）能源电池的发明出现于19世纪，但随后在20世纪的发展彻底改变了太阳能生产。第二次世界大战后美国的太空计划是该技术商业化应用的催化剂。NASA及其前身（国家航空咨询委员会）与贝尔实验室联合开发了光伏电池，为卫星提供能量，而传统形式的能源显然不可行。从那时起，太阳能光伏电池效率的大幅提高，伴随着价格的大幅下降，刺激了太阳能光伏技术的研究和生产（Jones and Bouamane，2012）。

正如我们在前面的章节中提到的（Tushman and Anderson，1986），技术创新被描述为能力增强型或能力破坏型。但是，还存在另一种可能性：技术上的突破可能超出了当前的组织知识，但仍允许既有种群参与到新的共同体中。鉴于此，Hunt和Aldrich（1998）提出了第三类创新——能力扩展型（competence-extending），而不是二分性质的能力增强型或能力破坏型。从这个角度来看，能力扩展型创新使现有组织能够寻求新的机会，从而使它们能够将现有能力扩展到互补的新创企业中。与能力增强型的机会不同，这些创新并不是针对当前常规和能力的直接延伸，因此无法轻易实现。与此同时，这些机会并不对现有的目标和能力构成直接威胁。实际上，它们代表了一种扩展领域的潜在机会，通过开发新能力来开拓新市场。

生物技术界提供了此过程的一个示例。独立进入者进入太阳能光伏电池行业，既没有因为现有技术的卓越性能很容易实现而复制现有技术，也没有引入它们自己的新技术。相反，Kapoor和Furr（2015）发现这些进入者选择了中间地带，瞄准共同体中已经存在关键性互补资产（包括制造技术和太阳能专业知识）的领域。因此，虽然独立进入者所依赖的资产"对应用程序来说是新的，但它们对世界来说并不陌生"（Kapoor and Furr，2015，p.419）。

11.3.2 推动组织形成的三大力量

三大相互依存的力量推动了新兴共同体中组织的发展。首先，创业者根据技术、规范或监管的变化创造了新的组织形式或修改现有的组织形式。其次，在商业共同体中，资金源选择性地支持许多新的成长型公司，并且使得现有企业转型。诸如律师事务所和会计师事务所之类的相关联的专业种群也可能扮演有益于新组织的共生角色。最后，随着组织进入共同体发展的不同阶段，变异、选择和保留机制偏好不同的组织形式。这可能会导致在组织共同体中形成生态"嵌套"模式，因此，某些核心和基础种群的出现往往先于较边缘的组织形式。

1. 创业者的作用

共同体的演化取决于稳定的组织创建，以增加新的种群和振兴既有的种群。正如我们在第 10 章中所讨论的那样,在共同体创建的初期,新进入者通常会产生独特的组织形式从而形成新的种群。包括联邦太空计划和贝尔实验室在内的大型官僚机构推动了光伏能源电池的首次应用,但共同体的发展和商业化则由开拓型创业公司发起。全球有 60 多家公开上市的可再生能源公司。虽然最早的可再生能源公司通常规模小而独立,但规模非常大的公司——通用电气、杜克能源和西门子,现在正投资于可再生能源的各个领域。可再生能源创业继续在全球蓬勃发展,尤其是在亚洲。到 2015 年,全球十大太阳能企业中,有八家来自中国、日本或韩国,其余两家在美国和加拿大。风能的开发和创业也分布在全球。截至 2016 年,可再生能源产量自 20 世纪 60 年代以来增长了近 6 倍(Ritchie and Roser, 2019; Vedula, York, and Corbett, 2018)。构成清洁技术商业化共同体的组织和组织种群的例子见表 11-2。

表 11-2 清洁技术商业化共同体

治理结构	• 政府机构: 能源部、环境保护局、国家自然科学基金委员会 • 财团和联盟: 美国可再生能源委员会
商业用户和供应商	• 商业用户: 杜克能源和 PG&E • 产品和服务的供应商: 通用电气、Solar City、西门子
使用推动者	• 国家能源部门和政策: 可再生能源组合标准、强制性绿色电力选项
基础设施种群	• 大学: 华盛顿大学清洁能源研究所、麻省理工学院、斯坦福大学 • 公立或私立机构: 国家可再生能源实验室 • 投资者: 风险投资公司、银行
核心技术	• 专业化清洁技术公司: Ambri 和 d.light

小型能源公司面临着相当大的压力。首先,联邦政府长期以来对传统化石燃料和能源生产的补贴使得涉及替代能源领域的初创企业处于不利地位。资本投资、分销渠道和公众舆论都使创业成为一项挑战(Sine, Haveman, and Tolbert, 2005)。其次,能源市场充斥着低效率和外部性,使该领域的创业面临很高的风险(Dean and McMullen, 2007; Patzelt and Shepherd, 2011)。清洁技术的益处是"非排他性公共产品",这会造成集体行动问题(Ostrom V. and Ostrom E., 1999)。最后,消费者通常缺乏有关能源消耗的信息,并且倾向于选择当前的供应商(Pinkse and Groot, 2015)。

为应对这些挑战,可再生能源生产商结成联盟和贸易团体。美国可再生能源委员会(ACORE)是一个"联合金融、政策和技术以加速向可再生能源经济转型"的贸易组织(https://acore.org/what-we-do/)。近 1 000 个成员组织——包括《财富》世界 500 强科技公司、大学、银行和可再生能源生产商,共同努力游说,促进合作伙伴关系,并与该行业的主要利益相关者进行沟通。环境与能源研究所（EESI）对相关研究进行推广，以影响政策制定和公众意见；国家可再生能源实验室（NREL）是一个专注于能源研究商业应用的研发机构（www.eesi.org/about，www.nrel.gov/about）。这些组织有助于统一涉及可再生能源的组织种群，并帮助学者确定共同体的范围和规模。

随着新种群逐步取得合法性，创业者学到了必备的能力，因此对新组织形式的理解增强了，向创业公司提供资金也更加慷慨，于是创建率就开始升高。在通常情况下，在该阶段将会出现的情形是，技术进步迈向更高的可靠性、更广阔的应用、更高的生产效率以及更方便的产品使用（Miner and Haunschild，1995）。在共同体整体演化过程中，部分或完全互利关系增强了合法性和组织学习。这种发展意味着在创始条件方面，共同体后期成长阶段形成的新种群将比前期阶段的新种群面临更有利的创建条件。例如，太阳能光伏行业的新进入者依赖并受益于可供选择的技术选项，其中一些是对其他技术的调整，而另一些则是自主创新。虽然这两种选择都需要权衡取舍，但选择权本身却只有后进入者才能享有（Kapoor and Furr，2015）。

除了上面讨论的正式贸易团体和研发机构之外，可再生能源公司几十年来还进行了非正式合作，建立了有助于聚集知识的互惠关系（Huybrechts and Mertens，2014；Pero et al.，2017）。鉴于它们的混合使命中包括社会效益，与类似行业的公司相比，可再生能源公司不那么关心专有知识，并以共享技术和信息以推动整个行业向前发展（Ratten et al.，2019）。在支持可再生能源的人中，利益相关者和消费者的买入是最有力的支持，公司通常依赖这些利益相关者的支持（Bischoff and Volkmann，2018）。正如Thompson、Herrmann和Hekkert（2015）关于生物产业如何影响荷兰能源政策有效性的研究所示，创业者和现有公司还共同参与旨在影响政策和意见的集体行动。

此外，可再生能源公司的协作网络跨越了机构边界。例如，EESI正是于1984年由对开发商业和家庭使用的替代能源感兴趣的国会议员创立的。鉴于可再生能源研发市场存在风险，创业者通常依赖与大学的合作伙伴关系来开发新技术、引导能源领域的法律和监管环境，以及精简运营和生产流程（Nave and Franco，2019）。

2. 资金来源：风险投资家的共生角色

风险投资家和股票承销公司并不是美国成长型公司的主要资本供应者。尽管如此，正如我们在第4章和第9章中所指出的，他们的行为对美国工业的某些种群产生了极大的影响。在过去几十年中，风险投资家为一些新兴共同体的创业公司扩张提供了资金（Richtel，1998）。特别是，半导体和生物技术界已从高水平的风险资本投资中获益（Brittain，1994；Eisenhardt and Schoonhoven，1990）。

风险投资公司通常只将资金投给拥有良好记录的创业者，而股票承销商则只有在它们显示出强劲的增长潜力时，才帮助公司进行IPO。然而，与银行不同，风险投资公司并不坚持以实物资产形式提供抵押和财产。相反，它们愿意考虑新企业的智力资本。风险投资家通常采用公司的投资组合，通过这些投资组合，他们可以通过IPO或收购获得可观的投资回报。尽管资本具有流动性，但地理位置邻近似乎是影响这些投资决策的关键因素（Fritsch and Schilder，2008；Guenther，Johan，and Schweizer，2018）。

自20世纪90年代以来，人们对可再生能源和"清洁技术"的风险投资一直是周期性的，起源于90年代的增长，然后出现下滑，在2005年之后对该行业的兴趣再次兴起（Marcus，Malen，and Ellis，2013）。在最初的突飞猛进后不久，一系列引人注目的失败在新的可再生能源公司的投资家中引起了一些恐慌。虽然21世纪10年代对可再生技术的风险投资趋于稳定，但投资往往集中在加利福尼亚、得克萨斯和新英格兰（Hubert，2016）。2001—2016年，"清洁技术"公司有500笔风投交易，投资额超过600亿美元。能源公司与其在美国的风险投资支持者之间的持久关系在帮助它们建立技术能力以及帮助该行业获得稳定的认知和社会政治合法性方面发挥了关键作用。随着声誉良好的风险投资公司开始投资清洁能源领域，它们支持了风险越来越高的技术，帮助共同体创造共享知识并更快地进行创新（Petkova et al.，2013）。

在意大利，Mrkajic、Murtinu和Scalera（2019）发现，在某些条件下，"绿色"企业家更有可能获得风险投资。特别是，当企业家"言出必行"并且很好地融入可再生能源共同体时，风险投资交易更有可能流向清洁技术公司。这些公司可以与本公司的活动以及其他更成熟的清洁技术公司的活动建立可行的联系。就可再生能源而言，风险投资不仅提供了重要的财政资源，而且有助于将不同部门联系在一起并为其日益增长的合法性做出了贡献（Rai et al.，2015）。

风险投资公司还通过传播有效形式的知识，将不同种群中的公司联系起来，为共同体的演化做出贡献。对于它们投资的新公司，风险投资公司通常会从多元化但相关的产业中筛选有技能的管理者组建团队。硅谷的律师事务所也参与到了促进新兴企业形成的过程中。例如，在20世纪90年代互联网最初兴起的时期，与风险投资公司合作的律师事务所为初创公司发挥了信息中介的作用，帮助它们招聘管理者和构建股权安排等方面的惯例（Suchman et al.，2001；Suchman and Cahill，1996）。在21世纪的前几十年，它们在美国和世界其他各地的可再生能源领域发挥了类似的作用（Hancher，de Houteclocque，and Sadowska，2015）。

3. 生态嵌套

我们关于风险资本和专业律师事务所支持的可再生能源公司涌现的讨论，引发了一个更普遍的问题。对于任何空间有限的组织共同体，哪些因素决定了共同体发展过程中组织形式出现的顺序？在可再生能源领域的例子中，大学和其他区域性基础设施的种群在多大程度上是成立清洁技术初创公司的先决条件？接下来在共同体中，在多大程度上，敬业的清洁技术公司的出现是支持者和商业用户或供应商出现的先决条件？

生物生态学家通过研究某个地区物种出现的等级顺序来评估共同体对生物多样性的接纳过程（Atmar and Patterson，1993；Cody，MacArthur，and Diamond，1975）。最近，组织理论家将这种逻辑扩展到人类共同体，指出共同体的生态嵌套（ecological nestedness）可以通过检查组织种群在各地出现的顺序来进行分析（Ruef and Patterson，2009b）。我们考虑图11-1所示的生态嵌套模式X和模式Y。在这两种模式中，假设各有一些共同体（标记为 A~E 和 A'~E'），用灰色单元格表示共同体中存在的种群。模式 X 显示了严格的跨共同体的层级嵌套模式。所有共同体都至少拥有一个加油站，并且有几个共同体中还设有快餐店和便利店。少数共同体以超市和博物馆为特色。靠右的共同体代表不利于组织的环境。只有那些能够以最少的资源蓬勃发展的组织形式（即组织世界中众所周知的"蟑螂"）才能在这些共同体中生存。相反，靠左的共同体支持多种组织形式。

在大多数现实世界中，我们预期会偏离严格的嵌套模式，图 11-1 中的模式 Y 说明了这种偏离模式。例如，共同体 B' 设法吸引了一家超市，尽管 B' 这里还没有建立便利店。C' 共同体中设有一座博物馆，尽管它没有超市来向居民提供服务。如果组织形式和共同体明显偏离生态嵌套模式，我们就将它们标记为"特殊"的。例如，共同体 C' 可能是特殊的，因为共同体 C' 主要迎合外地游客而不是本地人。我们需要进一步的研究，以了解可能导致此类特例的变量，包括诸如共同体的规模、年龄、居住人口、交通和通信网络等因素（Ruef and Patterson，2009b）。

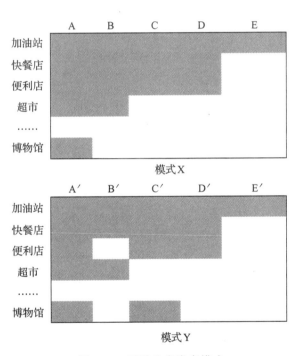

图 11-1　两种生态嵌套模式

用演化理论分析生态嵌套时需要注意另外两个方法论的问题。

第一，分析人员应该期望嵌套模式是选择和保留机制的结果，还是蓄意变异的结果？如果选择性保留起作用，那么我们通常预期在横截面数据中观察到生态嵌套，因为共同体的资源混合会影响哪种种群生存下来。例如，将此论点应用于图 11-1 中的示例，我们可以推测，在共同体 E 中，创业者在某个时刻尝试开一家超市，但是很快失败了。如果生态嵌套的结果，最初来源于蓄意变异，处于不利环境下的创业者就会简单地避免这种不明智的创业努力。在这种情况下，组织研究人员需要纵向数据来揭示嵌套种群出现的典型顺序。

第二，生物嵌套分析中的共同体的地理范围该是多大？为了方便，我们假设的例子聚焦于在步行范围内的服务部门的组织，这就支持了基于本地基础设施和交通网络的分析。然而对于许多种群，比如构成清洁技术共同体的种群来说，它们的地理范围是很模糊的。对美国奥斯汀湾区和东北走廊不同地区的可再生能源形式进行比较，能否构成一种生态嵌套分析？还是这个共同体中相互依存的范围需要在跨国范围内进行分析？正如我们在本章前面所述，共同体的地理范围是一个经验性问题，取决于所分析组织形式之间相互依存的性质和强度。

11.3.3 三大力量总结

新兴共同体中的创业者相比于已建立共同体中的创业者，面对的是不同的环境。当他们创建新的组织形式或修改现有的组织形式时，他们必须应对不完整的学习网络和不成熟的相互关系。但是，以共生关系联系在一起的种群为新种群或转变后的种群提供了知识、资金和其他支持，这就抵消了新进入者劣势。比如，律师和会计等专业性职业，就起着关键的共生作用。此外，特别是当共同体表现出生态嵌套模式时，区域存在的先前形式可能会增强新种群的生存能力。认知和社会政治合法性对于新共同体和新种群同样重要，我们接下来讨论这个问题。

11.4 合法性和集体行动

发展中共同体的生存能力取决于其核心种群获得认知和社会政治合法性的程度，以及核心种群产品或服务的感知价值（Miner and Haunschild, 1995）。例如，政府和监管机构面临着它们在多大程度上需要作为监督者和支持者参与新兴共同体的决策难题。创新组织还必须考虑如何修改或解释创新，以使其客户或消费者易于理解。在进行修改时，组织和监管机构会采取集体行动来建立种群内部和种群之间的标准。现有标准降低了进入门槛，并在一定程度上使现有组织和初创企业之间的竞争环境变得公平，从而为新的创业者群体加入共同体提供了更多的机会。通常，由于为解决现有障碍而产生了变异，创业者为创新做出了重大改进，从而进一步增强了种群的合法性。

新兴共同体对新的组织形式和新种群的依赖性越大，其合法性问题就越严重（Fiol and Romanelli, 2012；Ruef, 2000）。发展中的组织共同体如何实现合法性？在大多数情况下，没有从共同体中形成的"指导之手"来指导战略走向合法性。相反，共同体合法性取决于三个过程。第一，新组织和新种群必须按照第4章和第9章中描述的过程，为自己的合法性而奋斗。对于共同体中的第一批种群，合法性问题最为严重。后来，追随者种群会更轻松，尤其是如果它们享受到其前辈在认知和社会政治合法性方面的溢出效应（Ruef, 2000）。第二，如果种群与其他种群共同努力建立标准并促进共同利益，它们就更容易实现合法性。正如我们在定义种群之间关系的类型时提到的那样，互利和共生可能会在不考虑种群成员意愿的情况下出现。无论如何实现，竞争组织的互利行动在政府起主导作用的工业社会中是至关重要的。第三，在整个共同体中，诸如政府、教育组织和媒体之类的制度行动者会制定法律、法规和符号性资源来维持组织共同体。我们将在以下各节中介绍这三个过程。

11.4.1 组织努力

正如我们在第 9 章中指出的那样，新种群中的组织需要在与它们互动的利益相关者之间建立信任，无论这些利益相关者是由用户、潜在成员组成的，还是由新生共同体中其他组织形成的。由于对新企业信息的缺乏，因此，先锋企业最初的信任构建策略不能仅基于非人情味的证据，例如技术效率或法律形式，它们还必须集中精力制定这样一种工作方式，使自己顺理成章地获得认可。为了增强认知的合法性，组织可以通过使用象征性语言和行为将其创新与现有知识联系起来。例如，在 19 世纪 80 年代一种新型电照明系统推出的过程中，托马斯·爱迪生借鉴了许多天然气照明技术中广为熟知的元素，包括集中发电系统、地下干线以及煤气表和固定装置（Hargadon and Douglas, 2001）。尽管当时很多决策被视为缺乏技术性，但这些决策还是使爱迪生成功地模仿了广为认可的燃气系统，因此巧妙地掩饰了他的部分新设计。

一个世纪后的生物技术领域中，出现了类似的问题，因为许多创始人都是大学科研人员，没有任何商业经验。结果，他们的公司似乎缺乏管理技能，在商业共同体中的信誉也很低。为了解决这些问题，许多公司从公司外部聘请了声誉高的职业经理人来管理业务，处理与外部人员的关系，从而提高了公司的合法性。与爱迪生的策略一样，引入这种熟悉的商业"图标"通常具有更多的象征意义而不是实质意义。Deeds 和 Rothaermel（2004）对生物技术公司 IPO 的研究发现，拥有毕业于全美前十名商学院的高级管理人员的公司，所筹集的资金并没有比缺乏此类管理者的企业筹集的资金更多。

为了增强自身的认知合法性和道德合法性，创始人还可以发展和交流具有内部一致性的故事，从而提供令人信服的远景：他们能够以理性和可信赖的方式行事（Lounsbury and Glynn, 2019）。例如，万维网上新商业企业的早期创始人实际上对他们的潜在客户来说是不可见的，客户只能看到公司的主页，而不是组织本身。因为创始人无法依靠公认的"实体店"来传达承诺，所以他们不得不寻找其他方式来传达企业对潜在市场的信誉。对于他们中的许多人而言，解决该问题的方法意味着将其主页的一部分用于提供公司历史的概述以及关于其当前经营战略的声明。

11.4.2 种群内和种群间的行动以及制度支持

集体行动可以使种群和共同体层面的学习变得更加容易，因为组织可以共享信息并解决影响许多种群的一般性问题（Miner and Haunschild, 1995）。尽管各个组织可能实现自己的合法性，但如果这些组织肆无忌惮地全面竞争以提高自己的利益，而未能促进它们的共同利益，那么种群层面和共同体层面的合法性将难以实现（Aldrich and Fiol, 1994; Soule, 2012）。例如，缺乏标准可能会阻碍知识的传播和理解，从而限制新活动。

因此，选择压力迫使新组织的创建者在新兴种群中寻求建立稳定的互利关系序列。如果他们找到与其他种群中的组织建立共生关系的途径，他们自己也会受益。这些行动包括通过建立行业委员会、合作联盟、行业协会和其他集体行动单元来开发主导设计并建立整个共同体的标准（Xu, Lu, and Gu, 2014）。一旦成立，这些新的集体单元就可以集中精力与政府、教育机构和媒体建立共生关系。例如，基于汽车的交通网络之所以增长，不仅是因为主导设计的融合和制造效率的提高，还因为贸易协会、特殊用途的期刊、消费者游说团体、公路承包商以及政府的大力支持（Carroll and Hannan, 1995; Rao, 1994）。

利益团体和协会

根据集体行动逻辑，跨种群的联合行为，相比组织的单独行动，对标准和监管有着更强大的影响（Aldrich and Whetten, 1981; Olson, 1965）。例如，在人工耳蜗行业，美国耳鼻喉专家协会"首先发起了一个由产业界、临床领域、听力学、心理声学或其他学科的专家代表组成的委员会，一起研究并推荐一种技术标准"（Van de Ven and Garud, 1994, p.436）。在生物科技领域，有几个实践促进了相对统一的技术共同体的形成——教授在科技公司中进行学术休假，博士后科研人员往返于大学和企业之间，企业建立优越的实验室条件以吸引科学家加盟，从而创造了跨学界和产业界的劳动力市场（Powell, Koput, and Smith-Doerr, 1996, p.123）。

万维网（World Wide Web）的商业化就是一个有趣的案例，正是由于集体行动组织（联盟、联合和公会）快速形成，成功吸引了受影响产业的大公司加盟。作为一个由不同共生种群构成的共同体，万维网上的许多利益群体都是跨行业的，而非来自同一种群的成员。比如，制定万维网标准的万维网联盟就有超过100名成员。主要的软件公司和硬件公司，如 IMB、Sun Microsystems 和 Silicon Graphics 等都加入了这一联盟（Lohr, 1995）。其他为了促进因特网[①]标准而形成的团体，包括互联网工程任务组（IETF）、互联网编号分配机构、联邦网络委员会以及互联网协会。1993—1997年，有四场国际万维网会议在美国和欧洲举办，与会的万维网服务供应商和企业讨论它们所面临的共同议题的解决方案。美国注册会计师协会开发了一个 CPA 在线认证系统，对所有遵从安全规范的网上卖家进行认证。

在不断演化的技术共同体内，人们对标准冲突的兴趣与日俱增，美国许多行业中都有反映这一类冲突的丰富的案例记录，包括 Rao（1994）、Rosenkopf 和 Tushman（1994），以及 Ranganathan、Ghosh 和 Rosenkopf（2018）。这些研究记录了组织间网络和联盟对在社会上建构可接受的种群标准方面的重要性。比如，如何对美国公共广播付费所引起的讨论，是由"在这个行业边缘的一个令人讨厌的边缘团体"所发起的（Leblebici et al., 1991, p.345）。商业部每年都举办广播产业大会，促进行业自律（Lippmann, 2005）。

由共同体边缘的半合法化的组织构成的种群，可能会推动中心种群形成联盟，提高

---

① 因特网（Internet）主要指基于通信协议的基础设施，万维网使用因特网来建立连接和传送信息。——译者注

所有种群的学习水平。同时，它们还保持组织的活跃模式，从而保留了种群内组织形式的异质性（Clemens and Guthrie，2010）。与所有集体行动一样，发展中共同体里的利益团体和联盟都面临着搭便车和追求自身利益的组织的背叛。某些组织可能"搭其他组织的便车"，因为它们知道在自己不做出贡献的情况下也可以享受到集体收益。正如第9章所述，那些幸存下来的集体，一般来说都维护着组织纪律，这主要是通过提供强有力的激励，来促使它们贡献而不背叛。它们还创造了一套监督、侦查和背叛制裁体系。万维网扎根于科研领域，早于商业领域，因此那些推动网络标准的协会，就利用互联网的开放标准和共享知识这种强力的共同规范。我们很容易观察到群体标准的背离行为，因为这些背叛者的产品或服务给用户提供了错误的信息。在生物技术领域，以类似的方式，从以大学为基础的科学共同体延续下来的规范促进了集体行动，尽管不像网络领域那样强烈。但是生物科技公司相比网络领域，面临着更严峻的合法性问题，并且严重依赖于影响这些公司命运的政府行动。

20世纪80年代后期，工业生物技术协会向总统竞争力委员会呼吁，要求联邦机构削弱被认为阻碍生物技术产业发展的法规。这些努力在1992年初得到了回馈，标志是获得了最高级别政府的社会政治认可。布什总统发布了一项有关生物技术的新政策，该政策说，基因工程产品不应被视为具有固有的危险性，而且生物技术产品不应受到比以传统方式生产的产品更严格的审查（Hilts，1992）。1995年11月，负责食品和药物管理局（FDA）的卫生与公共服务部部长宣布，FDA取消了对生物技术公司生产的药品的特殊限制，将它们与传统制药公司生产的药物一样对待。

尽管该示例表明，促使政府干预的集体行动对于共同体的兴起至关重要，但我们必须注意到监管活动中的组织惰性，从而弱化这一观点。在FDA对450种药物批准时间的统计研究中，Carpenter（2002）发现，党派活动以及国会多数派和总统的意识形态与等待时间没有显著关系。相反，媒体报道以及利益团体的密度和资源是减少监管拖延的两个主要因素。有趣的是，利益团体增多的影响是非线性的：随着最初种群密度的增加，集体行动变得更加困难，这也许是缺乏共识或搭便车造成的。随着密度的进一步增加，集体行动则变得更加容易了。但这是因为某些疾病（例如关节炎和糖尿病）的利益团体大量增加，表明在药物批准中必须重视便捷性（Carpenter，2002，可参见该著作中图1）。更广泛地说，该研究表明，即使没有政治人物或立法者等中间人的支持，协会和利益团体也会影响监管政策。

11.4.3 政府：支持和监管

政府支持和协助可以为演化中的组织共同体创造一个稳定的核心，从而加速与共同体相联系的新种群实现合法性。由政府资助的协会、联盟和其他活动同样可以对组织和种群产生巨大的激励，促使它们参与互利的活动，以及减少竞争性活动的依从结构。不管共同体是源于科技创新，还是规范和价值观的转变，抑或是法律和监管的改变，政府行动都在其演化中起到了关键作用。其中，有两个领域特别重要：对研究的支持，制定和执行新法律和法规。

1. 政府对研究的支持

正如几项研究中所记录的,在那些因技术创新而兴起的共同体内,通常是政府赞助的研发活动奠定了基础。例如,在人工耳蜗行业中,第一项商业活动之前已经有 22 年的非商业研究(Van de Ven and Garud,1994)。利用电子化手段增强人类听力的研究由学者进行,并得到政府、公共研究基金会和慈善家的资助。商业广播共同体的发展不仅得益于创业活动和公司的集体行动,还得益于"军事、立法和监管机构的出现与积极参与"(Rosenkopf and Tushman,1994,pp.413-414)。美国海军之所以参与其中,是因为它在行动中大量使用无线电技术,并游说联邦立法优先考虑其需求(Kim et al.,2016)。

就网络而言,政府机构在早期就参与了开发工作。国防部创建了 ARPANET,它是因特网的先驱,美国国家自然科学基金委(NSF)和其他研究机构积极鼓励因特网作为科学家之间交流的媒介(Hafner and Lyon,1998)。因特网和万维网的通信主干网是由 NSF 支付的,NSF 最终使网络私有化。最终,科学家们希望能够实现图形和文本的交换,并且在瑞士欧洲核子研究中心的两位科学家创建了第一个网页浏览器之后,实现了这种交换。图形技术由美国国家计算机安全协会(NCSA)进一步开发,NCSA 是政府资助的位于伊利诺伊大学厄巴纳-香槟分校的研究机构。随着公司开始意识到该技术的商业潜力,NCSA 开始许可商业组织对该技术进行进一步的开发利用。

政府的支持极大地影响了整个组织共同体中标准发展的程度。Guler、Guillén 和 Macpherson(2002)研究了 ISO 9000 质量认证的全球采用情况,ISO 9000 质量证书是由总部位于瑞士的国际标准化组织(ISO)发展的一套管理规范。尽管认证是自愿的,但即使没有明确的法规,政府机构也对认证的采用产生了重大影响。政府消耗大量的货物和服务,因此可以"通过要求供应商和承包商遵守某些程序和标准来施加强制压力"(Guler et al.,2002,p.212)。因此,早期采用 ISO 9000 的浪潮主要影响了政府相关的组织共同体,包括能源、国防和电信部门。其后在 1993—1998 年,85 个国家和地区发行的证书数量与政府支出(用政府支出占 GDP 的比重测量)显著相关(Guler et al.,2002)。

2. 法律和法规

在美国政治体系中,行政和立法部门分开,并包含独立的监管机构,新组建的行业最后必须与独立的监管机构合作,形成结盟,否则就要与政府机构达成协议。贸易协会和其他集体行动实体的大部分努力集中于直接接触机构本身。而在具有统一的行政和立法部门的政治体系中,来自政党和职业公务员的支持至关重要,正如在大多数欧洲和亚洲国家那样。比如,日本的财政司会对银行系统产生重要的影响,从财务司退休的官员,可能在金融机构中担任高级职位。无论政治体制的结构如何,如果没有政府批准,个人成立组织和创造新种群的努力,都将大打折扣。

早期的可再生能源行业是在一个充满不确定性的环境中发展起来的,因为企业并不清楚哪些产品将受到监管,以及新技术将如何与现有标准、计量程序和能源网相适应。因此,ACORE 和 NREL 游说美国能源部、EPA 和其他机构,以创造更确定的监管环境。可再生电力标准和联邦可再生能源税收抵免制度的建立有助于稳定市场并增强投资者和企业家的信心（Delmas and Montes-Sancho，2011）。

11.4.4 教育机构和媒体

教育机构在新兴共同体如何快速获取合法性方面，也发挥着重大作用。通过将种群成功所需的技术和知识纳入学校课程，处于萌芽阶段的种群可以和教育机构建立共生关系。在美国，可再生能源公司试图通过与诸如哈佛大学、斯坦福大学和麻省理工学院等一流的研究型大学合作来增强自身的合法性（Pattberg et al.，2012）。在许多情况下，正是关键技术的发明者自己创办了新企业。新公司的感知价值源于发明技术的进步程度，例如限制酶的使用和重组 DNA。反过来，与大学的联系也提高了公司及其技术的合法性。

大众和专业媒体——电视、期刊、新闻通讯和报纸，也在共同体内发挥着共生作用，并且在种群内和种群间传播信息。信息扩散有助于潜在的创业者发现以新方式组合旧资源的机会（Ruef，2002a），或者至少认识到现有种群中的机会。媒体，尤其是纸媒中的记者，在建立万维网的合法性方面起着非常关键的作用。例如，在 1993 年，只有 34 篇杂志文章和 13 篇刊登于主要报纸上的文章提到了网络。然而，在 1994 年期间，这些数字分别跃升至 686 篇和 743 篇。在 1995 年，总数达到了 6 365 篇和 10 054 篇。在早期，许多文章都发表在技术期刊上，并专注于描述网络是什么以及浏览器技术如何工作。后来，文章出现在主流媒体上，重点关注网络如何影响商业活动。随着网络合法性的逐步确立，对网络的引用（通常通过提供主页地址）被应用到各种文章中，例如摇滚音乐会的通告和新电影的发布通告。

11.4.5 总结：合法性和集体行动

一个正在发展的共同体，其获得合法性的可能性取决于种群之间的共栖关系、共生关系以及主导关系。实际上，正如我们通过生物技术领域的例子所表明的那样，相互依存的种群集聚与组织共同体之间的差异取决于共同体层面的合法性。种群首先必须具备充分的合法性，才能在共同体中赢得自己的地位。然后，如果成员成功地形成了集体行动组织，则这些组织就有可能建立标准并促进共同体成员的利益。可再生能源部门的例子表明通常互相竞争的组织采取了有效的互利行动。很多活动都是在政府的指导下开展的，也就是说政府在大多数共同体中起主导作用。

合法性也促进了共同体的持续发展，影响种群进一步的差异化和相互依赖。创新以及共享标准促使更多的创业项目进入共同体，而创业启动最终会导致既有公司的改变。比如，新兴的网络咨询和网络设计公司迫使既有的公司创建网站，而不仅仅是向客户提供更多的信息（Schwartz，1997）。一些公司创建了站点，使消费者可以向公司发送反馈、使用电子邮件注册来获取更新公告，以及单击某个链接进入其他能够提供互补产品或服务的公司。此外，一大批寻求建立基于网络的经济交易标准的新种群公司（如 Venmo 和 PayPal）推动了传统银行和信用卡公司与面向网络的软件公司结成联盟，以提高竞争力。随着这些联盟在组织和种群层面的发展，它们进一步增强了网上银行和金融科技（金融技术）的技术和合法性（Gomber et al.，2018）。强大的联盟还促进了万维网共同体之外的组织和团体的参与，如政府和监管机构及学术、研究机构。

在组织历史上，万维网的发展和合法性建立的速度是前所未有的，这也很可能预示着 21 世纪组织共同体发展速度的变化（Hunt and Aldrich，1998）。那些有助于建立万维网合法性的许多过程和事件，汇聚在生命周期的早期。由于万维网的出现是基于因特网 20 多年的研究成果，因此它的发展在很大程度上得到了制度的支持。在因特网中扎下的根，也为万维网早期提供了一定程度的管制合法性。因为开发人员和用户都可以使用这项技术，所以它不仅很快被许多公司使用，而且获得了认知和规范合法性。早期阶段共同努力建立的一系列技术标准，不仅增强了技术兼容性，而且提高了该技术的规范合法性。由于技术兼容性和增强的合法性相结合，这鼓励了创业者和既有企业去创建新企业，以开发蕴含在新技术里的商业可能性。

小结

组织共同体的共演化过程取决于种群层面的变异、选择、保留和争夺这四个同步的过程，它们跨越多个种群聚合构成了共同体。变异产生于诸如新组织的创建、技术创新、创业者和组织积极有为的合法化战略以及组织和种群的集体行动过程。选择的力量来自诸如对主导设计的争夺以及合法化战略与主流的社会和文化规范之间适配的过程。外部利益相关者对企业家采取集体行动和筹集资金的响应，也明显体现了选择的力量。保留，反映在将主导设计嵌入新产品和流程的架构中，以及将种群对人力资源的需求反映在大学课程中，从而使其制度化。同时，保留也存在于外部利益相关者用来评估组织的隐性和非正式规则中，以及由集体行动创建的协会的官僚化体系中。因此，用于解释组织创建和新种群出现的演化模型同样可应用于共同体演化中。

组织演化与共同体合法化的动力交织在一起。种群的技术进步、规范或法律标准的发展对整个共同体具有广泛的影响。在某些情况下，创新可能代表了一种集体学习的形式，这种学习形式有别于单个组织从经验中直接学习（Miner and Haunschild，1995）。通过由集体行动组成的组织单元，组织种群可能会观察到种群层面的惯例对其他种群命运的影响，采用新的做法，进而影响到相关共同体的命运。例如，正如我们在上一章中指出的那样，当美国的半导体公司建立研究与开发联盟来开发和共享种群层面的知识时，它们影响了包括计算机和电子行业的整个共同体（Aldrich and Sasaki，1995）。因此，种群层面的深度学习影响了组织知识的传播，从而影响了共同体演化的范围。

合法性对于共同体能否得到充分发展至关重要。组织可以独立地采取行动，以促进其与单个利益相关者的认知和规范合法性，但它们也可以与其他组织一起采取集体行动（Aldrich and Whetten，1981）。这些集体努力中的一部分集中于为共同体建立一套标准，其他则集中于向共同体外部的个人和组织（尤其是机构）宣传共同体的需求。过去，信息传播缓慢，获取成本高并且难以解读。在强大的信息技术时代，新种群和共同体可能不再需要等待数年的时间才能使技术能力在种群中传播。在 21 世纪，全球通信网络和高科技信息传递系统极大地提高了技术能力和合法化活动的扩散率。

研究问题

1. 请解释完全互利关系和共生关系之间的区别并举例。

2. 使用表 11-1 中的术语,确定行业协会和联盟在共同体层面可以参与的关系类型。

3. 请想想你熟悉的种群。种群中的组织可以使用哪些策略来减少对它们产生负面影响的跨种群效应?

4. 假设我们使用"稳健的共同体"来描述这样一种组织种群之间相互依赖的模式,这种模式能够抵抗时间流逝带来的变化。你希望在这类共同体中找到什么样的特征?

5. 组织和种群可以使用哪些策略来克服从属于共同体内的主导组织和种群的劣势?

附录 A
APPENDIX A

研究设计和演化分析

1. 研究示例概述

在本书中，我们有意选择案例研究来说明组织分析中所采用的研究设计的多样性。在表 A-1 中，我们通过三个维度来描述这种多样性：①分析单元；②数据收集模式；③观察计划。尽管这些研究设计显然并不详尽（例如，缺少实验室实验），但它们确实包括了许多最常见的方法。我们强调了每种方法的优缺点。

表 A-1 研究示例中采用的研究设计

章节	研究示例（来源）	分析单元	数据收集模式	观察计划
第 2 章	饮料产业的演化（Hiatt et al., 2009）	组织种群	档案	回溯性
第 4 章	创始团队的结构（Ruef, Aldrich, and Carter, 2003）	社会群体	访谈	前瞻性[①]
第 6 章	惯例，组织形式的基础（Pentland, 1992）	社会惯例	参与式观察	前瞻性
第 8 章	瑞士制表业的技术变化（Raffaelli, 2019）	个体与组织	混合方法	回溯性
第 10 章	种群过程和立法结果（Ingram and Rao, 2004）	组织种群	档案	回溯性

① 动态追踪研究也包括回溯性成分。

正如我们在第 2 章中所论证的，学者们对演化组织研究中合适的分析单元持不同的立场。在许多方面，组织是一种自然选择，就组织是维持边界的实体而言，它们的活动指向它们自身的永存。例如，Selznick（1949）对田纳西流域管理局的经典案例研究追溯了一家联邦公司的演化过程。然而，如果学者们对新组织和新技术的涌现或现有组织中的变异感兴趣，那么他们必须进一步分解这些单元。组织中的社会群体（如工作组、部门、分部）和社会惯例代表了两种可行的选择，如 Ruef 和同事（2003）与 Pentland（1992; Pentland and Hærem, 2015）在研究中分别阐述的那样。方法论个人主义者主张进一步分解，把个人作为惯例、知识和地位特征的载体。当演化过程影响个体的生活史时，分解到个体水平是特别有用的。它也可以作为了解更广泛的技术和行业动态的切入点，如 Raffaelli（2019）对瑞士手表行业的高管、分析师、收藏家和其他专家的采访。

对于组织演化的其他研究，变异、选择和保留过程的时间尺度可能会超越个人和组织的生命周期。这种尺度的研究受益于将组织种群甚至共同体作为分析单元。为此，研究人员通常使用人口普查，它强调对组织种群或共同体进行全面覆盖，对所有主要重大事件（如创建、解散和转型）进行观察，并尽可能多地测量其制度和群体背景的各个方面（Carroll and Hannan，2000）。为了强调突出的事件和政策，研究人员有时会把他们的研究重点限制在特定的历史时期，比如研究 19 世纪末和 20 世纪初饮料产业中的禁酒令政策（例如：Andrews and Seguin，2015；Hiatt，Sine，and Tolbert，2009）。

数据收集模式很大程度上与分析单元是正交的。在对演化过程中参与者的直接访问受限的情况下，研究人员倾向于依赖档案数据库，比如那些在名录、媒体账户、组织记录、日记等载体上呈现的数据库。例如，对组织的历史分析通常依赖于档案数据。当只能安排有限的时间直接接触参与者时，研究人员可以使用访谈或邮寄调查。对于个体以外的分析单元，研究人员可以将这些工具应用于小群体、组织或种群中的多个应答者，提高应答者间的可靠性（Marsden et al.，2006）——一个单元中的所有应答者会讲相同的故事吗？最后，如果研究人员希望长期接触参与者，那么他们可以使用民族志研究方法，通过田野观察和不同水平的个人参与来跟踪演化过程。复杂演化过程的研究可能依赖多种类型的数据来源（例如，Raffaelli，2019）。

观察计划的类型是表 A-1 中研究设计的第三个维度，解决的是数据是只在一个时间点（横向）收集还是在多个时间点（纵向）收集的问题。它还考虑数据是在演化过程发生之后（回溯性）还是在演化过程发生时（前瞻性）收集的。如表 A-1 所示，我们省略了第一个区分标准，因为所有旨在解决演化过程的研究设计都需要一些纵向成分。当研究人员的兴趣集中于一段较长的历史时期或历史过程时，他们更倾向于回溯性地收集数据。当他们的兴趣集中于可能在短时间内完成的活动时，他们更倾向于使用前瞻性设计。动态跟踪组织单元可能既耗时又费钱，对社会科学研究项目提出了重大的财务和后勤挑战。

2. 非实验性研究设计的优缺点

对分析者来说，所有研究设计都既有优点，又有缺点，我们对不同研究设计的优缺点进行了总结（见表 A-2）。例如，关于分析单元的选择，小单元的研究（检查个人、社会群体或惯例）为调查者提供了在细粒度的水平上观察组织过程的独特机会。在这个水平上，研究人员对企业家或组织成员的主观倾向可以有深入的了解。在研究更大的单元时，这种主观维度可能会在设计中消失或变得具体化，因为调查者会以更整体的方式处理结构和文化特征。相反，将组织、种群和共同体作为分析单元的研究人员更容易观察到在较小单元的研究设计中可能遗漏的涌现特性。

表 A-2　不同研究设计的优点和缺点

研究设计	优　点	缺　点
分析单元		
小（个人、社会群体、惯例）	对惯例、知识和身份特征的细粒度观察	不能观察到涌现的特性
大（组织、种群、共同体）	整体观察结构和文化特征	具体化的风险，主观维度的缺失
数据收集模式		
档案	不需要接触信息提供者	现有档案测量指标的限制
访谈或调查	只要求有限地接触信息提供者，可根据调查人员的兴趣调整测量指标	调查人员必须事先确定有用的信息提供者和测量指标
直接观察	在观察期间可能会涌现意想不到的信息提供者和测量指标	与信息提供者相处花费大量时间，观察结果可能很难结构化
观察计划		
前瞻性	不受成功者偏差或回溯性的合理化的影响	受访者的损耗，调查人员的时间要求
回溯性	通过一次性数据采集事件重构历史过程的记录	被抽样单元的成功者偏差，被调查者的回忆偏差

不同的数据收集模式的优缺点直接取决于它们能够接触信息提供者的程度。在档案研究中，调查人员不需要接触信息提供者，但收集到的测量指标将仅限于现有档案中已经记录的那些。通常，官方档案中的信息是为行政目的而收集的，因此很难用于研究。通过访谈或调查，研究人员可以根据自己特定的演化视角来调整测量方法。然而，除了受调查者驱动的工具和开放式问题外，调查人员还必须事先确定信息提供者的抽样框和测量指标的收集方法。直接观察需要与演化过程中的参与者进行最广泛的接触，同时允许在研究期间"涌现"信息提供者和新的测量指标，这是扎根理论的支持者所倡导的路线（Golden-Biddle and Locke，1997；Strauss，1978）。然而，为了做出合理的解释，必须在事后使这些观察结果融入研究框架中。

第 2 章中提到的成功者偏差问题，与演化分析中回溯性和前瞻性研究设计的选择密切相关。回溯性设计面临最大的成功者偏差风险，因为它们通常只从那些在分析师收集数据时仍幸存的单元中抽样。即使没有这种明显的成功者偏差的例子，这个问题也可能以更微妙的方式出现。例如，组织生态学中对档案数据的回溯性依赖基于这样的假设，即此类档案存在，因此，组织群体已经取得了一定程度的成功，使其易于分析（Denrell and Kovács，2008）。同样，对成功和不成功的管理者进行的回溯性访谈也存在不同的回忆偏差，因为这些被调查者试图使过去的经历有意义（Weick，1995）。前瞻性研究设计减轻了这些担忧，但对研究人员的时间提出了相当高的要求。此外，在前瞻性设计中，由于无响应或选择机制，因此随着时间的推移，案例的丢失会导致数据损耗，甚至会削弱大样本的有效性。不完整的数据会使调查人员做出推断的能力受限。

参考文献

Abbott, A. 1992. From causes to events: notes on narrative positivism. *Sociological Methods and Research*, **20**(4), 428–55.

Abernathy, W. J., & Clark, K. B. 1985. Innovation: mapping the winds of creative destruction. *Research Policy*, **14**(1), 3–22.

Acs, Z. J. 2015. *Global entrepreneurship, institutions and incentives: the Mason years*. Cheltenham, UK and Northampton, MA, USA: Edward Elgar Publishing.

Acs, Z. J., Stam, E., Audretsch, D. B., & O'Connor, A. 2017. The lineages of the entrepreneurial ecosystem approach. *Small Business Economics*, **49**(1), 1–10.

Adjei, E. K., Eriksson, R. H., Lindgren, U., & Holm, E. 2019. Familial relationships and firm performance: the impact of entrepreneurial family relationships. *Entrepreneurship and Regional Development*, **31**(5–6), 357–77.

Agrawal, A., Catalani, C., Goldfarb, A., & Luo, H. 2018. Slack time and innovation. *Organization Science*, **29**(6), 1056–73.

Ahrne, G. 1994. *Social organizations: interaction inside, outside, and between organizations*. London/Thousand Oaks, CA: Sage.

Ahuja, G. 2000. Collaboration networks, structural holes, and innovation: a longitudinal study. *Administrative Science Quarterly*, **45**(3), 425–455.

Akard, P. J. 1992. Corporate mobilization and political power: the transformation of U.S. economic policy in the 1970s. *American Sociological Review*, **57**(5), 597–615.

Albach, H. 1983. *Zur Versorgung der deutschen Wirtschaft mit Risikokapital* [To supply the German economy with venture capital]. Bonn: Inst. für Mittelstandsforschung.

Albert, S., & Whetten, D. A. 1985. Organizational identity. In B. M. Staw, & L. L. Cummings (Eds.), *Research in organizational behavior, vol. 7* (pp. 263–95). Greenwich, CT: JAI Press.

Alchian, A. A., & Demsetz, H. 1972. Production, information costs, and economic organization. *The American Economic Review*, **62**(5), 777–95.

Alchian, A. A., & Woodward, S. 1988. The firm is dead; long live the firm. *Journal of Economic Literature*, **26**(1), 65–79.

Aldrich, H. E. 1971. Organizational boundaries and interorganizational conflict. *Human Relations*, **24**(4), 279–87.

Aldrich, H. E. 1976a. Resource dependence and interorganizational relations between local employment service offices and social services sector organizations. *Administration and Society*, **7**(1), 419–54.

Aldrich, H. E. 1976b. An interorganizational dependency perspective on relations between the employment service and its organization set. In R. Killman, L. R. Pondy, & D. P. Slevin (Eds.), *The management of organization design* (pp. 233–66). Amsterdam: Elsevier.

Aldrich, H. E. 1979. *Organizations and environments*. Englewood Cliffs, NJ: Prentice Hall.

Aldrich, H. E. 1988. Paradigm warriors: Donaldson versus the critics of organization theory. *Organization Studies*, **9**(1), 19–25.

Aldrich, H. E. 2010. Beam me up, Scott (ie)! Institutional theorists' struggles with the emergent nature of entrepreneurship. In W. D. Sine, & R. J. David (Eds.), *Institutions and entrepreneurship, vol. 1* (pp. 329–64), Bingley, UK: Emerald.

Aldrich, H. E. 2011. Heroes, villains, and fools: institutional entrepreneurship, NOT institutional entrepreneurs. *Entrepreneurship Research Journal*, **1**(2), 1–6.

Aldrich, H. E. 2017. Trade associations matter as units of selection, as actors within comparative and historical institutional frameworks, and as potential impediments to societal wide collective action. *Journal of Management Inquiry*, **27**(1), 21–5.

Aldrich, H. E., & Auster, E. R. 1986. Even dwarfs started small. In B. M. Staw, & L. L. Cummings (Eds.), *Research in organizational behavior, vol. 8* (pp. 165–98). Greenwich, CT: JAI Press.

Aldrich, H. E., Cater, J., Jones, T., & McEvoy, D. 1983. From periphery to peripheral: the South Asian petite bourgeoisie in England. In I. Simpson and R. Simpson (Eds.), *Research in the sociology of work, vol. 2* (pp. 1–32). Greenwich, CT: JAI Press.

Aldrich, H. E., & Elam, A. B. 1996. Strong ties, weak ties, and strangers: do women owners differ from men in their use of networking to obtain assistance? In S. Birley, & I. C. Macmillan (Eds.), *Entrepreneurship in a global context* (pp. 15–39). London: Routledge.

Aldrich, H. E., & Fiol, C. M. 1994. Fools rush in? The institutional context of industry creation. *Academy of Management Review*, **19**(4), 645–70.

Aldrich, H. E., Hodgson, G. M., Hull, D. L., Knudsen, T., Mokyr, J., & Vanberg, V. J. 2008. In defence of generalized Darwinism. *Journal of Evolutionary Economics*, **18**(5), 577–96.

Aldrich, H. E., Kalleberg, A., Marsden, P., & Cassell, J. 1989. In pursuit of evidence: sampling procedures for locating new businesses. *Journal of Business Venturing*, **4**(6), 367–86.

Aldrich, H. E., & Kim, P. H. 2007. A life course perspective on occupational inheritance: self-employed parents and their children. In M. Ruef, & M. Lounsbury (Eds.), *Research in the sociology of organizations. Vol. 25: The sociology of entrepreneurship* (pp. 33–82). Bingley, UK: Emerald.

Aldrich, H. E., & Langton, N. 1997. Human resource management practices and organizational life cycles. In P. D. Reynolds, W. D. Bygrave, & N. M. Carter et al. (Eds.), *Frontiers of entrepreneurship research* (pp. 349–57). Wellesley, MA: Babson College Center for Entrepreneurship.

Aldrich, H. E., & Martinez, M. A. 2015. Why aren't entrepreneurs more creative? Conditions affecting creativity and innovation in entrepreneurial activity. In C. E. Shalley, M. A. Hitt, & J. Zhou (Eds.), *The Oxford handbook of creativity, innovation, and entrepreneurship: multilevel linkages* (pp. 445–56). Oxford: Oxford University Press.

Aldrich, H. E., & Pfeffer, J. 1976. Environments of organizations. *Annual Review of Sociology*, **2**, 79–105.

Aldrich, H. E., Reese, P. R., & Dubini, P. 1989. Women on the verge of a breakthrough: networking among entrepreneurs in the United States and Italy. *Entrepreneurship & Regional Development*, **1**(4), 339–56.

Aldrich, H. E., & Reiss Jr, A. J. 1976. Continuities in the study of ecological succession: changes in the race composition of neighborhoods and their businesses. *American Journal of Sociology*, **81**(4), 846–66.

Aldrich, H. E., Renzulli, L. A., & Langton, N. 1998. Passing on privilege: resources provided by self-employed parents to their self-employed children. In K. Leicht (Ed.), *Research in social stratification and mobility, vol. 16* (pp. 291–318). Greenwich, CT: JAI Press.

Aldrich, H. E., & Ruef, M. 2018. Unicorns, gazelles, and other distractions on the way to understanding real entrepreneurship in the United States. *Academy of Management Perspectives*, **32**(4), 458–72.

Aldrich, H. E., & Sakano, T. 1998. Unbroken ties: how the personal networks of Japanese business owners compare to those in other nations. In M. Fruin (Ed.), *Networks and markets: Pacific Rim investigations* (pp. 32–52). New York: Oxford University Press.

Aldrich, H. E., & Sasaki, T. 1995. R&D consortia in the United States and Japan. *Research Policy*, **24**(2), 301–16.

Aldrich, H. E., & Staber, U. H. 1988. Organizing business interests: patterns of trade association foundings, transformations, and deaths. In G. Carroll (Ed.), *Ecological models of organizations* (pp. 111–26). Cambridge, MA: Ballinger.

Aldrich, H. E., & Waldinger, R. 1990. Ethnicity and entrepreneurship. *Annual Review of Sociology*, **16**, 111–35.

Aldrich, H. E., & Whetten, D. A. 1981. Organization-sets, action-sets, and networks: making the most of simplicity. In P. Nystrom, & W. Starbuck (Eds.), *Handbook of organizational design, vol. 1* (pp. 385–408). Oxford: Oxford University Press.

Aldrich, H. E., & Wiedenmayer, G. 1993. From traits to rates: an ecological perspective on organizational foundings. In J. Katz, & R. H. Brockhaus (Eds.), *Advances in entrepreneurship, firm emergence, and growth, vol. 1* (pp. 145–95). Greenwich, CT: JAI Press.

Aldrich, H. E., & Yang, T. 2012. Lost in translation: cultural codes are not blueprints. *Strategic Entrepreneurship Journal*, **6**(1), 1–17.

Aldrich, H. E., & Yang, T. 2014. How do entrepreneurs know what to do? Learning and organizing in new ventures. *Journal of Evolutionary Economics*, **24**(1), 59–82.

Aldrich, H. E., Zimmer, C. R., Staber, U. H., & Beggs, J. J. (Eds.). 1994. *Minimalism, mutualism, and maturity: the evolution of the American trade association population in the 20th century*. New York: Oxford University Press.

Amburgey, T. L., & Dacin, T. 1994. As the left foot follows the right? The dynamics of strategic and structural change. *Academy of Management Journal*, **37**(6), 1427–52.

Amburgey, T. L., Kelly, D., & Barnett, W. P. 1993. Resetting the clock: the dynamics of organizational change and failure. *Administrative Science Quarterly*, **38**(1), 51–73.

Amburgey, T. L., Lehtisalo, M.-R., & Kelly, D. 1988. Suppression and failure in the political press: government control, party affiliation, and organizational life chances. In G. Carroll (Ed.), *Ecological models of organizations* (pp. 153–74). Cambridge, MA: Ballinger.

Amburgey, T. L., & Miner, A. S. 1992. Strategic momentum: the effects of repetitive, positional, and contextual momentum on merger activity. *Strategic Management Journal*, **13**(5), 335–48.

Amburgey, T. L., & Rao, H. 1996. Organizational ecology: past, present and future directions. *Academy of Management Journal*, **39**, 1265–86.

Amezcua, A. S., Grimes, M. G., Bradley, S. W., & Wiklund, J. 2013. Organizational sponsorship and founding environments: a contingency view on the survival of business-incubated firms, 1994-2007. *Academy of Management Journal*, **56**(6), 1628–54.

Aminzade, R. 1992. Historical sociology and time. *Sociological Methods and Research*, **20**(4), 456–80.

Anderson, P., & Tushman, M. L. 1990. Technological discontinuities and dominant designs: a cyclical model of technological change. *Administrative Science Quarterly*, **35**(4), 604–33.

Andrews, K. T., & Seguin, C. 2015. Group threat and policy change: the spatial dynamics of prohibition politics, 1890–1919. *American Journal of Sociology*, **121**(2), 475–510.

Anthony, C., Nelson, A. J., & Tripsas, M. 2016. "Who are you? . . . I really wanna know": product meaning and competitive positioning in the nascent synthesizer industry. *Strategy Science*, **1**(3), 163–83.

Antonacopoulou, E. P., & Sheaffer, Z. 2013. Learning in crisis: rethinking the relationship between organizational learning and crisis management. *Journal of Management Inquiry*, **23**(1), 5–21.

Appelbaum, E., Bailey, T., Berg, P. B., Kalleberg, A. L., & Bailey, T. A. 2000. *Manufacturing advantage: why high-performance work systems pay off*. Ithaca, NY: Cornell University Press.

Appold, S. J. 1995. Agglomeration, interorganizational networks, and competitive performance in the U.S. metalworking sector. *Economic Geography*, **71**(1), 27–54.

Arenius, P., Engel, Y., & Klyver, K. 2017. No particular action needed? A necessary condition analysis of gestation activities and firm emergence. *Journal of Business Venturing Insights*, **8**(C), 87–92.

Argote, L. 1993. Group and organizational learning curves: individual, system and environmental components. *British Journal of Social Psychology*, **32**(1), 31–51.

Argote, L., Aven, B. L., & Kush, J. 2018. The effects of communication networks and turnover on transactive memory and group performance. *Organization Science*, **29**(2), 191–206.

Argote, L., Beckman, S. L., & Epple, D. 1990. The persistence and transfer of learning in industrial settings. *Management Science*, **36**(2), 140–54.

Argote, L., & Epple, D. 1990. Learning curves in manufacturing. *Science*, **247**(4945), 920–4.

Argote, L., & Guo, J. M. 2016. Routines and transactive memory systems: creating, coordinating, retaining, and transferring knowledge in organizations. In A. Brief, & B. Staw (Eds.), *Research in organizational behavior, vol. 36* (pp. 65–84). Greenwich, CT: JAI Press.

Argyris, C., & Schon, D. 1978. *Organizational learning*. Reading, MA: Addison-Wesley.

Armstrong, E. A., & Hamilton, L. T. 2013. *Paying for the party: how college maintains inequality*. Cambridge, MA: Harvard University Press.

Armstrong, E. A., Hamilton, L., & England, P. 2010. Is hooking up bad for young women? *Contexts*, **9**(3), 22–7.

Arrow, K. J. 1987. Oral history I: an interview. In G. R. Feiwel (Ed.), *Arrow and the ascent of modern economic theory* (pp. 191–242). London: Palgrave Macmillan.

Arthur, W. B. 1989. Competing technologies, increasing returns, and lock-in by historical events. *The Economic Journal*, **99**(394), 116–31.

Artinger, S., & Powell, T. C. 2016. Entrepreneurial failure: statistical and psychological explanations. *Strategic Management Journal*, **37**(6), 1047–64.

Arum, R., & Roska, J. 2010. *Academically adrift: limited learning on college campuses*. Chicago, IL: University of Chicago Press.

Ashforth, B. E., Rogers, K. M., & Corley, K. G. 2011. Identity in organizations: exploring cross-level dynamics. *Organization Science*, **22**(5), 1144–56.

Astley, W. G. 1985. The two ecologies: population and community perspectives on organizational evolution. *Administrative Science Quarterly*, **49**, 224–41.

Astley, W. G., & Zajac, E. J. 1990. Beyond dyadic exchange: functional interdependence and sub-unit power. *Organization Studies*, **11**(4), 481–501.

Atmar, W., & Patterson, B. D. 1993. The measure of order and disorder in the distribution of species in fragmented habitat. *Oecologia*, **96**(3), 373–82.

Audretsch, D. B., & Lehmann, E. E. 2005. Does the knowledge spillover theory of entrepreneurship hold for regions? *Research Policy*, **34**(8), 1191–202.

Aven, B. L. 2015. The paradox of corrupt networks: an analysis of organizational crime at Enron. *Organization Science*, **26**(4), 980–96.

Bacq, S., Ofstein, L. F., Kickul, J. R., & Gundry, L. K. 2017. Perceived entrepreneurial munificence and entrepreneurial intentions: a social cognitive perspective. *International Small Business Journal*, **35**(5), 639–59.

Bae, J., Wezel, F. C., & Koo, J. 2011. Cross-cutting ties, organizational density, and new firm formation in the U.S. biotech industry, 1994–98. *Academy of Management Journal*, **54**(2), 295–311.

Bail, C. A., Brown, T. W., & Mann, M. 2017.

Channeling hearts and minds: advocacy organizations, cognitive-emotional currents, and public conversation. *American Sociological Review*, **82**(6), 1188–213.

Bailey, D. E., Leonardi, P. M., & Barley, S. R. 2012. The lure of the virtual. *Organization Science*, **23**(5), 1485–504.

Baily, M. N., Klein, A., & Schardin, J. 2017. The impact of the Dodd-Frank Act on financial stability and economic growth. *Russell Sage Foundation Journal of the Social Science*, **3**(1), 20–47.

Baixauli-Soler, J. S., Belda-Ruiz, M., & Sanchez-Marin, G. 2015. Executive stock options, gender diversity in the top management team, and firm risk taking. *Journal of Business Research*, **68**(2), 451–63.

Baker, T. 1995. Stodgy too fast: human resource practices and the development of inertia in startup firms. Master's thesis, University of North Carolina at Chapel Hill.

Baker, T. 1999. *Doing well by doing good: the bottom line on workplace practices*. Washington, DC: Economic Policy Institute.

Baker, T., & Aldrich, H. E. 1994. Human resource management and new ventures. Paper presented at the Babson College Conference on Entrepreneurship, Wellesley, MA.

Baker, T., Miner, A. S., & Easley, D. T. 2003. Improvising firms: bricolage, account giving and improvisational competencies in the founding process. *Research Policy*, **32**(2), 255–76.

Baker, T., & Nelson, R. E. 2005. Creating something from nothing: resource construction through entrepreneurial bricolage. *Administrative Science Quarterly*, **50**(3), 329–66.

Baldwin, J. R., Bian, L., Dupuy, R., & Gellatly, G. 2000. *Failure rates for new Canadian firms: new perspectives on entry and exit*. Ottawa: Statistics Canada.

Bapuji, H., & Neville, L. 2015. Income inequality ignored? An agenda for business and strategic organization. *Strategic Organization*, **13**(3), 233–46.

Barley, S. R. 1990. The alignment of technology and structure through roles and networks. *Administrative Science Quarterly*, **35**(1), 61–103.

Barley, S. R. 2015. 60th anniversary essay: ruminations on how we became a mystery house and how we might get out. *Administrative Science Quarterly*, **61**(1), 1–8.

Barley, S. R., Bechky, B. A., & Milliken, F. J. 2017. The changing nature of work: careers, identities, and work lives in the 21st century. *Academy of Management Discoveries*, **3**(2), 111–15.

Barley, S. R., Freeman, J., & Hybels, R. C. 1992. Strategic alliances in commercial biotechnology. In N. Nohria, & R. G. Eccles (Eds.), *Networks and organizations* (pp. 311–47). Boston, MA: Harvard Business Review Press.

Barley, S. R., & Kunda, G. 2004. *Gurus, hired guns, and warm bodies: itinerant experts in a knowledge economy*. Princeton, NJ: Princeton University Press.

Barnard, C. I. 1938. *The functions of the executive*. Cambridge, MA: Harvard University Press.

Barnett, W. P. 1990. The organizational ecology of a technological system. *Administrative Science Quarterly*, **35**(1), 31–60.

Barnett, W. P. 1995. Telephone companies. In G. R. Carroll, & M. T. Hannan (Eds.), *Organizations in industry: strategy, structure, and selection* (pp. 277–89). Oxford: Oxford University Press.

Barnett, W. P. 1997. The dynamics of competitive intensity. *Administrative Science Quarterly*, **42**(1), 128–60.

Barnett, W. P. 2008. *The Red Queen among organizations: how competitiveness evolves*. Princeton, NJ: Princeton University Press.

Barnett, W. P., & Amburgey, T. L. 1990. Do larger organizations generate stronger competition? In J. Singh (Ed.), *Organizational evolution: new directions* (pp. 78–102). Beverly Hills, CA: Sage.

Barnett, W. P., & Carroll, G. R. 1987. Competition and mutualism among early telephone companies. *Administrative Science Quarterly*, **32**(3), 400–21.

Barnett, W. P., & Carroll, G. 1995. Modeling internal organizational change. *Annual Review of Sociology*, **21**, 217–36.

Barnett, W. P., & Levinthal, D. A. 2017. Special issue introduction: evolutionary logics of strategy and organization. *Strategy Science*, **2**(1), ii–vi.

Barnett, W. P., & Pontikes, E. G. 2008. The Red Queen, success bias, and organizational inertia. *Management Science*, **54**(7), 1237–51.

Barnett, W. P., & Woywode, M. 2004. From red Vienna to the Anschluss: ideological competition among Viennese newspapers during the rise of national socialism. *American Journal of Sociology*, **109**(6), 1452–99.

Barney, J. B. 1986. Types of competition and the theory of strategy: toward an integrative framework. *Academy of Management Review*, **11**(4), 791–800.

Baron, J. N., Dobbin, F. R., & Jennings, P. D. 1986. War and peace: the evolution of modern personnel administration in U.S. industry. *American Journal of Sociology*, **92**(2), 350–83.

Baron, J. N., Hannan, M. T., & Burton, M. D. 1999. Building the iron cage: determinants of managerial intensity in the early years of organizations. *American Sociological Review*, **64**(4), 527–47.

Baron, J. N., Hannan, M. T., & Burton, M. D. 2001. Labor pains: change in organizational models and employee turnover in young, high-tech firms. *American Journal of Sociology*, **106**(4), 960–1012.

Baron, R. A., & Markman, G. D. 2003. Beyond social capital: the role of entrepreneurs' social competence in their financial success. *Journal of Business Venturing*, **18**(1), 41–60.

Barron, D. N. 1999. The structuring of organizational populations. *American Sociological Review*, **64**(3), 421–45.

Barron, D. N., West, E., & Hannan, M. T. 1994. A time to grow and a time to die: growth and mortality of credit unions in New York City, 1914–1990. *American Journal of Sociology*, **100**(2), 381–421.

Barroso, A., Giarratana, M. S., Reis, S., & Sorenson, O. 2016. Crowding, satiation, and saturation: the days of television series' lives. *Strategic Management Journal*, **37**(3), 565–85.

Bartel, C. A. 2001. Social comparisons in boundary-spanning work: effects of community outreach on members' organizational identity and identification. *Administrative Science Quarterly*, **46**(3), 379–413.

Barth, E., Davis, J., Freeman, R., & Kerr, S. P. 2017. Weathering the great recession: variation in employment responses, by establishments and countries. *Russell Sage Foundation Journal of the Social Sciences*, **3**(3), 50–69.

Bartunek, J. M., & Betters-Reed, B. L. 1987. The stages of organization creation. *American Journal of Community Psychology*, **15**(3), 287–303.

Battilana, J., & Casciaro, T. 2012. Change agents, networks, and institutions: a contingency theory of organizational change. *Academy of Management Journal*, **55**(2), 381–98.

Battilana, J., & Casciaro, T. 2013. Overcoming resistance to organizational change: strong ties and affective cooptation. *Management Science*, **59**(4), 819–36.

Battilana, J., & D'Aunno, T. 2009. Institutional work and the paradox of embedded agency. In T. B. Lawrence, R. Suddaby, & B. Leca (Eds.), *Institutional work: actors and agency in institutional studies of organizations* (pp. 31–58). Cambridge, UK: Cambridge University Press.

Battilana, J., & Dorado, S. 2010. Building sustainable hybrid organizations: the case of commercial microfinance organizations. *Academy of Management Journal*, **53**(6), 1419–40.

Baudrillard, J. 1983. *Simulations*. New York: Semiotext(e).

Baum, J. A. C. 1996. Organizational ecology. In S. R. Clegg, C. Hardy, & W. Nord (Eds.), *Handbook of organization studies* (pp. 77–114). London: Sage.

Baum, J. A. C., & Haveman, H. A. 1997. Love thy neighbor? Differentiation and agglomeration in the Manhattan hotel industry,

1898–1990. *Administrative Science Quarterly*, **42**(2), 304–38.

Baum, J. A. C. and B. McKelvey (Eds.). 1999. *Variations in organization science: in honor of Donald T. Campbell*. Newbury Park, CA: Sage.

Baum, J. A. C., & Mezias, S. J. 1992. Localized competition and organizational failure in the Manhattan hotel industry, 1898–1990. *Administrative Science Quarterly*, **37**(4), 580–604.

Baum, J. A. C., & Oliver, C. 1992. Institutional embeddedness and the dynamics of organizational populations. *American Sociological Review*, **57**(4), 540–59.

Baum, J. A. C., & Powell, W. W. 1995. Cultivating an institutional ecology of organizations: comment on Hannan, Carroll, Dundon, and Torres. *American Sociological Review*, **60**(4), 529–38.

Baum, J. A. C., & Shipilov, A. V. 2006. Ecological approaches to organizations. In S. R. Clegg, C. Hardy, & W. Nord (Eds.), *Handbook of organization studies* (pp. 55–110). London: Sage.

Baum, J. A. C., & Singh, J. V. 1994. Organizational niches and the dynamics of organizational founding. *Organization Science*, **5**(4), 483–501.

Baumard, P., & Starbuck, W. H. 2005. Learning from failures: why it may not happen. *Long Range Planning*, **38**(3), 281–98.

Bearman, P., & Parigi, P. 2004. Cloning headless frogs and other important matters: conversation topics and network structure. *Social Forces*, **83**(2), 535–57.

Bechky, B. A. 2003a. Object lessons: workplace artifacts as representations of occupational jurisdiction. *American Journal of Sociology*, **109**(3), 720–52.

Bechky, B. A. 2003b. Sharing meaning across occupational communities: the transformation of understanding on a production floor. *Organization Science*, **14**(3), 312–30.

Becker, G. S. 1975. *Human capital: a theoretical and empirical analysis, with special reference to education* (2nd ed.). Cambridge, MA: National Bureau of Economic Research.

Becker, H. S., Greer, B., Hughes, E. C., & Strauss, A. L. 1961. *Boys in white: student culture in medical school*. London: Transaction Publishers.

Becker, M. C. 2004. Organizational routines: a review of the literature. *Industrial and Corporate Change*, **13**(4), 643–78.

Beckert, J. 2016. *Imagined futures: fictional expectations and capitalist dynamics*. Cambridge, MA: Harvard University Press.

Beckman, C. M., & Burton, D. M. 2008. Founding the future: path dependence in the evolution of top management teams from founding to IPO. *Organization Science*, **19**(1), 3–24.

Bellavitis, C., Filatotchev, I., Kamuriwo, D. S., & Vanacker, T. 2017. Entrepreneurial finance: new frontiers of research and practice. *Venture Capital*, **19**(1–2), 1–16.

Berger, P., & Luckmann, T. 1966. *The social construction of reality*. New York: Doubleday.

Bermiss, Y. S., Hallen, B. L., McDonald, R., & Pahnke, E. C. 2017. Entrepreneurial beacons: the Yale endowment, run-ups, and the growth of venture capital. *Strategic Management Journal*, **38**(3), 545–65.

Berry, D. C., & Broadbent, D. E. 1984. On the relationship between task performance and associated verbalizable knowledge. *Quarterly Journal of Experimental Psychology Section A*, **36**(2), 209–31.

Bertoni, F., Colombo, M. G., & Quas, A. 2017. The role of governmental venture capital in the venture capital ecosystem: an organizational ecology perspective. *Entrepreneurship Theory and Practice*. https://doi.org/10.1177%2F1042258717735303.

Bielby, W. T., & Bielby, D. D. 1999. Organizational mediation of project-based labor markets: talent agencies and the careers of screenwriters. *American Sociological Review*, **64**(1), 64–85.

Biemann, T., Fasang, A. E., & Grunow, D. 2011. Do economic globalization and industry growth destabilize careers? An analysis of career complexity and career patterns over time. *Organization Studies*, **32**(12), 1639–63.

Biggart, N. W. 1988. *Charismatic capitalism: direct selling organizations in America*. Chicago, IL: University of Chicago Press.

Biggart, N. W., & Castanias, R. I. 1992. Taiwan capital markets: an economic and sociological perspective. Unpublished paper, University of California, Davis.

Bills, D. B., Di Stasio, V., & Gërxhani, K. 2017. The demand side of hiring: employers in the labor market. *Annual Review of Sociology*, **43**, 291–310.

Bingham, C. B., & Kahl, S. J. 2012. The process of schema emergence: assimilation, deconstruction, unitization and the plurality of analogies. *Academy of Management Journal*, **56**(1), 14–34.

Bischoff, K., & Volkmann, C. K. 2018. Stakeholder support for sustainable entrepreneurship – a framework of sustainable entrepreneurial ecosystems. *International Journal of Entrepreneurial Venturing*, **10**(2), 172–201.

Blasi, J. R., Freeman, R. B., & Kruse, D. 2013. *The citizen's share: reducing inequality in the 21st century*. New Haven, CT: Yale University Press.

Blau, J. R. 1993. *Social contracts and economic markets*. New York: Plenum.

Blau, J. R. 1995. Art museums. In G. R. Carroll, & M. T. Hannan (Eds.), *Organizations in industry: strategy, structure, and selection* (pp. 87–114). New York: Oxford University Press.

Blau, P. M. 1955. *The dynamics of bureaucracy*. Chicago, IL: University of Chicago Press.

Blau, P. M. 1964. *Exchange and power in social life*. New York: Wiley.

Blau, P. M. 1970. A formal theory of differentiation in organizations. *American Sociological Review*, **35**(2), 201–18.

Blomberg, J., & Karasti, H. 2013. Reflections on 25 years of ethnography in CSCW. *Computer Supported Cooperative Work (CSCW)*, **22**(4), 373–423.

Blumberg, B. F., & Pfann, G. A. 2016. Roads leading to self-employment: comparing transgenerational entrepreneurs and self-made start-ups. *Entrepreneurship Theory and Practice*, **40**(2), 335–57.

Boden, D. 1994. *The business of talk: organizations in action*. Cambridge, UK: Polity Press.

Boeker, W. 1988. Organizational origins: entrepreneurial and environmental imprinting at the time of founding. In G. Carroll (Ed.), *Ecological models of organization* (pp. 33–51). Cambridge, MA: Ballinger.

Boettger, R. D., & Greer, C. R. 1994. On the wisdom of rewarding A while hoping for B. *Organization Science*, **5**(4), 569–82.

Boll, R. 2016. *2016 top markets report, franchising: a market assessment tool for US exporters*. U.S. Department of Commerce.

Borgatti, S. P., & Cross, R. 2003. A relational view of information seeking and learning in social networks. *Management Science*, **49**(4), 432–45.

Bosma, N., Van Praag, M., Thurik, R., & de Wit, G. 2004. The value of human and social capital investments for the business performance of startups. *Small Business Economics*, **23**(3), 227–36.

Brands, R. A., & Fernandez-Mateo, I. 2016. Leaning out: how negative recruitment experiences shape women's decisions to compete for executive roles. *Administrative Science Quarterly*, **62**(3), 405–42.

Brashears, M. E. 2019. How big and how certain? A new approach to defining levels of analysis for modeling social science topics. In P. K. Davis, A. O'Mahoney, & J. Pfautz (Eds.), *Social-behavioral modeling for complex systems*, Hoboken, NJ: Wiley-Blackwell.

Brauer, M., & Laamanen, T. 2014. Workforce downsizing and firm performance: an organizational routine perspective. *Journal of Management Studies*, **51**(8), 1311–33.

Breslin, D. 2016. What evolves in organizational co-evolution? *Journal of Management & Governance*, **20**(1), 45–67.

Brewers Association. 2012. *BA pioneers: a narrative history* [YouTube video]. Retrieved from https://youtu.be/byrVNJZhBIo.

Bridge, S., & O'Neill, K. 2012. *Understanding enterprise: entrepreneurship and small business* (4th ed.). Basingstoke: Palgrave Macmillan.

Brittain, J. 1994. Density-independent selection and community evolution. In J. A. C. Baum, & J. V. Singh (Eds.), *Evolutionary dynamics of organizations* (pp. 355–78). New York: Oxford University Press.

Brittain, J. W., & Wholey, D. R. 1988. Competition and coexistence in organizational communities: population dynamics in electronic components manufacturing. In G. R. Carroll (Ed.), *Ecological models of organizations* (pp. 195–222). Cambridge, MA: Ballinger.

Brown, A., & Spencer, D. 2014. Understanding the global financial crisis: sociology, political economy and heterodox economics. *Sociology*, **48**(5), 938–53.

Brush, C., Edelman, L. F., Manolova, T., & Welter, F. 2019. A gendered look at entrepreneurship ecosystems. *Small Business Economics*, **53**(2), 393–408.

Brymer, R. A., Chadwick, C., Hill, A., & Molloy, J. 2019. Pipelines and their portfolios: a more holistic view of human capital heterogeneity via firm-wide employee sourcing. *Academy of Management Perspectives*, **33**(2), 207–33.

Brymer, R. A., Molloy, J. C., & Gilbert, B. A. 2014. Human capital pipelines: competitive implications of repeated interorganizational hiring. *Journal of Management*, **40**(2), 483–508.

Brzozowski, J., Cucculelli, M., & Surdej, A. 2017. The determinants of transnational entrepreneurship and transnational ties' dynamics among immigrant entrepreneurs in ICT sector in Italy. *International Migration*, **55**(3), 105–25.

Bucheli, M., & Wadhwani, R. D. (Eds.). 2014. *Organizations in time: history, theory methods*. New York: Oxford University Press.

Burgelman, R. A. 1984. Designs for corporate entrepreneurship in established firms. *California Management Review*, **26**(3), 154–66.

Burrell, G. 1988. Modernism, post modernism and organizational analysis 2: the contribution of Michel Foucault. *Organization Studies*, **9**(2), 221–35.

Burt, R. S. 1982. *Toward a structural theory of action*. New York: Academic Press.

Burt, R. S. 1983. *Corporate profits and cooptation: networks of market constraints and directorate ties in the American economy*. New York: Academic Press.

Burt, R. S. 1992. *Structural holes: the social structure of competition* (1st ed.). Cambridge, MA: Harvard University Press.

Burt, R. S. 2019a. Network disadvantaged entrepreneurs: density, hierarchy, and success in China and the West. *Entrepreneurship Theory and Practice*, **43**(1), 19–50.

Burt, R. S. 2019b. The networks and success of female entrepreneurs in China. *Social Networks*, **58**, 37–49.

Burton, M. D., & Beckman, C. M. 2007. Leaving a legacy: position imprints and successor turnover in young firms. *American Sociological Review*, **72**(2), 239–66.

Burton, M. D., Dahl, M. S., & Sorenson, O. 2017. Do start-ups pay less? *ILR Review*, **71**(5), 1179–200.

Burton, M. D., Sørensen, J. B., & Beckman, C. M. 2002. Coming from good stock: career histories and new venture formation. In M. Lounsbury, & M. Ventresca (Eds.), *Research in the sociology of organizations. Vol. 19: Social structure and organizations revisited* (pp. 229–62). Bingley, UK: Emerald.

Busenitz, L. W., & Barney, J. B. 1997. Differences between entrepreneurs and managers in large organizations: biases and heuristics in strategic decision-making. *Journal of Business Venturing*, **12**(1), 9–30.

Buxton, J. 1994. Raising the birthrate. *Financial Times*.

Cable, D. 2018. *Alive at work: the neuroscience of helping your people love what they do.* Boston, MA: Harvard Business Review Press.

Calás, M. B. 1993. Deconstructing charismatic leadership: re-reading Weber from the darker side. *The Leadership Quarterly*, **4**(3–4), 305–28.

Camisón-Zornoza, C., Lapiedra-Alcamí, R., Segarra-Ciprés, M., & Boronat-Navarro, M. 2004. A meta-analysis of innovation and organizational size. *Organization Studies*, **25**(3), 331–61.

Campbell, D.T. 1969. Variation and selective retention in socio-cultural evolution. *General Systems*, **14**, 69–85.

Campbell, D. T. 1994. How individual and face-to-face group selection undermine firm selection in organizational evolution. In J. A. C. Baum, & J. V. Singh (Eds.), *Evolutionary dynamics of organizations* (pp. 23–38). New York: Oxford University Press.

Campbell, K. E. 1988. Gender differences in job-related networks. *Work & Occupations*, **15**(2), 179–200.

Camuffo, A., & Gerli, F. 2016. The complex determinants of financial results in a lean transformation process: the case of Italian SMEs. In E. S. C. Berger, & A. Kuckertz (Eds.), *Complexity in entrepreneurship, innovation and technology research* (pp. 309–30). Cham, Switzerland: Springer.

Cappelli, P. 1997. *Change at work: trends that are transforming the business of business.* Washington, DC: National Policy Association.

Cardinale, I. 2017. Beyond constraining and enabling: toward new microfoundations for institutional theory. *Academy of Management Review*, **43**(1), 132–55.

Carnabuci, G., Operti, E., & Kovács, B. 2015. The categorical imperative and structural reproduction: dynamics of technological entry in the semiconductor industry. *Organization Science*, **26**(6), 1734–51.

Caronna, C., & Scott, W. R. 1999. Field and organizational governance structures: the case of Kaiser Permanente and the U.S. healthcare field. In D. Brock, M. Powell, & C. R. Hinings (Eds.), *Restructuring the professional organization: accounting, health, and law* (pp. 68–86). London: Routledge.

Carpenter, D. P. 2002. Groups, the media, agency waiting costs, and FDA drug approval. *American Journal of Political Science*, **46**(3), 490–505.

Carroll, G. R. 1985. Concentration and specialization: dynamics of niche width in populations of organizations. *American Journal of Sociology*, **90**(6), 1262–83.

Carroll, G. R., Delacroix, J., & Goldstein, J. (Eds.). 1988. *The political environments of organizations: an ecological view.* Greenwich, CT: JAI Press.

Carroll, G. R., & Hannan, M. T. 1989. Density delay in the evolution of organizational populations: a model and five empirical tests. *Administrative Science Quarterly*, **34**(3), 411–30.

Carroll, G. R., & Hannan, M. T. 1995. Automobile manufacturers. In G. R. Carroll, & M. T. Hannan (Eds.), *Organizations in industries* (pp. 195–214). New York: Oxford University Press.

Carroll, G. R., & Hannan, M. T. 2000. *The demography of corporations and industries.* Princeton, NJ: Princeton University Press.

Carroll, G. R., & Harrison, J. R. 1994. On the historical efficiency of competition between organizational populations. *American Journal of Sociology*, **100**(3), 720–49.

Carroll, G. R., Haveman, H. A., & Swaminathan, A. 1992. Careers in organizations: an ecological perspective. In D. Featherman, R. Lerner, & M. Perlmutter (Eds.), *Life-span development and behavior, vol. 11* (pp. 112–44). Hillsdale, NJ: Lawrence Erlbaum Associates.

Carroll, G. R., & Huo, Y. P. 1986. Organizational task and institutional environments in ecological perspective: findings from the local newspaper industry. *American Journal of Sociology*, **91**(4), 838–73.

Carroll, G. R., & Khessina, O. M. 2005. The ecology of entrepreneurship. In S. A. Alvarrez,

R. Agarwal, & O. Sorenson (Eds.), *Handbook of entrepreneurship research: interdisciplinary perspectives* (pp. 167–200). New York: Springer.

Carroll, G. R., & Wade, J. 1991. Density dependence in the organizational evolution of the American brewing industry across different levels of analysis. *Social Science Research*, **20**(3), 271–302.

Carter, N. M. 1994. Reducing barriers between genders: differences in new firm start-ups. Unpublished paper presented at the meeting of the Academy of Management, Dallas, TX.

Carter, N. M., Gartner, W. B., & Reynolds, P. D. 1996. Exploring start-up event sequences. *Journal of Business Venturing*, **11**(3), 151–66.

Carter, N. M., Gartner, W. B., & Reynolds, P. D. 2004. Firm founding. In W. B. Gartner, K. G. Shaver, N. M. Carter, & P. D. Reynolds (Eds.), *Handbook of entrepreneurial dynamics: the process of business creation* (pp. 311–23). Thousand Oaks, CA: Sage.

Cartwright, D., & Harary, F. 1956. Structural balance: a generalization of Heider's theory. *Psychological Review*, **63**(5), 277–93.

Caruso, A. 2015. Statistics of U.S. businesses: employment and payroll summary: 2012. Washington, DC: U.S. Census Bureau, Economics and Statistics Administration.

Casciaro, T., & Piskorski, M. J. 2005. Power imbalance, mutual dependence, and constraint absorption: a closer look at resource dependence theory. *Administrative Science Quarterly*, **50**(2), 167–99.

Castilla, E. J., & Benard, S. 2010. The paradox of meritocracy in organizations. *Administrative Science Quarterly*, **55**(4), 543–676.

Cattani, G., Dunbar, R. L. M., & Shapira, Z. 2017. How commitment to craftsmanship leads to unique value: Steinway & Sons' differentiation strategy. *Strategy Science*, **2**(1), 13–38.

Caves, R. E., & Porter, M. E. 1977. From entry barriers to mobility barriers: conjectural decisions and contrived deterrence to new competition. *Quarterly Journal of Economics*, **91**(2), 241–61.

Cetindamar, D., Gupta, V. K., Karadeniz, E. E., & Egrican, N. 2012. What the numbers tell: the impact of human, family and financial capital on women and men's entry into entrepreneurship in Turkey. *Entrepreneurship & Regional Development*, **24**(1–2), 29–51.

Chadwick, C., Guthrie, J. P., & Xing, X. 2016. The HR executive effect on firm performance and survival. *Strategic Management Journal*, **37**(11), 2346–61.

Chandler, A. D. 1962. *Strategy and structure*. Cambridge, MA: MIT Press.

Chandler, A. D. 1977. *The visible hand: the managerial revolution in American business*. Cambridge, MA: Belknap Press.

Chandler, D., & Hwang, H. 2015. Learning from learning theory: a model of organizational adoption strategies at the microfoundations of institutional theory. *Journal of Management*, **41**(5), 1446–76.

Charles, M., & Grusky, D. B. 2004. *Occupational ghettos: the worldwide segregation of women and men*. Stanford, CA: Stanford University Press.

Chatman, J. A., & O'Reilly, C. A. 2016. Paradigm lost: reinvigorating the study of organizational culture. *Research in Organizational Behavior*, **36**, 199–224.

Child, J. 1973. Predicting and understanding organization structure. *Administrative Science Quarterly*, **18**(2), 168–85.

Clark, B. R. 1956. Organizational adaptation and precarious values. *American Sociological Review*, **21**(3), 327–36.

Clark, B. R. 1970. *The distinctive college: Antioch, Reed & Swarthmore*. Chicago, IL: Aldine Publishing Company.

Clark, B. R. 1972. The organizational saga in higher education. *Administrative Science Quarterly*, **17**(2), 178–84.

Clark, D. 2019. Number of small and medium-sized enterprises (SMEs) in the European Union in 2017, by size (in 1000s). *Statista.com*, 27 August.

Clark, P. B., & Wilson, J. Q. 1961. Incentive systems: a theory of organizations. *Administrative Science Quarterly*, **6**(2), 129–66.

Clayton, P., Feldman, M., & Lowe, N. 2018. Behind the scenes: intermediary organizations that facilitate science commercialization through entrepreneurship. *Academy of Management Perspectives*, **32**(1), 104–24.

Clegg, S. R. 1989. Radical revisions: power, discipline and organizations. *Organization Studies*, **10**(1), 97–115.

Clemens, E. S. 1993. Organizational repertoires and institutional change: women's groups and the transformation of U.S. politics, 1890–1920. *American Journal of Sociology*, **98**(4), 755–98.

Clemens, E. S. 1997. *The people's lobby: organizational innovation and the rise of interest group politics in the United States, 1890–1925*. Chicago, IL: University of Chicago Press.

Clemens, E. S., & Guthrie, D. (Eds.). 2010. *Politics and partnerships: the role of voluntary associations in America's political past and present*. Chicago, IL: University of Chicago Press.

Clifford, D. 2018. Neighbourhood context and enduring differences in the density of charitable organizations: reinforcing dynamics of foundation and dissolution. *American Journal of Sociology*, **123**(6), 1535–600.

Cody, M. L., MacArthur, R. H., & Diamond, J. M. 1975. *Ecology and evolution of communities*. Cambridge, MA: Harvard University Press.

Cohen, D. M., & Bacdayan, P. 1994. Organizational routines are stored as procedural memory: evidence from a laboratory study. *Organization Science*, **5**(4), 554–68.

Cohen, L. E. 2012. Assembling jobs: a model of how tasks are bundled into and across jobs. *Organization Science*, **24**(2), 432–54.

Cohen, M. D. 2012. Perceiving and remembering routine action: fundamental micro-level origins. *Journal of Management Studies*, **49**(8), 1383–8.

Cohen, M. D., & Sproull, L. S. 1991. Special issue on organizational learning. *Organization Science*, **2**, 1–147.

Cohen, S. L., & Tripsas, M. 2018. Managing technological transitions by building bridges. *Academy of Management Journal*, **61**(6), 2319–42.

Cohen, W. M., & Levinthal, D. A. 1990. Absorptive capacity: a new perspective on learning and innovation. *Administrative Science Quarterly*, **35**(1), 128–52.

Cole, R. E. 1985. The macropolitics of organizational change: a comparative analysis of the spread of small-group activities. *Administrative Science Quarterly*, **30**(4), 560–85.

Coleman, D. C. 1987. The uses and abuses of business history. *Business History*, **29**(2), 141–56.

Coleman, J. S. 1957. *Community conflict*. Glencoe, IL: The Free Press.

Collins, R. 1979. *The credential society: an historical sociology of education and stratification*. New York: Academic Press.

Collins, R. 1997. An Asian route to capitalism: religious economy and the origins of self-transforming growth in Japan. *American Sociological Review*, **62**(6), 843–65.

Colombo, M. G., & Grilli, L. 2007. Funding gaps? Access to bank loans by high-tech start-ups. *Small Business Economics*, **29**(1), 25–46.

Colyvas, J. A., & Powell, W. W. 2006. Roads to institutionalization: the remaking of boundaries between public and private science. *Research in Organizational Behavior*, **27**, 305–53.

Compagni, A., Mele, V., & Ravasi, D. 2014. How early implementations influence later adoptions of innovation: social positioning and skill reproduction in the diffusion of robotic surgery. *Academy of Management Journal*, **58**(1), 242–78.

Conover, M. D., Ferrara, E., Menczer, F., & Flammini, A. 2013. The digital evolution of Occupy Wall Street. *PLoS ONE*, **8**(5), e64679.

Contacts Target Marketing Group. 1994. Market planner. Vancouver, BC: Contacts Target Marketing Group.

Cooper, A. C., & Schendel, D. 1976. Strategic responses to technological threats. *Business Horizons*, **19**(1), 61–9.

Cope, J. 2011. Entrepreneurial learning from failure: an interpretative phenomenological analysis. *Journal of Business Venturing*, **26**(6), 604–23.

Cornelissen, J. P., & Werner, M. D. 2014. Putting framing in perspective: a review of framing and frame analysis across the management and organizational literature. *Academy of Management Annals*, **8**(1), 181–235.

Correll, S. J., Benard, S., & Paik, I. 2007. Getting a job: is there a motherhood penalty? *American Journal of Sociology*, **112**(5), 1297–339.

Coser, L. A. 1974. *Greedy institutions: patterns of undivided commitment*. New York: Free Press.

Criscuolo, P., Salter, A., & Ter Wal, A. L. J. 2013. Going underground: bootlegging and individual innovative performance. *Organization Science*, **25**(5), 1287–305.

Croce, A., Martí, J., & Murtinu, S. 2013. The impact of venture capital on the productivity growth of European entrepreneurial firms: "screening" or "value added" effect? *Journal of Business Venturing*, **28**(4), 489–510.

Croidieu, G., & Kim, P. 2018. Labor of love: amateurs and lay-expertise legitimation in the early US radio field. *Administrative Science Quarterly*, **63**(1), 1–42.

Crowston, K. 2014. Evolving novel organizational forms. In K. M. Carley, & M. J. Prietula (Eds.), *Computational Organization Theory* (2nd ed.) (pp. 37–56). New York: Psychology Press.

Crozier, M. 1964. *The bureaucratic phenomenon*. Chicago, IL: University of Chicago Press.

Cyert, R. M., & March, J. G. 1963. *A behavioral theory of the firm*. Englewood Cliffs, NJ: Prentice Hall.

Czarniawska, B., & Joerges, B. C. 1997. *Narrating the organization: dramas of institutional identity*. Chicago, IL: University of Chicago Press.

Dacin, M. T. 1997. Isomorphism in context: the power and prescription of institutional norms. *Academy of Management Journal*, **40**(1), 46–81.

Danneels, E. 2010. Trying to become a different type of company: dynamic capability at Smith Corona. *Strategic Management Journal*, **32**(1), 1–31.

Danti, A. 2014. *Statistical data on women entrepreneurs in Europe*. Brussels: European Commission.

Darr, E. D., Argote, L., & Epple, D. 1995. The acquisition, transfer, and depreciation of knowledge in service organizations: productivity in franchises. *Management Science*, **41**(11), 1750–62.

Daspit, J. J., Holt, D. T., Chrisman, J. J., & Long, R. G. 2016. Examining family firm succession from a social exchange perspective: a multiphase, multistakeholder review. *Family Business Review*, **29**(1), 44–64.

Datta, D. K., Guthrie, J. P., Basuil, D., & Pandey, A. 2010. Causes and effects of employee downsizing: a review and synthesis. *Journal of Management*, **36**(1), 281–348.

David, P. A. 1985. Clio and the economics of QWERTY. *The American Economic Review*, **75**(2), 332–7.

David, R. J., & Han, S.-K. 2004. A systematic assessment of the empirical support for transaction cost economics. *Strategic Management Journal*, **25**(1), 39–58.

David, R. J., Sine, W. D., & Haveman, H. A. 2013. Seizing opportunity in emerging fields: how institutional entrepreneurs legitimated the professional form of management consulting. *Organization Science*, **24**(2), 356–77.

Davidsson, P., & Gordon, S. R. 2012. Panel studies of new venture creation: a methods-focused review and suggestions for future research. *Small Business Economics*, **39**(4), 853–76.

Davis, A. E., Renzulli, L. A., & Aldrich, H. E. 2006. Mixing or matching? The influence of voluntary associations on the occupational diversity and density of small business owners' networks. *Work and Occupations*, **33**(1), 42–72.

Davis, G. F. 1991. Agents without principles? The spread of the poison pill through the intercorporate network. *Administrative Science Quarterly*, **36**(4), 583–613.

Davis, G. F. 2005. New directions in corporate governance. *Annual Review of Sociology*, **31**, 143–62.

Davis, G. F. 2015. Editorial essay: what is organizational research for? *Administrative Science Quarterly*, **60**(2), 179–88.

Davis, G. F. 2016. *The vanishing American corporation: navigating the hazards of a new economy*. Oakland, CA: Berrett-Koehler Publishers.

Davis, G. F., Diekmann, K., & Tinsley, C. 1994. The deinstitutionalization of conglomerate firms in the 1980s. *American Sociological Review*, **59**(4), 547–70.

Davis, G. F., Yoo, M., & Baker, W. E. 2003. The small world of the American corporate elite, 1982–2001. *Strategic Organization*, **1**(3), 301–26.

Davis, J. A. 1963. Structural balance, mechanical solidarity, and interpersonal relations. *American Journal of Sociology*, **68**(4), 444–62.

Dawkins, R. 1987. *The blind watchmaker*. New York: W. W. Norton & Co.

Dean, T. J., & McMullen, J. S. 2007. Toward a theory of sustainable entrepreneurship: reducing environmental degradation through entrepreneurial action. *Journal of Business Venturing*, **22**(1), 50–76.

DeCenzo, D. A., Robbins, S., & Verhulst, S. L. 2015. *Fundamentals of human resource management* (12th ed.). New York: Wiley.

Decker, S. 2014. Solid intentions: an archival ethnography of corporate architecture and organizational remembering. *Organization*, **21**(4), 514–42.

Deeds, D. L., & Rothaermel, F. T. 2004. Exploration and exploitation alliances in biotechnology: a system of new product development. *Strategic Management Journal*, **25**(3), 201–21.

Dees, J. G., & Starr, J. A. 1992. Entrepreneurship through an ethical lens: dilemmas and issues for research and practice. Working paper, Wharton School of the University of Pennsylvania, Snider Entrepreneurial Center.

Delacroix, J., & Carroll, G. R. 1983. Organizational foundings: an ecological study of the newspaper industries of Argentina and Ireland. *Administrative Science Quarterly*, **28**(2), 274–91.

Delacroix, J., & Rao, H. 1994. Externalities and ecological theory: unbundling density dependence. In J. V. Singh, & J. A. C. Baum (Eds.), *Evolutionary dynamics of organizations* (pp. 255–68). New York: Oxford University Press.

Delacroix, J., Swaminathan, A., & Solt, M. E. 1989. Density dependence versus population dynamics: an ecological study of failings in the California wine industry. *American Sociological Review*, **54**(2), 245–62.

Delaney, K. J. 1992. *Strategic bankruptcy: how corporations and creditors use Chapter 11 to their advantage*. Berkeley, CA: University of California Press.

Delbanco, A. 2012. *College: what it was, is, and should be*. Princeton, NJ: Princeton University Press.

Delmas, M. A., & Montes-Sancho, M. J. 2011. U.S. state policies for renewable energy: context and effectiveness. *Energy Policy*, **39**(5), 2273–88.

Demil, B., & Lecocq, X. 2006. Neither market nor hierarchy nor network: the emergence of bazaar governance. *Organization Studies*, **27**(10), 1447–66.

Dennett, D. C. 1995. *Darwin's dangerous idea: evolution and the meanings of life*. London: Penguin Books.

Dennett, D. C. 2017. *From bacteria to Bach and back: the evolution of minds*. New York: W. W. Norton & Co.

Denrell, J. 2003. Vicarious learning, under-sampling of failure, and the myths of management. *Organization Science*, **14**(3), 227–43.

Denrell, J., Fang, C., & Liu, C. 2015. Perspective–chance explanations in the management sciences. *Organization Science*, **26**(3), 923–40.

Denrell, J., & Kovács, B. 2008. Selective sampling of empirical settings in organizational studies. *Administrative Science Quarterly*, **53**(1), 109–44.

Denrell, J., Liu, C., & Le Mens, G. 2017. When more selection is worse. *Strategy Science*, **2**(1), 39–63.

Denrell, J., & March, J. G. 2001. Adaptation as information restriction: the hot stove effect. *Organization Science*, **12**(5), 523–38.

Derfler-Rozin, R., Baker, B., & Gino, F. 2018. Compromised ethics in hiring processes? How referrers' power affects employees' reactions to referral practices. *Academy of Management Journal*, **61**(2), 615–36.

DeSantola, A., & Gulati, R. 2017. Scaling: organizing and growth in entrepreneurial ventures. *Academy of Management Annals*, **11**(2), 640–68.

de Vaan, M., Vedres, B., & Stark, D. 2015. Game changer: the topology of creativity. *American Journal of Sociology*, **120**(4), 1144–94.

DiMaggio, P. J. 1986. Structural analysis of organizational fields: a blockmodel apprach. *Research in Organizational Behavior*, **8**, 335–70.

DiMaggio, P. J. 1988. Interest and agency in institutional theory. In L. G. Zucker (Ed.), *Research on institutional patterns* (pp. 3–21). Cambridge, MA: Ballinger Publishing Co.

DiMaggio, P. J. 1991. Constructing an organizational field as a professional project: U.S. art museums, 1920–1940. In W. Powell, & P. DiMaggio (Eds.), *The new institutionalism in organizational analysis* (pp. 267–92). Chicago, IL: University of Chicago Press.

DiMaggio, P. J. 1994. The challenge of community evolution. In J. A. C. Baum, & J. Singh (Eds.), *Evolutionary dynamics of organizations* (pp. 444–50). New York: Oxford University Press.

DiMaggio, P. J. 1997. Culture and cognition. *Annual Review of Sociology*, **23**, 263–87.

DiMaggio, P. J. (Ed.). 2001. *The twenty-first-century firm: changing economic organization in international perspective*. Princeton, NJ: Princeton University Press.

DiMaggio, P. J., & Powell, W. W. 1983. The iron cage revisited: institutional isomorphism and collective rationality in organizational fields. *American Sociological Review*, **48**(2), 147–60.

DiMaggio, P. J., & Powell, W. W. 1991. Introduction. In W. W. Powell, & P. J. DiMaggio (Eds.), *The new institutionalism in organizational analysis* (pp. 1–40). Chicago, IL: University of Chicago Press.

Dimov, D. 2010. Nascent entrepreneurs and venture emergence: opportunity confidence, human capital, and early planning. *Journal of Management Studies*, **47**(6), 1123–53.

Dioun, C. 2018. Negotiating moral boundaries: social movements and the strategic (re)definition of the medical in cannabis markets. In F. Briscoe, B. King, & J. Leitzinger (Eds.), *Social movements, stakeholders and non-market strategy, vol. 56* (pp. 53–82). Bingley, UK: Emerald.

Dioun, C., & Haveman, H. 2015. The price of legitimacy: regulation, risk and uncertainty in legal marijuana markets. *Academy of Management Proceedings*, **2015**(1). https://doi.org/10.5465/ambpp.2015.13312abstract.

Dixon, S. E. A., Meyer, K. E., & Day, M. 2010. Stages of organizational transformation in transition economies: a dynamic capabilities approach. *Journal of Management Studies*, **47**(3), 416–36.

Dobbin, F. 1994. *Forging industrial policy: the United States, Britain, and France in the railway age*. Cambridge, UK: Cambridge University Press.

Dobbin, F., & Dowd, T. J. 1997. How policy shapes competition: early railroad foundings in Massachusetts. *Administrative Science Quarterly*, **42**(3), 501–29.

Dobbin, F., and Sutton, J. R. 1998. The strength of a weak state: the employment rights revolution and the rise of human resources management division. *American Journal of Sociology*, **104**(2), 441–76.

Dobbin, F., Sutton, J. R., Meyer, J. W., & Scott, R. 1993. Equal opportunity law and the construction of internal labor markets. *American Journal of Sociology*, **99**(2), 396–427.

Dobrev, S. D., Kim, T-Y., & Carroll, G. R. 2002. The evolution of organizational niches: U.S. automobile manufacturers, 1885–1981 *Administrative Science Quarterly*, **47**(2), 233–64.

Dobrev, S. D., & Barnett, W. P. 2005. Organizational roles and transition to entrepreneurship. *Academy of Management Journal*, **48**(3), 433–49.

Dobson, S., Breslin, D., Suckley, L., Barton, R., & Rodriguez, L. 2013. Small firm survival and innovation: an evolutionary approach. *The International Journal of Entrepreneurship and Innovation*, **14**(2), 69–80.

Donaldson, L. 1995. *American anti-management theories of organization: a critique of paradigm proliferation*. New York: Cambridge University Press.

Dow, G. K. 1988. Configurational and coactivational views of organizational structure. *Academy of Management Review*, **13**(1), 53–64.

Dowell, G. W. S., & Muthulingam, S. 2017. Will firms go green if it pays? The impact of disruption, cost, and external factors on the adoption of environmental initiatives. *Strategic Management Journal*, **38**(6), 1287–304.

Drake, S. C., & Cayton, H. 1945. *Black metropolis; a study of Negro life in a northern city*. New York: Harcourt, Brace & Company.

Drees, J. M. 2014. (Dis)aggregating alliance, joint venture, and merger and acquisition performance: a meta-analysis. In C. L. Cooper, & S. Finkelstein (Eds.), *Advances in mergers and acquisitions, vol. 13* (pp. 1–24). Bingley, UK: Emerald.

Drees, J. M., & Heugens, P. P. M. A. R. 2013. Synthesizing and extending resource dependence theory: a meta-analysis. *Journal of Management*, **39**(6), 1666–98.

Drori, I., Honig, B., & Wright, M. 2009. Transnational entrepreneurship: an emergent field of study. *Entrepreneurship Theory and Practice*, **33**(5), 1001–22.

Duncan, J. W., & Handler, D. P. 1994. The misunderstood role of small business. *Business Economics*, **29**(3), 7–12.

Duneier, M., & Carter, O. 1999. *Sidewalk*. New York: Farrar, Straus and Giroux.

Dunn, M. B., & Jones, C. 2010. Institutional logics and institutional pluralism: the contestation of care and science logics in medical education, 1967–2005. *Administrative Science Quarterly*, **55**(1), 114–49.

Durand, R., Grant, R. M., & Madsen, T. L. 2017. The expanding domain of strategic management research and the quest for integration. *Strategic Management Journal*, **38**(1), 4–16.

Durand, R., & Khaire, M. 2017. Where do market categories come from and how? Distinguishing category creation from category emergence. *Journal of Management*, **43**(1), 87–110.

Dyck, B. 1997. Exploring organizational family trees: a multigenerational approach for studying organizational births. *Journal of Management Inquiry*, **6**(3), 222–33.

Ebers, M., & Oerlemans, L. 2016. The variety of governance structures beyond market and hierarchy. *Journal of Management*, **42**(6), 1491–529.

Edelman, L. B. 2016. *Working law: courts, corporations, and symbolic civil rights*. Chicago, IL: University of Chicago Press.

Edelman, L. B., & Suchman, M. C. 1997. The legal environments of organizations. *Annual Review of Sociology*, **23**, 479–515.

Edwards, B., & Marullo, S. 1995. Organizational mortality in a declining social movement: the demise of peace movement organizations in the end of the Cold War era. *American Sociological Review*, **60**(6), 908–27.

Edwards, R. 1979. *Contested terrain: the transformation of the workplace in the 20th century*. London: Heinemann.

Eggers, J. P., & Song, L. 2014. Dealing with failure: serial entrepreneurs and the costs of changing industries between ventures. *Academy of Management Journal*, **58**(6), 1785–803.

Eisenhardt, K. M. 1989. Agency theory: an assessment and review. *Academy of Management Review*, **14**(1), 57–74.

Eisenhardt, K. M., & Schoonhoven, C. B. 1990. Organizational growth: linking founding team, strategy, environment, and growth among US semiconductor ventures, 1978–1988. *Administrative Science Quarterly*, **35**(3), 504–29.

Ekah, P. 1974. *Social exchange theory: the two traditions*. Cambridge, MA: Harvard University Press.

Elder, G. H. 1999. *Children of the Great Depression: social change in life experiences*. Boulder, CO: Westview Press.

Elder, G. H., & O'Rand, A. M. 1995. Adult lives in a changing society. In K. S. Cook, G. A. Fine, & J. S. House (eds), *Sociological perspectives on social psychology* (pp. 452–75). Boston, MA: Allyn & Bacon.

Elfring, T., & Hulsink, W. 2007. Networking by entrepreneurs: patterns of tie formation in emerging organizations. *Organization Studies*, **28**(12), 1849–72.

Ellison, G., & Glaeser, E. L. 1997. Geographic concentration in U.S. manufacturing industries: a dartboard approach. *Journal of Political Economy*, **105**(5), 889–927.

Emerson, R. M. 1962. Power-dependence relations. *American Sociological Review*, **27**(1), 31–41.

Emerson, R. M. 1972. Exchange theory, part II: exchange relations and networks. In J. Berger (Ed.), *Sociological theories in progress, vol. 2* (pp. 58–87). Boston, MA: Houghton Mifflin.

Engel, Y., Kaandorp, M., & Elfring, T. 2017. Toward a dynamic process model of entrepreneurial networking under uncertainty. *Journal of Business Venturing*, **32**(1), 35–51.

ENSR. 2004. The European Observatory for SMEs: highlights from the 2003 Observatory. Luxembourg: Office for the Official Publications of the European Communities.

Erikson, E. 2014. *Between Monopoly and Free Trade: The English East India Company, 1600–1757*. Princeton, NJ: Princeton University Press.

Esparza, N., Walker, E. T., & Rossman, G. 2013. Trade associations and the legitimation of entrepreneurial movements: collective action in the emerging gourmet food truck industry. *Nonprofit and Voluntary Sector Quarterly*, **43**(S2), 143S–162S.

Espeland, W. N., & Hirsch, P. M. 1990. Ownership changes accounting practice and the redefinition of the corporation. *Accounting, Organizations, and Society*, **15**(1), 77–96.

Federal Reserve Bank of St. Louis. 2018. 5-bank asset concentration for the United States. *FRED Economic Data*, 21 September.

Fernandez, R. M. 1997. Spatial mismatch: housing, transportation, and employment in regional perspective. In B. A. Weisbrod, & J. C. Worthy (Eds.), *The urban crisis: linking research to action* (pp. 81–99). Evanston, IL: Northwestern University Press.

Fernandez, R. M., & Weinberg, N. 1997. Sifting and sorting: personal contacts and hiring in a retail bank. *American Sociological Review*, **62**(6), 883–902.

Ferrary, M., & Granovetter, M. 2017. Social networks and innovation. In H. Bathelt, P. Cohendet, S. Henn, & L. Simon (Eds.), *The Elgar companion to innovation and knowledge creation* (pp. 327–41). Cheltenham, UK and Northampton, MA, USA: Edward Elgar Publishing.

Fetner, T., & King, B. G. 2014. Three-layer movements, resources, and the tea party. In N. van Dyke, & D. S. Meyer (Eds.), *Understanding the Tea Party movement* (pp. 35–54). Farnham, UK: Ashgate.

Fichman, M., & Levinthal, D. A. 1991. Honeymoons and the liability of adolescence: a new perspective on duration dependence in social and organizational relationships. *Academy of Management Review*, **16**(2), 442–68.

Fiet, J. O. 2002. *The systematic search for entrepreneurial discoveries*. Westport, CT: Quorum Books.

Fine, G. A. 1984. Negotiated orders and

organizational cultures. *Annual Review of Sociology*, **10**, 239–62.

Fiol, C. M., Harris, D., & House, R. 1999. Charismatic leadership: strategies for effecting social change. *The Leadership Quarterly*, **10**(3), 449–82.

Fiol, C. M., & Romanelli, E. 2012. Before identity: the emergence of new organizational forms. *Organization Science*, **23**(3), 597–611.

Fischer, C. S. 1982. *To dwell among friends: personal networks in town and city*. Chicago, IL: University of Chicago Press.

Fischer, C. S. 2009. The 2004 GSS finding of shrunken social networks: an artifact? *American Sociological Review*, **74**(4), 657–69.

Fischer, H. M., & Pollock, T. G. 2004. Effects of social capital and power on surviving transformational change: the case of initial public offerings. *Academy of Management Journal*, **47**(4), 463–81.

Fisher, G., Kotha, S., & Lahiri, A. 2015. Changing with the times: an integrated view of identity, legitimacy, and new venture life cycles. *Academy of Management Review*, **41**(3), 383–409.

Fisher, W. R. 1985. The narrative paradigm: an elaboration. *Communications Monographs*, **52**(4), 347–67.

Fiske, S. T., & Taylor, S. E. 1991. *Social cognition* (2nd ed.). New York: McGraw-Hill.

Fiss, P. C. 2011. Building better causal theories: a fuzzy set approach to typologies in organization research. *Academy of Management Journal*, **54**(2), 393–420.

Fligstein, N. 1985. The spread of the multi-division form among large firms, 1919–1979. *American Sociological Review*, **50**(3), 377–91.

Fligstein, N. 1993. *The transformation of corporate control*. Cambridge, MA: Harvard University Press.

Fligstein, N., & Brantley, P. 1992. Bank control, owner control, or organizational dynamics: who controls the large modern corporation? *American Journal of Sociology*, **98**(2), 280–307.

Fligstein, N., & Freeland, R. 1995. Theoretical and comparative perspectives on corporate organizations. *Annual Review of Sociology*, **21**, 21–43.

Fligstein, N., & McAdam, D. 2012. *A theory of fields*. New York: Oxford University Press.

Fligstein, N., & Roehrkasse, A. F. 2016. The causes of fraud in the financial crisis of 2007 to 2009: evidence from the mortgage-backed securities industry. *American Sociological Review*, **81**(4), 617–43.

Fligstein, N., & Sweet, A. S. 2002. Constructing polities and markets: an institutionalist account of European integration. *American Journal of Sociology*, **107**(5), 1206–43.

Fraher, A. L., & Gabriel, Y. 2014. Dreaming of flying when grounded: occupational identity and occupational fantasies of furloughed airline pilots. *Journal of Management Studies*, **51**(6), 926–51.

Freeborn, D. K., & Pope, C. R. 1994. *Promise and performance in managed care: the prepaid group practice model*. Baltimore, MD: JHU Press.

Freeland, R. F. 2001. *The struggle for control of the modern corporation: organizational change at General Motors, 1924–1970*. Cambridge, UK: Cambridge University Press.

Freeland, R. F., & Zuckerman, E. W. 2018. The problems and promise of hierarchy: voice rights and the firm. *Sociological Science*, **5**, 143–81.

Freeman, J. H., & Audia, P. G. 2006. Community ecology and the sociology of organizations. *Annual Review of Sociology*, **32**, 145–69.

Freeman, J. H., Larsen, E. R., & Lomi, A. 2012. Why is there no cannery in "Cannery Row"? Exploring a behavioral simulation model of population extinction. *Industrial and Corporate Change*, **21**(1), 99–125.

Friedkin, N. E., & Johnsen, E. C. 2011. *Social influence network theory: a sociological examination of small group dynamics*. New York: Cambridge University Press.

Fritsch, M., & Schilder, D. 2008. Does venture capital investment really require spatial proximity? An empirical investigation. *Environment and Planning A: Economy and Space*, **40**(9), 2114–31.

Funk, R. J., & Hirschman, D. 2014. Derivatives and deregulation: financial innovation and the demise of Glass–Steagall. *Administrative Science Quarterly*, **59**(4), 669–704.

Furlan, A. 2019. Startup size and pre-entry experience: new evidence from Italian new manufacturing ventures. *Journal of Small Business Management*, **57**(2), 679–92.

Gaggiotti, H., Kostera, M., & Krzyworzeka, P. 2017. More than a method? Organisational ethnography as a way of imagining the social. *Culture and Organization*, **23**(5), 325–40.

Galaskiewicz, J. 1979. The structure of community organizational networks. *Social Forces*, **57**(4), 1346–64.

Gardner, H. K., Gino, F., & Staats, B. R. 2012. Dynamically integrating knowledge in teams: transforming resources into performance. *Academy of Management Journal*, **55**(4), 998–1022.

Garfinkel, H. 1967. *Studies in ethnomethodology*. Englewood Cliffs, NJ: Prentice-Hall.

Gartner, W. B. 1988. "Who is an entrepreneur?" Is the wrong question. *American Journal of Small Business*, **12**(4), 11–32.

Gartner, W. B. 2001. Is there an elephant in entrepreneurship? Blind assumptions in theory development. *Entrepreneurship Theory and Practice*, **25**(4), 27–39.

Gartner, W. B., & Brush, C. G. 2016. Emergence, newness, and transformation. In W. B. Gartner, *Entrepreneurship as organizing: selected papers of William B. Gartner* (pp. 291–310). Cheltenham, UK and Northampton, MA, USA: Edward Elgar Publishing.

Gartner, W. B., Shaver, K. G., Carter, N. M., & Reynolds, P. D. 2004. *Handbook of entrepreneurial dynamics: the process of business creation*. Thousand Oaks, CA: Sage.

Garud, R., Gehman, J., & Giuliani, A. P. 2014. Contextualizing entrepreneurial innovation: a narrative perspective. *Research Policy*, **43**(7), 1177–88.

Garud, R., Hardy, C., & Maguire, S. 2007. Institutional entrepreneurship as embedded agency: an introduction to the special issue. *Organization Studies*, **28**(7), 957–69.

Garud, R., Lant, T. K., & Schildt, H. A. 2019. Generative imitation, strategic distancing and optimal distinctiveness during the growth, decline and stabilization of Silicon Alley. *Innovation-Organization & Management*, **21**(1), 187–213.

Garvin, D. A. 1983. Spin-offs and the new firm formation process. *California Management Review*, **25**(2), 3–20.

Geddes, B. 1990. How the cases you choose affect the answers you get: selection bias in comparative politics. *Political Analysis*, **2**, 131–50.

Georgiou, P. 1973. The goal paradigm and notes towards a counter paradigm. *Administrative Science Quarterly*, **18**(3), 291–310.

Gerbaudo, P. 2012. *Tweets and the streets: social media and contemporary activism*. New York: Palgrave Macmillan.

Gerlach, M. L. 1992. *Alliance capitalism: the social organization of Japanese business*. Berkeley, CA: University of California Press.

Gersick, C. J. G. 1991. Revolutionary change theories: a multilevel exploration of the punctuated equilibrium paradigm. *Academy of Management Review*, **16**(1), 10–36.

Gersick, C. J. G. 1994. Pacing strategic change: the case of a new venture. *Academy of Management Journal*, **37**(1), 9–45.

Gerstner, W.-C., König, A., Enders, A., & Hambrick, D. C. 2013. CEO narcissism, audience engagement, and organizational adoption of technological discontinuities. *Administrative Science Quarterly*, **58**(2), 257–91.

Gertner, J. 2012. *The idea factory: Bell Labs and the great age of innovation*. New York: The Penguin Press.

Giachetti, C., Lampel, J., & Pira, S. L. 2017. Red Queen competitive imitation in the U.K. mobile phone industry. *Academy of Management Journal*, **60**(5), 1882–914.

Giddens, A. 1986. *The constitution of society: outline of the theory of structuration.* Berkeley, CA: University of California Press.

Gifford, S. 1997. Limited attention and the role of the venture capitalist. *Journal of Business Venturing*, **12**(6), 459–82.

Gino, F. 2018. *Rebel talent: why it pays to break the rules at work and in life.* New York: Dey Street Books.

Gioia, D. A., Price, K. N., Hamilton, A. L., & Thomas, J. B. 2010. Forging an identity: an insider-outsider study of processes involved in the formation of organizational identity. *Administrative Science Quarterly*, **55**(1), 1–46.

Gisselquist, R. M. 2014. Paired comparison and theory development: considerations for case selection. *Political Science and Politics*, **47**(2), 477–84.

Gjerløv-Juel, P., & Guenther, C. 2019. Early employment expansion and long-run survival: examining employee turnover as a context factor. *Journal of Business Venturing*, **34**(1), 80–102.

Glymour, B. 2008. Stable models and causal explanation in evolutionary biology. *Philosophy of Science*, **75**(5), 571–83.

Glynn, M. A., Lant, T. K., & Milliken, F. J. 1994. Mapping learning processes in organizations: a multi-level framework linking learning and organizing. In J. R. Meindl, C. Stubbart, & J. F. Porac (Eds.), *Advances in managerial cognition and organizational information processing, vol. 5* (pp. 43–83). New York: JAI Press.

Glynn, M. A., & Navis, C. 2013. Categories, identities, and cultural classification: moving beyond a model of categorical constraint. *Journal of Management Studies*, **50**(6), 1124–37.

Godfrey, P. C., Hassard, J., O'Connor, E. S., Rowlinson, M., & Ruef, M. 2016. What is organizational history? Toward a creative synthesis of history and organization studies. *Academy of Management Review*, **41**(4), 590–608.

Goffman, E. 1961. *Asylums: essays on the social situation of mental patients and other inmates.* Garden City, NY: Anchor Books.

Goffman, E. 1967. *Interaction ritual.* New York: Pantheon.

Goldberg, A., Srivastava, S. B., Manian, V. G., Monroe, W., & Potts, C. 2016. Fitting in or standing out? The tradeoffs of structural and cultural embeddedness. *American Sociological Review*, **81**(6), 1190–222.

Goldberg, C. A. 2007. *Citizens and paupers: relief, rights, and race, from the Freedmen's Bureau to workfare.* Chicago, IL: University of Chicago Press.

Golden-Biddle, K., & Locke, K. 1997. *Composing qualitative research.* Thousand Oaks, CA: Sage.

Goldfarb, B., & Kirsch, D. A. 2019. *Bubbles and crashes: the boom and bust of technological innovation.* Stanford, CA: Stanford University Press.

Gomber, P., Kauffman, R. J., Parker, C., & Weber, B. W. 2018. On the fintech revolution: interpreting the forces of innovation, disruption, and transformation in financial services. *Journal of Management Information Systems*, **35**(1), 220–65.

Goranova, M., & Ryan, L. V. 2014. Shareholder activism: a multidisciplinary review. *Journal of Management*, **40**(5), 1230–68.

Gorman, M., & Sahlman, W. A. 1989. What do venture capitalists do? *Journal of Business Venturing*, **4**(4), 231–48.

Gottfried, H., & Graham, L. 1993. Constructing difference: the making of gendered subcultures in a Japanese automobile assembly plant. *Sociology*, **27**(4), 611–28.

Granovetter, M. 1973. The strength of weak ties. *American Journal of Sociology*, **78**(6), 1360–80.

Granovetter, M. 1984. Small is bountiful: labor markets and establishment size. *American Sociological Review*, **49**(3), 323–34.

Granovetter, M. 1985. Economic action and social structure: the problem of embeddedness.

Granovetter, M. 1993. The nature of economic relationships. In R. Swedberg (Ed.), *Explorations in economic sociology* (pp. 3–41). New York: Russell Sage Foundation.

Granovetter, M. 1995. Coase revisited: business groups in the modern economy. *Industrial and Corporate Change*, **4**(1), 93–130.

Granovetter, M., & McGuire, P. 1998. The making of an industry: electricity in the United States. *The Sociological Review*, **46**(S1), S147–S173.

Grant, A. M. 2016. *Originals: how non-conformists move the world.* New York: Viking Press.

Graves, Z., Rizer, A., & Kane, J. 2018. Beyond legal operation: the next ridesharing policy challenges. *R. Street Policy Study No. 134.*

Gray, B., Purdy, J. M., & Ansari, S. 2015. From interactions to institutions: microprocesses of framing and mechanisms for the structuring of institutional fields. *Academy of Management Review*, **40**(1), 115–43.

Gray, V., & Lowery, D. 2001. The institutionalization of state communities of organized interests. *Political Research Quarterly*, **54**(2), 265–84.

Greenwood, R., Raynard, M., Kodeih, F., Micelotta, E. R., & Lounsbury, M. 2011. Institutional complexity and organizational responses. *Academy of Management Annals*, **5**(1), 317–71.

Greiner, L. E. 1972. Evolution and revolution as organizations grow. *Harvard Business Review*, **76**(3), 37–46.

Greve, H. R. 2002. An ecological theory of spatial evolution: local density dependence in Tokyo banking, 1894–1936. *Social Forces*, **80**(3), 847–79.

Greve, H. R. 2003. *Organizational learning from performance feedback: a behavioral perspective on innovation and change.* New York: Cambridge University Press.

Greve, H. R., & Rao, H. 2014. History and the present: institutional legacies in communities of organizations. In A. P. Brief, & B. Staw (Eds.), *Research in organizational behavior, vol. 34* (pp. 27–41). Greenwich, CT: JAI Press.

Greve, H. R., & Zhang, C. M. 2017. Institutional logics and power sources: merger and acquisition decisions. *Academy of Management Journal*, **60**(2), 671–94.

Griffin, L. 1992. Temporality, events, and explanation in historical sociology. *Sociological Methods and Research*, **20**(4), 403–27.

Guenther, C., Johan, S., & Schweizer, D. 2018. Is the crowd sensitive to distance? How investment decisions differ by investor type. *Small Business Economics*, **50**(2), 289–305.

Gulati, R., & Gargiulo, M. 1999. Where do interorganizational networks come from? *American Journal of Sociology*, **104**(5), 1439–93.

Gulati, R., & Sytch, M. 2007. Dependence asymmetry and joint dependence in interorganizational relationships: effects of embeddedness on a manufacturer's performance in procurement relationships. *Administrative Science Quarterly*, **52**(1), 32–69.

Guler, I., Guillén, M. F., & Macpherson, J. M. 2002. Global competition, institutions, and the diffusion of organizational practices: the international spread of ISO 9000 quality certificates. *Administrative Science Quarterly*, **47**(2), 207–32.

Gupta, P. D., Guha, S., & Krishnaswami, S. S. 2013. Firm growth and its determinants. *Journal of Innovation and Entrepreneurship*, **2**(1), Article 15.

Gusfield, J. R. 1963. *Symbolic crusade: status politics and the American temperance movement.* Urbana, IL: University of Illinois Press.

Guthrie, D., & Roth, L. 1999. The state, courts, and maternity policies in U.S. organizations: specifying institutional mechanisms. *American Sociological Review*, **64**(1), 41–63.

Gutiérrez, G., & Philippon, T. 2019. Fading stars. *NBER Working Paper Series No. 25529.* Cambridge, MA: National Bureau of Economic Research.

Habinek, J., & Haveman, H. A. 2019. Professionals and populists: the making of a free market for medicine in the United States, 1787–1860. *Socio-Economic Review*, **17**(1), 81–108.

Hackman, J. R. 1987. The design of work teams. In J. W. Lorch (Ed.), *Handbook of organizational behavior* (pp. 314–42). Englewood Cliffs, NJ: Prentice Hall.

Hafner, K., & Lyon, M. 1998. *Where wizards stay up late: the origins of the internet*. New York: Simon & Schuster.

Halaby, C. N. 1986. Worker attachment and workplace authority. *American Sociological Review*, **51**(5), 634–49.

Halaby, C. N. 1988. Action and information in the job mobility process: the search decision. *American Sociological Review*, **53**(1), 9–25.

Hallett, T. 2010. The myth incarnate: recoupling processes, turmoil, and inhabited institutions in an urban elementary school. *American Sociological Review*, **75**(1), 52–74.

Halliday, T. C., Powell, M. J., & Granfors, M. W. 1987. Minimalist organizations: vital events in state bar associations, 1870–1930. *American Sociological Review*, **52**(4), 456–71.

Hamilton, B. H. 2000. Does entrepreneurship pay? An empirical analysis of the returns to self-employment. *Journal of Political Economy*, **108**(3), 604–31.

Hamilton, D. 1991 [2017]. *Evolutionary economics: a study of change in economic thought*. New York: Routledge [e-book].

Hammond, N. L., Pearson, A. W., & Holt, D. T. 2016. The quagmire of legacy in family firms: definition and implications of family and family firm legacy orientations. *Entrepreneurship Theory and Practice*, **40**(6), 1209–31.

Han, S.-K. 1994. Mimetic isomorphism and its effect on the audit services market. *Social Forces*, **73**(2), 637–64.

Hancher, L., de Houteclocque, A., & Sadowska, M. 2015. *Capacity mechanisms in the EU energy market: law, policy, and economics*. New York: Oxford University Press.

Hannan, M. T., & Carroll, G. 1992. *Dynamics of organizational populations: diversity, legitimation, and competition*. New York: Oxford University Press.

Hannan, M. T., & Carroll, G. R. 1995. An introduction to organizational ecology. In G. R. Carroll, & M. T. Hannan (Eds.), *Organizations in industry: strategy, structure, and selection* (pp. 17–31). New York: Oxford University Press.

Hannan, M. T., Carroll, G. R., Dundon, E. A., & Torres, J. C. 1995. Organizational evolution in a multinational context: entries of automobile manufacturers in Belgium, Britain, France, Germany, and Italy. *American Sociological Review*, **60**(4), 509–28.

Hannan, M. T., & Freeman, J. 1977. The population ecology of organizations. *American Journal of Sociology*, **82**(5), 929–64.

Hannan, M. T., & Freeman, J. H. 1984. Structural inertia and organizational change. *American Sociological Review*, **49**(2), 149–64.

Hannan, M. T., & Freeman, J. H. 1986. Where do organizational forms come from? *Sociological Forum*, **1**(1), 50–72.

Hannan, M. T., & Freeman, J. 1987. The ecology of organizational founding: American labor unions, 1836–1975. *American Journal of Sociology*, **92**(4), 910–43.

Hannan, M. T., & Freeman, J. 1989. *Organizational ecology*. Cambridge, MA: Harvard University Press.

Hardin, R. (Ed.). 1976. *Stability of statist regimes: industrialization and institutionalization*. London: Sage.

Hardy, Q. 2013. Technology workers are young (really young). *The New York Times*, 5 July.

Hargadon, A. B., & Bechky, B. A. 2006. When collections of creatives become creative collectives: a field study of problem solving at work. *Organization Science*, **17**(4), 484–500.

Hargadon, A. B., & Douglas, Y. 2001. When innovations meet institutions: Edison and the design of the electric light. *Administrative Science Quarterly*, **46**(3), 476–501.

Hargens, L. L. 2000. Using the literature: reference networks, reference contexts, and the social structure of scholarship. *American Sociological Review*, **65**(6), 846–65.

Harris, S. G. 1994. Organizational culture and individual sensemaking: a schema-based perspective. *Organization Science*, **5**(3), 309–21.

Harrison, J. R., & Carroll, G. R. 2006. *Culture and demography in organizations*. Princeton, NJ: Princeton University Press.

Hartnell, C. A., Ou, A. Y., & Kinicki, A. 2011. Organizational culture and organizational effectiveness. *Journal of Applied Psychology*, **96**(4), 677–94.

Hasan, S., Ferguson, J.-P., & Koning, R. 2015. The lives and deaths of jobs: technical interdependence and survival in a job structure. *Organization Science*, **26**(6), 1665–81.

Hausknecht, J. P., & Trevor, C. O. 2011. Collective turnover at the group, unit, and organizational levels: evidence, issues, and implications. *Journal of Management*, **37**(1), 352–88.

Haveman, H. A. 1992. Between a rock and a hard place: organizational change and performance under conditions of fundamental environmental transformation. *Administrative Science Quarterly*, **37**(1), 48–75.

Haveman, H. A. 1993. Organizational size and change: diversification in the savings and loan industry after deregulation. *Administrative Science Quarterly*, **38**(1), 20–50.

Haveman, H. A. 1994. The ecological dynamics of organizational change: density and mass dependence in rates of entry into new markets. In J. A. C. Baum, & J. V. Singh (Eds.), *Evolutionary dynamics of organizations* (pp. 152–66). New York: Oxford University Press.

Haveman, H. A. 2015. *Magazines and the making of America: modernization, community, and print culture, 1741–1860*. Princeton, NJ: Princeton University Press.

Haveman, H. A., & Cohen, L. E. 1994. The ecological dynamics of careers: the impact of organizational founding, dissolution, and merger on job mobility. *American Journal of Sociology*, **100**(1), 104–52.

Haveman, H. A., & Rao, H. 1997. Structuring a theory of moral sentiments: institutional and organizational coevolution in the early thrift industry. *American Journal of Sociology*, **102**(6), 1606–51.

Haveman, H. A., & Rider, C. I. 2014. The spatial scope of competition and the geographical distribution of entrepreneurship: magazine foundings and the U.S. post office. *Sociological Science*, **1**, 111–27.

Hawley, A. 1950. *Human ecology: a theory of community structure*. New York: Ronald Press Co.

Hawthorn, G. 1988. Three ironies in trust. In D. Gambetta (Ed.), *Trust: making and breaking cooperative relations* (pp. 111–26). Oxford: Wiley-Blackwell.

Haydu, J. 1998. Making use of the past: time periods as cases to compare and as sequences in problem solving. *American Journal of Sociology*, **104**(2), 339–71.

Heavey, A. L., Holwerda, J. A., & Hausknecht, J. P. 2013. Causes and consequences of collective turnover: a meta-analytic review. *Journal of Applied Psychology*, **98**(3), 412–53.

Heeley, M. B., King, D. R., & Covin, J. G. 2006. Effects of firm R&D investment and environment on acquisition likelihood. *Journal of Management Studies*, **43**(7), 1513–35.

Hegtvedt, K. A., & Markovsky, B. N. 1994. Justice and injustice. In K. Cook, G. A. Fine, & J. S. House (Eds.), *Sociological perspectives on social psychology* (pp. 257–80). Boston, MA: Allyn & Bacon.

Helfat, C. E., & Martin, J. A. 2015. Dynamic managerial capabilities: review and assessment of managerial impact on strategic change. *Journal of Management*, **41**(5), 1281–312.

Helper, S., & Henderson, R. 2014. Management practices, relational contracts, and the decline of General Motors. *Journal of Economic Perspectives*, **28**(1), 49–72.

Henderson, R. 1993. Underinvestment and incompetence as responses to radical innovation: evidence from the photolithographic alignment equipment industry. *RAND Journal of Economics*, **24**(2), 248–70.

Henderson, R. M., & Clark, K. B. 1990. Architectural innovation: the reconfiguration of existing product technologies and the failure of established firms. *Administrative Science Quarterly*, **35**(1), 9–30.

Hessels, J., & Parker, S. C. 2013. Constraints, internationalization and growth: a cross-country analysis of European SMEs. *Journal of World Business*, **48**(1), 137–48.

Hesterly, W. S., Liebeskind, J., & Zenger, T. R. 1990. Organizational economics: an impending revolution in organization theory? *Academy of Management Review*, **15**(3), 402–20.

Hiatt, S., Sine, W. D., & Tolbert, P. S. 2009. Pabst to Pepsi: social movements, entrepreneurial opportunity, and the emergence of the American soft drink industry. *Administrative Science Quarterly*, **54**(4), 635–57.

Hillman, A. J., Withers, M. C., & Collins, B. J. 2009. Resource dependence theory: a review. *Journal of Management*, **35**(6), 1404–27.

Hillmann, H., & Aven, B. L. 2011. Fragmented networks and entrepreneurship in late imperial Russia. *American Journal of Sociology*, **117**(2), 484–538.

Hilts, P. J. 1992. Bush to ease rules on products made by altering genes. *New York Times*, 25 February.

Hipple, S. F., & Hammond, L. 2016. Spotlight on statistics: self-employment in the United States. Washington, DC: U.S. Bureau of Labor Statistics.

Hirsch, P. M., & Lounsbury, M. 1997. Ending the family quarrel: toward a reconciliation of "old" and "new" institutionalisms. *American Behavioral Scientist*, **40**(4), 406–18.

Hirsch, P. M., & Lounsbury, M. 2014. Toward a more critical and "powerful" institutionalism. *Journal of Management Inquiry*, **24**(1), 96–9.

Hirschman, A. O. 1970. *Exit, voice, and loyalty: responses to decline in firms, organizations, and states* (1st ed.). Cambridge, MA: Harvard University Press.

Hmieleski, K. M., Carr, J. C., & Baron, R. A. 2015. Integrating discovery and creation perspectives of entrepreneurial action: the relative roles of founding CEO human capital, social capital, and psychological capital in contexts of risk versus uncertainty. *Strategic Entrepreneurship Journal*, **9**(4), 289–312.

Hodgson, G. M. 2002. The legal nature of the firm and the myth of the firm–market hybrid. *International Journal of the Economics of Business*, **9**(1), 37–60.

Hodgson, G. M. 2013. Understanding organizational evolution: toward a research agenda using generalized Darwinism. *Organization Studies*, **34**(7), 973–92.

Hodgson, G. M., & Knudsen, T. 2004. The firm as an interactor: firms as vehicles for habits and routines. *Journal of Evolutionary Economics*, **14**(3), 281–307.

Hodgson, G. M., & Knudsen, T. 2010. *Darwin's conjecture: the search for general principles of social and economic evolution*. Chicago, IL: University of Chicago Press.

Hogan, S. J., & Coote, L. V. 2014. Organizational culture, innovation, and performance: a test of Schein's model. *Journal of Business Research*, **67**(8), 1609–21.

Honore, F. E. M. 2016. Entrepreneurial teams' acquisition of talent: a two-sided approach. *Academy of Management Proceedings*, **2016**(1), 16285.

Hopp, C., & Sonderegger, R. 2014. Understanding the dynamics of nascent entrepreneurship–prestart-up experience, intentions, and entrepreneurial success. *Journal of Small Business Management*, **53**(4), 1076–96.

Hornung, S., Rousseau, D. M., Glaser, J., Angerer, P., & Weigl, M. 2010. Beyond top-down and bottom-up work redesign: customizing job content through idiosyncratic deals. *Journal of Organizational Behavior*, **31**(2–3), 187–215.

Horowitz, H. L. 1987. *Campus life: undergraduate cultures from the end of the 18th century to the present*. New York: Knopf.

Hotelling, H. 1929. Stability in competition. *The Economic Journal*, **39**(153), 41–57.

Howard, J. 1994. Social cognition. In K. Cook, & G. A. Fine (Eds.), *Sociological perspectives on social psychology*. Boston, MA: Allyn & Bacon.

Howell, J. M., & Higgins, C. A. 1990. Champions of technological innovation. *Administrative Science Quarterly*, **35**(2), 317–41.

Hsu, G. 2006. Jack of all trades and masters of none: audiences' reactions to spanning genres in feature film production. *Administrative Science Quarterly*, **51**(3), 420–50.

Hsu, G., & Grodal, S. 2015. Category taken-for-grantedness as a strategic opportunity: the case of light cigarettes, 1964 to 1993. *American Sociological Review*, **80**(1), 28–62.

Hsu, G., Hannan, M. T., & Koçak, Ö. 2009. Multiple category memberships in markets: an integrative theory and two empirical tests. *American Sociological Review*, **74**(1), 150–69.

Hsu, G., Koçak, Ö., & Kovács, B. 2018. Co-opt or coexist? A study of medical cannabis dispensaries' identity-based responses to recreational-use legalization in Colorado and Washington. *Organization Science*, **29**(1), 172–90.

Hsu, G., & Podolny, J. M. 2005. Critiquing the critics: an approach for the comparative evaluation of critical schemas. *Social Science Research*, **34**(1), 189–214.

Huber, P. G. 1991. Organizational learning: the contributing processes and the literatures. *Organization Science*, **2**(1), 88–115.

Hubert, N. P. 2016. The impact of venture capital and private equity on the clean tech industry. Master's thesis, Sloan School of Management, MIT.

Hughes, T. P. 1983. *Networks of power: electrification in western society, 1880–1930*. Baltimore, MD: Johns Hopkins University Press.

Hunt, C. S., & Aldrich, H. E. 1998. The second ecology: creation and evolution of organizational communities. In B. M. Staw, & L. L. Cummings (Eds.), *Research in organizational behavior, vol. 20* (pp. 267–301). Greenwich, CT: JAI Press.

Hutchins, E. 1991. Organizing work by adaptation. *Organization Science*, **2**(1), 14–39.

Huybrechts, B., & Mertens, S. 2014. The relevance of the cooperative model in the field of renewable energy. *Annals of Public and Cooperative Economics*, **85**(2), 193–212.

Hylmö, A., & Buzzanell, P. 2002. Telecommuting as viewed through cultural lenses: an empirical investigation of the discourses of utopia, identity, and mystery. *Communication Monographs*, **69**(4), 329–56.

Hyytinen, A., Pajarinen, M., & Rouvinen, P. 2015. Does innovativeness reduce startup survival rates? *Journal of Business Venturing*, **30**(4), 564–81.

Iansiti, M., & Khanna, T. 1995. Technological evolution, system architecture and the obsolescence of firm capabilities. *Industrial and Corporate Change*, **4**(2), 333–61.

Ingersoll, V. H., & Adams, G. B. 1992. The child is "father" to the manager: images of organizations in U.S. children's literature. *Organization Studies*, **13**(4), 497–519.

Ingram, P., & Baum, J. A. C. 1997. Opportunity and constraint: organizations' learning from the operating and competitive experience of industries. *Strategic Management Journal*, **18**(S1), 75–98.

Ingram, P., & Rao, H. 2004. Store wars: the enactment and repeal of anti-chain-store legislation in America. *American Journal of Sociology*, **110**(2), 446–87.

Internal Revenue Service. 2013. *2013 corporation source book, publication 1053*. Washington, DC: IRS.

Isaac, L., & Griffin, L. 1989. Ahistoricism in time-series analyses of historical process: critique, redirection, and illustrations from U.S. labor history. *American Sociological Review*, **54**(6), 873–90.

Jacobs, J. A. 2005. ASR's greatest hits. *American Sociological Review*, **70**(1), 1–3.

Jansen, J. J. P., Tempelaar, M. P., Van den Bosch, F. A. J., & Volberda, H. W. 2009. Structural differentiation and ambidexterity: the mediating role of integration mechanisms. *Organization Science*, **20**(4), 797–811.

Jansen, K. J. 2004. From persistence to pursuit: a longitudinal examination of momentum during the early stages of strategic change. *Organization Science*, **15**(3), 276–94.

Jarley, P., Fiorito, J., & Delaney, J. T. 1997. A structural contingency approach to bureaucracy and democracy in U.S. national unions. *Academy of Management Journal*, **40**(4), 831–61.

Jaschik, S. 2018. A Trump bump in yields at women's colleges. *Inside Higher Ed*, 13 August.

Jensen, N. M., & Malesky, E. J. 2018. *Incentives to pander: how politicians use corporate welfare for political gain*. New York: Cambridge University Press.

Jeong, I., & Shin, S. J. 2019. High-performance work practices and organizational creativity during organizational change: a collective learning perspective. *Journal of Management*, **45**(3), 909–25.

Jiang, Y., & Rüling, C.-C. 2019. Opening the black box of effectuation processes: characteristics and dominant types. *Entrepreneurship Theory and Practice*, **43**(1), 171–202.

Johansson, B., Karlsson, C., & Stough, R. (Eds.). 2009. *Entrepreneurship and innovations in functional regions*. Cheltenham, UK and Northampton, MA, USA: Edward Elgar Publishing.

Jones, C., Hesterly, W. S., & Borgatti, S. P. 1997. A general theory of network governance: exchange conditions and social mechanisms. *Academy of Management Review*, **22**(4), 911–45.

Jones, G., & Bouamane, L. 2012. Power from sunshine: a business history of solar energy. *Harvard Business School Working Paper, No. 12-115.*

Josefy, M. A., Harrison, J. S., Sirmon, D. G., & Carnes, C. 2017. Living and dying: synthesizing the literature on firm survival and failure across stages of development. *Academy of Management Annals*, **11**(2), 770–99.

Jung, W., King, B. G., & Soule, S. A. 2014. Issue bricolage: explaining the configuration of the social movement sector, 1960–1995. *American Journal of Sociology*, **120**(1), 187–225.

Jurik, N. C. 1998. Getting away and getting by: the experiences of self-employed homeworkers. *Work and Occupations*, **25**(1), 7–35.

Kacperczyk, A. J. 2012. Opportunity structures in established firms: entrepreneurship versus intrapreneurship in mutual funds. *Administrative Science Quarterly*, **57**(3), 484–521.

Kahneman, D., & Tversky, A. 1982. Judgment under uncertainty: heuristics and biases. *Science*, **185**(4157), 1124–31.

Kalev, A. 2014. How you downsize is who you downsize: biased formalization, accountability, and managerial diversity. *American Sociological Review*, **79**(1), 109–35.

Kalleberg, A. L. 2013. *Good jobs, bad jobs: the rise of polarized and precarious employment systems in the United States, 1970s to 2000s*. New York: Russell Sage Foundation.

Kalleberg, A. L., Marsden, P. V., Aldrich, H. E., & Cassell, J. W. 1990. Comparing organizational sampling frames. *Administrative Science Quarterly*, **35**(4), 658–88.

Kalleberg, A. L., Reskin, B. F., & Hudson, K. 2000. Bad jobs in America: standard and nonstandard employment relations and job quality in the United States. *American Sociological Review*, **65**(2), 256–78.

Kambayashi, R., & Kato, T. 2016. Long-term employment and job security over the past 25 years: a comparative study of Japan and the United States. *ILR Review*, **70**(2), 359–94.

Kamm, J. B., & Nurick, A. J. 1993. The stages of team

venture formation: a decision-making model. *Entrepreneurship Theory and Practice*, **17**(2), 17–27.

Kanter, R. M. 1977. *Men and women of the corporation*. New York: Basic Books.

Kaplan, S. J. 2014. *Startup: a Silicon Valley adventure*. Boston, MA: Houghton Mifflin Harcourt.

Kapoor, R., & Furr, N. R. 2015. Complementarities and competition: unpacking the drivers of entrants' technology choices in the solar photovoltaic industry. *Strategic Management Journal*, **36**(3), 416–36.

Karabel, J. 2005. *The chosen: the hidden history of admission and exclusion at Harvard, Yale, and Princeton*. Boston, MA: Houghton Mifflin Co.

Karlsson, C., Silander, C., & Silander, D. (Eds.). 2016. *Political entrepreneurship: regional growth and entrepreneurial diversity in Sweden*. Cheltenham, UK and Northampton, MA, USA: Edward Elgar Publishing.

Kato, M., & Zhou, H. 2018. Numerical labor flexibility and innovation outcomes of start-up firms: a panel data analysis. *Technovation*, **69**, 15–27.

Katz, J., & Gartner, W. B. 1988. Properties of emerging organizations. *Academy of Management Review*, **13**(3), 429–41.

Kaufman, H. 1985. *Time, chance, and organizations: natural selection in a perilous environment*. Chatham, NJ: Chatham House.

Kellogg, K. C. 2011. *Challenging operations: medical reform and resistance in surgery*. Chicago, IL: University of Chicago Press.

Kelly, E. L. 2003. The strange history of employer-sponsored child care: interested actors, uncertainty, and the transformation of law in organizational fields. *American Journal of Sociology*, **109**(3), 606–49.

Kennedy, M. T. 2008. Getting counted: markets, media, and reality. *American Sociological Review*, **73**(2), 270–95.

Kennedy, M. T., & Fiss, P. C. 2009. Institutionalization, framing, and diffusion: the logic of TQM adoption and implementation decisions among US hospitals. *Academy of Management Journal*, **52**(5), 897–918.

Kennedy, M. T., & Fiss, P. C. 2013. An ontological turn in categories research: from standards of legitimacy to evidence of actuality. *Journal of Management Studies*, **50**(6), 1138–54.

Khaire, M. 2017. *Culture and commerce: the value of entrepreneurship in creative industries*. Stanford, CA: Stanford University Press.

Khanna, R., Guler, I., & Nerkar, A. 2015. Fail often, fail big, and fail fast? Learning from small failures and R&D performance in the pharmaceutical industry. *Academy of Management Journal*, **59**(2), 436–59.

Kim, P. H., Aldrich, H. E., & Keister, L. A. 2006. Access (not) denied: the impact of financial, human, and cultural capital on entrepreneurial entry in the United States. *Small Business Economics*, **27**(1), 5–22.

Kim, P. H., Croidieu, G., & Lippmann, S. 2016. Responding from that vantage point: field position and discursive strategies of legitimation in the U.S. wireless telegraphy field. *Organization Studies*, **37**(10), 1417–50.

Kim, P. H., & Longest, K. C. 2014. You can't leave your work behind: employment experience and founding collaborations. *Journal of Business Venturing*, **29**(6), 785–806.

Kim, P. H., Longest, K. C., & Lippmann, S. 2016. The tortoise versus the hare: progress and business viability differences between conventional and leisure-based founders. *Journal of Business Venturing*, **30**(2), 185–204.

Kimberly, J. R. 1980. Initiation, innovation, and institutionalization in the creation process. In J. R. Kimberly and R. H. Miles, *The organizational life cycle: issues in the creation, transformation, and decline of organizations* (pp. 18–43). San Francisco, CA: Jossey-Bass.

Kirzner, I. M. 1997. Entrepreneurial discovery and the competitive market process: an Austrian approach. *Journal of Economic Literature*, **35**(1), 60–85.

Kitts, J. A., Lomi, A., Mascia, D., Pallotti, F., & Quintane, E. 2017. Investigating the temporal dynamics of interorganizational exchange: patient transfers among Italian hospitals. *American Journal of Sociology*, **123**(3), 850–910.

Kleinman, S. 1996. *Opposing ambitions: gender and identity in an alternative organization*. Chicago, IL: University of Chicago Press.

Kleinman, S., & Copp, M. 1993. *Emotions and fieldwork: qualitative research methods*. Newbury Park, CA: Sage Publications.

Klepper, S., & Graddy, E. 1990. The evolution of new industries and the determinants of market structure. *The RAND Journal of Economics*, **21**(1), 27–44.

Klotz, A. C., Bolino, M. C., Song, H., & Stornelli, J. 2018. Examining the nature, causes, and consequences of profiles of organizational citizenship behavior. *Journal of Organizational Behavior*, **39**(5), 629–47.

Knoke, D. 1990. *Organizing for collective action: the political economies of associations*. Hawthorne, NY: Aldine de Gruyter.

Koçak, Ö, Hannan, M. T., & Hsu, G. 2014. Emergence of market orders: audience interaction and vanguard influence. *Organization Studies*, **35**(5), 765–90.

Kochan, T. A., & Osterman, P. 1994. *The mutual gains enterprise: forging a winning partnership among labor, management, and government*. Boston, MA: Harvard Business Review Press.

Kochan, T. A., & Rubinstein, S. A. 2000. Toward a stakeholder theory of the firm: the Saturn partnership. *Organization Science*, **11**(4), 367–86.

Kogut, B., & Walker, G. 2001. The small world of Germany and the durability of national networks. *American Sociological Review*, **66**(3), 317–35.

Kolb, K. H. 2014. *Moral wages: the emotional dilemmas of victim advocacy and counseling* (1st ed.). Berkeley, CA: University of California Press.

Kolodny, L. 2010. UberCab ordered to cease and desist. *TechCrunch*, 24 October.

Kono, C., Palmer, D., Friedland, R., & Zafonte, M. 1998. Lost in space: the geography of corporate interlocking directorates. *American Journal of Sociology*, **103**(4), 863–911.

Kraatz, M. S., Ventresca, M. J., & Deng, L. 2010. Precarious values and mundane innovations: enrollment management in American liberal arts colleges. *Academy of Management Journal*, **53**(6), 1521–45.

Krackhardt, D., & Stern, R. N. 1988. Informal networks and organizational crises: an experimental simulation. *Social Psychology Quarterly*, **51**(2), 123–40.

Kramer, R. M., & Cook, K. S. 2004. *Trust and distrust in organizations: dilemmas and approaches*. New York: Russell Sage Foundation.

Kreiner, G. E., & Ashforth, B. E. 2004. Evidence toward an expanded model of organizational identification. *Journal of Organizational Behavior*, **25**(1), 1–27.

Kreiner, G. E., Hollensbe, E., Sheep, M. L., Smith, B. R., & Kataria, N. 2015. Elasticity and the dialectic tensions of organizational identity: how can we hold together while we are pulling apart? *Academy of Management Journal*, **58**(4), 981–1011.

Kremser, W., & Schreyögg, G. 2016. The dynamics of interrelated routines: introducing the cluster level. *Organization Science*, **27**(3), 698–721.

Kunda, G. 1992. *Engineering culture: control and commitment in a high-tech corporation*. Philadelphia, PA: Temple University Press.

Kupchan, C. 2013. *No one's world: the west, the rising rest, and the coming global turn*. Oxford: Oxford University Press.

Kuwabara, K., & Thébaud, S. 2017. When beauty doesn't pay: gender and beauty biases in a peer-to-peer loan market. *Social Forces*, **95**(4), 1371–98.

Kwon, S.-W., & Adler, P. S. 2014. Social capital: maturation of a field of research. *Academy of Management Review*, **39**(4), 412–22.

Kwon, S.-W., Heflin, C., & Ruef, M. 2013. Community social capital and entrepreneurship. *American Sociological Review*, **78**(6), 980–1008.

Kwon, S.-W., & Ruef, M. 2017. The imprint of labor markets on entrepreneurial performance. *Journal of Business Venturing*, **32**(6), 611–26.

Land, K. C., Davis, W. R., & Blau, J. R. 1994. Organizing the boys of summer: the evolution of US minor-league baseball, 1883–1990. *American Journal of Sociology*, **100**(3), 781–813.

Lander, M. W., & Heugens, P. P. M. A. R. 2017. Better together: using meta-analysis to explore complementarities between ecological and institutional theories of organization. *Organization Studies*, **38**(11), 1573–601.

Langfred, C. W., & Rockmann, K. W. 2016. The push and pull of autonomy: the tension between individual autonomy and organizational control in knowledge work. *Group & Organization Management*, **41**(5), 629–57.

Langley, A., Lindberg, K., Mørk, B. E., Nicolini, D., Raviola, E., & Walter, L. 2019. Boundary work among groups, occupations and organizations: from cartography to process. *Academy of Management Annals*. https://doi.org/10.5465/annals.2017.0089.

Langlois, R. N., & Robertson, P. L. 1989. Explaining vertical integration: lessons from the American automobile industry. *The Journal of Economic History*, **49**(2), 361–75.

Langton, J. 1984. The ecological theory of bureaucracy: the case of Josiah Wedgwood and the British pottery industry. *Administrative Science Quarterly*, **29**(3), 330–54.

Lant, T. K. 2017. Organizational cognition and interpretation. In J. A. C. Baum (Ed.), *The Blackwell companion to organizations* (pp. 344–62). Oxford: Wiley-Blackwell.

Lant, T. K., & Mezias, S. J. 1990. Managing discontinuous change: a simulation study of organizational learning and entrepreneurship. *Strategic Management Journal*, **11**, 147–79.

Latour, B. 1993. Can the sociology of science contribute anything to organizational sociology? Keynote address at the European Group for Organizational Studies (EGOS) colloquium, Paris, 8 July.

Laumann, E. O., & Knoke, D. 1987. *The organizational state: social change in national policy domains*. Madison, WI: University of Wisconsin Press.

Lawless, M. W., & Anderson, P. C. 1996. Generational technological change: effects of innovation and local rivalry on performance. *Academy of Management Journal*, **39**(5), 1185–217.

Lawless, R. M., & Warren, E. 2005. The myth of the disappearing business bankruptcy. *California Law Review*, **93**, 743–96.

Lawrence, P. R., & Dyer, D. 1983. *Renewing American industry*. New York: Free Press/London: Collier Macmillan Publishers.

Lazerson, M. H. 1988. Organizational growth of small firms: an outcome of markets and hierarchies? *American Sociological Review*, **53**(3), 330–42.

Lazzeretti, L., & Capone, F. 2017. The transformation of the Prato industrial district: an organisational ecology analysis of the co-evolution of Italian and Chinese firms. *The Annals of Regional Science*, **58**(1), 135–58.

Leblebici, H., Salancik, G., Copay, A., & King, T. 1991. Institutional change and the transformation of interorganizational fields: an organizational history of the U.S. radio broadcasting industry. *Administrative Science Quarterly*, **36**(3), 333–63.

Leitch, C., Welter, F., & Henry, C. 2018. Women entrepreneurs' financing revisited: taking stock and looking forward. *Venture Capital*, **20**(2), 103–14.

Le Mens, G., Hannan, M. T., & Pólos, L. 2015. Age-related structural inertia: a distance-based approach. *Organization Science*, **26**(3), 756–73.

Lepori, B., Seeber, M., & Bonaccorsi, A. 2015. Competition for talent. Country and organizational-level effects in the internationalization of European higher education institutions. *Research Policy*, **44**(3), 789–802.

Lerner, M., Brush, C., & Hisrich, R. 1997. Israeli women entrepreneurs: an examination of factors affecting performance. *Journal of Business Venturing*, **12**(4), 315–39.

Levie, J., & Lichtenstein, B. B. 2010. A terminal assessment of stages theory: introducing a dynamic states approach to entrepreneurship. *Entrepreneurship Theory and Practice*, **34**(2), 317–50.

Levine, S., & White, P. E. 1961. Exchange as a conceptual framework for the study of interorganizational relationships. *Administrative Science Quarterly*, **5**(4), 583–601.

Levinthal, D. A. 1991. Organizational adaptation and environmental selection-interrelated processes of change. *Organization Science*, **2**(1), 140–5.

Levinthal, D. A., & Marino, A. 2015. Three facets of organizational adaptation: selection, variety, and plasticity. *Organization Science*, **26**(3), 743–55.

Levitt, B., & March, J. G. 1988. Organizational learning. *Annual Review of Sociology*, **14**, 319–38.

Lewis, O. A., & Steinmo, S. 2012. How institutions evolve: evolutionary theory and institutional change. *Polity*, **44**(3), 314–39.

Li, K., Long, C., & Wan, W. 2019. Public interest or regulatory capture: theory and evidence from China's airfare deregulation. *Journal of Economic Behavior & Organization*, **161**(C), 343–65.

Lichtenstein, S., & Fischhoff, B. 1977. Do those who know more also know more about how much they know? *Organizational Behavior and Human Performance*, **20**(2), 159–83.

Light, I. 2005. The ethnic economy. In N. J. Smelser, & R. Swedberg (Eds.), *Handbook of economic sociology* (2nd ed.) (pp. 650–77). Princeton, NJ: Princeton University Press.

Lightbown, S. 2017. The rise in VC deal sizes since 2012. *PitchBook.com*, 26 September.

Lim, E. 2019. U.S. mergers and acquisitions. *Prescient*, 14 February.

Lincoln, J. R., & Kalleberg, A. L. 1990. *Culture, control and commitment: a study of work organization and work attitudes in the United States and Japan*. New York: Cambridge University Press.

Lindkvist, L., Bengtsson, M., Svensson, D.-M., & Wahlstedt, L. 2017. Replacing old routines: how Ericsson software developers and managers learned to become agile. *Industrial and Corporate Change*, **26**(4), 571–91.

Lippmann, S. 2005. Public airwaves, private interests: competing visions and ideological capture in the regulation of US broadcasting, 1920–1934. *Research in Political Sociology*, **14**(5), 109–48.

Lippmann, S. 2007. The institutional context of industry consolidation: radio broadcasting in the United States, 1920–1934. *Social Forces*, **86**(2), 467–95.

Lippmann, S. 2008a. Rationalization, standardization, or market diversity? Station networks and market structure in U.S. broadcasting, 1927–1950. *Social Science History*, **32**(3), 405–36.

Lippmann, S. 2008b. Rethinking risk in the new economy: age and cohort effects on unemployment and re-employment. *Human Relations*, **61**(9), 1259–92.

Lippmann, S., & Aldrich, H. E. 2014. History and evolutionary theory. In M. Bucheli, & R. D. Wadhwani (Eds.), *Organizations in time: history, theory, methods* (pp. 124–46). New York: Oxford University Press.

Lippmann, S., & Aldrich, H. E. 2016a. A rolling stone gathers momentum: generational units, collective memory, and entrepreneurship. *Academy of Management Review*, **41**(4), 658–75.

Lippmann, S., & Aldrich, H. E. 2016b. The temporal dimension of context. In F. Welter,

& W. B. Gartner (Eds.), *A research agenda for entrepreneurship and context* (pp. 54–62). Cheltenham, UK and Northampton, MA, USA: Edward Elgar Publishing.

Lipset, S. M., Trow, M. A., & Coleman, J. S. 1956. *Union democracy: the internal politics of the International Typographical Union*. New York: Free Press.

Litwak, E., & Hylton, L. F. 1962. Interorganizational analysis: a hypothesis on co-ordinating agencies. *Administrative Science Quarterly*, **6**(4), 395–420.

Litwin, A. S., & Phan, P. H. 2013. Quality over quantity: reexamining the link between entrepreneurship and job creation. *ILR Review*, **66**(4), 833–73.

Liu, M., & Wezel, F. C. 2015. Davids against Goliath? Collective identities and the market success of peripheral organizations during resource partitioning. *Organization Science*, **26**(1), 293–309.

Liu, S., & Emirbayer, M. 2016. Field and ecology. *Sociological Theory*, **34**(1), 62–79.

Liu, S., & Wu, H. 2016. The ecology of organizational growth: Chinese law firms in the age of globalization. *American Journal of Sociology*, **122**(3), 798–837.

Llerena, P., & Ozman, M. 2013. Networks, irreversibility and knowledge creation. *Journal of Evolutionary Economics*, **23**(2), 431–53.

Loasby, B. J. 1995. Running a business: an appraisal of *Economics, Organization and Management* by Paul Milgrom and John Roberts. *Industrial and Corporate Change*, **4**(2), 471–89.

Lodahl, T. M., & Mitchell, S. M. 1980. Drift in the development of innovative organizations. In J. R. Kimberly, & R. H. Miles (Eds.), *The organizational life cycle: issues in the creation, transformation, and decline of organization* (pp. 184–207). San Francisco, CA: Jossey-Bass.

Lofstrom, M., & Bates, T. 2013. African Americans' pursuit of self-employment. *Small Business Economics*, **40**(1), 73–86.

Lohr, S. 1995. Telecommunications giants' joint internet security quest. *New York Times*, 18 December.

Lok, J. 2017. Why (and how) institutional theory can be critical: addressing the challenge to institutional theory's critical turn. *Journal of Management Inquiry*. https://doi.org/10.1177%2F1056492617732832

Lomi, A. 1995. The population and community ecology of organizational founding: Italian co-operative banks, 1936-1989. *European Sociological Review*, **11**(1), 75–98.

Lomi, A., & Larsen, E. R. 1998. Density delay and organizational survival: computational models and empirical comparisons. *Computational and Mathematical Organization Theory*, **3**(4), 219–47.

Lomi, A., & Larsen, E. R. 2001. *Dynamics of organizations: computational modeling and organization theories*. Menlo Park, CA: AAAI Press.

Lomi, A., Larsen, E. R., & Freeman, J. H. 2005. Things change: dynamic resource constraints and system-dependent selection in the evolution of organizational populations. *Management Science*, **51**(6), 882–903.

Lorenzoni, G., & Lipparini, A. 1999. The leveraging of interfirm relationships as a distinctive organizational capacity: a longitudinal study. *Strategic Management Journal*, **20**(4), 317–38.

Lorenzoni, G., & Ornati, O. A. 1988. Constellations of firms and new ventures. *Journal of Business Venturing*, **3**(1), 41–57.

Lounsbury, M., & Glynn, M. A. 2001. Cultural entrepreneurship: stories, legitimacy, and the acquisition of resources. *Strategic Management Journal*, **22**(6-7), 545–64.

Lounsbury, M., & Glynn, M. A. 2019. *Cultural entrepreneurship: a new agenda for the study of entrepreneurial processes and possibilities*. Cambridge, UK: Cambridge University Press.

Lounsbury, M., & Hirsch, P. M. 2010. *Research in the sociology of organizations. Vol 30: Markets on trial:*

the economic sociology of the US financial crisis. Bingley, UK: Emerald.

Löwstedt, J. 1993. Organizing frameworks in emerging organizations: a cognitive approach to the analysis of change. *Human Relations*, **46**(4), 501–26.

Luger, M. I. 1991. *Technology in the garden: research parks and regional economic development*. Chapel Hill, NC: University of North Carolina Press.

Lutter, M. 2015. Do women suffer from network closure? The moderating effect of social capital on gender inequality in a project-based labor market, 1929 to 2010. *American Sociological Review*, **80**(2), 329–58.

Lynn, L. H., & McKeown, T. J. 1988. *Organizing business: trade associations in America and Japan*. Washington, DC: American Enterprise Institute for Public Policy Research.

Lyons, S., & Kuron, L. 2014. Generational differences in the workplace: a review of the evidence and directions for future research. *Journal of Organizational Behavior*, **35**(S1), S139–S157.

Mani, D., & Moody, J. 2014. Moving beyond stylized economic network models: the hybrid world of the Indian firm ownership network. *American Journal of Sociology*, **119**(6), 1629–69.

Marasi, S., Bennett, R. J., & Budden, H. 2018. The structure of an organization: does it influence workplace deviance and its dimensions? And to what extent? *Journal of Managerial Issues*, **30**(1), 8–27.

March, J. G. 1981. Footnotes to organizational change. *Administrative Science Quarterly*, **26**(4), 563–77.

March, J. G. 1991. Exploration and exploitation in organizational learning. *Organization Science*, **2**(1), 71–87.

March, J. G. 1994. The evolution of evolution. In J. A. C. Baum, & J. V. Singh (Eds.), *Evolutionary dynamics of organizations* (pp. 39–52). New York: Oxford University Press.

March, J. G., & Olsen, J. 1976. *Ambiguity and choice in organizations*. Bergen: Universitetsforlaget.

March, J. G., Schulz, M., & Zhou, X. 2000. *The dynamics of rules: change in written organizational codes*. Stanford, CA: Stanford University Press.

March, J. G., & Simon, H. A. 1958. *Organizations*. New York: Wiley.

Malmendier, U., & Tate, G. 2015. Behavioral CEOs: the role of managerial overconfidence. *Journal of Economic Perspectives*, **29**(4), 37–60.

Marcus, A., Malen, J., & Ellis, S. 2013. The promise and pitfalls of venture capital as an asset class for clean energy investment: research questions for organization and natural environment scholars. *Organization & Environment*, **26**(1), 31–60.

Marino, A., Aversa, P., Mesquita, L., & Anand, J. 2015. Driving performance via exploration in changing environments: evidence from Formula One racing. *Organization Science*, **26**(4), 1079–100.

Marks, S. R. 1977. Multiple roles and role strain: some notes on human energy, time and commitment. *American Sociological Review*, **42**(6), 921–36.

Marquis, C., & Lounsbury, M. 2007. Vive la résistance: competing logics and the consolidation of U.S. community banking. *Academy of Management Journal*, **50**(4), 799–820.

Marquis, C., & Tilcsik, A. 2013. Imprinting: toward a multilevel theory. *Academy of Management Annals*, **7**(1), 195–245.

Marsden, P. V. 1987. Core discussion networks of Americans. *American Sociological Review*, **52**(1), 122–31.

Marsden, P. V. 2015. Social order from the bottom up? In E. J. Lawler, S. R. Thye, & J. Yoon (Eds.), *Order on the edge of chaos: social psychology and the problem of social order* (pp. 309–22). Cambridge, UK: Cambridge University Press.

Marsden, P. V., & Campbell, K. E. 1984. Measuring tie strength. *Social Forces,* **63**(2), 482–501.

Marsden, P. V., Landon, B. E., & Wilson, I. B. et al. 2006. The reliability of survey assessments of characteristics of medical clinics. *Health Services Research,* **41**(1), 265–83.

Martin, J. 1982. Stories and scripts in organizational settings. In H. Hastorf, & A. Isen (Eds.), *Cognitive social psychology*. New York: Elsevier/North-Holland.

Martin, J. 2002. *Organizational culture: mapping the terrain*. Thousand Oaks, CA: Sage.

Martin, J., Feldman, M. S., Hatch, M. J., & Sitkin, S. B. 1983. The uniqueness paradox in organizational stories. *Administrative Science Quarterly,* **28**(3), 438–53.

Martin, J., & Frost, P. 1999. The organizational culture war games: a struggle for intellectual dominance. In R. Clegg, & C. Hardy (Eds.), *Studying organization: theory & method* (pp. 345–67). London: Sage.

Martin, J., & Meyerson, D. 1988. Organizational culture and the denial, channeling, and acknowledgement of ambiguity. In L. R. Pondy, R. J. Boland, & H. Thomas (Eds.), *Managing ambiguity and change* (pp. 93–125). Chichester: Wiley.

Marx, M. 2011. The firm strikes back: non-compete agreements and the mobility of technical professionals. *American Sociological Review,* **76**(5), 695–712.

Marx, T. G. 1976. Technological change and the theory of the firm: the American locomotive industry, 1920–1955. *Business History Review,* **50**(1), 1–24.

Massey, D. B., Quintas, P., & Weld, D. 1992. *High-tech fantasies: science parks in society, science,* and space. London: Routledge.

Mathur, A. 2011. *Beyond bankruptcy: does the bankruptcy code provide a fresh start to entrepreneurs?* Washington, DC: Small Business Association.

Mauch, M., MacCallum, R. M., Levy, M., & Leroi, A. M. 2015. The evolution of popular music: USA 1960–2010. *Royal Society Open Science,* **2**(5). https://doi.org/10.1098/rsos.150081.

McCaffrey, D. P., Faerman, S. R., & Hart, D. W. 1995. The appeal and difficulties of participative systems. *Organization Science,* **6**(6), 603–27.

McCullough, M., Berning, J., & Hanson, J. L. 2019. Learning by brewing: homebrewing legalization and the brewing industry. *Contemporary Economic Policy,* **37**(1), 25–39.

McDonald, P. 1991. The Los Angeles Olympic Organizing Committee: developing organizational culture in the short run. In P. Frost, L. F. Moore, M. R. Louis, C. C. Lundberg, & J. Martin (Eds.), *Reframing organizational culture* (pp. 26–38). Thousand Oaks, CA: Sage.

McEvily, B., Jaffee, J., & Tortoriello, M. 2012. Not all bridging ties are equal: network imprinting and firm growth in the Nashville legal industry, 1933–1978. *Organization Science,* **23**(2), 547–63.

McGuirk, H., Lenihan, H., & Hart, M. 2015. Measuring the impact of innovative human capital on small firms' propensity to innovate. *Research Policy,* **44**(4), 965–76.

McKelvey, B. 1982. *Organizational systematics – taxonomy, evolution, classification*. Berkeley, CA: University of California Press.

McKelvey, B., & Aldrich, H. E. 1983. Populations, natural selection, and applied organizational science. *Administrative Science Quarterly,* **28**(1), 101–28.

McKelvie, A., & Wiklund, J. 2010. Advancing firm growth research: a focus on growth mode instead of growth rate. *Entrepreneurship Theory and Practice,* **34**(2), 261–88.

McKendrick, D. G., Jaffee, J., Carroll, G. R., & Khessina, O. M. 2003. In the bud? Disk array producers as a (possibly) emergent organizational form. *Administrative Science Quarterly,* **48**(1), 60–93.

McKendrick, N. 1961. II. Josiah Wedgwood and factory discipline. *The Historical Journal,* **4**(1), 30–55.

McPherson, C. M., & Sauder, M. 2013. Logics in action: managing institutional complexity in a drug court. *Administrative Science Quarterly*, **58**(2), 165–96.

McPherson, M. 1983. An ecology of affiliation. *American Sociological Review*, **48**(4), 519–32.

McPherson, M., & Smith-Lovin, L. 1987. Homophily in voluntary organizations: status distance and the composition of face-to-face groups. *American Sociological Review*, **52**(3), 370–9.

McPherson, M., Smith-Lovin, L., & Brashears, M. E. 2006. Social isolation in America: changes in core discussion networks over two decades. *American Sociological Review*, **71**(3), 353–75.

McPherson, M., Smith-Lovin, L., & Cook, J. M. 2001. Birds of a feather: homophily in social networks. *Annual Review of Sociology*, **27**, 415–44.

Meek, W. R., Pacheco, D. F., & York, J. G. 2010. The impact of social norms on entrepreneurial action: evidence from the environmental entrepreneurship context. *Journal of Business Venturing*, **25**(5), 493–509.

Melbin, M. 1987. *Night as frontier: colonizing the world after dark*. New York: Free Press/London: Collier Macmillan.

Mellahi, K., & Wilkinson, A. 2010. Managing and coping with organizational failure: introduction to the special issue. *Group & Organization Management*, **35**(5), 531–41.

Meriläinen, S., Tienari, J., & Valtonen, A. 2013. Headhunters and the "ideal" executive body. *Organization*, **22**(1), 3–22.

Merton, R. 1957. *Social theory and social structure*. Glencoe, IL: The Free Press.

Meyer, A. D. 1982. Adapting to environmental jolts. *Administrative Science Quarterly*, **27**(4), 515–37.

Meyer, J. W. 2010. World society, institutional theories, and the actor. *Annual Review of Sociology*, **36**, 1–20.

Meyer, J. W., Boli, J., & Thomas, G. M. 1987. Ontology and rationalization in the western cultural account. In G. M. Thomas, J. W. Meyer, F. Ramirez, & J. Boli (Eds.), *Institutional structure: constituting state, society, and the individual* (pp. 12–37). Newbury Park, CA: Sage.

Meyer, J. W., & Rowan, B. 1977. Institutionalized organizations: formal structure as myth and ceremony. *American Journal of Sociology*, **83**(2), 340–63.

Meyer, J. W., & Scott, W. R. 1983. *Organizational environments: ritual and rationality*. Beverly Hills, CA: Sage.

Meyer, M. W., & Zucker, L. G. 1989. *Permanently failing organization*. Newbury Park, CA: Sage.

Meyerhoefer, W. 1982. Hemmnisse und Hilfen für Existenz- und Unternehmens-gründünger aus der Sicht Privater und Gewerblicher Grunder [Barriers and aid for existence and business creations from the perspective of private and industrial founders]. *IFO Studien zu Handels und Dienstleistungsfrage*, **21**. Munich: Institute for Economic Research.

Meyerson, D. E. 1991. Normal ambiguity? A glimpse of an occupational culture. In P. J. Frost, L. F. Moore, M. R. Louis, C. C. Loundberg, & J. Martin (Eds.), *Reframing organizational culture* (pp. 131–44). Newbury Park, CA: Sage.

Meyerson, D. E. 2001. *Tempered radicals: how everyday leaders inspire change at work*. Boston, MA: Harvard Business Review Press.

Meyerson, D. E., & Martin, J. 1987. Cultural change: an integration of three different views. *Journal of Management Studies*, **24**(6), 623–47.

Mezias, S. J., & Glynn, M. A. 1993. The three faces of corporate renewal: institution, revolution, and evolution. *Strategic Management Journal*, **14**(2), 77–101.

Michels, R. 1962. *Political parties: a sociological study of the oligarchical tendencies of modern democracy*. Glencoe, IL: The Free Press.

Migendt, M. 2017. *Accelerating green innovation: essays on alternative investments in clean technologies*. Wiesbaden: Springer Gabler.

Miller, C. C., & Cardinal, L. B. 1994. Strategic planning and firm performance: a synthesis of more than two decades of research. *Academy of Management Journal*, **37**(6), 1649–65.

Miller, K. D., Choi, S., & Pentland, B. T. 2014. The role of transactive memory in the formation of organizational routines. *Strategic Organization*, **12**(2), 109–33.

Miller, K. D., Pentland, B. T., & Choi, S. 2012. Dynamics of performing and remembering organizational routines. *Journal of Management Studies*, **49**(8), 1536–58.

Milliken, F. J., & Lant, T. K. 1991. The effects of an organization's recent performance history on strategic persistence and change. In J. Dutton, A. Huff, & P. Shrivastava (Eds.), *Advances in strategic management, vol. 7* (pp. 129–56). Greenwich, CT: JAI Press.

Min, P. G., & Kim, C. 2018. The changing effect of education on Asian immigrants' self-employment. *Sociological Inquiry*, **88**(3), 435–66.

Minchin, T. J. 2012. A different kind of car company: the rise and fall of the Saturn Corporation, 1985–2009. *Australasian Journal of American Studies*, **31**(1), 1–24.

Mindlin, S. and H. E. Aldrich. 1975. Interorganizational dependence: a review of the concept and a re-examination of the findings of the Aston Group. *Administrative Science Quarterly*, **20**(3), 382–92.

Miner, A. S. 1990. Structural evolution through idiosyncratic jobs: the potential for unplanned learning. *Organization Science*, **1**(2), 195–210.

Miner, A. S. 1993. Review of dynamics of organizational populations: density, competition, and legitimation. *Academy of Management Review*, **18**(2), 355–67.

Miner, A. S. 1994. Seeking adaptive advantage: evolutionary theory and managerial action. In J. A. C. Baum, & J. V. Singh (Eds.), *Evolutionary Dynamics of Organizations* (pp. 76–89). New York: Oxford University Press.

Miner, A. S., & Akinsanmi, O. 2016. Idiosyncratic jobs, organizational transformation, and career mobility. In L. Cohen, M. D. Burton, & M. Lounsbury (Eds.), *The structuring of work in organizations, vol. 47* (pp. 61–101). Bingley, UK: Emerald Group Publishing Limited.

Miner, A. S., & Estler, S. E. 1985. Accrual mobility. *The Journal of Higher Education*, **56**(2), 121–43.

Miner, A. S., & Haunschild, P. R. 1995. Population-level learning. In L. L. Cummings, & B. Staw (Eds.), *Research in organizational behavior, vol. 17* (pp. 115–66). Greenwich, CT: JAI Press.

Miner, A. S., & Mezias, S. J. 1996. Ugly duckling no more: pasts and futures of organizational learning research. *Organization Science*, **7**(1), 88–99.

Miner, A. S., & Raghavan, S. V. 1999. Interorganizational imitation: a hidden engine of selection. In J. A. C. Baum, & B. McKelvey (Eds.), *Variations in organization science: in honor of Donald T. Campbell* (pp. 35–62). Thousand Oaks, CA: Sage.

Minkoff, D. C. 1994. The institutional structuring of organized social action, 1955–1985. In L. Kriesberg, M. N. Dobkowski, & I. Walliman (Eds.), *Research in social movements, conflicts and change, vol. 17* (pp. 135–71). Greenwich, CT: JAI Press.

Minkoff, D. C. 1997. The sequencing of social movements. *American Sociological Review*, **62**(5), 779–99.

Mintzberg, H. 1973. *The nature of managerial work*. New York: Harper & Row.

Mitchell, W. 1992. Are more good things better, or will technical and market capabilities conflict when a firm expands? *Industrial and Corporate Change*, **1**(2), 327–46.

Miyashita, K. 1994. *Keiretsu: inside the hidden Japanese conglomerates*. New York: McGraw-Hill.

Mizruchi, M. S. 1982. *The American corporate network, 1904–1974*. Beverly Hills, CA: Sage.

Mizruchi, M. S. 1992. *The structure of corporate political action: interfirm relations and their consequences*. Cambridge, MA: Harvard University Press.

Mizruchi, M. S. 1996. What do interlocks do? An

analysis, critique, and assessment of research on interlocking directorates. *Annual Review of Sociology,* **22**(1), 271–98.

Mizruchi, M. S., & Galaskiewicz, J. 1993. Networks of interorganizational relations. *Sociological Methods & Research,* **22**, 46–70.

Moffatt, M. 1989. *Coming of age in New Jersey: college and American culture.* New Brunswick, NJ: Rutgers University Press.

Mokyr, J. 1992. Technological inertia in economic history. *The Journal of Economic History,* **52**(2), 325–38.

Mollick, E. 2014. The dynamics of crowdfunding: an exploratory study. *Journal of Business Venturing,* **29**(1), 1–16.

Molotch, H., Freudenburg, W., & Paulsen, K. E. 2000. History repeats itself, but how? City character, urban tradition, and the accomplishment of place. *American Sociological Review,* **65**(6), 791–823.

Montgomery, C. A. 1995. Of diamonds and rust: a new look at resources. In C. A. Montgomery (Ed.), *Resource-based and evolutionary theories of the firm: towards a synthesis* (pp. 251–68). Cham, Switzerland: Springer.

Moore, M. H. 2000. Managing for value: organizational strategy in for-profit, nonprofit, and governmental organizations. *Nonprofit and voluntary sector quarterly,* **29**(4), 183–204.

Moorman, C., & Miner, S. A. 1998. Organizational improvisation and organizational memory. *Academy of Management Review,* **23**(4), 698–723.

Mora, G. C. 2014. Cross-field effects and ethnic classification: the institutionalization of Hispanic panethnicity, 1965 to 1990. *American Sociological Review,* **79**(2), 183–210.

Moreland, R. L., & J. M. Levine. 2000. Socialization in organizations and work groups. In M. Turner (Ed.), *Groups at work: theory and research* (pp. 69–112). Mahwah, NJ: Erlbaum.

Moskowitz, T. J., & Vissing-Jørgensen, A. 2002. The returns to entrepreneurial investment: a private equity premium puzzle? *American Economic Review,* **92**(4), 745–78.

Mouw, T. 2002. Are black workers missing the connection? The effect of spatial distance and employee referrals on interfirm racial segregation. *Demography,* **39**(3), 507–28.

Moynihan, D. P. (Ed.). 1970. *Toward a national urban policy.* New York: Basic Books.

Mrkajic, B., Murtinu, S., & Scalera, V. G. 2019. Is green the new gold? Venture capital and green entrepreneurship. *Small Business Economics,* **52**(4), 929–50.

Mueller, W., & Arum, R. 2004. *Self-employment dynamics in advanced economies.* Princeton, NJ: Princeton University Press.

Mulíček, O., & Osman, R. 2018. Rhythm of urban retail landscapes: shopping hours and the urban chronotopes. *Moravian Geographical Reports,* **26**(1), 2.

Mumby, D. K., & Putnam, L. L. 1992. The politics of emotion: a feminist reading of bounded rationality. *Academy of Management Review,* **17**(3), 465–86.

Munir, K. A. 2015. A loss of power in institutional theory. *Journal of Management Inquiry,* **24**(1), 90–2.

Murmann, J. P. 2003. *Knowledge and competitive advantage: the coevolution of firms, technology, and national institutions.* Cambridge, UK: Cambridge University Press.

Nadkarni, S., & Narayanan, V. K. 2007. Strategic schemas, strategic flexibility, and firm performance: the moderating role of industry clockspeed. *Strategic Management Journal,* **28**(3), 243–70.

Nash, N. 1994. Germany shuns biotechology. *New York Times,* 21 December.

Nave, A., & Franco, M. 2019. University–firm cooperation as a way to promote sustainability practices: a sustainable entrepreneurship perspective. *Journal of Cleaner Production,* **230**, 1188–96.

Navis, C., & Glynn, M.A. 2010. How new market

categories emerge: temporal dynamics of legitimacy, identity, and entrepreneurship in satellite radio, 1990–2005. *Administrative Quarterly*, **55**(3), 439–71.

Navis, C., & Ozbek, O. V. 2015. The right people in the wrong places: the paradox of entrepreneurial entry and successful opportunity realization. *Academy of Management Review*, **41**(1), 109–29.

Nazar, J. 2016. The complete guide to understanding equity compensation at tech companies. *Fortune Magazine*, 27 September.

Nee, V. 1992. Organizational dynamics of market transition: hybrid forms, property rights, and mixed economy in China. *Administrative Science Quarterly*, **37**(1), 1–27.

Needham, V. 2014. Report: 18 firms hold a third of US wealth. *The Hill*, 9 August.

Negro, G., Koçak, Ö., & Hsu, G. 2010. Research on categories in the sociology of organizations. In G. Hsu, G. Negro, & Ö. Koçak (Eds.), *Categories in markets: origins and evolution, vol. 31* (pp. 3–35). Bingley, UK: Emerald Group Publishing Limited.

Negro, G., Perretti, F., & Carroll, G. R. 2013. Challenger groups, commercial organizations, and policy enactment: local lesbian/gay rights ordinances in the United States from 1972 to 2008. *American Journal of Sociology*, **119**(3), 790–832.

Negro, G., Visentin, F., & Swaminathan, A. 2014. Resource partitioning and the organizational dynamics of "fringe banking." *American Sociological Review*, **79**(4), 680–704.

Nelson, A. J. 2015. *The sound of innovation: Stanford and the computer music revolution*. Cambridge, MA: MIT Press.

Nelson, R. R. 1994. Evolutionary theorizing about economic change. In N. Smelser, & R. Swedberg (Eds.), *Handbook of economic sociology* (pp. 108–36). Princeton, NJ: Princeton University Press.

Nelson, R. R., & Winter, S. G. 1982. *An evolutionary theory of economic change*. Cambridge, MA: Belknap Press.

Nemeth, C. 2018. *In defense of troublemakers: the power of dissent in life and business*. New York: Basic Books.

Nickerson, J. A., & Silverman, B. S. 2003. Why firms want to organize efficiently and what keeps them from doing so: inappropriate governance, performance, and adaptation in a deregulated industry. *Administrative Science Quarterly*, **48**(3), 433–65.

Nigam, A., Huising, R., & Golden, B. 2016. Explaining the selection of routines for change during organizational search. *Administrative Science Quarterly*, **61**(4), 551–83.

Nilakant, V., & Rao, H. 1994. Agency theory and uncertainty in organizations: an evaluation. *Organization Studies*, **15**(5), 649–72.

Nonaka, I., & Takeuchi, H. 1995. *The knowledge-creating company: how Japanese companies create the dynamics of innovation*. New York: Oxford University Press.

Nyberg, A. J., Maltarich, M. A., Abdulsalam, D., Essman, S. M., & Cragun, O. 2018. Collective pay for performance: a cross-disciplinary review and meta-analysis. *Journal of Management*, **44**(6), 2433–72.

Obstfeld, D. 2012. Creative projects: a less routine approach toward getting new things done. *Organization Science*, **23**(6), 1571–92.

Obstfeld, D. 2017. *Getting new things done: networks, brokerage, and the assembly of innovative action*. Stanford, CA: Stanford University Press.

Ocasio, W., Loewenstein, J., & Nigam, A. 2014. How streams of communication reproduce and change institutional logics: the role of categories. *Academy of Management Review*, **40**(1), 28–48.

Okhuysen, G. A., & Bechky, B. A. 2009. Coordination in organizations: an integrative perspective. *Academy of Management Annals*, **3**(1), 463–502.

Olick, J. K. 1999. Collective memory: the two cultures. *Sociological Theory*, **17**(3), 333–48.

Oliver, C. 1991. Strategic responses to institutional

processes. *Academy of Management Journal*, **16**(1), 145–79.

Oliver, C. 1992. The antecedents of deinstitutionalization. *Organization Studies*, **13**(4), 563–88.

Oliver, N., Calvard, T., & Potočnik, K. 2017. Cognition, technology, and organizational limits: lessons from the Air France 447 disaster. *Organization Science*, **28**(4), 729–43.

Olson, M. 1965. *The logic of collective action: public goods and the theory of groups*. Cambridge, MA: Harvard University Press.

O'Reilly, C. A., Caldwell, D. F., & Barnett, W. P. 1989. Work group demography, social integration, and turnover. *Administrative Science Quarterly*, **34**(1), 21–37.

Orlikowski, W. J., & Yates, J. 1994. Genre repertoire: the structuring of communicative practices in organizations. *Administrative Science Quarterly*, **39**(4), 541–74.

Osterman, P. 1994. How common is workplace transformation and how can we explain who does it? *Industrial and Labor Relations Review*, **47**, 2173–88.

Ouchi, W. G. 1981. *Theory Z: how American business can meet the Japanese*. Reading, MA: Addison-Wesley.

Ouimet, P., & Zarutskie, R. 2014. Who works for startups? The relation between firm age, employee age, and growth. *Journal of Financial Economics*, **112**(3), 386–407.

Ostrom, V., & Ostrom, E. 1999. Public goods and public choices. In M. D. McGinnis (Ed.), *Readings from the workshop in political theory and policy analysis* (pp. 75–105). Ann Arbor, MI: University of Michigan Press.

Owen-Smith, J. 2011. The institutionalization of expertise in university licensing. *Theory and Society*, **40**, 63–94.

Owen-Smith, J. 2018. *Research universities and the public good: discovery for an uncertain future*. Stanford, CA: Stanford University Press.

Ozcan, P. 2017. Growing with the market: how changing conditions during market growth affect formation and evolution of interfirm ties. *Strategic Management Journal*, **39**(2), 295–328.

Palermo, T., Power, M., & Ashby, S. 2017. Navigating institutional complexity: the production of risk culture in the financial sector. *Journal of Management Studies*, **54**(2), 154–81.

Pallais, A., & Sands, E. G. 2016. Why the referential treatment? Evidence from field experiments on referrals. *Journal of Political Economy*, **124**(6), 1793–828.

Palmer, D., Greenwood, R., & Smith-Crowe, K. 2016. *Organizational wrongdoing: key perspectives and new directions*. Cambridge, UK: Cambridge University Press.

Palmer, D., Jennings, P. D., & Zhou, X. 1993. Late adoption of the multidivisional form by large US corporations: institutional, political, and economic accounts. *Administrative Science Quarterly*, **30**(1), 100–31.

Palmer, D., & Yenkey, C. B. 2015. Drugs, sweat, and gears: an organizational analysis of performance-enhancing drug use in the 2010 Tour de France. *Social Forces*, **94**(2), 891–922.

Pananond, P. 1995. Comparisons of conglomeration development: the American and the Thai experiences. Unpublished paper, Kenan-Flagler School of Business, University of North Carolina, Chapel Hill.

Parhankangas, A., & Renko, M. 2017. Linguistic style and crowdfunding success among social and commercial entrepreneurs. *Journal of Business Venturing*, **32**(2), 215–36.

Park, P. S., Blumenstock, J. E., & Macy, M. W. 2018. The strength of long-range ties in population-scale social networks. *Science*, **362**(6421), 1410–13.

Park, R., & Kruse, D. 2013. Group incentives and financial performance: the moderating role of innovation. *Human Resource Management Journal*, **24**(1), 77–94.

Park, R. E., Burgess, E. W., McKenzie, R. D., &

Wirth, L. 1925. *The city*. Chicago, IL: University of Chicago Press.

Parsons, T. 1956. Suggestions for a sociological approach to the theory of organizations–I. *Administrative Science Quarterly*, **1**(1), 63–85.

Paruchuri, S., & Eisenman, M. 2012. Microfoundations of firm R&D capabilities: a study of inventor networks in a merger. *Journal of Management Studies*, **49**(8), 1509–35.

Pasternak, D. B. 2018. Unanimous Supreme Court: ADEA applies to all state employers, regardless of size. *National Law Review*, 6 November.

Pattberg, P. H., Biermann, F., Chan, S., & Mert, A. 2012. *Public–private partnerships for sustainable development: emergence, influence and legitimacy*. Cheltenham, UK and Northampton, MA, USA: Edward Elgar Publishing.

Patzelt, H., & Shepherd, D. A. 2011. Recognizing opportunities for sustainable development. *Entrepreneurship Theory and Practice*, **35**(4), 631–52.

Pedulla, D. S. 2016. Penalized or protected? Gender and the consequences of nonstandard and mismatched employment histories. *American Sociological Review*, **81**(2), 262–89.

Pedulla, D. S., & Thébaud, S. 2015. Can we finish the revolution? Gender, work-family ideals, and institutional constraint. *American Sociological Review*, **80**(1), 116–39.

Péli, G. 2009. Fit by founding, fit by adaptation: reconciling conflicting organization theories with logical formalization. *Academy of Management Review*, **34**(2), 343–60.

Péli, G. 2017. Population adaptation with newcomers and incumbents: the effects of the organizational niche. *Industrial and Corporate Change*, **26**(1), 103–24.

Peng, Y. 2004. Kinship networks and entrepreneurs in China's transitional economy. *American Journal of Sociology*, **109**(5), 1045–74.

Pentland, B. T. 1992. Organizing moves in software support hot lines. *Administrative Science Quarterly*, **37**(4), 527–48.

Pentland, B. T., Feldman, M. S., Becker, M. C., & Liu, P. 2012. Dynamics of organizational routines: a generative model. *Journal of Management Studies*, **49**(8), 1484–508.

Pentland, B. T., & Hærem, T. 2015. Organizational routines as patterns of action: implications for organizational behavior. *Annual Review of Organizational Psychology and Organizational Behavior*, **2**, 465–87.

Pentland, B. T., Hærem, T., & Hillison, D. 2010. Comparing organizational routines as recurrent patterns of action. *Organization Studies*, **31**(7), 917–40.

Pentland, B. T., Hærem, T., & Hillison, D. 2011. The (n)ever-changing world: stability and change in organizational routines. *Organization Science*, **22**(6), 1369–83.

Pentland, B. T., & Rueter, H. H. 1994. Organizational routines as grammars of action. *Administrative Science Quarterly*, **39**(3), 484–510.

Pernell, K., Jung, J., & Dobbin, F. 2017. The hazards of expert control: chief risk officers and risky derivatives. *American Sociological Review*, **82**(3), 511–41.

Pero, M., Moretto, A., Bottani, E., & Bigliardi, B. 2017. Environmental collaboration for sustainability in the construction industry: an exploratory study in Italy. *Sustainability*, **9**(1), 125.

Perrow, C. 1986a. *Complex organizations* (3rd ed.). New York: Scott Foresman.

Perrow, C. 1986b. Economic theories of organization. *Theory and Society*, **15**, 11–45.

Perrow, C. 1991. A society of organizations. *Theory and Society*, **20**(6), 725–62.

Perrow, C. 1999. *Normal accidents: living with high-risk technologies*. Princeton, NJ: Princeton University Press.

Perry, J. T., Chandler, G. N., & Markova, G. 2012. Entrepreneurial effectuation: a review and suggestions for future research. *Entrepreneurship Theory and Practice*, **36**(4), 837–61.

Persons, E. 2019. School closings: implications for

schools and neighborhoods. Unpublished paper, Duke University.

Petkova, A. P., Wadhwa, A., Yao, X., & Jain, S. 2013. Reputation and decision making under ambiguity: a study of U.S. venture capital firms' investments in the emerging clean energy sector. *Academy of Management Journal*, **57**(2), 422–48.

Pettigrew, A. M. 1979. On studying organizational cultures. *Administrative Science Quarterly*, **24**(4), 570–81.

Pfeffer, J. 1972. Merger as a response to organizational interdependence. *Administrative Science Quarterly*, **17**(3), 382–94.

Pfeffer, J. 1983. Organizational demography. In B. M. Staw, & L. L. Cummings (Eds.), *Research in organizational behavior*, vol. 5 (pp. 299–357). Greenwich, CT: JAI Press.

Pfeffer, J. 1993. Barriers to the advance of organizational science: paradigm development as a dependent variable. *Academy of Management Review*, **18**(4), 599–620.

Pfeffer, J., & Salancik, G. R. 1978. *The external control of organizations: a resource dependence perspective*. New York: Harper & Row.

Pfeffer, J., & Salanick, G. R. 2003. *The external control of organizations: a resource dependence perspective* (new ed.). Stanford, CA: Stanford University Press.

Phelps, R., Adams, R., & Bessant, J. 2007. Life cycles of growing organizations: a review with implications for knowledge and learning. *International Journal of Management Reviews*, **9**, 1–30.

Phillips, D. J. 2002. A genealogical approach to organizational life chances: the parent-progeny transfer among Silicon Valley law firms, 1946–1996. *Administrative Science Quarterly*, **47**(3), 474–506.

Pickerill, J., & Krinsky, J. 2012. Why does Occupy matter? *Social Movement Studies*, **11**(3–4), 279–87.

Picot, A., Schneider, D., & Laub, U. 1989. Transaktionskosten und innovative Unternehmensgründung [Transaction costs and innovative start-up]. *Schmalenbachs Zeitschrift für betriebswirtschaftliche Forschung*, **41**, 358–87.

Pinch, T. J., & Trocco, F. 2002. *Analog days: the invention and impact of the Moog synthesizer*. Cambridge, MA: Harvard University Press.

Pinkse, J., & Groot, K. 2015. Sustainable entrepreneurship and corporate political activity: overcoming market barriers in the clean energy sector. *Entrepreneurship Theory and Practice*, **39**(3), 633–54.

Piskorski, M. J. 2014. *A social strategy: how we profit from social media*. Princeton, NJ: Princeton University Press.

Piskorski, M. J., & Gorbatâi, A. 2017. Testing Coleman's social-norm enforcement mechanism: evidence from Wikipedia. *American Journal of Sociology*, **122**(4), 1183–222.

Pitelis, C. 2012. Clusters, entrepreneurial ecosystem co-creation, and appropriability: a conceptual framework. *Industrial and Corporate Change*, **21**(6), 1359–88.

Podolny, J. M. 2001. Networks as the pipes and prisms of the market. *American Journal of Sociology*, **107**(1), 33–60.

Podolny, J. M., Stuart, T. E., & Hannan, M. T. 1996. Networks, knowledge, and niches: competition in the worldwide semiconductor industry, 1984-1991. *American Journal of Sociology*, **102**(3), 659–89.

Polanyi, M. 1966. *The tacit dimension*. Garden City, NY: Doubleday.

Pólos, L., Hannan, M. T., & Carroll, G. R. 2002. Foundations of a theory of social forms. *Industrial and Corporate Change*, **11**(1), 85–115.

Pontikes, E. G. 2012. Two sides of the same coin: how ambiguous classification affects multiple audiences' evaluations. *Administrative Science Quarterly*, **57**(1), 81–118.

Popielarz, P. A., & McPherson, J. M. 1995. On the edge or in between: niche position, niche overlap, and the duration of voluntary association memberships. *American Journal of Sociology*, **101**(3), 698–720.

Porter, M. E., & Wayland, R. E. 1995. Global competition and the localization of competitive advantage. In J. E. Dutton, A. Sigismund Huff, P. Shrivastava, & H. Birger Thorelli (Eds.), *Advances in strategic management, vol. 11, part B: integral strategy: integration as focus* (pp. 63–105). Greenwich, CT: JAI Press.

Powell, W. 2003. Neither market nor hierarchy: network forms of organization. In M. J. Handel (Ed.), *The sociology of organizations: classic, contemporary, and critical readings* (pp. 315–30). Thousand Oaks, CA: Sage.

Powell, W. W., Koput, K. W., & Smith-Doerr, L. 1996. Interorganizational collaboration and the locus of innovation: networks of learning in biotechnology. *Administrative Science Quarterly*, **41**(1), 116–45.

Powell, W. W., White, D. R., Koput, K. W., & Owen-Smith, J. 2005. Network dynamics and field evolution: the growth of interorganizational collaboration in the life sciences. *American Journal of Sociology*, **110**(4), 1132–205.

PricewaterhouseCoopers. 2018. Annual investment in US VC-backed companies increased 17% in 2017, reaching $71.9B, according to the PwC/CB Insights MoneyTree report. *PWC Newsroom*, 10 January.

Pugh, D. S., Hickson, D. J., Hinings, C. R., & Turner, C. 1968. Dimensions of organization structure. *Administrative Science Quarterly*, **13**(1), 65–105.

Puig, F., & Urzelai, B. (Eds.). 2019. *Economic clusters and globalization: diversity and resilience*. London: Routledge.

Purcell, K., & Smith, A. 2011. *The social side of the internet*. Washington, DC: Pew Research Center.

Quinn, R. E., & Rohrbaugh, J. 1983. A spatial model of effectiveness criteria: towards a competing values approach to organizational analysis. *Management Science*, **29**(3), 363–77.

Rafaeli, A., & Sutton, R. 1990. Busy stores and demanding customers: how do they affect the display of positive emotion? *Academy of Management Journal*, **33**(3), 623–37.

Rafaeli, A., & Sutton, R. 1991. Emotional contrast strategies as means of social influence: lessons from criminal interrogators and bill collectors. *Academy of Management Journal*, **34**(4), 749–75.

Raffaelli, R. 2019. Technology reemergence: creating new value for old technologies in Swiss mechanical watchmaking, 1970–2008. *Administrative Science Quarterly*, **64**(3), 576–618.

Rai, V., Funkhouser, E., Udwin, T., & Livingston, D. 2015. Venture capital in clean energy innovation finance: insights from the US market during 2005-2014. https://dx.doi.org/10.2139/ssrn.2676216.

Rajwani, T., Lawton, T., & Phillips, N. 2015. The "voice of industry": why management researchers should pay more attention to trade associations. *Strategic Organization*, **13**(3), 224–32.

Ram, M., Jones, T., & Villares-Varela, M. 2017. Migrant entrepreneurship: reflections on research and practice. *International Small Business Journal*, **35**(1), 3–18.

Ranganathan, R., Ghosh, A., & Rosenkopf, L. 2018. Competition–cooperation interplay during multifirm technology coordination: the effect of firm heterogeneity on conflict and consensus in a technology standards organization. *Strategic Management Journal*, **39**(12), 3193–221.

Ranger-Moore, J., Banaszak-Holl, J., & Hannan, M. T. 1991. Density-dependent dynamics in regulated industries: founding rates of banks and life insurance companies. *Administrative Science Quarterly*, **36**(1), 36–65.

Rao, H. 1994. The social construction of reputation: certification contests, legitimation, and the survival of organizations in the American automobile industry: 1895–1912. *Strategic Management Journal*, **15**(S1), S29–S44.

Rao, H. 1998. Caveat emptor: the construction of nonprofit consumer watchdog organizations. *American Journal of Sociology*, **103**(4), 912–61.

Rao, H., Monin, P., & Durand, R. 2003. Institutional change in Toque Ville: nouvelle cuisine as an identity movement in French gastronomy. *American Journal of Sociology*, **108**(4), 795–843.

Rao, H., Monin, P., & Durand, R. 2005. Border crossing: bricolage and the erosion of categorical boundaries in French gastronomy. *American Sociological Review*, **70**(6), 968–91.

Rao, H., & Sivakumar, K. 1999. Institutional sources of boundary-spanning structures: the establishment of investor relations departments in the *Fortune 500* industrials. *Organization Science*, **10**(1), 27–42.

Ratten, V., Jones, P., Braga, V., & Marques, C. S. 2019. Sustainable entrepreneurship: the role of collaboration in the global economy. In V. Ratten, P. Jones, V. Braga, & C. S. Marques (Eds.), *Sustainable entrepreneurship: the role of collaboration in the global economy* (pp. 1–7). Cham, Switzerland: Springer.

Ray, V. 2019. A theory of racialized organizations. *American Sociological Review*, **84**(1), 26–53.

Reed, R., & DeFillippi, R. J. 1990. Causal ambiguity, barriers to imitation, and sustainable competitive advantage. *Academy of Management Review*, **15**(1), 88–102.

Reich, A. 2014. *Selling our souls: the commodification of hospital care in the United States*. Princeton, NJ: Princeton University Press.

Reiss, A. J. 1971. *The police and the public*. New Haven, CT: Yale University Press.

Reiss, A. J. 1992. The trained incapacities of sociologists. In T. Halliday, & M. Janowitz (Eds.), *Sociology and its publics* (pp. 297–315). Chicago, IL: University of Chicago Press.

Renzulli, L. A. 1998. Small business owners, their networks, and the process of resource acquisition. Master's thesis, University of North Carolina at Chapel Hill.

Renzulli, L. A. 2005. Organizational environments and the emergence of charter schools in the United States. *Sociology of Education*, **78**(1), 1–26.

Renzulli, L. A., Aldrich, H., & Moody, J. 2000. Family matters: gender, networks, and entrepreneurial outcomes. *Social Forces*, **79**(2), 523–46.

Renzulli, L. A., & Reynolds, J. 2005. Economic freedom or self-imposed strife: work/life conflict, gender, and self-employment. In L. Keister (Ed.), *Research in the sociology of work. Vol. 15: Entrepreneurship* (pp. 33–60). Bingley, UK: Emerald.

Renzulli, L. A., & Roscigno, V. 2006. Charter school policy, implementation, and diffusion in the United States. *Sociology of Education*, **78**(4), 344–66.

Rerup, C., & Feldman, M. S. 2011. Routines as a source of change in organizational schemata: the role of trial-and-error learning. *Academy of Management Journal*, **54**(3), 577–610.

Reuer, J. J., & Devarakonda, S. V. 2016. Mechanisms of hybrid governance: administrative committees in non-equity alliances. *Academy of Management Journal*, **59**(2), 510–33.

Reynaud, B. 2005. The void at the heart of rules: routines in the context of rule-following. The case of the Paris Metro Workshop. *Industrial and Corporate Change*, **14**(5), 847–71.

Reynolds, P. D. 2000. National study of U.S. business start-ups: background and methodology. In J. Katz (Ed.), *Advances in entrepreneurship, firm emergence, and growth, vol. 4* (pp. 153–228). Greenwich, CT: JAI Press.

Reynolds, P. D. 2016. Start-up actions and outcomes: what entrepreneurs do to reach profitability. *Foundations and Trends® in Entrepreneurship*, **12**(6), 443–559.

Reynolds, P. D., & Curtin, R. T. 2010. *New business creation: an international overview*. New York: Springer Science+Business Media.

Reynolds, P. D., & White, S. B. 1997. *The entrepreneurial process: economic growth, men, women, and minorities*. Westport, CT: Quorum Books.

Richtel, M. 1998. Venture capital is alive, and plentiful. *New York Times*, 6 April.

Ridgeway, C. L. 2011. *Framed by gender: how gender inequality persists in the modern world*. New York: Oxford University Press.

Ridgeway, C. L., Boyle, E. H., Kuipers, K. J., & Robinson, D. T. 1998. How do status beliefs develop? The role of resources and interactional experience. *American Sociological Review*, **63**(3), 331–50.

Ritchie, H., & Roser, M. 2019. Renewable energy. *OurWorldinData.org*. Retrieved from https://ourworldindata.org/renewable-energy.

Ritzer, G. 2007. Metatheory. In G. Ritzer (Ed.), *The Blackwell encyclopedia of sociology*. Hoboken, NJ: Wiley-Blackwell.

Rivera, L. A. 2015. Go with your gut: emotion and evaluation in job interviews. *American Journal of Sociology*, **120**(5), 1339–89.

Rivera, L. A. 2016. *Pedigree: how elite students get elite jobs*. Princeton, NJ: Princeton University Press.

Robb, A., & Morelix, A. 2016. Startup financing trends by race: how access to capital impacts profitability: annual survey of entrepreneurs data briefing series. Kansas City, MO: Ewing Marion Kauffman Foundation.

Robins, J. A. 1987. Organizational economics: notes on the use of transaction-cost theory in the study of organizations. *Administrative Science Quarterly*, **32**(1), 68–86.

Rocha, V., Carneiro, A., & Varum, C. 2018. Leaving employment to entrepreneurship: the value of co-worker mobility in pushed and pulled-driven start-ups. *Journal of Management Studies*, **55**(1), 60–85.

Rogers, E. M. 1995. *Diffusion of innovations*. New York: The Free Press.

Romanelli, E. 1989. Organization birth and population variety: a community perspective on origins. In B. Staw, & L. L. Cummings (Eds.), *Research in organizational behavior, vol. 11* (pp. 211–46). Greenwich, CT: JAI Press.

Romanelli, E. 1999. Blind (but not unconditioned) variation: problems of copying in sociocultural evolution. In J. A. C. Baum, & B. McKelvey (Eds.), *Variations in organization science: in honor of Donald T. Campbell* (pp. 79–91). Thousand Oaks, CA: Sage.

Romanelli, E., & Khessina, O. M. 2005. Regional industrial identity: cluster configurations and economic development. *Organization Science*, **16**(4), 344–58.

Romero, M., & Valdez, Z. 2016. Introduction to the special issue: intersectionality and entrepreneurship. *Ethnic and Racial Studies*, **39**(9), 1553–65.

Romme, A. G. L., Zollo, M., & Berends, P. 2010. Dynamic capabilities, deliberate learning and environmental dynamism: a simulation model. *Industrial and Corporate Change*, **19**(4), 1271–99.

Roscigno, V., & Danaher, W. 2004. *The voice of southern labor: radio, music, and textile strikes, 1929–1934*. Minneapolis, MN: University of Minnesota Press.

Rosenbusch, N., Brinckmann, J., & Bausch, A. 2011. Is innovation always beneficial? A meta-analysis of the relationship between innovation and performance in SMEs. *Journal of Business Venturing*, **26**(4), 441–57.

Rosenfeld, R. A. 1992. Job mobility and career processes. *Annual Review of Sociology*, **18**, 39–61.

Rosenkopf, L., & McGrath, P. 2011. Advancing the conceptualization and operationalization of novelty in organizational research. *Organization Science*, **22**(5), 1297–311.

Rosenkopf, L., & Tushman, M. 1994. The coevolution and technology and organizations. In J. A. C. Baum, & J. V. Singh (Eds.), *Evolutionary Dynamics of Organizations* (pp. 403–24). New York: Oxford University Press.

Rosenwein, R. E., & Campbell, D. T. 1992. Mobilization to achieve collective action and democratic majority/plurality amplification. *Journal of Social Issues*, **48**(2), 125–38.

Rothschild, J., & Russell, R. 1986. Alternatives to

bureaucracy: democratic participation in the economy. *Annual Review of Sociology*, **12**, 307–28.

Rothschild-Whitt, J. 1979. The collectivist organization: an alternative to rational-bureaucratic models. *American Sociological Review*, **44**(4), 509–27.

Roughgarden, J. 1983. Competition and theory in community ecology. *The American Naturalist*, **122**(5), 583–601.

Rousseau, D. M. 2005. *I-deals: idiosyncratic deals employees bargain for themselves*: Armonk, NY: M. E. Sharpe.

Rousseau, D. M., Ho, V. T., & Greenberg, J. 2006. I-deals: idiosyncratic terms in employment relationships. *Academy of Management Review*, **31**(4), 977–94.

Roy, D. F. 1953. Work satisfaction and social reward in quota achievement: an analysis of piecework incentive. *American Sociological Review*, **18**(5), 507–14.

Roy, W. G. 1997. *Socializing capital: the rise of the large industrial corporation in America*. Princeton, NJ: Princeton University Press.

Rubineau, B., & Fernandez, R. M. 2015. Tipping points: the gender segregating and desegregating effects of network recruitment. *Organization Science*, **26**(6), 1646–64.

Ruef, M. 1997. Assessing organizational fitness on a dynamic landscape: an empirical test of the relative inertia thesis. *Strategic Management Journal*, **18**(11), 837–53.

Ruef, M. 2000. The emergence of organizational forms: a community ecology approach. *The American Journal of Sociology*, **106**(3), 658–714.

Ruef, M. 2002a. Strong ties, weak ties and islands: structural and cultural predictors of organizational innovation. *Industrial & Corporate Change*, **11**(3), 427–49.

Ruef, M. 2002b. Unpacking the liability of aging: toward a socially-embedded account of organizational disbanding. In M. Lounsbury, & M. Ventresca (Eds.), *Research in the sociology of organizations. Vol. 19: Social structure and organizations revisited* (pp. 195–228). Bingley, UK: Emerald.

Ruef, M. 2004. The demise of an organizational form: emancipation and plantation agriculture in the American South, 1860–1880. *American Journal of Sociology*, **109**(6), 1365–410.

Ruef, M. 2005. Origins of organizations: the entrepreneurial process. In L. Keister (Ed.), *Research in the sociology of work. Vol. 15: Entrepreneurship* (pp. 63–101). Bingley, UK: Emerald.

Ruef, M. 2006. Boom and bust: the effect of entrepreneurial inertia on organizational populations. In J. A. C. Baum, S. D. Dobrev, & A. van Witteloostuijn (Eds.), *Ecology and strategy, vol. 23* (pp. 29–72). Bingley, UK: Emerald.

Ruef, M. 2010. *The entrepreneurial group: social identities, relations, and collective action*. Princeton, NJ: Princeton University Press.

Ruef, M. 2015. Sociology of entrepreneurship. In R. A. Scott, S. Kosslyn, & M. Buchmann (Eds.), *Emerging trends in the social and behavioral sciences: an interdisciplinary, searchable, and linkable resource*. Hoboken, NJ: Wiley.

Ruef, M. 2018. The household as a source of labor for entrepreneurs: evidence from New York City during industrialization. *Strategic Entrepreneurship Journal*. https://doi.org/10.1002/sej.1309.

Ruef, M., Aldrich, H. E., & Carter, N. M. 2003. The structure of founding teams: homophily, strong ties, and isolation among U.S. entrepreneurs. *American Sociological Review*, **68**(2), 195–222.

Ruef, M., & Kwon, S.-W. 2016. Neighborhood associations and social capital. *Social Forces*, **95**(1), 159–90.

Ruef, M., & Nag, M. 2015. The classification of organizational forms: theory and application to the field of higher education. In M. Kirst, & M. Stevens (Eds.), *Remaking college: the changing ecology of higher education* (pp. 84–109). Stanford, CA: Stanford University Press.

Ruef, M., & Patterson, K. 2009a. Credit and

classification: the impact of industry boundaries in nineteenth-century America. *Administrative Science Quarterly*, **54**(3), 486–520.

Ruef, M., & Patterson, K. 2009b. Organizations and local development: economic and demographic growth among southern counties during reconstruction. *Social Forces*, **87**(4), 1743–76.

Ruef, M., & Scott, R. 1998. A multidimensional model of organizational legitimacy: hospital survival in changing institutional environments. *Administrative Science Quarterly*, **43**(4), 877–904.

Russell, R. 1985. *Sharing ownership in the workplace*. Albany, NY: SUNY Press.

Russo, J. A., & Coomes, M. D. 2000. Enrollment management, institutional resources, and the private college. *New Directions for Student Services*, **2000**(89), 33–46.

Rytina, S., & Morgan, D. L. 1982. The arithmetic of social relations: the interplay of category and network. *American Journal of Sociology*, **88**(1), 88–113.

Salam, M. 2018. Boy Scouts will drop the "boy" in its namesake program, as it welcomes girls next year. *New York Times*, 2 May.

Saloner, G., Shepard, A., & Podolny, J. 2001. *Strategic management*. New York: Wiley.

Samila, S., & Sorenson, O. 2017. Community and capital in entrepreneurship and economic growth. *American Sociological Review*, **82**(4), 770–95.

Samuelsson, M., & Davidsson, P. 2009. Does venture opportunity variation matter? Investigating systematic process differences between innovative and imitative new ventures. *Small Business Economics*, **33**(2), 229–55.

Santos, F. M., & Eisenhardt, K. M. 2005. Organizational boundaries and theories of organization. *Organization Science*, **16**(5), 491–508.

Sarasvathy, S. D. 2001. Causation and effectuation: toward a theoretical shift from economic inevitability to entrepreneurial contingency. *Academy of Management Review*, **26**(2), 243–63.

Sarasvathy, S. D. 2008. *Effectuation: elements of entrepreneurial expertise*. Cheltenham, UK and Northampton, MA, USA: Edward Elgar Publishing.

Saridakis, G., Lai, Y., & Cooper, C. L. 2017. Exploring the relationship between HRM and firm performance: a meta-analysis of longitudinal studies. *Human Resource Management Review*, **27**(1), 87–96.

Saxenian, A. 1994. *Regional advantage: culture and competition in Silicon Valley and Route 128*. Cambridge, MA: Harvard University Press.

Schaefer, S. 2014. Five biggest U.S. banks control nearly half industry's $15 trillion in assets. *Forbes*, 3 December.

Schakenbach Regele, L. 2019. *Manufacturing advantage: war, the state, and the origins of American industry, 1776–1848*. Baltimore, MD: Johns Hopkins University Press.

Scheiber, N. 2014. The brutal ageism of tech: years of experience, plenty of talent, completely obsolete. *New Republic*, 23 March.

Schein, E. 1990. Organizational culture. *American Psychologist*, **45**(2), 109–19.

Schmitz, C. J. 1995. *The growth of big business in the United States and Western Europe, 1850–1939*. Cambridge, UK: Cambridge University Press.

Schmookler, J. 1962. Economic sources of inventive activity. *The Journal of Economic History*, **22**(1), 1–20.

Schneiberg, M. 2007. What's on the path? Path dependence, organizational diversity and the problem of institutional change in the US economy. *Socio-Economic Review*, **5**(1), 47–80.

Schneiberg, M. 2013. Movements as political conditions for diffusion: anti-corporate movements and the spread of cooperative forms in American capitalism. *Organization Studies*, **34**(5–6), 653–82.

Schneiberg, M., & Bartley, T. 2001. Regulating American industries: markets, politics, and the institutional determinants of fire insurance regulation. *American Journal of Sociology*, **107**(1), 101–46.

Schneiberg, M., & Lounsbury, M. 2017. Social movements and the dynamics of institutions and organizations. In R. Greenwood, C. Oliver, T. B. Lawrence, & R. Meyer (Eds.), *The Sage handbook of organizational institutionalism* (2nd ed.) (pp. 281–310). London: Sage.

Schofer, E., & Fourcade-Gourinchas, M. 2001. The structural contexts of civic engagement: voluntary association membership in comparative perspective. *American Sociological Review*, **66**(6), 806–28.

Schultz, M., & Hernes, T. 2013. A temporal perspective on organizational identity. *Organization Science*, **24**(1), 1–21.

Schumpeter, J. A. 1934. *The theory of economic development; an inquiry into profits, capital, credit, interest, and the business cycle*. Cambridge, MA: Harvard University Press.

Schwartz, E. I. 1997. *Webonomics: the nine essential principles for growing your business on the World Wide Web*. New York: Broadway Books.

Scott, A. J. 1988. *From the division of labor to urban form*. Berkeley, CA: University of California Press.

Scott, W. R. 1987. The adolescence of institutional theory. *Administrative Science Quarterly*, **32**(4), 493–511.

Scott, W. R. 2003. *Organizations: rational, natural, and open systems* (5th ed.). Englewood Cliffs, NJ: Prentice-Hall.

Scott, W. R. 2008. *Institutions and organizations: ideas and interests* (3rd ed.). Los Angeles, CA: Sage.

Scott, W. R., & Meyer, J. W. 1983. The organization of societal sectors. In J. W. Meyer, & W. R. Scott (Eds.), *Organizational environments: ritual and rationality* (pp. 129–54). Beverly Hills, CA: Sage.

Scott, W. R., Ruef, M., Mendel, P. J., & Caronna, C. A. 2000. *Institutional change and healthcare organizations*. Chicago, IL: University of Chicago Press.

Selznick, P. 1949. *TVA and the grass roots: a study in the sociology of formal organization*. Berkeley, CA: University of California Press.

Selznick, P. 1957. *Leadership in administration*. New York: Harper & Row.

Selznick, P., Nonet, P., & Vollmer, H. M. 1969. *Law, society, and industrial justice*. New York: Russell Sage Foundation.

Sessa, V. I., & London, M. 2015. *Continuous learning in organizations: individual, group, and organizational perspectives*. New York: Psychology Press.

Sewell, W. H. 1996. Historical events as transformations of structures: inventing revolution at the Bastille. *Theory and Society*, **25**(6), 841–81.

Shaiken, H. 1986. *Work transformed: automation and labor in the computer age*. Lexington, MA: Lexington Books.

Shane, S. 2004. *Academic entrepreneurship: university spinoffs and wealth creation*. Cheltenham, UK and Northampton, MA, USA: Edward Elgar Publishing.

Shane, S., & Nicolaou, N. 2015. Creative personality, opportunity recognition and the tendency to start businesses: a study of their genetic predispositions. *Journal of Business Venturing*, **30**(3), 407–19.

Shane, S., & Venkataraman, S. 2000. The promise of entrepreneurship as a field of research. *Academy of Management Review*, **25**(1), 217–26.

Sharone, O. 2014. Social capital activation and job searching: embedding the use of weak ties in the American institutional context. *Work and Occupations*, **41**(4), 409–39.

Shepherd, D. A., & Haynie, J. M. 2011. Venture failure, stigma, and impression management: a self-verification, self-determination view. *Strategic Entrepreneurship Journal*, **5**(2), 178–97.

Shi, Y., Dokshin, F. A., Genkin, M., & Brashears, M. E. 2017. A member saved is a member earned? The recruitment–retention trade-off and organizational strategies for membership growth. *American Sociological Review*, **82**(2), 407–34.

Shipilov, A. V., & Li, S. X. 2012. The missing link:

the effect of customers on the formation of relationships among producers in the multiplex triads. *Organization Science*, **23**(2), 472–91.

Short, J. C., Ketchen, D. J., McKenny, A. F., Allison, T. H., & Ireland, R. D. 2017. Research on crowdfunding: reviewing the (very recent) past and celebrating the present. *Entrepreneurship Theory and Practice*, **41**(2), 149–60.

Simon, H. A. 1955. A behavioral model of rational choice. *Quarterly Journal of Economics*, **69**(1), 99–118.

Simon, H. A. 1964. On the concept of organizational goal. *Administrative Science Quarterly*, **9**(1), 1–22.

Simon, H. A. 1985. Human nature in politics: the dialogue of psychology with political science. *The American Political Science Review*, **79**, 293–304.

Simon, H. A. 1996. *The architecture of complexity*. Cambridge, MA: MIT Press.

Simon, H. A. 1997. *Administrative behavior: a study of decision-making processes in administrative organizations* (4th ed.). New York: Simon & Schuster.

Simon, H. A., & Bonini, C. P. 1958. The size distribution of business firms. *The American Economic Review*, **48**(4), 607–17.

Sine, W. D., Haveman, H. A., & Tolbert, P. S. 2005. Risky business? Entrepreneurship in the new independent-power sector. *Administrative Science Quarterly*, **50**(2), 200–32.

Sine, W. D., Mitsuhashi, H., & Kirsch, D. A. 2006. Revisiting Burns and Stalker: formal structure and new venture performance in emerging economic sectors. *Academy of Management Journal*, **49**(1), 121–32.

Sitkin, S. B. 1992. Learning through failure: the strategy of small losses. In B. M. Staw, & L. L. Cummings (Eds.), *Research in organizational behavior, vol. 14* (pp. 231–66). Greenwich, CT: JAI Press.

Sitkin, S. B., Sutcliffe, K. M., & Schroeder, R. G. 1994. Distinguishing control from learning in total quality management: a contingency perspective. *Academy of Management Review*, **19**(3), 537–64.

Small Business Administration. 1982. *The state of small business: a report of the president transmitted to Congress*. Washington, DC: U.S. G.P.O.

Small Business Administration. 1998. *Mergers and acquisitions in the United States, 1990–1994*. Washington, DC: Office of Advocacy, Small Business Administration.

Small Business Administration. 2017. *Frequently asked questions about small business*. Washington, DC: Office of Advocacy, Small Business Administration.

Small Business Administration. 2018. *Frequently asked questions about small business*. Washington, DC: Office of Advocacy, Small Business Administration.

Smelser, N. J. 1998. The rational and the ambivalent in the social sciences. *American Sociological Review*, **63**(1), 1–15.

Smith, E. 1996. The great black hope. *Black Enterprise*, **26**(7), 150.

Smith, E. B. 2011. Identities as lenses: how organizational identity affects audiences' evaluation of organizational performance. *Administrative Science Quarterly*, **56**(1), 61–94.

Smith, W. K., & Besharov, M. L. 2017. Bowing before dual gods: how structured flexibility sustains organizational hybridity. *Administrative Science Quarterly*. https://doi.org/10.1177%2F0001839217750826

Smyth, C.-M. 2017. *European employment law: a brief guide to the essential elements*. New York: Business Expert Press.

Snow, D. A., Rochford, E. B., Worden, S. K., & Benford, R. D. 1986. Frame alignment processes, micromobilization, and movement participation. *American Sociological Review*, **51**(4), 464–81.

Sober, E. 1993. *The nature of selection: evolutionary theory in philosophical focus*. Chicago, IL: University of Chicago Press.

Sonenshein, S., Nault, K., & Obodaru, O. 2017. Competition of a different flavor: how a strategic group identity shapes competition and cooperation. *Administrative Science Quarterly*, **62**(4), 626–56.

Sørensen, J. B., & Fassiotto, M. A. 2011. Organizations as fonts of entrepreneurship. *Organization Science*, **22**(5), 1322–31.

Sorenson, O. 2003. Social networks and industrial geography. *Journal of Evolutionary Economics*, **13**(5), 513–27.

Sorenson, O. 2017. Regional ecologies of entrepreneurship. *Journal of Economic Geography*, **17**(5), 959–74.

Sorenson, O., & Audia, P. G. 2000. The social structure of entrepreneurial activity: geographic concentration of footwear production in the United States, 1940–1989. *American Journal of Sociology*, **106**(2), 424–62.

Sorkin, A. R. 2018. Flipping the economics of paying for education, because they're upside down. *New York Times*, 8 January.

Soule, S. A. 2012. Social movements and markets, industries, and firms. *Organization Studies*, **33**(12), 1715–33.

Sousa-Poza, A., & Henneberger, F. 2004. Analyzing job mobility with job turnover intentions: an international comparative study. *Journal of Economic Issues*, **38**(1), 113–37.

Spencer, H. 1896. *The principles of sociology*. New York: D. Appleton & Co.

Spigel, B. 2017. The relational organization of entrepreneurial ecosystems. *Entrepreneurship Theory and Practice*, **41**(1), 49–72.

Spilling, O. R., & Bolkesjô, T. 1998. Motivation for entrepreneurship in different contexts: some reflections on entrepreneurial typologies. Paper prepared for the 10th Nordic Conference on Small Business Research, Växjö, Sweden.

Staber, U. 1993. Worker cooperatives and the business cycle: are cooperatives the answer to unemployment? *American Journal of Economics & Sociology*, **52**(2), 129–43.

Staber, U. H., & Aldrich, H. (Eds.). 1983. *Trade association stability and public policy*. Beverly Hills, CA: Sage.

Staggenborg, S. 1989. Stability and innovation in the women's movement: a comparison of two movement organizations. *Social Problems*, **36**(1), 75–92.

Stam, E. 2016. *A research agenda for entrepreneurship and context*. Cheltenham, UK and Northampton, MA, USA: Edward Elgar Publishing.

Stam, W., Arzlanian, S., & Elfring, T. 2014. Social capital of entrepreneurs and small firm performance: a meta-analysis of contextual and methodological moderators. *Journal of Business Venturing*, **29**(1), 152–73.

Stangler, D., Morelix, A., & Tareque, I. 2016. Trends in venture capital, angel investments, and crowdfunding across the fifty largest U.S. metropolitan areas: annual survey of entrepreneurs data briefing series. Kansas City, MO: Ewing Marion Kauffman Foundation.

Starbuck, W. 1965. *Organizational growth and development*. Chicago, IL: Rand McNally.

Stark, D. 2001. Ambiguous assets for uncertain environments: heterarchy in postsocialist firms. In P. DiMaggio (Ed.), *The twenty-first-century firm: changing economic organization in international perspective* (pp. 69–104). Princeton, NJ: Princeton University Press.

Starr, P. 2004. *The creation of the media: political origins of modern communications*. New York: Basic Books.

Stasser, G., Taylor, L. A., & Hanna, C. 1989. Information sampling in structured and unstructured discussions of three- and six-person groups. *Journal of Personality and Social Psychology*, **57**(1), 67–78.

Statistics Bureau of Japan. 2016. *Economic census*

for business activity. Tokyo: Ministry of Internal Affairs and Communications.

Staw, B. M., Sandelands, L. E., & Dutton, J. E. 1981. Threat Rigidity effects in organizational behavior: a multilevel analysis. *Administrative Science Quarterly*, **26**(4), 501–24.

Stearns, L. B., & Allan, K. D. 1996. Economic behavior in institutional environments: the corporate merger wave of the 1980s. *American Sociological Review*, **61**(4), 699–718.

Stevenson, W. B., & Bartunek, J. M. 1996. Power, interaction, position, and the generation of cultural agreement in organizations. *Human Relations*, **49**(1), 75–104.

Stewart, A. 1989. *Team entrepreneurship*. Newbury Park, CA: Sage.

Stewart, A. 1998. *The ethnographer's method*. Thousand Oaks, CA: Sage.

Stewart, A., & Aldrich, H. 2015. Collaboration between management and anthropology researchers: obstacles and opportunities. *Academy of Management Perspectives*, **29**(2), 173–92.

Stieglitz, N., Knudsen, T., & Becker, M. C. 2016. Adaptation and inertia in dynamic environments. *Strategic Management Journal*, **37**(9), 1854–64.

Stinchcombe, A. L. 1964. *Rebellion in a high school*. Chicago, IL: Quadrangle Books.

Stinchcombe, A. L. 1965. Social structure and organizations. In J. G. March (Ed.), *Handbook of organizations* (pp. 142–93). Chicago, IL: Rand McNally.

Storey, D. J. 1994. *Understanding the small business sector*. London: Routledge.

Storti, L. 2014. Being an entrepreneur: emergence and structuring of two immigrant entrepreneur groups. *Entrepreneurship & Regional Development*, **26**(7–8), 521–45.

Story, R. 1980. *The forging of an aristocracy: Harvard & the Boston upper class, 1800–1870*. Middletown, CT: Wesleyan University Press.

Stovel, K., & Savage, M. 2006. Mergers and mobility: organizational growth and the origins of career migration at Lloyds Bank. *American Journal of Sociology*, **111**(4), 1080–121.

Strang, D. 2010. *Learning by example: imitation and innovation at a global bank*. Princeton, NJ: Princeton University Press.

Strang, D., & Macy, M. W. 2001. In search of excellence: fads, success stories, and adaptive emulation. *American Journal of Sociology*, **107**(1), 147–82.

Strang, D., & Soule, S. A. 1998. Diffusion in organizations and social movements: from hybrid corn to poison pills. *Annual Review of Sociology*, **24**, 265–90.

Stratton, K. 1989. Union democracy in the international typographical union: thirty years later. *Journal of Labor Research*, **10**(1), 119–34.

Strauss, A. L. 1978. *Negotiations: varieties, contexts, processes, and social order*. San Francisco, CA: Jossey-Bass.

Studer-Ellis, E. M. 1995. Springboards to mortarboards: women's college foundings in Massachusetts, New York, and Pennsylvania. *Social Forces*, **73**(3), 1051–70.

Suchman, M. C. 1995. Managing legitimacy: strategic and institutional approaches. *Academy of Management Review*, **20**(3), 571–610.

Suchman, M. C., & Cahill, M. L. 1996. The hired gun as facilitator: lawyers and the suppression of business disputes in Silicon Valley. *Law & Social Inquiry*, **21**(3), 679–712.

Suchman, M. C., & Edelman, L. 1996. Legal rational myths: the new institutionalism and the law and society tradition. *Law & Social Inquiry*, **21**(4), 903–41.

Suchman, M. C., Steward, D. J., & Westfall, C. A. 2001. The legal environment of entrepreneurship: observations on the legitimation of venture finance in Silicon Valley. In C. Bird Schoonhoven, & E. Romanelli (Eds.), *The entrepreneurship dynamic: origins of entrepreneurship and the evolution of industries* (pp. 349–82). Stanford, CA: Stanford University Press.

Suddaby, R. 2015. Can institutional theory be critical? *Journal of Management Inquiry*, **24**(1), 93–5.

Suddaby, R., & Foster, W. M. 2017. History and organizational change. *Journal of Management*, **43**(1), 19–38.

Suehiro, A. 1992. *Capitalist development in postwar Thailand: commercial bankers, industrial elite, and agribusiness groups*. Ithaca, NY: Cornell University Press.

Swaminathan, A. 1995. The proliferation of specialist organizations in the American wine industry, 1941-1990. *Administrative Science Quarterly*, **40**(4), 653–80.

Swanson, G. E. 1971. An organizational analysis of collectivities. *American Sociological Review*, **36**(4), 607–24.

Swärd, A. 2016. Trust, reciprocity, and actions: the development of trust in temporary inter-organizational relations. *Organization Studies*, **37**(12), 1841–60.

Swidler, A. 1986. Culture in action: symbols and strategies. *American Sociological Review*, **51**(2), 273–86.

Taylor, E. C., McLarty, B. D., & Henderson, D. A. 2018. The fire under the gridiron: resource dependence and NCAA conference realignment. *Journal of Business Research*, **82**(1), 246–59.

Teece, D. J. 1986. Profiting from technological innovation: implications for integration, collaboration, licensing, and public policy. *Research Policy*, **15**(6), 285–305.

Teece, D. J. 1992. Competition, cooperation, and innovation: organizational arrangements for regimes of rapid technological progress. *Journal of Economic Behavior & Organization*, **18**(1), 1–25.

Teece, D. J. 2012. Dynamic capabilities: routines versus entrepreneurial action. *Journal of Management Studies*, **49**(8), 1395–401.

Thaler, R. 1991. *The winner's curse: paradoxes and anomalies of economic life*. New York: Simon & Schuster.

Thébaud, S. 2010. Gender and entrepreneurship as a career choice: do self-assessments of ability matter? *Social Psychology Quarterly*, **73**(3), 288–304.

Thébaud, S. 2015. Business as Plan B: institutional foundations of gender inequality in entrepreneurship across 24 industrialized countries. *Administrative Science Quarterly*, **60**(4), 671–711.

Thomas, J., & Griffin, R. 1983. The social information processing model of task design: a review of the literature. *Academy of Management Review*, **8**(4), 672–82.

Thompson, J. D. 1967. *Organizations in action: social science bases of administrative theory*. New York: McGraw-Hill.

Thompson, N. A., Herrmann, A. M., & Hekkert, M. P. 2015. How sustainable entrepreneurs engage in institutional change: insights from biomass torrefaction in the Netherlands. *Journal of Cleaner Production*, **106**, 608–18.

Thornton, P. H. 2004. *Markets from culture: institutional logics and organizational decisions in higher education publishing*. Stanford, CA: Stanford University Press.

Thornton, P. H., Ocasio, W., & Lounsbury, M. 2012. *The institutional logics perspective: a new approach to culture, structure, and process*. Oxford: Oxford University Press.

Tian, C. 2018. Firm-level entry and exit dynamics over the business cycles. *European Economic Review*, **102**(C), 298–326.

Tiedens, L. Z. 2001. Anger and advancement versus sadness and subjugation: the effect of negative emotion expressions on social status conferral. *Journal of Personality and Social Psychology*, **80**(1), 86–94.

Tilcsik, A. 2014. Imprint–environment fit and performance: how organizational munificence at the time of hire affects subsequent job performance. *Administrative Science Quarterly*, **59**(4), 639–68.

Titus, V., House, J. M., & Covin, J. G. 2014. The

influence of exploration on external corporate venturing activity. *Journal of Management*, **43**(5), 1609–30.

Tolbert, P., & Zucker, L. 1996. The institutionalization of institutional theory. In S. Clegg, C. Hardy, & W. R. Nord (Eds.), *Handbook of organization studies* (pp. 175–90). London: Sage.

Tomlinson, J., Baird, M., Berg, P., & Cooper, R. 2018. Flexible careers across the life course: advancing theory, research and practice. *Human Relations*, **71**(1), 4–22.

Torres, D. L. 1988. Professionalism, variation, and organizational survival. *American Sociological Review*, **53**(3), 380–94.

Tracy, S. J. 2004. Dialectic, contradiction, or double bind? Analyzing and theorizing employee reactions to organizational tension. *Journal of Applied Communication Research*, **32**(2), 119–46.

Trevino, L. K., & Victor, B. 1992. Peer reporting of unethical behavior: a social context perspective. *Academy of Management Journal*, **35**(1), 38–64.

Trice, H. M., & Beyer, J. M. 1991. Cultural leadership in organizations. *Organization Science*, **2**(2), 149–69.

Tripsas, M. 1997. Unraveling the process of creative destruction: complementary assets and incumbent survival in the typesetter industry. *Strategic Management Journal*, **18**(1), 119–42.

Tucker, D. J., Singh, J. V., & Meinhard, A. G. 1990. Organizational form, population dynamics, and institutional changes: the foundings patterns of voluntary organizations. *Academy of Management Journal*, **33**(1), 151–78.

Turco, C. J. 2010. Cultural foundations of tokenism: evidence from the leveraged buyout industry. *American Sociological Review*, **75**(6), 894–913.

Turco, C. J. 2016. *The conversational firm: rethinking bureaucracy in the age of social media*. New York: Columbia University Press.

Tushman, M. L., & Anderson, P. 1986. Technological discontinuities and organizational environments. *Administrative Science Quarterly*, **31**(3), 439–65.

Tushman, M. L., & Murmann, J. P. 1998. Dominant designs, technology cycles, and organization outcomes. In G. Atinc (Ed.), *Academy of management proceedings, vol. 1998, no. 1*. New York: Academy of Management.

Tversky, A., & Kahneman, D. 1981. The framing of decisions and the psychology of choice. *Science*, **211**(4481), 453–8.

Tyre, M. J., & Orlikowski, W. J. 1994. Windows of opportunity: temporal patterns of technological adaptation in organizations. *Organization Science*, **5**(1), 98–118.

United States Census Bureau. 2018. Survey of business owners (SBO) – characteristics of businesses: 2012 tables.

United States Environmental Protection Agency. 2019. U.S. renewable electricity market. Retrieved from https://www.epa.gov/greenpower/us-renewable-electricity-market

U.S. Bureau of Labor Statistics. 2016. Entrepreneurship and the U.S. economy: establishment survival. Washington, DC: United States Department of Labor.

U.S. Bureau of Labor Statistics. 2017. *Women in the labor force: a databook*. Washington, DC: U.S. Department of Labor, Division of Information and Marketing Services.

U.S. Department of Labor. 2004. National compensation survey: employee benefits in private industry in the United States, March 2003. Washington, DC: United States Department of Labor.

U.S. Department of Labor. 2017. Number of jobs held, labor market experience, and earnings growth among Americans at 50: results from a longitudinal survey. Washington, DC: United States Department of Labor.

Uzzi, B. 1997. Social structure and competition in interfirm networks: the paradox of embeddedness. *Administrative Science Quarterly*, **42**(1), 35–67.

Uzzi, B., & Spiro, J. 2005. Collaboration and creativity: the small world problem. *American Journal of Sociology*, **111**(2), 447–504.

Vallas, S. P. 2003. Why teamwork fails: obstacles to workplace change in four manufacturing plants. *American Sociological Review*, **68**(2), 223–50.

Van de Ven, A. H. 2017. The innovation journey: you can't control it, but you can learn to maneuver it. *Innovation*, **19**(1), 39–42.

Van de Ven, A. H., & Garud, R. 1994. The coevolution of technical and institutional events in the development of an innovation. In J. A. C. Baum, & J. V Singh (Eds.), *Evolutionary dynamics of organizations* (pp. 425–43). New York: Oxford University Press.

Van de Ven, A. H., & Poole, M. S. 1995. Explaining development and change in organizations. *Academy of Management Review*, **20**(3), 510–40.

Van de Ven, A. H., & Sun, K. 2011. Breakdowns in implementing models of organization change. *Academy of Management Perspectives*, **25**(3), 58–74.

Van Knippenberg, D., & Schippers, M. C. 2007. Work group diversity. *Annual Review of Psychology*, **58**, 515–41.

Van Maanen, J. 1995. Style as theory. *Organization Science*, **6**(1), 133–43.

Van Maanen, J. 2011. Ethnography as work: some rules of engagement. *Journal of Management Studies*, **48**(1), 218–34.

Van Maanen, J., & Barley, S. R. 1984. Occupational communities: culture and control in organizations. *Research in Organizational Behavior*, **6**, 287–365.

Van Maanen, J., & Kunda, G. 1989. "Real feelings": emotional expression and organizational culture. *Research in Organizational Behavior*, **11**, 43–103.

Van Osnabrugge, M. 2000. A comparison of business angel and venture capitalist investment procedures: an agency theory-based analysis. *Venture Capital*, **2**(2), 91–109.

Van Werven, R., Bouwmeester, O., & Cornelissen, J. P. 2019. Pitching a business idea to investors: how new venture founders use micro-level rhetoric to achieve narrative plausibility and resonance. *International Small Business Journal: Researching Entrepreneurship*, **37**(3), 193–214.

Vasi, I. B., & King, B. G. 2012. Social movements, risk perceptions, and economic outcomes: the effect of primary and secondary stakeholder activism on firms' perceived environmental risk and financial performance. *American Sociological Review*, **77**(4), 573–96.

Vaughan, D. 1996. *The Challenger launch disaster: risky technology, culture, and deviance at NASA*. Chicago, IL: University of Chicago Press.

Vaughan, D. 1999. The dark side of organizations: mistake, misconduct, and disaster. *Annual Review of Sociology*, **25**, 271–305.

Vedula, S., York, J. G., & Corbett, A. C. 2018. Through the looking-glass: the impact of regional institutional logics and knowledge pool characteristics on opportunity recognition and market entry. *Journal of Management Studies*, **56**(7), 1414–51.

Vergne, J. P., & Wry, T. 2014. Categorizing categorization research: review, integration, and future directions. *Journal of Management Studies*, **51**(1), 56–94.

Viegas, J. 2007. *Pierre Omidyar: the founder of eBay*. New York: The Rosen Publishing Group.

Virtanen, M., & Elovainio, M. 2018. Justice at the workplace: a review. *Cambridge Quarterly of Healthcare Ethics*, **27**(2), 306–15.

Viscelli, S. 2016. *The big rig: trucking and the decline of the American dream*. Berkeley, CA: University of California Press.

Volberda, H. W., Van Den Bosch, F. A. J., & Mihalache, O. R. 2014. Advancing management innovation: synthesizing processes, levels of analysis, and change agents. *Organization Studies*, **35**(9), 1245–64.

Volberda, H. W., Van der Weerdt, N., Verwaal, E., Stienstra, M., & Verdu, A. J. 2012. Contingency fit, institutional fit, and firm performance: a metafit approach to organization–environment relationships. *Organization Science*, **23**(4), 1040–54.

Voss, K., & Sherman, R. 2000. Breaking the iron law of oligarchy: union revitalization in the American labor movement. *American Journal of Sociology*, **106**(2), 303–49.

Wade, J. 1995. Dynamics of organizational communities and technological bandwagons: an empirical investigation of community evolution in the microprocessor market. *Strategic Management Journal*, **16**(Summer Special), 111–33.

Wade, J. B., Swaminathan, A., & Saxon, M. S. 1998. Normative and resource flow consequences of local regulations in the American brewing industry, 1845-1918. *Administrative Science Quarterly*, **43**(4), 905–35.

Waeger, D. A., & Weber, K. 2017. Institutional complexity and organizational change: an open polity perspective. *Academy of Management Review*, **42**(2). https://doi.org/10.5465/amr.2014.0405

Wageman, R. 1995. Interdependence and group effectiveness. *Administrative Science Quarterly*, **40**(1), 145–80.

Wagner, J. A. 1995. Studies of individualism-collectivism: effects on cooperation in groups. *Academy of Management Journal*, **38**(1), 152–73.

Waldinger, R., & Lichter, M. I. 2003. *How the other half works*. Berkeley, CA: University of California Press.

Walker, H. A., & Willer, D. 2014. Legitimizing collective action and countervailing power. *Social Forces*, **92**(3), 1217–39.

Walsh, J. P. 1988. Top management turnover following mergers and acquisitions. *Strategic Management Journal*, **9**(2), 173–83.

Walsh, J. P. 1995. Managerial and organizational cognition: notes from a trip down memory lane. *Organization Science*, **6**(3), 280–321.

Wang, S., Liu, Y., & Shalley, C. E. 2018. Idiosyncratic deals and employee creativity: the mediating role of creative self-efficacy. *Human Resource Management*, **57**(6), 1443–53.

Wang, T., Zhao, B., & Thornhill, S. 2015. Pay dispersion and organizational innovation: the mediation effects of employee participation and voluntary turnover. *Human Relations*, **68**(7), 1155–81.

Wang, X., Butler, B. S., & Ren, Y. 2012. The impact of membership overlap on growth: an ecological competition view of online groups. *Organization Science*, **24**(2), 414–31.

Washburn, J. 2008. *University, Inc.: the corporate corruption of higher education*. New York: Basic Books.

Washington, M., & Ventresca, M. J. 2004. How organizations change: the role of institutional support mechanisms in the incorporation of higher education visibility strategies, 1874–1995. *Organization Science*, **15**(1), 82–97.

Wasserman, N. 2003. Founder-CEO succession and the paradox of entrepreneurial success. *Organization Science*, **14**(2), 149–72.

Wasserman, N. 2012. *The founder's dilemmas: anticipating and avoiding the pitfalls that can sink a startup*. Princeton, NJ: Princeton University Press.

Wasserman, N. 2018. *Life is a startup: what founders can teach us about making choices and managing change*. Stanford, CA: Stanford Business Books.

Weber, L., & Mayer, K. 2014. Transaction cost economics and the cognitive perspective: investigating the sources and governance of interpretive uncertainty. *Academy of Management Review*, **39**(3), 344–63.

Weber, M. 1963. *Gesammelte Werke zur Religionssoziologie* [Collected works on the sociology of religion]. Tubingen: J. C. B. Mohr.

Weber, M. 1968. *Economy and society: an outline of interpretive sociology* (1st ed.). New York: Bedminster Press.

Weick, K. E. 1979. *The social psychology of organizing*. Reading, MA: Addison-Wesley.

Weick, K. E. 1991. The nontraditional quality of

organizational learning. *Organization Science*, **2**(1), 116–24.

Weick, K. E. 1995. *Sensemaking in organizations*. Thousand Oaks, CA: Sage.

Weick, K. E., & Westley, F. 1996. Organizational learning: affirming an oxymoron (Ch. 10). In S. R. Clegg, C. Hardy, & W.R. Nord (Eds.), *Managing organizations: current issues*. Thousand Oaks, CA: Sage.

Welbourne, T. M., & Andrews, A. O. 1996. Predicting the performance of initial public offerings: should human resource management be in the equation? *Academy of Management Journal*, **39**(4), 891–919.

Welbourne, T. M., & Gomez-Mejia, L. R. 1995. Team incentives in the workplace. In M. L. Rock, & L. A. Berger (Eds.), *The compensation handbook: a state-of-the art guide to compensation strategy and design* (pp. 236–47). New York: McGraw-Hill.

Welter, F., Baker, T., Audretsch, D. B., & Gartner, W. B. 2017. Everyday entrepreneurship – a call for entrepreneurship research to embrace entrepreneurial diversity. *Entrepreneurship Theory and Practice*, **41**(3), 311–21.

Welter, F., & Gartner, W. B. (Eds.). 2016. *A research agenda for entrepreneurship and context*. Cheltenham, UK and Northampton, MA, USA: Edward Elgar Publishing.

Westney, D. E. 1987. *Imitation and innovation: the transfer of western organizational patterns to Meiji Japan*. Cambridge, MA: Harvard University Press.

Wezel, F. C., & Ruef, M. 2017. Agents with principles: the control of labor in the Dutch East India Company, 1700 to 1796, *American Sociological Review*, **82**(5), 1009–36.

Wheaton, D. R., & Carroll, G. R. 2017. Where did "Tex-Mex" come from? The divisive emergence of a social category. *Research in Organizational Behavior*, **37**, 143–66.

White, H. C. 1981. Where do markets come from? *American Journal of Sociology*, **87**(3), 517–47.

Williamson, O. E. 1981. The economics of organization: the transaction cost approach. *American Journal of Sociology*, **87**(3), 548–77.

Williamson, O. E. 1994. Transaction cost economics and organization theory. In N. Smelser, & R. Swedberg (Eds.), *The handbook of economic sociology* (pp. 77–107). Princeton, NJ: Princeton University Press.

Willis, P. 1977. *Learning to labour: how working class kids get working class jobs*. Farnborough: Saxon House.

Wilson, L. K., & Portes, A. 1980. Immigrant enclaves: an analysis of the labor market experiences of Cubans in Miami. *American Journal of Sociology*, **86**(2), 295–319.

Winborg, J., & Landström, H. 2001. Financial bootstrapping in small businesses: examining small business managers' resource acquisition behaviors. *Journal of Business Venturing*, **16**(3), 235–54.

Wong, S.-S., & Boh, W. F. 2014. The contingent effects of social network sparseness and centrality on managerial innovativeness. *Journal of Management Studies*, **51**(7), 1180–203.

Wood, W. 2017. Habit in personality and social psychology. *Personality and Social Psychology Review*, **21**(4), 389–403.

Wood, W., & Quinn, J. M. 2004. The power of repetition in daily life: habits and intentions guide behavior. Unpublished manuscript, Duke University.

Wood, W., & Rünger, D. 2016. Psychology of habit. *Annual Review of Psychology*, **67**, 289–314.

Woolley, J. L. 2013. The creation and configuration of infrastructure for entrepreneurship in emerging domains of activity. *Entrepreneurship Theory and Practice*, **38**(4), 721–47.

Wry, T., Cobb, J. A., & Aldrich, H. E. 2013. More than a metaphor: assessing the historical legacy of resource dependence and its contemporary promise as a theory of environmental complexity. *Academy of Management Annals*, **7**(1), 441–88.

Wuthnow, R. 1987. *Meaning and the moral order: explorations of cultural analysis*. Berkeley, CA: University of California Press.

Xia, J., & Li, S. 2013. The divestiture of acquired subunits: a resource dependence approach. *Strategic Management Journal*, **34**(2), 131–48.

Xu, D., Lu, J. W., & Gu, Q. 2014. Organizational forms and multi-population dynamics: economic transition in China. *Administrative Science Quarterly*, **59**(3), 517–47.

Xu, H., & Ruef, M. 2004. The myth of the risk-tolerant entrepreneur. *Strategic Organization*, **2**(4), 331–55.

Xu, H., & Ruef, M. 2007. Boundary formation in emergent organizations. In M. Ruef, & M. Lounsbury (Eds.), *Research in the sociology of organizations. Vol. 25: The sociology of entrepreneurship* (pp. 125–53). Bingley, UK: Emerald.

Yang, T., & Aldrich, H. E. 2014. Who's the boss? Explaining gender inequality in entrepreneurial teams. *American Sociological Review*, **79**(2), 303–27.

Yang, Y. C., & Land, K. 2013. *Age-period-cohort analysis: new models, methods, and empirical applications*. Boca Raton, FL: CRC Press.

Yenkey, C. B. 2017. Fraud and market participation: social relations as a moderator of organizational misconduct. *Administrative Science Quarterly*, **63**(1), 43–84.

Yi, S., Knudsen, T., & Becker, M. C. 2016. Inertia in routines: a hidden source of organizational variation. *Organization Science*, **27**(3), 782–800.

Yoffie, D. B., & Wang, Y. 2002. *Cola wars continue: Coke and Pepsi in the 21st century*. Boston, MA: Harvard Business Review Press.

Young, C. 2017. *The myth of millionaire tax flight: how place still matters for the rich*. Stanford, CA: Stanford University Press.

Young, R., & Francis, J. D. 1991. Entrepreneurship and innovation in small manufacturing firms. *Social Science Quarterly*, **72**(1), 149–62.

Yuchtman, E., & Seashore, S. E. (1967). A system resource approach to organizational effectiveness. *American Sociological Review*, **32**(6), 891–903.

Yue, L. Q., Rao, H., & Ingram, P. 2013. Information spillovers from protests against corporations: a tale of Walmart and Target. *Administrative Science Quarterly*, **58**(4), 669–701.

Zajac, E. J. 1988. Interlocking directorates as an interorganizational strategy: a test of critical assumptions. *Academy of Management Journal*, **31**(2), 428–38.

Zald, M. 1970. *Organizational change: the political economy of the YMCA*. Chicago, IL: University of Chicago Press.

Zald, M. N., & Berger, M. A. 1978. Social movements in organizations: coup d'etat, insurgency, and mass movements. *American Journal of Sociology*, **83**(4), 823–61.

Zald, M. N., & Denton, P. 1963. From evangelism to general service: the transformation of the YMCA. *Administrative Science Quarterly*, **8**(2), 214–34.

Zelizer, V. A. 1978. Human values and the market: the case of life insurance and death in 19th-century America. *American Journal of Sociology*, **84**(3), 591–610.

Zhao, E. Y., Fisher, G., Lounsbury, M., & Miller, D. 2017. Optimal distinctiveness: broadening the interface between institutional theory and strategic management. *Strategic Management Journal*, **38**(1), 93–113.

Zheng, W., Yang, B., & McLean, G. N. 2010. Linking organizational culture, structure, strategy, and organizational effectiveness: mediating role of knowledge management. *Journal of Business Research*, **63**(7), 763–71.

Zhou, M., & Liu, H. 2015. Transnational entrepreneurship and immigrant integration: new Chinese immigrants in Singapore and the United States. In J. A. Vallejo (Ed.), *Research in the sociology of work. Vol. 27: Immigration and work* (pp. 169–201). Bingley, UK: Emerald.

Zhou, W. 2013. Political connections and entrepreneurial investment: Evidence from

China's transition economy. *Journal of Business Venturing*, **28**(2), 299–315.

Ziegler, J. N., & Woolley, J. T. 2016. After Dodd-Frank: ideas and the post-enactment politics of financial reform in the United States. *Politics & Society*, **44**(2), 249–80.

Zietsma, C., & Lawrence, T. B. 2010. Institutional work in the transformation of an organizational field: the interplay of boundary work and practice work. *Administrative Science Quarterly*, **55**(2), 189–221.

Zimmer, C., & Aldrich, H. 1987. Resource mobilization through ethnic networks. *Sociological Perspectives*, **30**(4), 422–45.

Zorn, D. 2004. Here a chief, there a chief: the rise of the CFO. *American Sociological Review*, **69**(3), 345–64.

Zucker, L. 1987. Institutional theories of organization. *Annual Review of Sociology*, **13**, 443–64.

Zucker, L. G. 1988. Where do institutional patterns come from? Organizations as actors in social systems. *Institutional Patterns and Organizations: Culture and Environment*, **20**(3), 23–49.

Zucker, L. G. 1989. Combining institutional theory and population ecology: no legitimacy, no history. *American Sociological Review*, **54**(4), 542–5.

Zuckerman, E. 1999. The categorical imperative: securities analyst and the illegitimacy discount. *American Journal of Sociology*, **104**(5), 1398–438.

Zuckerman, E. W. 2004. Structural incoherence and stock market activity. *American Sociological Review*, **69**(3), 405–32.

管理人不可不读的经典
"华章经典·管理"丛书

书名	作者	作者身份
科学管理原理	弗雷德里克·泰勒 Frederick Winslow Taylor	科学管理之父
马斯洛论管理	亚伯拉罕·马斯洛 Abraham H.Maslow	人本主义心理学之父
决策是如何产生的	詹姆斯 G.马奇 James G. March	组织决策研究领域最有贡献的学者
战略管理	H.伊戈尔·安索夫 H. Igor Ansoff	战略管理奠基人
组织与管理	切斯特·巴纳德 Chester Lbarnard	系统组织理论创始人
戴明的新经济观 (原书第2版)	W. 爱德华·戴明 W. Edwards Deming	质量管理之父
彼得原理	劳伦斯·彼得 Laurence J.Peter	现代层级组织学的奠基人
工业管理与一般管理	亨利·法约尔 Henri Fayol	现代经营管理之父
Z理论	威廉 大内 William G. Ouchi	Z理论创始人
转危为安	W.爱德华·戴明 William Edwards Deming	质量管理之父
管理行为	赫伯特 A. 西蒙 Herbert A.Simon	诺贝尔经济学奖得主
经理人员的职能	切斯特 I.巴纳德 Chester I.Barnard	系统组织理论创始人
组织	詹姆斯·马奇 James G. March	组织决策研究领域最有贡献的学者
论领导力	詹姆斯·马奇 James G. March	组织决策研究领域最有贡献的学者
福列特论管理	玛丽·帕克·福列特 Mary Parker Follett	管理理论之母

彼得·德鲁克全集

序号	书名	序号	书名
1	工业人的未来 The Future of Industrial Man	21 ☆	迈向经济新纪元 Toward the Next Economics and Other Essays
2	公司的概念 Concept of the Corporation	22 ☆	时代变局中的管理者 The Changing World of the Executive
3	新社会 The New Society: The Anatomy of Industrial Order	23	最后的完美世界 The Last of All Possible Worlds
4	管理的实践 The Practice of Management	24	行善的诱惑 The Temptation to Do Good
5	已经发生的未来 Landmarks of Tomorrow: A Report on the New "Post-Modern" World	25	创新与企业家精神 Innovation and Entrepreneurship
6	为成果而管理 Managing for Results	26	管理前沿 The Frontiers of Management
7	卓有成效的管理者 The Effective Executive	27	管理新现实 The New Realities
8 ☆	不连续的时代 The Age of Discontinuity	28	非营利组织的管理 Managing the Non-Profit Organization
9 ☆	面向未来的管理者 Preparing Tomorrow's Business Leaders Today	29	管理未来 Managing for the Future
10 ☆	技术与管理 Technology, Management and Society	30 ☆	生态愿景 The Ecological Vision
11 ☆	人与商业 Men, Ideas, and Politics	31 ☆	知识社会 Post-Capitalist Society
12	管理：使命、责任、实践（实践篇）	32	巨变时代的管理 Managing in a Time of Great Change
13	管理：使命、责任、实践（使命篇）	33	德鲁克看中国与日本：德鲁克对话"日本商业圣手"中内功 Drucker on Asia
14	管理：使命、责任、实践（责任篇）Management: Tasks, Responsibilities, Practices	34	德鲁克论管理 Peter Drucker on the Profession of Management
15	养老金革命 The Pension Fund Revolution	35	21世纪的管理挑战 Management Challenges for the 21st Century
16	人与绩效：德鲁克论管理精华 People and Performance	36	德鲁克管理思想精要 The Essential Drucker
17 ☆	认识管理 An Introductory View of Management	37	下一个社会的管理 Managing in the Next Society
18	德鲁克经典管理案例解析（纪念版）Management Cases(Revised Edition)	38	功能社会：德鲁克自选集 A Functioning Society
19	旁观者：管理大师德鲁克回忆录 Adventures of a Bystander	39 ☆	德鲁克演讲实录 The Drucker Lectures
20	动荡时代的管理 Managing in Turbulent Times	40	管理(原书修订版) Management (Revised Edition)
注：序号有标记的书是新增引进翻译出版的作品		41	卓有成效管理者的实践（纪念版）The Effective Executive in Action